沃顿商学院
最受欢迎的谈判课

GETTING MORE
How You Can Negotiate To Succeed In Work And Life

[美] 斯图尔特·戴蒙德（Stuart Diamond）_著
杨晓红　李升炜　王　蕾_译

中信出版集团·北京

图书在版编目（CIP）数据

沃顿商学院最受欢迎的谈判课 /（美）斯图尔特·戴蒙德著；杨晓红，李升炜，王蕾译 . -- 2 版 . -- 北京：中信出版社，2018.6（2025.9 重印）

书名原文：Getting More: How You Can Negotiate To Succeed In Work And Life

ISBN 978-7-5086-8677-6

I. ①沃… II. ①斯… ②杨… ③李… ④王… III. ①谈判学－通俗读物 IV. ① C912.35-49

中国版本图书馆 CIP 数据核字（2018）第 037915 号

沃顿商学院最受欢迎的谈判课

著　　者：[美] 斯图尔特·戴蒙德
译　　者：杨晓红　李升炜　王　蕾
出版发行：中信出版集团股份有限公司
（北京市朝阳区东三环北路 27 号嘉铭中心　邮编　100020）
承 印 者：北京通州皇家印刷厂

开　　本：880mm × 1230mm　1/32　　印　　张：16.25　　字　　数：450 千字
版　　次：2018 年 6 月第 2 版　　印　　次：2025 年 9 月第 31次印刷
京权图字：01–2012–2448
书　　号：ISBN 978-7-5086-8677-6
定　　价：88.00 元

服务热线：400–600–8099
投稿邮箱：author@citicpub.com

谨以此书献给
金伯利和亚历山大

斯图尔特·戴蒙德教授和他所开设的谈判课程所受到的赞誉

《卫报》

作者戴蒙德认为，不仅那些推动世界和影响世界的人物需要关注如何进行谈判，每个人都要关注谈判技巧。

《今日心理学》

“这是在生活中随时可以用到的技巧。不管是进行 100 万美元的交易，面对一道难以下咽的餐馆菜品，还是应对一个四岁的顽童，这些技巧都能派上用场。”

《爱尔兰时报》

“这个叫戴蒙德的男人，他的谈判从专业领域（与恐怖分子打交道，经营航空公司，做买卖）到私人范畴，都有用武之地。”

《周日论坛报》

“如果你看美国的电视节目，那么你欠斯图尔特·戴蒙德一句‘谢谢’，因为他打破了好莱坞剧作家和制片厂负责人之间的僵局。”

摩根士丹利美帮公司

“争取更多的模式是我们的首席执行官和财务顾问首选的谈判模式。”

斯蒂芬妮·坎普 | 微软资深数字策略专家

“这本书将使读者在很多谈判场合占据非常大的优势。”

拉里·B. 洛夫特斯 | 宝洁远东区总裁

“我人生中很好的训练。”

安伯·阿哈默德 | 铂门资本管理公司执行董事，高盛公司前副董事

“对于女性而言，这本书赋予了她们强大的力量。”

亚当·格仁 | 第一纽约证券首席投资官

“这本书太棒了，在现实生活中影响巨大。大家都来读一读吧！”

约翰·索贝尔 | 雅虎高级副总裁兼总顾问

“这本书让我在谈判或任何问题上得到了非常好的训练。它带来的益处是直接和切实的。”

贝斯·S. 布兰德吉 | 南加利福尼亚大学工商管理硕士

“即使我花光在南加利福尼亚大学上学的所有学费来学习您所开设的这一门课程，那也完全值得！这是我在南加利福尼亚大学，包括芝加哥大学、斯基德莫尔学院和加州大学洛杉矶分校在内，所见过的非常有价值的一门课。”

吉姆·福佩利乌斯 | 三叉戟风险管理公司副总裁兼首席财务官

“这是沃顿商学院非常精彩的一门课，它改变了我的生活。”

比尔·鲁尔 | 威瑞森通信公司全国客服运营主管

“在我的个人生活和职业生涯中，我常常都在运用在您的课堂上学到的技巧。”

理查德·T. 莫雷纳 | 阿斯伯克帕克出版社首席财务官

“我用亲身经历证明这门课会令你大有收获！我为我们公司节省了 2.45 亿美元。”

帕特里克·格兰迪内蒂 | 谷歌公司高级经理

“这是我在谷歌听过的非常精彩的一门课——所有的销售人员都可以听一听这门课。我知道，我会将新学到的谈判技巧运用于我今后的生活中。”

安东尼·诺图 | 美国国家橄榄球联盟首席财务官

“我发现，我在沃顿商学院斯图尔特·戴蒙德教授的课堂上所学到的经验技巧非常宝贵。无论是在球场上、办公室里，还是在家里与我的5个孩子相处，这些经验技巧都能帮助我实现自己的目标。”

拉维·拉达克里希南 | 埃森哲咨询公司高级经理

“在我眼中，这门课就像王冠上的宝石那么璀璨，它改变了我的思维方式。”

罗布·麦金托什 | 戴尔公司采购总监

“我是斯图尔特·戴蒙德忠实的粉丝之一——他教给我的东西比任何我能想起的人教给我的都要多。”

罗伯特·希尔福 | 瑞士联合银行执行董事

“在无数的不同情境之中，我所学到的谈判技巧发挥了关键作用。”

布拉德福德·S. 奥伯韦杰 | 桑迪亚公司执行总裁

“毕业这些年来，我已明显感觉到，在我所学过的所有课程当中，有一门课令我获益匪浅——谈判课。我能将自己以1美元购得的资产，转手以45万美元的高价卖给一家上市公司。这一成果直接归功于我对这门课程的学习。”

罗布·阿尔罗马勒 | 强生公司麦克尼尔消费者医疗保健中心商业运营部职员

“这是我们所有人曾经听过的非常精彩的课。”

杰德·凯罗 | 科尔伯格–克拉维斯–罗伯茨私人股权投资公司合伙人

“上他的课是我在沃顿商学院5年学习过程中非常宝贵、非常有趣的经历。”

纳纳·穆鲁盖森 | 三星公司全球策略师

“这是我听过的非常棒的课！到目前为止，我在美国、韩国和巴西都能成功运用斯图尔特·戴蒙德教给我的谈判技巧。”

沙南·本特利 | 花旗集团风险管理高级副总裁

“这是我曾上过的非常重要的课。”

考希克·卡皮斯萨拉姆 | 波士顿咨询集团员工

“这是我所学过的对生活和事业非常有帮助的谈判课程，它让我充分意识到过去我对成功从未有过自信。”

帕特·斯科特 | 专业开发合作伙伴公司董事长

“20 多年来，我一直从事招聘工作，并在通用电气公司领导人培训机构工作过，见过数百位来自世界各地的优秀教师，但斯图尔特·戴蒙德的水平远在他们之上。他追求卓越的激情让我更加坚信，我们非常有可能取得成功。”

格雷格·斯科尔 | 新月资本投资公司总经理

“这是目前为止我所上过的非常精彩的课。”

丹尼尔·J. 卡尔普 | 辉瑞公司全球业务开发高级总监

“我已开始运用这些技巧处理大部分问题。例如，在一家食客众多、没有预约的餐厅里，我成功说服经理立即给我安排就餐座位。此外，我还能就情况复杂的交易展开谈判。斯图尔特·戴蒙德的课让我变成了一个更具说服力的人，让我能成功地达成各类协议。”

罗宾·胡达 | 派普网络公司集团首席财务官

“斯图尔特·戴蒙德就是‘谈判大师’。”

沃顿商学院最受欢迎的谈判课

Getting More:

How You Can Negotiate To Succeed In Work And Life

目 录

Contents

我的一个学生在 10 点 55 分去麦当劳买了一份炸薯条。薯条有些湿软，他想换一份，服务员不耐烦地回答说："再过 5 分钟，我们就关门了！"这个学生拿起一张麦当劳印制的保证食物新鲜的宣传单说："宣传单上并没有写保证食物新鲜在停止营业前 5 分钟就开始失效，对吗？"这个学生换到了一份新的优质薯条。

一个学生在一家投资银行接受总经理的最后一轮面试。他看见总经理办公室有一个相框，看起来像是总经理和他的孩子们正站在一艘帆船的前面。于是，两个人聊起了帆船、旅行、美食。这期间并未谈到这次面试的正题。40 分钟后，这位总经理录取了这个学生。他们谈正事了吗？

第 6 章 情 感 169

对成功的谈判和谈判者而言，情绪是其大敌。情绪化的人无法倾听，他们常常会变得难以捉摸，很难专注于自己的目标。他们往往会伤害自己，无法实现目标。

第 7 章 整理问题：谈判工具清单 199

20 多年来，我已经制订出一个全面的问题解决模式。我成千上万的学生和客户在全世界各地已经使用过这种模式。这种模式有助于将谈判结构化，并能提供一份方法清单。

第 8 章 正确处理文化差异 219

在旧金山，一个 8 岁的中国男孩来到学校，他的两条胳膊在流血。他被带到学校护士那里，护士说这是一起虐待儿童案。她通知了有关当局，说应该将孩子从他父母身边带走。然而结果表明，这个男孩和他的父母刚从中国一个偏远地区来到此地。在他们家乡，治疗普通感冒的方法之一是通过刮痧以祛除邪气。

的母亲不停地说。

如果想让孩子听你的话，实现你的目标，你对待孩子的态度就是最大的决定性因素。你对孩子做的一切都是谈判的一部分。例如，你如何对待他们，你说了什么、做了什么，所有这些都将决定你在孩子心目中是否值得信任。

就旅行安排进行谈判时，你需要了解几件事。首先，几乎所有的旅游从业人员对谈判都习以为常，如果你不将所有事情都谈得一清二楚，就像在集市上别人要价多少，你就给多少一样：你很有可能会当“冤大头”。

推荐序 1

教育改变命运，我们改变教育

文 / 郑毓煌

清华大学经济管理学院市场营销系博士生导师 营创学院院长

因为在清华大学经济管理学院任教和创办互联网商学院营创学院的原因，我经常获得一份特殊的“福利”：每当有商业类的新书问世，中信出版集团就经常会把新书寄给我，并邀请我提前阅读并为新书撰写推荐文字。然而，因为时间关系，我很少为图书写序。但这一次，我欣然应邀为“全球知名商学院经典课程系列”丛书写序，原因只有一个：我打心底希望，这套来自哈佛商学院和沃顿商学院这两家全球最著名商学院的优秀课程作品能够惠泽更多中国人，特别是中国的企业家、创业者和职场人士群体。

哈佛商学院和沃顿商学院无疑是全球最著名的两家商学院。经常有这么一个说法：哈佛大学是全美所有大学中的一项王冠，而王冠上那璀璨夺目的明珠，就是哈佛商学院。建于 1908 年的哈佛商学院以案例教学法闻名全球，哈佛商学院的案例也被全球所有商学院广为使用。据统计，在美国 500 家最大公司里担任最高职位的经理中，有 1/5 毕业于哈佛商学院。

沃顿商学院是美国第一所大学商学院，创立于 1881 年，比哈佛商学院还早 27 年。自 1881 年创建之后，沃顿商学院创造了许多商学院历史上的第一：1881—1910 年沃顿商学院出版了第一本商业教科书；1921 年沃顿商学院设立了全球第一个MBA学位……甚至，由于沃顿商学院名声太大，很多中国人只知道沃顿商学院而不太熟悉其所在的大学"宾夕法尼亚大学"（美国常春藤八大名校之一）。

今天的中国太需要这两所全球顶级商学院的优秀课程和优秀著作了。为什么这么说呢？

首先，社会对商业知识和智慧的需求正在急剧扩大，迫切需要我们在浩瀚书海之中甄别真正优秀的商业著作。在今天的中国，创业大潮正如火如荼展开，然而，传统的顶尖商学院由于门槛太高，大多数中小企业家、创业者和职场人士往往不敢奢望能够进入哈佛商学院、沃顿商学院、清华经管学院、北大光华管理学院等国内外顶尖商学院进一步学习和深造。在这种情况下，很多中小企业家往往被一些质量差的培训机构误导，前几年流行的成功学就是这样的一个例子：成百上千的企业家到了培训现场，发现却只是充满鸡血和洗脑的营销课程。即使是购买商业类书籍，很多中小企业家往往也被诸如"如何快速成交""如何达成一个亿小目标"等耸人听闻的标题吸引。而随着智能手机和社交媒体的普及，大多数人的时间都花在微信上，都在"碎片化"、"标题化"地阅读各种阅读量十万以上的文章，却再也没有时间认真去读完一本真正的好书。而个人通过品读一本书得到的独特体验以及系统性思考是快餐式文化消费不可比拟的。

其次，培养良好的求知习惯须趁早，优秀的教育和书籍对每个人的成长至关重要。我自己就是一个"教育改变命运"的受益者。出生于福建农村的我，10周岁之前由于在乡下小学读书，连普通话都不会说。真正帮我改变命运的，是我的母亲。为了给我带来更好的教育机会，母亲放弃了在乡镇企业里待遇较好的工作而调到"清水衙门"的县城图书馆，我才能转学到城里读书，并开始有机会大量阅读各种图书。也正因此，我才从一个玩泥巴的乡下小孩，慢慢变成一个爱学习爱读书的孩子，并在后来如愿考入全县最好的中学，考入清华大学和哥伦比亚大学。正因为有了这番经历，回到清华任教之后，我一直希望能够用所学帮助更多的人。

再次，"全球知名商学院经典课程系列"能让每个求知者通过阅读，机会平等地获得优质教育的机会。传统的知名商学院教育，由于学费高昂，门槛极高，只能惠及少数人。正是在这种背景下，在"教育改变命运，我们改变教育"的理想下，2017 年初我创办了营创学院和营创读书会，立志打造一所人人都上得起的哈佛商学院，全年推出 50 本商业著作的原创作者精华解读音视频，并在 2018 年初面向中小企业家和创业者们推出了"用 1% 的学费，上清华 + 北大 + 全球知名师资的线下 EMBA"项目，获得了社会的积极反馈。同样，中信出版集团这套书的付梓可以让千千万万的读者有机会抵达最前沿的商学院的通识课程精华，也将成为渴求学习顶尖商学院课程读者们的福音。因为，正是这些优秀商业著作的传播，才让更多人获得优秀的商业知识和智慧。

今天，中信出版集团即将出版的《沃顿商学院最受欢迎的谈判课》《沃顿商学院最受欢迎的思维课》《哈佛商学院最受欢迎的营销课》《哈佛商学院最受欢迎的领导课》这一系列丛书无疑是商业知识和智慧中的明珠。这四本书都源于哈佛商学院和沃顿商学院这两所全球知名商学院里备受学生欢迎的课程，图书的作者也都是哈佛商学院和沃顿商学院里在营销、领导力、谈判、思维等各商业和心理学领域的资深教授。我相信，这一系列丛书不仅会带给读者优秀的商业知识和智慧，更会将看起来遥不可及的知名商学院教育带给成千上万的读者。而这，也正是中信出版集团、营创学院和我本人一直努力的共同目标。

郑毓煌

2018 年 3 月 12 日

推荐序 2

认知升级是最好的投资理财

文 / 成甲

《好好学习：个人知识管理精进指南》作者、北京京都风景生态旅游规划设计院联合创始人

上大学时，教我人类文化学的老师说过的一句话让我一直记忆深刻：“我们生活的真实世界，是我们认为的真实世界。”确实，我们理解的世界真相，不过是我们头脑中的认知对这个世界加工后的投影罢了。从这个角度看，“世界因你而不同”是非常有哲理的一句话：因为每个人头脑中的认知工具都不一样，因此大家看到的世界也不一样。同样一件事情，是机会还是困难，针对这个问题哪有什么“客观真相”，无非是人们自己认知加工后产生了的不同判断。

我的一个团队常年为那些想要进入文化旅游业投资的企业做咨询顾问，我也因此认识了形形色色的企业家。这些企业家总体来说都有一个特点，就是腰包鼓鼓，志气满满。这也难怪，因为旅游业投资往往涉及了基础设施，所以要求的投资额就比较大，没点儿资本底气的，还真没法进入这个行业。因此，参加这个游戏的人，不能说都是人中龙凤吧，也起码是各行业中大众定义的“成功者”。可是，这些年过去了，我回过头看看，除去个别运气和时机都很好的企业成功了，其余大部分企业的成功，究其原因，多半都与企业家本人的认知水平紧密相关。其中原因

也不难理解，旅游业这些年发生了剧烈的变化，游客从过去“被旅行社组织”转变为“自由选择休闲度假方式”，结果导致行业竞争范围，从过去的“旅游圈内竞争”，变成了一个几乎涉猎各个领域的无边界战场。在这种情况下，一个企业如果没有开阔的视野，深刻的认知，就算刚开始可以靠着“有钱有权有资源”的背景热闹一时，可是在激烈的战斗中，少了敏锐的判断和战略眼光，最终还是难以生存下去——而这种变化，不仅仅存在于旅游行业，未来越来越多的行业都将变得战场边界模糊。这也意味着，未来，几乎没有人能够靠着狭隘的认知走向成功。

在这种情况下，如果从投资的角度看世界，在这个时代，恐怕没有什么投资比投资认知更重要了。

而这也正是我一直致力于研究思维模型，提升认知深度的原因——这不仅仅因为我工作的旅游行业有这样的要求，更因为这是一种活在未来的能力通行证。深刻的认知已经不是决定成功的因素之一了，而是决定成功的先决条件。而我们一旦拥了更高的认知水平，我们就可以把这种能力用在几乎所有事情上——事业发展、公司战略，投资布局、家庭关系等等。更重要的是这种高认知能力还有利滚利的复利效应：活得越久，受益越多——这应该是世界上最好的高收益、无风险、终身分红型人寿理财保险了。

当然了，想要提升认知，就需要有供我们学习的优质内容。而我们的时间有限，学习的试错成本很高，选择学习什么内容就很重要。因此，我很重视学习内容的来源。当然，如果不考虑现实条件，最好的学习方式应该是和该领域内一流的大师合作，耳濡目染地沉浸式学习。可惜这种机会对大多数人而言是可遇不可求的。因此，退而求其次，读大师写的书就成了性价比最高的学习方式了。可是，现在读书也不容易，各个出版社每年出版的书籍浩如烟海，我们要从中找出优质内容的过程就很花时间。这真是一个可悲的现状。

值得高兴的是，这次中信出版集团推出的“全球知名商学院经典课程系列”图书，在我看来，就是一个帮我们从书海中选择经典、节约时间的举措。一直以来，我都很欣赏和信赖中信出版社的眼光，我的第一本书《好好学习：个人知识管理精进指南》也选择在中信出版社出版。而这次，中信出版社更是把哈佛、沃顿这样的世界一流商学院的顶级内容引进出版，为努力想要提升认知的朋友们点亮了一盏航灯，在通往更高认知的道路上为他们提供了优质的学习素材。

这次出版的书籍包括《沃顿商学院最受欢迎的谈判课》、《沃顿商学院最受欢迎的思维课》、《哈佛商学院最受欢迎的营销课》和《哈佛商学院最受欢迎的领导课》，这些都是非常经典的通识书籍。

比如《沃顿商学院最受欢迎的谈判课》讨论的是日常生活中最常见的沟通场景——“谈判”。国内大多数讲谈判的书籍都集中在沟通策略、表达方式和技巧方面，而作者斯图尔特·戴蒙德却在这些“技巧层面”的基础上，从另一个更加底层却也更深刻的角度理解谈判，那就是重视情绪和感受对谈判的影响。当我们大多数人以为谈判是一个理性斗争的过程时，却忽略了一个更基本的道理：哪有独立于情绪的纯理性呢？事实上，越是在激烈交锋的谈判中，双方的情绪感受和本能反应对谈判的走向就越会产生更大的影响。正是基于这种理解，作者总结出一整套极其有效、适用于任何人和任何情境的谈判技巧。

而《沃顿商学院最受欢迎的思维课》则是沃顿商学院最年轻的终身教授亚当·格兰特的代表作。这本书讨论了一个大众极为关心的话题，即：我们如何获得成功？第一版中文书名为《沃顿商学院最受欢迎的成功课》。像这种讨论“成功”的话题，在国内很容易归类为励志、打鸡血的“成功学”，无非是教我们相信自己，要勤奋努力等等。然而，心理学背景出身的格兰特却另辟蹊径，将个人的成功放在了更大的社会网络关系中来理解，把这个问题的答案从个体的努力扩展到了如何与社会网络相处的高度。从这个视角看问题，作者把人们在社会人际网络中的角色分为三类：付出者、获取者和互利者。通过大量的研究，作者得出了一个革命性的结论：最善于付出的人才是最成功的人。这可能是格兰特教授教给我们最不同的成功学吧。

《哈佛商学院最受欢迎的营销课》则是营销领域的一个另类。在大多数营销书籍告诉你营销的方法时，扬米·穆恩似乎在以哲学家的视角忧虑地看着这个世界：你们这些公司学习一样的营销方法、互相模仿，彼此在激烈的竞争中变得越来越像，难道这就是我们要的营销吗？不，作者告诉我们，越是在激烈的营销中，我们越要保持清醒：差异化，差异化，差异化！在同一个思维框架内逐渐改进方案产生不了真正的好创意，只有跳出第一条曲线才能打造出真正的差异化品牌。

《哈佛商学院最受欢迎的领导课》讨论的则是另一个经典的话题：人人都可以成为领导者吗？领导力是每个人都需要的能力，然而很多人把领导力视为天赋或某种特质，不过这本书的作者卡普兰教授给出的答案却是：如果你用正确的方法，在清晰的框架内进行训练，人人都可以成为领导者，而这个领导力框架又由包括愿景和要务、时间管理和工作授权等七个方面的关键问题构成。如果你想训练自己的领导力，那么这本书显然是一本可供选择的经典。

读一本好书，就是在与一个大师进行思想的交流。我特别期待中信出版集团能够在这些书之外出版更多的通识经典书，让我们能够更快地跟随全球顶级大师的脚步，在认知升级的道路上加速前进！

前言

任何人都能争取更多

这是一本积极向上的书籍，旨在让你的生活变得更美好，这一切始于争取更多的原则。无论你是谁，性格如何，你都可以学习成为一个更好的谈判者，争取更多。

在我执教的 30 多年里，我目睹了很多人成为更有力的谈判者。在生活中，他们通过谈判追求更多的利益，对自身的认识更加充分，对他人也更加了解。

他们学习并运用到的一些策略与传统观点大有不同。许多策略看上去似乎与直觉相悖，但是，在争取更多原则的指导下，人们在日常实践中不断取得成功，不断成长，这说明我们可以用一种新的方式去对待人际互动。本书呈现的争取更多过程重新定义了谈判理论：简化谈判理论，消除术语，为谈判提供一种更为可行的、现实的、有效的方式。

在谈判过程中，你将会发现，以往的理性、力量、主动和“双赢”原则在大多数时候并不管用。相反，诸如情绪敏感度、人际关系、清晰的目标、步步为营、审时度势等策略可以让你更具说服力。

本书自 2010 年首次出版以来，已售出 150 万册，被译成 26 种语言。本书于 2012 年修订过一次，如今 2018 年又再度修订。“这本书可以改变人生”是我从读者那里听到过的最多的评论。

本书的内容大都是通过故事呈现的。这些故事来自我的亲身经历，来自我教过或指导过的学生、高管以及从事各行各业的人。我希望在你学习谈判策略时，也能对他们的成功或失败的经历感兴趣。

但这本书并不是让你盲目地乐观。它提供的方法可以让你和强硬的对手进行有效的谈判。这些方法不会让场面失控，不会让你的利益亏损，而且确实能改善局面。它会教你在面对敌意时如何与对方交流，抛开对方的身份去观察他的感受，从而让你最终占据上风。你会学到，硬碰硬和“敌我争夺”策略将造成利益损失，不断地推进合作则有助于获取更多的价值。你将学会用非对抗性的以牙还牙的方式去应付固执难搞的对手。你会提供信任同时坚守承诺。运用这些策略的人并不是懦夫，他们能够达到目标。

争取更多贯通全书，但它并不意味着要争取一切。不管用于哪个方面，它旨在改善你的生活，而不是让你的生活变得完美无瑕。它旨在创造渐进且稳定的进步，就和学习掌握任何课程或运动一样。你可以在商店、在家里甚至是路上使用这些策略。这是一个过程，不是一堆诡计花招。同样的策略或模式可以且适用于商店中的讨价还价或是与其他国家的部落领导者打交道。在这个过程中，每个人采用策略的方式各有不同，因为用到的言辞不同，所处的生活环境也不同。一件衣服不可能符合所有人的尺寸。一些人会倾向于某些策略，另外一些人则会使用其他的策略，每个人的表达方式也各有不同。

对于那些运用了争取更多模式的人来说，谈判将会变成一次交流，而不是对抗。换句话说，双方或多方将会携手达成目标：所有参与方都能各取所需，而不是其中的一个。在谈判中，我最常用的开场词就是“你还好吗？”这不是一场竞赛或一个游戏，这是一种让你愉快度日的方法，让你更自信、更冷静、更成功。

也就是说，争取更多并不只是教你如何谈判，而是让你成为一个彻底的谈判者。因此，这些策略就和你的性格一样是你身体的一部分。一旦你将它内化于心，那么几乎每一次的互动都会得到改善。

要谨记一点：书中提到的策略并不都适用于你。比如，有些读者没有孩子，有些读者对公共问题并不感兴趣。但是，在写这本书的时候，我试图让我的建议触及一个广泛的群体。你已经知道的东西对别人来说也许很新鲜，反之亦然。关键是要确定现在和整个生活中你能使用的东西，并抓住它。寻找能够帮助你，为你的生活和他人的生活增添价值的东西。

除非你将这些策略投入实践，否则就是纸上谈兵。为了掌握这些策略，你必须看到它们起作用。

也许你会认为本书谈到的一些谈判技巧并不奏效，但是书中所有理念都经过了千锤百炼的试验。它们确实有用，这些概念与人类心理学的基本准则融会贯通。如果你持怀疑态度，那么试着在无风险的环境下运用这些策略，看看会发生什么。你很有可能会收获惊喜。不要一次性运用所有策略，尝试其中一些策略，去感受、去改善、去调整添加。这是受用一生的经验。

最后，请让我知道你们的结果。你们可以通过邮箱 sd@gettingmore.com 或网站 www.gettingmore.com 联系到我。如果你们对成功或失败有所疑问，欢迎告诉我，我和我的团队很乐意倾听。我们希望做的就是为那些决定用另一种方式看待世界、那些决定争取更多的人延续沟通的桥梁。

斯图尔特·戴蒙德

于宾夕法尼亚哈弗福德学院

2018 年 4 月 25 日

第1章 换种思路

快到飞往巴黎的航班的登机口时，我们从一路飞奔变为一溜小跑。飞机尚未起飞，但登机通道已经关闭。登机口的工作人员正在平静地整理票根。登机口到机舱口之间的登机桥已被收起。

“等等，我们还没登机！”我喘着气喊道。

“抱歉，”登机口工作人员说，“登机时间已过。”

“可我们的转乘航班10分钟前才刚到。他们答应我们会提前打电话通知登机口的。”

“抱歉，登机口一旦关闭，任何人都不能登机。”

我和男友走到玻璃窗前，简直无法相信这个结果。我们长长的周末眼看就要化为泡影。飞机就停在我们眼前。太阳已经落下去了，两名飞机驾驶员微微下倾的脸庞正映照在飞机仪表板通明的光亮中。飞机引擎嗡嗡的轰鸣声越来越急促，一个家伙拿着一根亮亮的指挥棒不慌不忙地出现在机场跑道上。

我想了一会儿，然后领着男友来到玻璃窗正中间的位置，这个位置正对着飞机驾驶员座舱。我们站在那儿，我全神贯注地注视着飞机驾驶员，希望引起他们的注意。

一名飞机驾驶员抬起了头，他看到我们可怜兮兮地站在玻璃窗前。我直视着他的眼睛，眼里充满了悲伤和哀求。我把行李包扔在脚下。我们就这样站在那儿，那一刻好漫长，时间仿佛都凝滞了。最后，那名飞机驾驶员的嘴唇动了几下，另一名驾驶员也抬起了头。我又紧盯着他的眼睛，只见他点了点头。

飞机引擎嗡嗡的轰鸣声渐渐缓和了下来，我们听到登机口工作人员的电话响了。一位工作人员转向我们，眼睛瞪得大大的。“拿上你们的行李！”她说，“飞机驾驶员让你们快点儿登机！”我们的假期又有希望了，我和男友高兴地紧紧拥抱在一起，我们抓起行李包，向那两名飞机驾驶员挥挥手，匆匆走进登机通道上了飞机。

——陈瑞燕，沃顿商学院 2001 级学生

上面的这个故事是我的一个学员讲给我的，她曾上过我的谈判课。这个故事显然就是一个谈判过程，这个过程虽然没有一言一语，却以一种意志明确、条理清楚、高度有效的方式获得了成功。在这个过程中，我所讲授的 6 种谈判技巧分别得到了应用，然而，在真正的谈判实践中，这些技巧却几乎被所有人忽视。

究竟是哪些技巧呢？

第一，要沉着冷静，感情用事只会毁掉谈判。必须强迫自己冷静下来。

第二，准备充分，哪怕只有 5 秒的时间。整理好自己的思路。

第三，找出决策者。在上面这个故事中，决策者就是飞机驾驶员。不要在登机口工作人员身上浪费时间，因为他们无权改变公司政策。

第四，专注于自己的目标，而不是计较是非对错。无论是转乘航班晚点，还是转乘航班应该为没有提前通知登机口而承担责任，这些通通不重要，因为你的目标是登上飞往巴黎的飞机。

第五，进行人际沟通。在谈判中，人几乎是决定一切的因素。

第六，承认对方的地位和权力，看重他们。如果你能做到这一点，对方通常会利用他们的职权帮助你实现目标。

上述技巧通常不易察觉，但它们并不神秘。这些技巧以一种独特的

方式帮助了这对年轻的恋人，令他们对此次经历永生难忘。对那些已在我的课堂上学到这些技巧的人而言，这些技巧可以帮助他们在每一次谈判中稳操胜券。从获得一份工作到实现加薪，从教育孩子到和同事相处，上述谈判技巧已经帮助了3万多人，使他们变得更有能力，能更好地掌控自己的生活。

本书的目的是将我的谈判课程以书面形式付梓出版，以飨各地的广大读者。书中介绍了一整套谈判策略、谈判模式以及谈判技巧，所有这些将会改变你看待每一场谈判的视角和操作方式。书中的内容与你曾经读过或学过的有关谈判的内容迥然有异，因为这些内容是建立在心理学基础上的。在本书中，谈判的成功与否不在于结果是“双赢”还是“有输有赢”，不在于谈判者是否“强硬”或“温和”，不在于谈判世界是否富有理性，不在于谈判对手是否强悍，也不在于谈判辞令是否会使谈判陷入僵局或无法达成协议。与以上不同的是，本书有关谈判的内容立足于人们在真实生活中的观点、想法、感受以及生活方式，这些内容可以帮助所有人实现本书所提出的核心目标：争取更多。

争取更多是人类本能的欲望之一，不是吗？无论何时，无论做任何事情，你难道不想争取更多吗？这并不一定意味着我获得的越多，你得到的就因此而减少了，而是说利益本身一定会变得更大。更多也不一定意味着金钱更多，它可以指你所珍惜的任何东西变得更多：更多金钱、更多时间、更多美食、更多关爱、更多旅行、更多责任、更多打篮球的时间、更多看电视的时间、更多听音乐的时间。

本书正是一本有关更多的书：如何定义它，如何实现它，如何保持它。无论你是谁，无论你身在何处，书中的观点和技巧都能为你指点迷津。

目前市场上不乏谈判类书籍，指导你如何与对手达成共识，如何绕过争议，如何成为赢家，如何获取优势，如何实现交易，如何利用手段，如何影响或说服他人，如何做到彬彬有礼，如何据理力争、寸步不让，等等。

然而，那些读过此类书籍的人当中，几乎没有人在现实生活中按照书中的指示来做。此外，有时你也许并不想让谈判达成，有时你想给谈判多留些余地，有时你只是想采用拖延战术而已。无论如何，你总会本能地想要争取比期望中更多。

在本书中，我呈现谈判技巧的方式能让你真正学会运用这种技巧，无论是点一份比萨饼，进行一宗 10 万美元的交易谈判，还是买一件衬衫或一条裤子时讨价还价，这种技巧都立竿见影。这种技巧也是我在谈判课上对学员们的要求。我让学员们在学习谈判技巧的当天就运用这些技巧，把它们记在日记本上，不断练习，反复运用。

谈判无处不在

谈判是人类交际活动的核心内容之一。只要有人类交际活动，谈判必然会存在，言语的或非言语的，有意识的或无意识的。开车、和子女交谈、跑腿干杂活，谈判无处不在。你无法摆脱谈判，你必然成功或者失败。

这并不意味着你必须时刻积极地就生活中的每一件事进行谈判，但对那些关注自己周围交际活动的人而言，这的确会让他们获得比期望中更多的东西。

有一则古老的谚语说出了行家和外行在认知上的区别。同一片土地，外行看到的是一马平川，坦荡无垠，而在行家眼里却是山峰林立，沟谷纵横。与外行相比，行家并未花费更多的时间和精力搜集有关这片土地的更多的信息资料。二者的区别在于，行家能更好地利用有限的信息抓住更多的机会，或将风险降至最低。

在本书中，我们讨论的就是如何通过运用更巧妙的谈判技巧使你变得更加敏锐，让你对谈判双方的全局态势了然于胸。

和本书开头提到的陈瑞燕一样，那些上过我的谈判课的学员大多都是普通人。但他们已经学会运用谈判技巧信心十足地取得那些了不起的成就。在我的班上，有不止一位印度女性运用课堂上学到的谈判技巧成功说服了自己的父母，挣脱了包办婚姻的枷锁。2008 年，好莱坞剧作家协会罢工事件中，我提出的有关谈判过程的建议对结束罢工起到了重大作用。这些建议正是我在课堂上讲授的内容，本书第 2 章对此有概述。

一位商学院的学生在一连 18 家公司的首轮面试都没有通过的情况下，参加了我的谈判课程，运用了我所讲授的谈判技巧，连续获得了 12 家公司终面的资格，最终得到了自己满意的工作。已为人父母的学员们则成功地让幼儿不带抵触情绪地养成刷牙的习惯。

我们把学员们通过运用所学谈判技巧赚到的和节约的钱加在一起：这儿 7 美元，那儿 132 美元，有些时候多达 100 万美元，甚至更多。这些数字相加的总额已超过 30 亿美元，这只是我们目前搜集到的案例中大约 1/3 的案例所产生的效益。还不算那些被挽救的婚姻、新获得的工作、已达成的交易、被子女说服同意去看病的父母、服从大人命令的孩子们。

本书包含了 400 多个逸闻趣事，其中大部分故事中的当事人都使用了真实姓名。他们将向你讲述他们如何获得加薪，如何在买回有瑕疵的商品后获得令人满意的结果，如何避免被开超速罚单，如何让孩子乖乖地做家庭作业，如何达成一笔交易。简而言之，就是如何以各种方式让自己的生活变得更美好，如何争取更多。

对于我和那些成千上万的学员而言，除非我所讲授的这些谈判技巧在现实生活中切实有效，否则无法激发人们的兴趣。

这些学员都是什么样的人呢？他们来自各行各业，文化背景各异。有市值数十亿美元的公司的高管、家庭主妇、在校学生、销售人员、行政助理、管理人员、经理、律师、工程师、股票经纪人、卡车司机、工会会员、艺术家——凡是你能说出的都有。这些人来自世界各地：美国、日本、中国、俄罗斯、哥伦比亚、玻利维亚、南非、科威特、约旦、以色列、德国、法国、英国、巴西、印度、越南等。

我所讲授的谈判技巧对他们所有人都十分有效，也一定会对你有所帮助。

就像本·弗里德曼（Ben Friedman）一样，他总爱询问为他提供服务的公司，是否新顾客的待遇要比像他这样的忠实老顾客更好，例如享受更多折扣或其他促销活动。结果有一天，当本又这样问的时候，他长期订阅的《纽约时报》提供给了他 33% 的折扣。

又如吉恩·金（Jin Kim），她喜好社交。一天，她得到了女儿的法语课外辅导课程学费每年减少 200 美元的优惠。她是怎么做到的呢？原来，在提出优惠学费的要求之前，她和学校经理进行了一次谈话，她谈论了自己的法国旅行经历。

这些小小的策略会帮你在这儿省点儿钱，在那儿省点儿钱。一年下来，这些数字加起来就会高达数万美元。

有些人一开始就能赚到数百万美元。保罗·瑟曼（Paul Thurman）是一位来自纽约的管理顾问，他帮助一位大客户减少了 35% 的成本，这比他在接受谈判培训之前的业绩纪录高出 20%，简直令人难以置信。他运用的就是在谈判课堂上学到的谈判策略和技巧，例如坚持不懈、巧妙提问、注重人际关系以及循序渐进原则。他说，第一年他帮客户节省了 3 400 万美元，到现在为止，这个数字已高达 3 亿美元。保罗说：“在这个市场上我拥有巨大的优势。”

理查德·莫里纳（Richard Morena），他当时是阿斯伯里帕克出版社（Asbury Park Press）的首席财务官，他在销售中为公司多赚了 2.45 亿美元，为自己多赚了 100 万美元，他的成功之道也是运用了在我的课堂上所学到的谈判准则、谈判架构以及其他一些谈判技巧。他说：“我会不断地练习这些策略技巧。”要想和理查德一样从本书介绍的谈判策略中受益，就必须在与他人打交道的方式上换种思路。

12 条谈判策略

下面列出了 12 条主要谈判策略，正是这 12 条策略使得本书大大有别于多数人对谈判的看法。这些谈判策略贯穿本书始终，均有详尽论述，包括支持这些策略的具体技巧和与之相呼应的各种观点。介绍完谈判策略之后，本书接下来的章节将向你展示这些策略是如何以各种人们熟悉的具体方式加以运用的，如在当好父母、管教孩子、旅行、工作等各个方面。

所有这些策略放在一起展现出一种完全不同的对待谈判的思路。这其中的差别与下面的两种说法之间的差别无异，一种是“我是踢足球的”，另一种是“我是职业足球运动员”。两者所说的几乎不是同一种运动项目。

1. 目标至上

目标是你在谈判开始阶段不具备而在谈判结束时想要得到的东西。显然，你必须通过谈判来实现自己的目标。很多人，即使不是大多数人，采取的行动往往和自己的目标相悖，因为他们把注意力放在了其他方面。无论是购物还是谈恋爱，这种人都暴躁易怒，喜欢攻击错误的对象。在谈判中，你不应该仅凭自己认为其有效，而想当然地去追求人际关系、更多利益、双赢结果或其他东西。你在谈判中的所有行为都应明确无误地使你更接近自己在本次谈判中的目标。除此之外，其他行为都是无关紧要的，甚至会损害你的利益。

2. 重视对手

如果你对谈判对手头脑中的图像一无所知，就别指望说服他们。谈判对手头脑中的图像包括他们的观点、情感、需求、承诺方式、可信赖度。设法找出令对方尊敬的第三方以及有助于自己的人。这些人之间究竟存在怎样的关系呢？搞不清楚这一点，你在谈判中就无从下手。要把自己看作谈判中无足轻重的人。必须进行角色互换，将自己置于对方的位置，而将对方置于你的位置。利用权力或手段最终会破坏谈判双方的关系并招致报复。要想使谈判更有成效（也更具说服力），你必须激发对方的动力。

3. 进行情感投资

世界是非理性的。对个人而言，一场谈判越重要，谈判者越不理性，无论是事关世界和平，还是一宗百万美元的交易，或是你的孩子想要一个冰激凌甜筒。不理性就会导致情绪化，情绪化会导致无法倾听别人的想法，因此别人无法说服他们。因此，对失去理智的人说再多也是枉然，尤其是讲道理。要尽力体会对方的情感世界，做到感同身受。如果有必要，不妨向对方道歉，重视对方，或提供其他一些能让对方头脑清醒的东西。

4. 谈判形势千差万别

谈判没有万能的模式。同样的人在不同时刻进行同样的谈判，谈判形势也会完全不同。必须对每种形势做出分析。如果你想和谈判对手在今天和明天实现更多目标，那么所谓的常见谈判情况、谈判趋势、各项谈判数据或过去遗留下来的问题都不重要。如果将适用于与日本人或穆斯林进行谈判的规则推而广之，或固守永远不能率先开价的原则，那就大错特错。要知道，谈判者千态万状，谈判形势千差万别，我们怎能墨守成规、故步自封呢？如果有人对你说“我恨你”，正确的回应应该是“告诉我为什么”。只有了解了对方的想法或感受，才能更好地说服他们。

5. 谨守循序渐进这一最佳原则

人们在谈判中经常失败是因为他们一次所提要求太多，步子迈得太大。这会吓着对方，增加谈判的风险，放大双方的差异。无论是想要加薪还是达成协议，步子都要迈得小些。带领对方走出他们脑海中的图像，慢慢地向你的目标靠拢，从熟悉的到不熟悉的，一次一小步。如果双方缺乏信任，循序渐进原则就显得尤为重要。每迈一步都要小心检验。如果双方之间差异很大，那就慢慢向彼此靠拢，逐步将差距缩小。

6. 交换评价不相同的东西

每个人对事物的评价各不相同。首先要搞清楚谈判双方在意什么、不在意什么，无论大或小，无论有形的或是无形的，无论是在交易之中还是交易之外，无论是理性的还是感性的。接下来，将一方重视而另一方不重视的东西拿出来进行交换。例如，用节假日加班换取更多假期，用允许孩子看电视的办法让孩子做更多家庭作业，用压低价格的方法让对方为你介绍更多客户。与“利益”或“需求”策略相比，这种策略的含义更广，因为该策略涵盖了人们生活当中的方方面面。而且，这一策略将利益蛋糕做得奇大无比，为企业乃至家庭都创造了更多机会。可惜的是，这一策略并未以应有的方式得到应用。

7. 摸清对方的谈判准则

对方的策略是什么？执行策略时是否有过例外或先例？过去发表过什么样的声明？决策的方式是怎样的？要利用这些信息去获取更多利益。当对方的言行与其策略相悖的时候，要毫不留情地当面指出。对方是否曾推迟退房结账的时间？就任何人都不得被打扰这一点，对方是否同意？无辜的人应该受到伤害吗？谈判对手属于强硬型时，这一策略尤其有效。

8. 开诚布公并积极推动谈判，避免操纵谈判

这是本书和传统观点之间最大的差别。不要欺骗对方，谎言迟早会被揭穿，而且长期回报率很低。要以真实面目示人。不要假装强硬，也不要假装谦恭有礼，不要假装成任何与你不符的样子，因为对方会识破欺骗的伪装。以真实面目示人有助于对方对你产生高度的信任感，而这种信任感是你最大的财富。如果你心情不佳，或正在气头上，或对有些谈判内容缺乏了解，那就如实说出来，这会有助于问题的解决。你的谈判方式和态度十分关键。这并非意味着你只能被动接招，或要提前公开所有谈判内容。它意味着你要诚实坦荡，做真实的自己。

9. 始终和对方保持顺畅沟通，指出显而易见的问题，将对方引至己方设定的道路

大多数谈判失败都是由于沟通不畅或根本没有沟通造成的。除非谈判双方一致同意休息片刻，或者你想结束谈判，否则千万不要走开。不沟通就得不到信息。威胁或责怪对方只能招致对方相同的回应，尊重对方才能争取更多。最出色的谈判者会将沟通中出现的显而易见的问题指出来，他们会说："我们之间似乎有些不愉快。"然后用三言两语化解当时的不快，将对方引至你为他们设定的道路上来："你们的目标是给顾客带来幸福快乐吗？"

10. 找出问题的症结所在并将它转变成机会

在谈判中，几乎没人能找出真正的问题。问自己："究竟是什么在妨碍我实现目标？"要想找到真正的问题，必须搞清楚对方采取某种行动的原因，这种原因在谈判初期也许并不明显。你必须深入调查，直到找到为止。你要换位思考。围绕孩子的熄灯就寝时间或企业价值评估所产生的争议，也许真的只是双方相互信任的问题，也是改善双方关系的一个机会。找到问题仅仅是分析的开始，这些问题通常可以在谈判中被转

化成各种机会。你要学会用这种观点来看待存在的问题。

11. 接受双方的差异

大多数人都认为双方存在差异不是一件好事，会招致风险，令人讨厌和不快。事实上，双方之间存在差异明显更好一些：更有利可图，更富创造性。这些差异可以产生更多看法、更多观点、更多选择，使谈判更顺畅，谈判结果更令人满意。多问对方几个有关差异的问题会让对方更加信任你，使双方达成更加理想的协议。无数的公司、国家和各种文明通过自己的行为已反复说明，他们对差异恨之入骨，尽管他们在自己的公共关系声明中都言不由衷。伟大的谈判家都对差异钟爱有加。

12. 做好准备——列一份谈判准备清单并根据清单内容进行练习

以上策略只是一份谈判准备清单的开头，这份清单是由谈判策略、谈判技巧和谈判模式组成的。这份清单就像一间餐具室，你可以从这里为每一餐挑选配套的餐具。在一场特定的谈判中，你可以从这份清单中挑选特定的东西来助你一臂之力。其中之一就是谈判技巧，即采取一种具体的行动来实施一项策略。例如，通过致歉和妥协可以帮助你实施情感投资策略。为了方便查阅，本书将谈判策略和谈判技巧都纳入了一种我称之为争取更多的模式。本书第 16 章列出了我为谈判所做的准备工作，可以作为模板使用，或者你也可以为自己列一份清单，如果没有这份清单，你就没有做好准备，就不会成功。哪怕只花几分钟在谈判清单的准备上，也会使谈判结果变得更令人满意。要始终按照谈判准备清单上的内容去做，一定要坚持不懈，直到实现自己的目标。这意味着你要不断练习这些谈判策略和技巧，并在每场谈判之后加以复习。

以上谈判模式和谈判策略的有效性，包括起辅助作用的每一种谈判工具的有效性，都得到了来自数十个国家 3 万多名学员和专业人士的验证。他们的谈判经历在 10 万多种杂志期刊、各类电子邮件、他们本人的笔记以及 20 多年来的无数访谈当中都有真实记录。

本书所有内容都建立在深入研究和认真咨询的基础之上。40 多年来，作为一名教师、研究者、记者、律师、企业高管以及谈判者，我本人亲自进行了无数次谈判，这些实践经验也是本书的基础之一。本书讨论的很多内容貌似违背常理，但在现实生活中相当有效，而且立竿见影。在本书中，你将看到这些谈判策略和技巧是如何发挥奇效的。

无形的谈判技巧

在本书所展示的谈判策略和谈判技巧中，有两点很明显：首先，这些谈判策略和技巧并非火箭科学，没有什么高深莫测之处；其次，除非你对这些策略和技巧已经有所了解，否则你是看不到它们的，它们都隐藏在普通的言语交谈之中。

埃里克·斯塔克（Eric Stark）是一位来自南加利福尼亚大学的工商管理硕士，他说过："我开始意识到我的谈判对手根本不知道我在做什么，他们对我一无所知。"现在，埃里克已经成为电信和互联网专家，他说毕业 15 年之后，情况依然如故。

在谈判中，我最常用的开场白是"一切都好吗"，这看似一个普普通通的问题，但其中至少包含了 4 种谈判技巧。第一，这个问题有助于你和对方建立一种良好的人际关系——你一开始就表现得亲切健谈。第二，这是一个问句——提问是一种搜集信息的极佳方式。第三，这个问题首先关注对方以及他们的情绪和感受，而不是"谈判"本身。第四，这个问题是随意的闲聊，有助于为双方营造轻松舒适的氛围。

除非你明确知道谈判技巧是什么，否则无法有效运用于不同的谈判场合。你只能靠直觉继续下去。这种方式根本无法提高你的谈判能力。

几年前，在一个下雪天，我正在和某人谈判。我有些沮丧地开始了谈判："你觉得下雪怎么样？"对方回答说："事实上，我非常喜欢雪，我的兴趣是滑雪。"听到这儿，我接着问道："那你觉得夏天怎么样？"

我为什么要这样问呢？如果你无法识别出自己所用的谈判技巧，你的谈判水平就很难提高，因为你无法在以后的谈判中有意识地重复运用这种技巧。在上面这场谈判中，我正在努力寻找一个我们双方共同的敌人。同仇敌忾可以缩小谈判双方的距离，使谈判更加顺利。这就是人们总是爱抱怨天气的原因。同仇敌忾可以顺利地建立起人际关系，使双方都处于一种有利的位置。正是由于这个原因，人们才会经常半开玩笑地抱怨律师、交通、官僚主义等。

大多数人没有注意到"同仇敌忾"这一技巧。你看不到这一技巧，除非有人教过你，否则你根本不会运用。找出双方的共同需求也是一个很好的技巧（尽管它对心理的影响更小），如果谈判一开始就能将其找出，也会取得不错的效果。

本书介绍的谈判策略和谈判技巧同样是无形的，因为这些策略和技巧相对较新，至少在应用方式上是如此。现代谈判领域是由一些律师在1980年左右确立的，其侧重点是如何解决冲突和争端。这虽然很好但并不全面。因为这种谈判倾向于保护在谈判中处于劣势的一方，在谈判中处于优势的一方并未受到同等程度的重视。20世纪90年代，经济学家纷纷涉足谈判领域，他们发展了更多的谈判策略，其目的是获取更多的经济利益、争取更多的机会，但这种谈判也不够全面，因为它依赖于人们的理性。

本书对上述因素进行了解释说明，重点是关注谈判人员的心理。大多数谈判都应该关注的重点是谈判对手头脑中的想法。除非你能认真思考对方的心理，否则你无法发现机会或解决冲突。

不该使用的谈判技巧

本书不是一本宣言，不是让你获取凌驾于他人之上的权力，将自己的意志力强加给对方。作为一种谈判技巧，“权力”或“手段”的力量被过分高估了。大多数谈判教程以及影视作品中对谈判的描述，向人们灌输的是这样一种观点：只有获得超越对方的优势，才能迫使对方按照你的意愿行事。这种观点存在很多问题。

第一，当你用赤裸裸的权力压制对方的时候，双方的关系通常会终止。对于那些企图强迫他人做违背自己意愿的事情的人，没有人愿意与之打交道。第二，这种观点传达出一种错误信息——一种充满紧张、争斗和冲突意味的信息。这会大大损害双方的利益，因为在这种情形下，人们通常会竭力保护自己，而不是采取建设性的行动。第三，赤裸裸地运用权力会招致他人的报复，无论是当前还是以后，无论在工作中“怀恨在心却表面顺从”，还是世界各地频频出现的人体炸弹。第四，如果对方心存不满，运用权力会让你付出高昂的代价，这一点在下文将会说明。第五，如果滥用权力，那么一旦为对方所知，你的权力就会失去力量。

运用权力必须谨慎巧妙，要在得到他人的认可后（例如在军队里或法庭上），而且运用权力的目的是实现公平公正。只有懂得权力平衡的道理，才能明白如何在谈判中达成公平，实现自己的目标。本书中的谈判策略可以让你变得更强大，而真正重要的一点是如何运用谈判策略。从本质上说，这些谈判策略在道德上是中立的：既可被用来行善，也可被用来作恶，就像手术刀或菜刀。如果谈判对手强硬顽固、处事不公，或企图利用权力伤害你，那增强自己的权力以便与之抗衡是可以理解的。例如，对饱受欺压的顾客而言，这是用来对付不良公司的一种有效手段。如果谈判对手不讲公平，向你施以高压，寻求其他解决途径也未尝不可。但是，你必须始终保持头脑清醒，小心谨慎，避免滥用权力。

就像我们在下文中将会看到的，运用权力或手段也是一种谈判技巧，只是这种谈判技巧通常不是很好，这种谈判技巧成本更高昂，而且自我约束能力较差。如果我能说服你心甘情愿地做某事，我所花费的成本通常不会很高。但是，如果我无法做到这一点，我也许就要转而求助于局外人士，例如请一位律师来为我游说。如果这名律师也无法说服你，该律师也会转而向局外另一方求助，例如法官或陪审团。这名律师会先和自己求助的对象进行谈判，然后再由此人迫使你去做你不愿意做的事情。正如你所看到的，这期间仍然需要谈判。但是，加入谈判的人员和力量越多，谈判成本越高。在不得已的情况下，这种方法也许可以一试，但绝不能作为谈判的首选方法，更不能下意识地就选择这种方法。本书的前提是，通过运用更有效的谈判技巧，你可以凭自己的能力说服更多人心甘情愿地做事。

上述那些无形的谈判策略可以让你在竞争中始终保持优势。不过，你应该和谈判对手一起分享这些策略。这样，他们才不会有被操纵的感觉，从长远来看，你也会争取更多。

本书与“谈判协议的最佳替代方案”（BATNA[①]），或其他似乎顺手拈来的术语无关。事实上，“谈判协议的最佳替代方案”这个词让人们更多地关注转身离开，而不是和谈判对手一起制定出更好的解决方案。我经常说：“让我们假设人人转身走开后问题都能得到很好的解决。如果那样的话，我们能否从谈判中争取更多？”

“谈判范围”是另一个不如人们想象中那么有用的概念。你也许知道货币领域讨价还价的范围：买方愿意支付的最高价格和卖方能接受的最低价格。你可以通过为谈判增加其他要素的方式改变谈判范围，比如，拿价值不等的东西进行交易。所以你越具有创造性，那些所谓的谈判范

① BATNA 是“Best Alternative To a Negotiated Agreement”的首字母缩略词。——译者注

围、谈判协议的最佳替代方案以及其他类似的概念术语就越没有价值。

但话又说回来，有的选择也许比你最终做出的选择更好。你应该仔细研究自己的选择。首先，你应该搞清楚，如何尽可能有创造性地和对方展开谈判。如果你利用已有的选择狠狠打击对方，就像在进行一场约会时，你向对方提起其他你有可能会与之约会的人。如果是这样，你们之间的关系很可能就难以维持下去。在本书中，我会反复谈到权力引起的各种问题。所谓积习难改，就好像我们会让习惯自然发生，我可不愿意再看到这种情况发生。

谈判的新定义：优势谈判的 4 个层次

让我们从谈判的新定义开始我们的谈判之旅吧。首先，给谈判下定义要准确得当。“谈判”“劝说”“沟通”“推销”，这些词语所表示的行为之间并没有差异。因为这些行为的过程都应该是一样的。也就是说，这些行为都应从目标开始，都应重点关注人，而且要因时因地制宜。

让我们摒弃一些谈判辞令，如“做出一系列的相互让步”或“找到一个积极的解决问题的范围”。那种认为人要么是“乐于合作”要么是“争强好胜”的看法并不正确。人的行为往往由具体情境决定，而人和具体情境并非配合无间、默契十足。

我们给谈判下定义的方式将有助于你整理自己实际需要做的事情，并让你更清楚地看到谈判的过程。这个新定义有 4 个层次，第一层最简单浅显。

1. 迫使对方按照你的意愿行事

这包括使用威胁、暴力、蛮横无理，还有赤裸裸的权力运用。这当然是谈判——因为你已经用这样一种方式说服了对方，至少暂时如此。

如果对方不按照你的方式来做，你就会将他们揍得鼻青脸肿。这种方法有时的确管用：人们曾在各种战争中取得了胜利，使用武力有时会令人占据上风。

利用权力的过程中存在的主要问题并非它不起作用。只要拿出 20 万亿美元做军费，美国也许就可以在中东为了可以预见的未来为所欲为；只要以无穷无尽的资源为代价，美国也许就可以在阿富汗或世界上其他任何地方为所欲为。问题是，使用武力的代价过于高昂，武力亦不会变得越来越强大，而且，要想让对方长期保持顺从状态，这需要相当漫长的一段时间。因此，我们要问以下问题：武力是利用自身资源的最佳方式吗？武力是实现最终目标的最简单的途径吗？例如，如果你使用了暴力，但并未将对手彻底打垮，那对方也许会继续与你抗衡。如果你威胁对方，对方也会找到一种方式还击。通常的情形是，你只是用这种方法压制住对方，让他们不会在今天还击罢了。

在个别的、特殊的情境中，赤裸裸地动用权力也许可以理解。但是，看到电视或电影中的情节，或听到一些领导的说法，你会认为这是人们的自由选择。事实上，动用权力并不是最理想的选择。毕竟，这一选择并不像其他选择一样有利可图或高度有效。在法庭上与他人打斗会付出沉重的代价，看看这个你就明白了。

2. 让对方按照你的思路思考

这个层次比第一层次要好一些：让对方从你的想法中看到合理的利益。这就是“基于利益的谈判”，它在谈判类书籍中十分常见。

然而，在现实世界中，仅靠这种谈判通常无法获胜。在大部分重要的谈判中，情绪因素占有很大的比例。人们经常会做出许多不理性的行为。对对方而言，这场谈判越重要，基于利益的谈判就越不起作用。家庭成员对去哪儿度假所产生的争执，或者同事对办公室的分配所引发的争论，这些问题仅靠基于利益的谈判是很难解决的。将注意力集中在了解理性人认为有效的谈判方式，还远远不够。

接下来，我们将去了解，在谈判、劝说以及沟通的过程中，真正起作用的究竟是什么。在和他人进行谈判的过程中，这才是通往成功的起点。

3. 让对方理解你想让他们理解的观念

现在，你看待世界的方式与对方相同，你正在想办法改变对方的观念，你正从对方脑海中的图像入手，想说服对方改变观念，这是正确的起点。

错误的观念（通常是沟通失败造成的）会在每一天、每个地方导致冲突和谈判破裂。对成功的谈判而言，了解对方的观念是必不可少的基本环节。之后，你便可以采用渐进式策略逐渐转变对方的观念。这样会有效缩短谈判时间，增强谈判的自我实施能力，使谈判更轻松顺利。

4. 让对方感受到你想让他们感受的

这一方式完全靠自我实施。如果你愿意，你可以深入了解对方的情感世界和对方的“非理性状态”。几乎每个人都是通过自己的感觉和知觉来看待世界。当压力和风险变大的时候，人们通常就会感情用事——无论表现明显与否。与基于利益的谈判相比，将情感因素考虑在内的谈判的含义更宽泛。这种谈判涵盖了所有的需求——一张将人们想要的全部收纳在内的完整大菜单——从合理的到不合理的。当对方意识到你在意他们的感受时，他们就会更愿意倾听，也就更容易被打动、被说服。

以我的经历，几乎没有人在谈判中承认或运用这种方法。想象一下，彼此对立的律师、彼此都拥有出色运动员的体育界老板，或者美国和伊朗，如果他们在谈判时这样说：“在我们坐下来正式讨论议题之前，你们感觉怎样？高兴吗？你们最喜欢吃什么？你们的家人好吗？”难以想象吧。然而，要想得到最佳谈判结果，这正是我们需要做的。贯穿本书始终，你将会看到，那些这样做的人在谈判的时候更加成功，争取到的也更多。

所有这些内容（谈判策略、谈判技巧、谈判模式、谈判态度）放在一起就是一个谈判过程。这个过程是一种和他人交谈的方式，是表现自己的一种方式，是可以帮助你获得更满意的结果的方式。虽然它是一种独立的技巧，但这个过程旨在成为你生活中的一部分，让成功的谈判变得和普通谈话一样自然。这个过程并非必须坐在谈判桌前或在一个正式场合才能完成，这个过程就是你的生活。

在不同的情境中，事实也会随之发生变化，但上述谈判过程不会随之发生变化。把握好这一点能使你在任何时间、任何地点，与任何对手就任何问题进行谈判。

我在上课前几分钟会问学员们：“今天有谁谈判了？”谈判内容是什么并不重要，无论是有关一份热狗还是一份炙手可热的工作。每件事都能以同样的方式被分解成谈判的基本要素。仔细检查、学习这些要素，然后再将其重新组合起来，以便在更高的层面进行谈判。

想一想，如果你能在谈判开始前花上 10—15 分钟浏览一下谈判准备清单，思考一下每种策略在此情形下应该如何加以运用，那你的谈判效果会比原来好多少倍呢？你是否已找全了有关对方的信息？你的目标是否清晰明确？在实行渐进式策略的时候，你的节奏是否掌握得合理？之后，你要根据谈判准备清单评估自己的表现，准备清单也许需要稍微调整一下。最后你要从中总结经验教训，为下一次谈判做好准备。

这个过程是“归纳式”过程：先从具体情境开始，然后选择相应的、很有可能最有效的谈判策略和技巧。你可以将学到的经验运用于下一场谈判。例如，你也许会发现，在第一种谈判情境中谈判准则非常有效，在第二种情境中，起作用的却是人际关系，而在第三种情境中，关注谈判个体的需求才是谈判取得成功的关键所在。

现在，让我们开始浏览那份谈判准备清单，这样我才能说服你，让你换一种思路。

比双赢更重要的事：实现目标

这是本书与你有可能在其他地方读到的有关谈判的书籍的一大不同之处。目标是可以加以运用的又一个谈判工具，是谈判的终极目的。谈判是为了实现你的目标，其余一切都必须服从这个目标。

目标是你要努力去实现的东西。不要努力去建立人际关系，除非这种关系能让你更接近自己的目标。不要去管他人的利益、需求、情感或其他任何东西，除非它们能让你更接近自己的目标。不要给予或收集信息，除非这会让你更接近目标。

这是十分关键的一点。谈判的目的不是为了实现双赢或建立一种人际关系，或达成一致意见，除非这些和实现自己的目标是一致的。“双赢”这个词已被过度使用，它听上去让人隐约有种操纵的感觉。当有人对我说：“让我们大家努力实现双赢的局面吧。”我总会这样想：“看来他们是想从我这儿得到些什么。”

谈判的要点是争取自己想要的东西。在谈判中，如果人际关系无助于你实现自己的目标，那又何必去建立人际关系呢？如果对方不断地损害你的事业，你又何必努力去争取一个双赢的结果呢？

事实上，你想要的也许是一个“我输你赢”的结果。你想在今天输给对方，这样才会在明天从对方那里争取更多。也许你想要的是一个“双方皆输”的结果，这样你们双方才能体会到彼此的心情。也许你想要的是一个“我赢你输”的结果，目的就是给他们一个教训，让他们在下一次谈判中有不一样的表现。

不要因为其他事情而分心或被蒙蔽，比如彬彬有礼、寸步不让、容易情绪化等。永远不要将视线从自己的目标上移开。目标是你在谈判接近尾声的时候想要获得而现在尚未获得的东西。

有关如何实现谈判目标的文献已有很多。研究表明，在能够为自己做的事情当中，确立目标是其中最重要的一件。人们发现，仅仅靠确立目标这样一个举动，谈判者的表现可以提升 25% 以上。

明白自己需要找出目标、实现目标的人并不在少数，这一点我们已经看到。我们没有看到的是：明白这个道理的人却并不这样做！他们之所以没有这样做，是因为他们并未将注意力放在目标上。他们没有这样做是因为他们分心了。即使他们最终这样做了，他们也无法实现目标，因为他们会在中途迷路。

有些公司高管会摆摆手，对这条建议不屑一顾。他们说："我们还在商学院当学生的时候就学过这些。"那么问题是，他们为何不去努力实现自己的目标呢？

做事要专心致志、井然有序，这十分重要。仅仅嘴上说要实现自己的目标是远远不够的，你必须清楚地知道如何才能做到这一点。你要做的第一件事就是确定自己的谈判目标是什么，在谈判一开始就要对此做到心中有数，而且要在谈判过程中不断提醒自己。

当你去商店购物时，你的目标是什么？提前搞清楚这一点会让你避免因冲动消费而浪费金钱。和家人商量度假计划的时候，你的目标是什么？是为了证明谁对谁错吗？是为了其他事情而惩罚他们吗？还是为了制订一个切实可行、让所有人皆大欢喜的度假计划？

你曾多少次在会议上问过这样的问题："什么是你想在这次会议结束时得到而现在尚未得到的东西？"如果你从未问过这样的问题，那现在就试着问一问吧，保证非常有效。尽管人们有时候会说谎话或拒绝回答，但一般而言，人们大多都会告诉你。然后，你会迅速得知：每个人是否认为他们在开同一个会议，有着相同的目标？谈判目标中一个极其细微的差异，都有可能导致谈判以混乱收场。

把目标写下来，随时提醒自己。也请你的朋友和同事提醒你。不仅要在谈判一开始这样做，而且在整个谈判过程中都要如此。

没有谈判目标就像上了一辆不知要开往何方的汽车，不查看谈判目标就像在整个旅途中不查看地图一样。在会议中途或某个活动中途，人们往往很容易分心，因为新的信息会不断涌现。如果你不随时查看自己的目标，你实现目标的可能性会因此而越来越小。即使你对对方或对方的公司了解得一清二楚也于事无补。

我认识的一位公司高级主管，她受雇于美国一家顶尖公司，就任该公司的战略副总裁。刚一到任，她就给公司其他 12 名高级主管发了一个通知，让他们将各自为公司制定的发展目标带到会议上来。

接到通知后，该公司的首席执行官把她叫来说道："少安毋躁，你初来乍到，但我们已在公司工作多年——我们很清楚公司的发展目标是什么。"

"您说得很有道理，"这位新任副总裁说，"但是，我的职责范围就是公司战略工作。我向您保证，如果您允许我开这个会，我一定会让您看到这样做的好处。而且，这个会并不会占用很长时间。"首席执行官同意了。

12 位高级主管带着他们各自为公司制定的发展目标前来开会。这位新任副总裁将这些目标一条一条地写在了题板上。结果，12 位高级主管看到，他们所制定的目标事实上并非统一的 1 个，也并非 2 个、3 个、4 个，而是多达 14 个，而且大部分目标彼此矛盾。"噢，天哪！"他们惊呼道。

谈判目标越具体越好。"我想去芝加哥市"要比"我想去伊利诺伊州"更具体、更有效，"让我们把某个人送上月球"要比"让我们探索太空"更具体、更有效。与"我希望我的考试成绩至少全都是中等以上"相比，"我希望大学毕业"这个目标就不够清楚具体。

人们经常这样认为：只有牺牲别人的利益才能实现自己的目标。不仅要考虑自己的目标，还要考虑对方的目标，否则对方很快就不再像从前那样慷慨大方。如果你是以牺牲长远利益为代价实现了今天的目标，那你就是自断前程。本书的一个重要思想是：在任何时期，不仅要实现自己的目标，还要帮助所有相关的人实现他们的目标。

一旦你确立了你的目标，不断问自己："我现在的行为是否有利于实现我的目标？"这个问题很重要。在这个世界上，不会问这个问题的人随处可见。这些人容易情绪化，容易分散注意力，或从未这样想过。这个问题适用于你，也适用于你密切关注的谈判对手。

安杰拉·阿诺德（Angela Arnold）的父亲中风后没有完成康复治疗就想出院，现已是一名顾问的安杰拉当时问她父亲回家最想干的是什么。"遛林戈。"她父亲说。林戈是她父亲养的小狗。安杰拉说："你想遛林戈，那很好，但如果你现在出院，你就没法遛林戈。"她告诉父亲，如果他完成康复治疗，出院后就可以不用别人协助自己行走，那样就可以遛林戈了。安杰拉让父亲看到，如果按照他的方案，他就无法实现自己的目标。安杰拉的父亲最后顺利地完成了康复治疗。

这是一个对竞争力所下的新定义：实现自己目标的能力。这个新定义与几个世纪以来所形成的商业思维大相径庭。即使在今天，苏格兰经济学家亚当·斯密（Adam Smith，1723—1790年）的经济学理论依然占据主导地位。亚当·斯密被广泛尊称为古典经济学之父，他对竞争力的看法是：实现自我利益最大化的能力。自此之后，竞争力就被视为获取实力、战胜对手的能力，成王败寇，毫不留情。后来有人将这种观点称为"经济达尔文主义"。

现在，最"具有竞争力的人"的经济达尔文主义已经过时，取而代之的是约翰·纳什（John Nash）的博弈论。约翰·纳什是普林斯顿大学的数学家，他曾获得1994年的诺贝尔经济学奖，因为电影《美丽心灵》（*A Beautiful Mind*）[①]而广为人知。

---

① 《美丽心灵》是一部改编自同名传记而获得奥斯卡金像奖的电影。影片讲述了患有精神分裂症却在博弈论和微分几何学领域潜心研究、最终获得诺贝尔经济学奖的数学家约翰·纳什的故事。——编者注

纳什用数学方法证明了瑞士哲学家让 – 雅克 · 卢梭（Jean-Jacques Rousseau）于 1755 年提出的理论，即当行动各方协同合作时，整体利益的规模几乎总是会越变越大，因此每一方都能分得比其孤军奋战时更多的利益。典型的例子是 4 个猎人打猎，如果单独行动，每人只能打到一只兔子，但如果合作，他们就可以打到一头鹿。

现在，精明的竞争者们无论何时都会尽可能和对手进行合作。想一想强力笔记本电脑（PowerBook）吧，这可是 IBM（国际商业机器公司）、苹果和摩托罗拉几大巨头共同开发的成果。再想想制药企业之间的科研战略联盟或营销战略联盟。研究表明，在将近 90% 的时间里，与传统的、“充满竞争的”、非赢即输的环境相比，人们在互相合作的环境中表现得更出色。换句话说，经常处于竞争状态通常并不能真正提高你的能力。

对此你也许不太相信，你会说，有些整体利益根本无法变大，而且如果一方获胜，那另一方必然会遭受损失。如果我让你举一个例子，我得到的头号例子往往是土地的例子。对这个例子，我会说：“很好，如果土地对你而言很重要，那刚果归你好了，日本归我。”换句话说，并非所有的土地都一样。竞争的方式有无数种，不要因固守一个方向而让自己深陷困境。

再说一遍，要把谈判目标写下来，并随时查看。

你的态度、可信度和透明度

你在谈判中表现出来的态度对谈判结果会产生直接的影响。如果你来参加谈判，心里期待的是一场争斗，那谈判结果将会如你所愿，你从中获得的利益也会大大减少。研究表明，与更具合作意识、更愿意解决问题的谈判者相比，对抗型的谈判者所能达成的交易只有前者的一半。而且，他们从自己所达成的交易中能获得的利益也只有前者的一半。因此，如果你是对抗型谈判者，你的利益期望值最多能达到 25% 左右。

如果你心情糟糕，那就不宜谈判。即使你是公司的谈判专家，如果你无法和对方友好沟通，你也不是合适的谈判人选。

这并非意味着你应该努力装成另一个人。大多数人都不擅长伪装。因为别人迟早会揭穿你，从而失去对你的信任。在人际交往中，对你而言最重要的财富就是你的可信度。如果人们不相信你，你就很难说服他们相信你所说的任何事。在谈判中，与你的专业知识、人际关系、智慧、财富以及相貌相比，你的可信度要重要得多。

你应该读一读本书，从中学习如何更好地做真实的自己。书中并没有用什么特别的方式来讲这一点。本书中的谈判策略和技巧应该成为你生活中的一部分，无论你是谁。

当他人对你坦诚相对的时候，你就会心存感激，无论“坦诚”的是什么。这一点应该能解除你的负担，使你不必再去假装成另一个人。

这意味着，如果你天生激进好斗，在谈判一开始就要提醒对方：“如果你觉得我太咄咄逼人的话，但说无妨。”这样做会有什么好处呢？第一，这样做会让对方重新设定期望，从而化解了这个问题。第二，这样做会让你更真实，增强你的可信度。第三，这样做可以使你不必佯装高兴，以一种极不自然的方式伪装自己。接下来，你就可以集中精力去实现自己的目标了。

如果你是一个随和且易打交道的人，不妨告诉对方由于你经常过于慷慨大方，致使谈判后来不得不重新开始。如果你这样说的话，对方就会主动指出谈判交易公平与否。如果对方企图利用你的慷慨，你这样做不仅把责任推给了对方，而且还为自己留了一条出路。在这之后，你就可以继续做自己。

每当我去其他国家，对该国文化知之甚少的时候，我常常会提前表示歉意。我会对他人这样说：“我有可能会不小心说出一些不当的话，我希望能更好地了解你们国家的文化。如果我说错话，麻烦你指出来，好吗？”通过这样的方式，我将有可能出现的冲突转变成了一次次合作，在这些合作中，对方都是我的顾问。我还化解了由于文化冲突而产生的紧张局面。这并不妨碍我做真实的自己。

伟大的谈判家能牢牢地抓住一些显而易见的线索。在谈判中，如果你和对方之间出现不愉快，不妨直说：“我想我们现在彼此不太愉快。”为什么不能说呢？直说又有何妨，因为这也是对方心中的想法。就像房间里来了一只可怕的重 800 磅的大猩猩，它会妨碍你们双方达成满意的协议。如果你心情不好，直截了当地告诉对方：“我今天心情不好。”这会让对方谅解一些原本也许不能谅解的事。

透明度的意思是说你应该和对方分享谈判策略。双方对谈判策略了解得越多，谈判越顺利。因为分享谈判策略不是要战胜对方，而是要让双方争取更多。因此，把谈判准备清单拿出来给大家看看吧，包括你的配偶、你的孩子、你的朋友，还有你的商业伙伴。

大多数人觉得这样做似乎有违常理，大多数谈判者认为不应该被他人看透。然而，不这样做会导致双方缺乏信任。保持透明并非意味着你必须披露一切，你应该适度披露谈判信息，披露的信息量要以能实现自己的目标和让对方感到舒适为限。对其余信息，你可以说：“暂时还不方便告诉大家其他内容。”

成功的谈判者永远不会满足，无论是对自己的表现、谈判结果，还是谈判过程。这并非意味着他们不开心，也不意味着他们不成功，这只是意味着他们会不断地努力进取，想要看看自己能否实现更多利益。

即使你正在庆祝一次成功的交易，你也应该问问自己：在刚才的谈判中，人际关系还能达到更理想的状态吗？我们实现交叉销售了吗？我们还能做得更有效、更成功吗？通过这些问题可以激励优秀的谈判者去争取更多。

我最出色的学员们都想听到批评的声音，他们知道，每个错误一旦明白过来都会让他们变得更有力量。同样的错误他们不可能再犯。我总是寻求他人的批评指正，你也应该这样做。

循序渐进式争取更多

在我们的想象中，大胆的行动会带来成功。然而，在实际谈判当中，大胆的行动大多会将对方吓跑：你正迫不及待地要走得更远、更快。事实上，小的、循序渐进式的步伐才有助于争取更多。在谈判当中，如果双方差距悬殊，这种方法尤为适用。

渐进式步伐可以给对方一个喘息的机会，让他们可以环顾四周，看看你的步伐节奏是否合适，然后再充满自信地继续谈判。渐进式步伐可以让对方跟上他们已经接受的步伐节奏，还能减少前进中的可感知风险。

打个比方：如果你是一名打击率为 0.280 的棒球击球手，每 9 局比赛你就会额外击出一个安打，那你的打击率就会增至 0.310。这个打击率足以让你跻身棒球名人堂，你的酬金每年也会增加 1 000 万美元。所有这一切都是每 36 次击球当中额外击出的那记安打带来的结果。

我不是要在谈判中努力打出本垒打，而是要努力在每 9 局比赛中额外击出一记安打。这是一条很有效的经验，不仅适用于谈判，而且适用于生活。以渐进的方式逐步前进，你将会取得更多惊人的成功。

不过，用体育比赛打的这个比方也不能运用过度。体育比赛的目标是争取胜利，但生活并非体育比赛。在体育比赛中，人们期望一方落败。体育比赛、联赛或季赛都是有限的。而在生活中，我们是有明天的，人们希望（至少一般是这样）所有人都能获得成功。

即便如此，也不要太贪婪。贪婪会让对方厌恶你，不信任你，从而使你得到的更少。当你试图争取多一点儿的时候，你的这种企图不会被大多数人察觉，你的提议也比较容易被对方理解，你从而可以在下一次争取更多。我告诉我的学员："每一个上限都是一个新的下限。"

简 · 卡尔森（Jan Carlson）是一位具有传奇色彩的北欧航空公司的高管，她曾经说："成功和失败之间的差距是……两毫米。"换句话说，成功和失败之间的差距看上去很不起眼，就像一句简单的措辞、一个眼神、一个细微的手势。真正有效的谈判工具往往都很不起眼、很细微，却非常有效。

本书主题强调的是争取更多，而非“获得一切”。没有任何一种谈判策略和谈判工具始终有效。但是，与将它们弃之不用相比，如果你肯运用这些策略和工具，它们起作用的概率一定会大大增加！这并不是逼你变成无可挑剔的完美谈判者，而是要你在每一天都取得进步。

在谈判中，要从简单的事情开始，然后逐步增加难度。在和他人谈判的时候，如果你能使自己的成功率仅仅增加几个百分点，你也会获得更多惊人的成功。如果有人告诉你某种谈判策略始终有效，那他就是在欺骗你。再说一次，你要寻找的是每 9 局比赛中额外击出的那一记安打。

“在参加这门培训课程之前，我的谈判策略起作用的概率是 50%，但那也让我觉得自己已经相当成功了。”南加利福尼亚大学的学员杰拉尔德·辛格尔顿（Gerald Singleton）说：“现在我运用了更有效的谈判策略，这些谈判策略起作用的概率达到了 75%。对我来说，这一进步实在太大了。我制订了一个计划，要让自己在整个人生中不断取得进步。”

一切谈判与情境密切相关

我将整个谈判课程的内容用 3 个问题总结如下：

（1）我的谈判目标是什么？

（2）“他们”是谁？

（3）要想说服他们，需要采用哪些策略和技巧？

每次谈判，情境都有其不同之处。因为谈判的对象每次都不相同，或者就算对象相同，但时间并不相同，又或者是客观事实和客观情况有所不同，再或者是目标不同。因此，我需要在每个谈判情境中问自己上述三个问题。

第三个问题建立在前两个问题的答案的基础之上，这就是你需要一份谈判准备清单的原因。你可以从谈判目标和谈判对象入手，在谈判准备清单中选择，也可以在各式各样的起辅助作用的谈判工具中选择。即使两次谈判的议题和谈判材料相同，你每次的表现也有可能不同。因为两次谈判的目标不同，或者参加谈判的人员不同，或者目标和参加人员都不相同。谈判中没有一成不变的东西。

如果有人对你说“你可以按照这种方式来进行有关房地产交易的谈判”，千万不可轻信。他也许知道很多有关房地产的谈判策略，这些五花八门的策略有时的确奏效，或者有那么一点儿效果。他也许还精通有关房地产的专业知识。但是，在这样一种特殊的谈判情境中，如果你无法确定自己的谈判目标，不清楚对方的具体情况，你就无法准确地得知自己应该使用哪些谈判工具和策略。

在谈判的关键性要素当中，参与谈判的人员和谈判者所运用的流程在其中所占的比例超过 90%，而谈判内容、谈判材料和专业知识所占比例不足 10%。对大多数人而言，这个结论和他们的直觉完全相悖。

慎用权力

让我们继续这场谈话。首先，让我们给权力下个定义：在相关时间范围内实现自己目标的能力。换句话说，你需要足够的权力来实现自己的目标，但不能超出这个范围。权力就其本身而言几乎没什么用。事实上，正如我在前面解释过的，权力会对人造成伤害。即使对方滥用权力，你也不必处心积虑地妄图削弱对方的权力，因为这样做完全没有意义，除非这会增强你实现自己的目标的能力。

尽管本书中的谈判策略可以让你变得更加强大，但在权力的运用上你一定要小心谨慎。赤裸裸的权力通常比人们想象的更不堪一击。如果滥用权力，权力就会离你而去。如果运用权力过于极端，你在别人眼中就会显得不可理喻，你实现目标的能力也会因此减弱。如果有人企图用权力打压你，你会对此人深恶痛绝，你会想方设法在暗中报复他，努力改变权力的天平，让它向自己倾斜。

权力和谈判技巧之间存在某种关系。想一想这种情况：与男性相比，女性在谈判中的表现往往更出色。首先，女性更愿意倾听，因此她们收集到的信息更多。更多的信息会使说服工作更加有效，使谈判更加成功。其次，在学习本书的谈判策略和技巧的过程中，女性比男性更认真、更勤奋。因为我们仍然处于一个男性占主导地位的世界，女性所拥有的权力比男性少得多，而且她们往往是被这种权力压迫的对象。

如果你拥有强大的权力，你所选择的谈判策略就像棒球比赛中的一只球棒。正如前面所提到的，这会招致对方的愤恨和报复。如果你没有太大的权力，就要学会运用更细微、更不显眼甚至要让拥有纯粹权力的对方完全察觉不到的谈判策略。这样一来，你招致报复的可能性也就变小了。在我的谈判课堂上，女性学员大约占 30%，但在成绩最好的学员当中，女性所占比例比男性要高出很多。归根结底，那些更细微、更不易察觉的谈判策略和技巧在谈判中往往更有效。

这就是为什么人们认为那些小国（瑞典、瑞士、马耳他）通常要比大国更善于解决冲突。这就是为什么儿童要比成人更善于谈判。这就是为什么当儿童长大、拿到棒球运动的球棒（纯粹的权力）之后，这些策略和技巧就开始逐渐离他们而去。成功的谈判者会认真观察对方，将注意力放在对方身上，最终更有效地实现自己的目标。研究表明，与权力强大的一方相比，权力微弱的一方往往更富有创造力。

照此看来，权力是一个极其复杂的概念。人们喜欢拥有权力，因此，如果给予对方权力或承认对方的权力，对方就会感到满意，他们会给你相应的利益作为回报。从儿童身上可以明显地看到这一点。权力的运用，尤其是滥用，暗含各种意义，关键是要对此保持敏感，尤其是对那些会影响长远利益的含义。

对照谈判清单训练：人人都可受益

仅仅了解本书所介绍的谈判策略和谈判技巧是不够的，你还要能在实际生活中对其加以运用。如果做不到这一点，那么这些策略和技巧对你就毫无用处。这一点很关键。在这个世界上，伟大的谈判思想家比比皆是，他们博览群书，受过专业训练，对谈判有着卓尔不凡的见解。但是，能够在实际谈判中无往不利的伟大谈判家却寥若晨星。

假设你去一家餐厅用餐，顾客络绎不绝，而你并未提前订座，此时，你想让经理为你安排座位而和他们谈判交涉。你会怎么做呢？在这种特殊的情境中，面对餐厅领班，你要怎样开场呢？

了解谈判规则并不意味着你在谈判中就能获得成功，就像你并不会因为读过 42 本有关网球知识的书，就能成功击败一位世界顶尖的网球运动员一样。

本书的一个主要目的是：把理论转化为实践，用大量现实生活中的真实案例，再加上具体的实践经验，向大家详细展示各种循序渐进的谈判策略。本书就像学习网球的入门课程，若想更成功，就要不断练习方法和策略。

陈瑞燕——在本书开头成功地让飞机驾驶员同意其登机的那位女士，就有一份谈判准备清单，这份清单就是她谈判的出发点。但仅有清单还不够，她已通过实践内化了清单内容，即有意识的实践。

同样的谈判策略可以广泛应用于不同的情境。因此，不必非在重大事情上进行实践，否则一旦出错，后果很严重。所以，还是从小事开始吧。

你走进一家似乎从不打折促销的服装店，你先问经理是否可以打折，得到的回答很可能是否定的。那就再问问店里是否有私人导购。私人导购通常赚取提成费，即只有顾客购物了，他们才能将提成费赚到手。私人导购会竭尽所能地帮你促成折扣交易。向他们要张名片，然后再问经理或私人导购，该店对忠实的老客户都有哪些优惠政策。

即使你讨价还价的东西标价只有 1 美元也没关系。将来，你就有可能为价值 1 万或 10 万美元的东西进行谈判实践——其过程并无二致。过去，我常常针对几乎每一种我能想象的情境进行谈判实践。我的朋友总是取笑我，但当他们需要帮助而我能做到他们无法做到的事情时，他们就会对我刮目相看。

伟大的谈判家都是后天训练而成的，而非天生的。他们之所以谈判能力超群，靠的是专心致志和勤于实践。在我曾教过的学员中，有些人最初极不善于谈判，但经过一个学期的训练，他们取得了飞跃性的进步。换句话说，仅仅列出一份谈判准备清单远远不够，你必须再三实践，从失误当中吸取经验教训。这个学习过程并不难。

王炜炜，一位纤弱的女性，是我在南加利福尼亚大学谈判课上的一名学员。她起初非常腼腆，避免大部分谈判，很难实现自己的谈判目标。

因此我建议她先报名参加一门名为“交际和表达”的课程，目的是增强她的自信心。“不，戴蒙德教授，”她说，“我真的很想学习这门谈判课程，您可以对我从严要求。”

“好吧。”我不再坚持。在接下来 12 周的课程中，只要一有机会，我就会让王炜炜和班里一位极其出色的男学员一较高下。那位男学员的块头相当于 4 个她，谈判风格强硬，措辞尖锐。王炜炜非常勤奋，对课程中所学内容掌握娴熟。最后一学期，在全班学员面前，她和那个男学员展开了一场谈判，那个家伙被她说得落花流水，毫无还击能力，全班为她的精彩表现长时间起立鼓掌，包括那个被打败的家伙。

王炜炜本人并没有意识到自己的表现多么出色。在课程中途，她给我写了一张字条：“戴蒙德教授，我觉得自己很失败。按您的要求我已经全部做到了，我不仅已经掌握了那些谈判策略，而且进行了相应实践。谈判之前我会做好充足的准备，谈判过程中我会努力坚持。但是，往往还没等开始运用我所准备的一切，对方就已经让步了。我怎样才能进行更多的实践呢？”

如果你对谈判准备充分，富有实践经验，对方一定会感受得到。这样他们就会给你更多，无论你从哪里开始谈判。

当然，你必须有意识地做出谈判决策。我们的调查显示，大多数人认为自己一周用于谈判的时间大约 14 个小时。事实上，几乎所有人一周用于谈判的时间都超过了 40 个小时。对于其余那些谈判，人们只是没有意识到而已。你越有意识地运用谈判策略，就会争取越多。

学习这些谈判策略的过程并非直线型的。这就是为什么在本书不同的情境中，我会不断地对一些观点进行重复，目的是让你更好地理解你要干什么。我发现，给学员介绍一个新观点的时候，只有稍后再以一种稍稍不同的方式重复这个观点，学员们才会学到更多。从这个意义上说，本书的呈现方式就像一本教程。你可以将自己的行为拆解，仔细审查每一部分，对之进行改进，然后再将其全部组装起来。

这就像是学习一种体育运动。要想做得更好，就要对运动的每个部分都了如指掌，将注意力集中在克服自己的弱点上，然后再把各部分组合起来。学习弹钢琴或开车的过程也与此相似。

在不同的情境中，起作用的谈判策略和工具也不相同。但是，用以组织谈判过程的那三个问题对所有的谈判都是适用的：无论是在一家熟食店要求优惠，还是要达成一宗 10 亿美元的交易。这就是为什么出色的谈判者可以通过谈判获得一切，蹩脚的谈判者则什么也得不到。

如果不使用本书介绍的谈判策略，即使是最精明、最能干、最受人尊敬的人也会犯错误。谈判是一个刚刚崛起的、正在逐渐发展的新领域。仅凭良好的直觉和本能行事是远远不够的。

因此，一定要使用谈判准备清单，参加每一场谈判都要随身携带。

找出自己在上一场谈判中的亮点和失误之处，并对清单进行改进。要经常这样做。一次只练习一种策略，看看会产生怎样的效果，然后从中吸取经验教训，然后再次进行实践。

从本质上来讲，本书是一门系列性的辅导教程，其目的是帮助所有人达到他想达到的谈判水平，提高他们的谈判能力。每个人都需要谈判辅导。实际上，你越是精通某事，就越需要一位指导者帮助自己保持强大的竞争力。

想象一下奥运会游泳冠军迈克尔·菲尔普斯（Michael Phelps），或高尔夫球大师杰克·尼克劳斯（Jack Nicklaus）。当杰克劳斯获得冠军的时候，他会说“好了，奖杯已经到手了，我不必再练习了”这样的话吗？当然不会！任何一个正在谈判的人都不会说这样的话，无论谈判内容是一宗百万美元的合同，还是一件丢了一个纽扣需要退回到干洗店的衬衣。

伊兰·罗森堡（Illan Rosenberg）是费城一名经验丰富的律师，他曾报名参加我的谈判课程，以提高自己的谈判水平。刚上了一节课，他就前往墨西哥去重谈一宗搁置已久的交易。根据自己在课堂上的所学，他并没有开门见山地直接进入交易条款的讨论，而是努力去了解对方的详细情况——他的希望、梦想、担忧等。伊兰的这种做法起初让对方大吃一惊，但随后对方就向他敞开心扉，告诉伊兰自己当时的困扰。结果呢？“我们达成了协议，”伊兰说，“这宗交易价值 2 000 万美元呢。”

通过学习这些谈判方法，你很快就能在实践和自我实践反馈的情况下进行自学。你会不断进步。

但是，为了实现你的谈判目标，你还需要帮助对方变得更好。

这听起来也许有违常理。然而，如果对方的谈判水平不高，他们是不太可能与你达成协议的，或者他们会在协议达成后千方百计地修改协议或拒不履行协议。如果对方对谈判结果不满意，你就无法争取更多。

你要帮助对方的另一个原因是，大多数谈判者不知道如何制定或实现自己的谈判目标。他们不懂得如何倾听，也不明白如何发现其他人头脑中的想法。这些谈判者大都具有对抗性和防守性的特点，而且其谈判态度不正确。

你需要帮助对方确立谈判目标、满足其需求并争取更多。大多数强势顽固的谈判者都缺乏技巧，除了强势顽固以外，他们没有别的方法。除非对方向你表明他们败局已定，否则你都应该努力去帮助他们。这并不意味着你会承担很大的风险。以渐进的方式前进一小步，看看会有什么结果。问一下："你们愿意达成一个对我们双方都合理的协议吗？"如果对方愿意，接下来确定双方应以怎样的方式达成协议。

鲍勃·伍尔夫（Bob Woolf）是一位已退休的知名运动员的经纪人，他在一次谈判中直截了当地对对方说："在我这里，有一件事没有任何商量的余地，那就是我们一定要满足你们的利益需求。"当对方露出惊讶的表情时，他就会接着说："我们之所以要满足你们的利益，是因为如果我们不这样做，你们也就不会满足我们的利益。我是个十分自私的家伙。我只是想让自己的利益得到满足。"

● ●●

一场谈判，只有你说结束，它才会结束，否则绝不会提前结束。无论对方对你说多少次"不"、多少次和你意见不一致、多少次难为你，通通没有关系。要始终锁定你的目标（在不会给对方带来困扰的情况下）。总而言之，坚持不懈就是要集中所有精力，想尽一切办法，最终实现自己的目标。

如果对方对你的坚持不屑一顾，你可以说："那好吧，我不过是在尽力实现我的目标而已。还有什么更好的方法吗？”有些人可能不愿帮助你，但愿意帮助你的人比你想象中的多，他们会让你继续尝试下去，直到最后让你满意而归。

在我的第一堂课上，学员们为某件事情而进行谈判的时候，往往只尝试几次就放弃了。但到这门课程快结束的时候，他们会尝试无数次，每一次的尝试方法都会发生细微的变化。

迭戈·埃切托（Diego Etcheto）需要重新预订从费城飞往迈阿密的机票。前一天，一场暴风雨导致他没能赶到机场，因而错过了当天的航班。他想让达美航空公司免掉他150美元的航班改签服务费。他打了13次电话，前12次的回答都是“不行”，最后一次对方终于回答说“好吧”。这个过程虽然花了一个半小时，但他省了150美元。“态度要好，还要坚持不懈。”迭戈说。迭戈现在在华盛顿帮忙打理家族的食品生意，他说：“当对方对你说‘不行’的时候，问一问‘为什么不行’。我随时都做好了谈判的准备。”

工商管理硕士出身的高级主管杰克·卡拉汉（Jack Callahan），曾是我在纽约大学讲授EMBA课程时的学员，在他眼里，苏斯博士（Dr. Seuss）的经典之作《绿鸡蛋和火腿》（*Green Eggs and Ham*）是有史以来有关毅力的最好的书之一。我很赞同这一看法。在央求了100多次，被拒绝了100多次之后，对方终于开心地吃了绿鸡蛋和火腿。“今天晚上我给1岁的孩子读了7遍这个故事，那可是个很有毅力的小家伙。”杰克说。

只要有毅力就会更自信：相信自己什么都能做到。我的学员们认为他们在我的课堂上的最大收获就是自信心。蒂姆·埃赛（Tim Essaye）通过运用自己在课堂上所学到的谈判策略，成功得到了25%的奖金。在谈判课上建立的自信改变了他的一生。

科琳·索伦蒂诺（Colleen Sorrentino）获得了自信去与她的丈夫鲍勃沟通，而不是向他唠叨。丈夫曾答应由他购买家里的食物，以便让她有时间学习。她说：“我没有吵闹，只有这一次我没有闹情绪。”科琳说，自从那次谈判之后，十几年来家里所有的食物一直都是由鲍勃购买。“过去当我提要求的时候，我总会感到内疚。”科琳说。现在的她在自己的家族企业“华尔街通道”经纪公司任总经理，她说：“现在我做事的时候总有办法让自己变得更强大。”

找出更深层次的动机

人们在生活中做一些重要的事情并不是为了金钱，也不是为了满足合理的利益，而是为了从中获得某种感受。包括痛苦在内的情感和精神上的回报都是谈判过程必不可少的一部分。

莎伦·沃克（Sharon Walker）是我在沃顿商学院的一名学员，她的母亲因患乳腺癌将不久于人世。虽然莎伦的孩子即将降生，但她知道自己的母亲很可能等不到第一个外孙出生。于是她想让母亲朗读儿童读物并录下来，这样尚未出生的外孙们将来就能听到外祖母的声音了。

“小时候，母亲会模仿儿童读物中的动物对话，这给我留下了特别美好的回忆。”莎伦说。她希望自己的孩子将来也能拥有这样的美好记忆。

不过，莎伦不知道该怎样向母亲提这个要求。母亲身患绝症，家人的心情都十分沉重。如果莎伦的要求会让母亲的心情哪怕多增加一丝不快，也一定会遭到父亲和妹妹的反对。因此，在我的课堂上，我们进行了一个角色转换实验（一场模拟谈判），莎伦扮演自己的母亲，她要尽力搞清楚母亲此时的想法和感受，其他学员扮演莎伦，这样莎伦就能直观地看到自己是怎样和母亲进行谈判的。莎伦的特殊要求是，既不想让自己在家人眼中显得自私，也不愿意增加母亲的心理负担。

通过这个角色转换实验，莎伦明白了，尽管母亲也许永远都见不到自己尚未出生的外孙，但她还是非常希望自己能在外孙将来的生活中留下一些记忆。莎伦还明白了，母亲在内心深处其实非常渴望将自己朗读儿童读物的声音录下来。不过，莎伦也知道母亲很害怕，而且心中充满悲伤。她的母亲住在 3 000 英里之外的加利福尼亚，无法自己完成朗读的录音工作。

莎伦还意识到，如果自己前往加利福尼亚，陪伴母亲一段时间，母亲就能完成朗读的录音工作。她会帮助母亲回忆自己小时候和母亲一起阅读儿童读物的那些美好时光。莎伦会告诉母亲全家人是怎样不敢相信她患上了癌症，但莎伦绝不会直接对母亲说她可以给外孙留下一份特殊的遗产。莎伦会说："无论如何，你难道不想给自己的外孙读几个故事吗？""难道你不想让他们听到你的声音吗？"

莎伦是在利用自己的母亲，以便从母亲身上得到自己想要的东西吗？当我把这个故事讲给全班学员听的时候，有些人认为的确如此。然而，正确答案当然并非如此。难道莎伦是要在谈判中获胜吗？难道朗读儿童读物会让她母亲输掉谈判吗？当然不是。从更宽泛的意义上说，难道我们应该以双赢或你输我赢为标准来谈论这个问题吗？事实上，在谈判中，这都是些毫不相关的问题。这些问题没有真正捕捉到谈判过程中真实发生的动态关系。真正相关的是各种情感因素以及和当前谈判毫无关系的一些东西。

当你给自己所爱的人送礼物的时候，究竟谁的收获更大？当店铺售货员因为你是一整天来第一个对她态度友善的人而给你优惠的时候，究竟谁的收获更大？这比那些故弄玄虚的术语复杂得多，只有对人和情境进行深入了解和研究后才能搞清楚。

在莎伦的例子中，等莎伦从学校回到加利福尼亚的时候，她母亲的病情已经严重到无法朗读了，虽然此时莎伦已有把握说服母亲，但她母亲已无法发声。最终，莎伦的母亲没有完成朗读录音就去世了。现在，莎伦在波士顿担任高科技战略顾问，她说真希望自己当时就学会了那些谈判策略和技巧，那样她就能在母亲去世之前说服母亲了。

不过现在莎伦把自己所学到的谈判策略和技巧教给了自己的孩子们，两个男孩，一个女孩，分别是 5 岁、7 岁和 9 岁。她教给孩子们尤其要学会理解和关注他人的感受。莎伦说，他们现在进步都很大。还有一点也很重要，那就是莎伦在刚才所描述的谈判中并未实现自己的目标，因为她母亲没能朗读录音就去世了。这不是一个理想状态下的谈判过程，你也不应该指望谈判过程会始终处于理想状态。但是，如果你能坚持运用那些谈判策略和技巧，你的生活将会以很多你无法预知的方式变得更加美好。所以，现在就开始运用这些谈判策略和技巧吧。不要再犹豫了。

● ●●

我经常听到有学员说谈判课程改变了他们的生活。成功的谈判会让你受益匪浅：增强自信心、找到解决问题的具体方法、更好地掌控自己的生活、获得更多的钱、心境更加平和豁达。

“这门课程带给你的好处简直难以言表，”来自纽约的对冲基金经理埃文·克拉尔（Evan Claar）说，“我在这门课上找到了解决所有问题的钥匙，不仅是事业上的问题，而且包括我的个人生活和人际关系方面的问题。”

卡罗尔·麦克德莫特（Carol McDermott）的经历很典型。通过运用课堂上所学到的谈判策略和技巧，她在一个学期内：①工资增加了 45 000 美元；②从银行那里获赔 90 美元，由于对方工作失误；③从大陆航空公司获得 100 美元的补偿，因为对方无法提供她点的餐；④从有线电视公司获得每年 240 美元的优惠折扣；⑤买了 4 次花，让对方按批量折扣优惠了 8 美元；⑥说服餐厅在打烊以后招待自己的伙伴们；⑦使 3 个月彼此都没有说话的两个朋友言归于好；⑧说服男友到家里过感恩节；⑨学会了在紧张的谈判中保持沉着冷静；⑩掌握了更好的策略和技巧，避免卷入无谓的争论当中，从而失去目标。

以上只是卡罗尔随手写下的一些事情，类似的事情还有很多。取得这些成果的时候，她还只是沃顿商学院的学生。毕业以后，类似的成果更是呈指数级递增。在学员们所分享的成果中，卡罗尔的成果是其中的典型代表。

“这门谈判课成为我的生活的一道分水岭——课程培训之前和之后。”伦敦美林证券公司的交易员阿列克谢·卢戈夫索夫（Alexei Lougovtsov）说，“这门课让我的生活变得更轻松、更幸福，事业更成功，人际关系更加和谐融洽。”

阿列克谢提到了两次重要谈判，一次是专业谈判，另一次是私人谈判。在2009年的金融危机期间，投资者群体希望苏格兰皇家银行（世界上资产最雄厚的银行）和劳埃德银行（英国最大的抵押贷款银行）能够暂缓分红。阿列克谢运用谈判课上学到的技巧，认真研究了谈判双方，包括投资者们头脑中的想法，以及不等价交易的种种事项。

阿列克谢说，他了解到金融机构绝不可能向普通投资者暂缓分红，因为普通投资者是经济的支柱力量。他还了解到，投资者们是政府谋求良好政治前景的依靠力量，因此政府一定会插手保证红利的分配。鉴于此，阿列克谢建议自己的客户将资金投入那些面临拖欠风险的公司。他的建议完全正确。投资者们得到了分红，股票价值增长了5倍之多。他所在的银行狂赚了数千万美元。“我给出那样的建议并不是我分析法律文件和财务报表后得出的结论，而是因为我认真研究了谈判各方脑海中的想法。”阿列克谢说。

阿列克谢的第二次重要谈判是要说服自己的女友琴和他一起参加一个为期一周的拳击训练营。琴在华尔街工作，琴的朋友们当时对她使用激将法，说她不敢违背男友的意思，同时他们还邀请她去巴巴多斯[①]和海滩。“我向她描绘了一幅画面，”阿列克谢说，“我问她，能有机会和世界一流的拳击巨星们站在一起的人有几个？这种经历值得写入个人简历中。”阿列克谢带着琴参加了一个由佛罗里达州的传奇人物唐·金（Don King）举办的拳击训练营。琴训练很认真，满身大汗，而她身旁就是一

---

① 巴巴多斯（Barbados）是拉丁美洲的岛国，位于东加勒比海小安的列斯群岛最东端。——译者注

些拳击巨星。这次经历让琴大开眼界。“她总问我什么时候能再去一次。”阿列克谢说。

辛迪·格林（Cindy Greene）是波士顿的一名顾问，正如她所说：“现在，每一次谈判我都会用不同的方式对它进行评估。我对对方的关注程度令人难以置信。我的生活彻底发生了改变。”将来你也会这样。

沃 顿 商 学 院 最 受 欢 迎 的 谈 判 课

Getting More:

How You Can Negotiate To Succeed In Work And Life

第 2 章　人几乎决定一切

2008年年初，好莱坞剧作家协会已举行长达三个月的罢工。剧作家协会的首席谈判代表，即现任会长约翰·鲍曼（John Bowman），在一位知名好莱坞经纪人的安排下与我通了电话。“听听这家伙会说些什么，”这位名叫阿里·伊曼纽尔（Ari Emanuel）的经纪人对鲍曼说，“把他说的话都记下来。”

那是一个星期二的下午，鲍曼按例要在星期四的早餐会上和好莱坞主要制片厂的代表就争议问题进行商谈。他手头有一大堆实质性问题要解决，如稿酬、基本补偿金等，正不知道该以怎样的顺序将这些议题一一抛出。

我让鲍曼将这些议题通通放在一边，至少现在先不予理会。这些都不是问题。现在的问题是，谈判双方都是一副势不两立的架势，所有人都在遭受经济损失。“和他们随便聊聊天吧，”我建议道，“问问他们：‘你们开心吗？’”他们肯定开心不起来，对此他们肯定也不会予以否认，他们也许会指责剧作家协会。我告诉鲍曼这没关系，我说：“安慰一下他们，然后问他们：‘如果重新开始谈判，你们想怎样继续下去？’”

鲍曼对我的话半信半疑。我告诉他谈判的关键在于人，我给他举了几个例子来说明谈判是怎样始终和人紧密相关的，这些例子在本章均有收录。首先，对那些愿意倾听自己、尊重自己、积极和自己协商的人，人们总是慷慨大方。我让鲍曼将两个来自纽约时装区的谈判代表打发走，因为这二人作为剧作家协会的谈判代表一直咄咄逼人、寸步不让，只要他们往谈判桌前一坐，好莱坞电影制片厂那些原本气定神闲的高管们就会备感压力、精神紧张。

鲍曼在电话中说他会试试我的建议。此时此刻，他还有什么好怕的呢？最后的结果是：在谈判几个月以来一直无果的情况下，就在那次早餐会上，谈判双方一致同意重新开始谈判。鲍曼撤换了来自纽约时装区的那两个家伙。仅仅几天时间谈判就达成了协议，这次罢工也随之宣告结束。阿里说："多亏了这次谈判，剧作家罢工才得以结束。"他是美国家庭影院频道热播的系列喜剧《明星伙伴》中的主人公在现实生活中的原型，也是白宫前幕僚长拉姆·伊曼纽尔（Rahm Emanuel）的兄弟。

对于这次谈判，你也可以看到另外两点：其一，它并非像火箭科学那么神秘高深；其二，除非你已对谈判方式做到心中有数，否则你根本看不到那些谈判技巧。

从古至今，人们前去谈判都会带着一大堆议题，打算一开始就先声夺人，张口闭口"这是我方议题""那是我方提案"等。

这样做实在大错特错！如果你无法以某种方式和谈判对手进行沟通，就无法达成协议，或者即使你确已和对方达成协议，它也不会十分理想，或者不会长久维持下去。因此，纵然你对对方恨之入骨，也必须和他们进行交流沟通。

记住，在整个谈判中，你是最无足轻重的一个人。最重要的人是对方，其次是对谈判者极为重要的第三方。如果不接受这个观点，你就无法说服别人相信你所说的任何一句话。本章将向你展示应该如何关注谈判对手，以便实现你的目标。

关注对方会让你收获更多

首先，坐在你对面的人的性格和情感几乎左右着谈判的每一步进程。在谈判当天，如果你不清楚对方的想法，那么考虑种族、宗教、性别、文化、信仰以及其他任何问题都没有意义。如果你和谈判对手在星期一各自带了3个人参加谈判，到了星期二，你却带来了4个人，那么星期二的这场谈判与星期一的谈判就会完全不同。即使参与谈判的人不变，还是原来那6个人，但是情况也会有所不同。也许某人那天早上上班路上不太顺利，也许某人正好身体不适，也许某人的孩子正在生病，也许某人因为其他事情而心不在焉。

因此，对你而言，当务之急是要摸清你对面的人此时此刻的情绪和处境，即使他与你是老相识，即使他是你的配偶。

这是一种完全不同的看待谈判过程的思路。过去，人们最关注的是谈判议题，比如，“这是我方提案”“那是我方议程”。后来，人们开始考虑利益问题：“你方为何想要达成这笔交易？让我们双方理性地讨论一下这个问题。”这种做法将谈判议题先搁在一边，专注于双方的利益问题，效果要更好一些。然而，无论是专注于谈判议题还是聚焦于利益问题都不够理想。要想使谈判真正获得成功，你必须退回到谈判起点重新开始。对方现在的感受如何？他们对当前形势的看法如何？他们脑海中的想法是什么？

如果你不从这些问题开始，又怎么能知道从哪里入手呢？每个人都是与众不同的，即便是同一个人，今天和明天，或在同一天的不同时间也是不同的。在和对方谈判的时候，你必须关注他们当时的感受、想法和观点，否则你就如同在黑暗中摸索前行。

大部分人认为谈判的关键是具备专业知识：本人是金融专家，本人是医生，本人是环保律师，本人是能源专家，本人是机械师等。但是，研究表明，在促使谈判双方达成协议的关键要素当中，专业知识所起的作用仅占 8%，人在其中所起的作用超过 50%，即双方是否互有好感、是否互相信任、是否愿意倾听彼此的要求。谈判流程所起的作用大约占 37%（见图 1）。也就是说，谈判双方是否愿意深入了解彼此的需求（理性需求和感性需求），双方对谈判日程的安排是否意见一致，双方是否有诚意对彼此做出承诺。

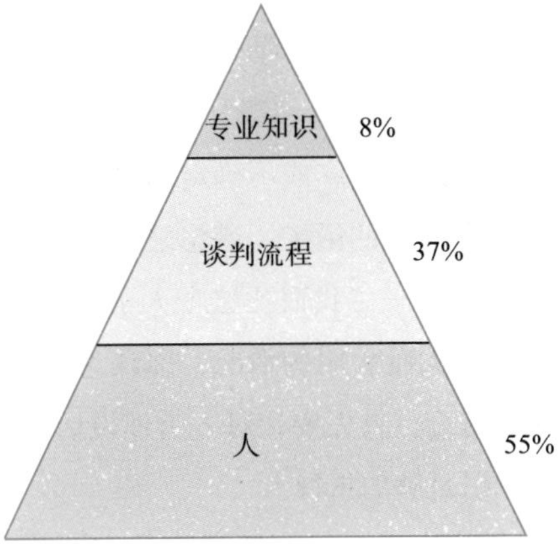

图 1

如果你认为谈判的关键是实质性问题，那么很遗憾，我不能说你的看法有错，但你缺少了作为谈判者的说服力。也就是说，在谈判中，真理和事实只是一项论据，人和谈判过程要重要得多。对于那些强调专业知识的人（医生、工程师、金融专家）而言，这一点令他们很难接受。但是，研究表明，事实的确如此，单靠专业知识很难说服他人，除非对方愿意听你讲这些东西。

O. J. 辛普森（O. J.Simpson）涉嫌杀害前妻妮克·布朗·辛普森（Nicole Brown Simpson）和前妻男友罗纳德·戈德曼（Ronald Goldman），尽管一辆手推车的多处留下了辛普森的 DNA（脱氧核糖核酸）证据，凶案现场所发现的血迹也与他的血型相同，但洛杉矶刑事陪审团仍然判他无罪，为什么呢？在我所认识的律师当中，凡是看到关键证据的，几乎没人敢相信这样的判决结果。下面的问题给出了简单的解释：这个陪审团的成员主要来自平民区，而且绝大多数是黑人，他们对这起案件的感受是什么？他们对证人马克·富尔曼（Mark Fuhrman）（一位狂热的种族主义者）又是什么感受呢？

首先，该陪审团对检察官没有好感，而且他们不信任检察官。如果对方不喜欢你，也不相信你，他们就听不进你说的话。对方之所以在听，只是因为你一直在对他们滔滔不绝，“嗯”并不代表他们听进了你所说的每一个字。当人们感到愤怒、疑惑或不确定的时候，从生理学的角度而言，他们就更听不进对方所说的话了。盛怒之下，即使你在记笔记，也很有可能写出这样的句子——“我恨死这个人了”。仔细观察一下裁判和棒球教练面对面冲对方大吼大叫的情况，你认为他们彼此能听到对方所说的话吗？要想说服对方，首先要让对方听你说话。你必须另想办法，集中精力，对其始终予以足够的重视。

因此，在辛普森杀妻案中，检方所提出的多项指控以及搜集到的各种证据事实上根本未被陪审团听取。检方的律师可谓精明强干、经验丰富，却在这起案件中经历惨败。这是因为一旦涉及理解他人的问题——谈判中的头条要求，他们便显得一无所知、愚蠢透顶。

辩护律师在辩护的时候把陪审团成员当成了普通人。“如果这只手套试戴不合适，你们必须判他无罪。”当辛普森试戴血手套的时候，约翰尼·科克伦（Johnnie Cochran）这样对陪审团说。这句简单的话对陪审团的判决起了重要作用。也许你不喜欢这样，但现实社会就是这样运作的。

在 2004 年的美国总统大选中，乔治·W. 布什（George W. Bush）为什么会获胜？我认为是因为他所说的一句话：“即使我们意见不一致，至少你们知道了我的信念和立场。”这句话可信度很高。可信度是最重要的。这句话和他的竞选对手民主党总统候选人约翰·克里（John Kerry）所说的话形成了鲜明的对比，约翰·克里的话总让人感觉他极其渴望登上总统宝座。

2008 年美国总统大选，贝拉克·奥巴马（Barack Obama）为什么会获胜？我认为原因在于第二轮总统选举辩论。每当共和党候选人约翰·麦凯恩（John McCain）要对奥巴马施以猛烈抨击的时候，奥巴马总是面带笑容，表现得非常合作，沉着冷静，显现出总统风范。当时由《纽约时报》和哥伦比亚广播公司联合开展的一项民意调查显示，麦凯恩怒气冲冲的语气和对奥巴马进行人身攻击的行为给60%的选民留下了负面印象。

就谈判而言，这意味着什么呢？如果你和对方在讨论议题的过程中不顺利，那么就立刻停下来！回过头去谈一谈人的问题，然后将所有问题搞定。不要失去理智地一味继续下去，否则你将无法达成协议。或者即使你达成了协议，这项协议也不会长久维持下去。

一位女士在洛杉矶进行了一场非常敏感的职位收购谈判。第一天一切进展顺利，第二天却出现了问题，因此她停止讨论谈判议题，对对方说："马克，我们昨天谈得很愉快，但今天不太顺利。如果这是因为我说了什么或做了什么造成的，我感到万分抱歉。我希望我们能重回正轨。你现在感觉如何？"

马克为自己的分心表示歉意。大家发现导致谈判不顺利的原因竟然完全与谈判无关。他们双方重新检查了谈判流程，最后成功地达成了协议。

关注对方会让你获得更多。如果你将对方当作独立的个体来对待，即使在交易型情境中，他们向你提供帮助的可能性也会增加约 6 倍。愿意提供帮助的人所占比例差距惊人：最高可达 90%，最低只有 16%。

即使你不认识对方或者讨厌对方，但只要和对方沟通，对方通常会帮助你实现目标，无论谈判对象是政府部门少言寡语的官员、素以服务态度生硬而著称的电信公司，还是政见不合的他国领导人。

你不应该责怪这些人脾气糟糕、面目可憎，责怪他们只会使你偏离自己的目标。对他们以礼相待，才会让你离目标更近。

阿莉扎·扎伊迪（Aliza Zaidi）要乘坐全美航空公司从旧金山飞往费城的夜间航班，航程长达5个小时，她的座位在中间，而且飞机上剩下的全是中间的座位，乘客们正在向值机柜台的票务员发牢骚。阿莉扎注意到票务员一边处理乘客们的问题一边咳嗽，看上去似乎身体不舒服。

阿莉扎带有两瓶水，她把其中一瓶递给那位票务员，又给了她几片止咳药并关切地问候了几句。那位票务员充满感激地接受了她的好意。阿莉扎此举并非收买人心，她本来就是一个乐于助人的人。现在，阿莉扎在匹兹堡担任顾问，她说："我当时那样做并没有多想。"

阿莉扎很客气地问那位票务员，如果靠过道的座位开放的话，能否为她安排一个。没有给对方施加任何压力，也没有任何牢骚和抱怨。阿莉扎将自己的票交给票务员，然后坐下来。过了几分钟，票务员叫到她的名字。"她给我安排了一个紧急出口处靠过道的座位，那儿的空间更大一些。"阿莉扎说，"她还给我提供了免费的一餐，她不想让我饿着肚子睡觉。我再次向她表示感谢，她又给了我一副耳机，方便我看电影。与人为善，必得福报啊。"

你也许会说，如果每个人都这样做，谈判技巧就是无效的，或者这样做似乎有收买人心之嫌。你说得不无道理，但是，并非人人都会这样做。大多数人只会抱怨、发牢骚，事事只想着自己，不考虑对方。再说，与人为善并非一件坏事。我很乐意生活在那样的世界里，你难道不是吗？

关注他人还有一层含义，即当你和一个团队的代表进行谈判的时候，你的注意力应该放在这个团队的个体成员身上，而不是他们所代表的公司或文化，也不是他们的性别、种族或宗教。每个个体都是与众不同、独一无二的，当你与他们交谈的时候一定要将他们当成个体看待。

许多谈判类图书和文章经常被冠以诸如"如何与俄罗斯人谈判"这样的标题。它有什么问题吗？这样的标题包含一个假设，即同一国家的所有人都一样，没有任何差别，他在你眼里只是俄罗斯人、日本人、中国人、法国人或美国人……对这样的标题，我的反应是："怎么，你是要和1.3亿日本人谈判吗？"

事实上，你的谈判对象是一个人或两三个人，这几个人也许或多或少地和你所代表的文化有相同之处。在谈判中对你说"不"或"行"的并不是整个文化或团队，而是有着自己观点和独特个人经历的个体。可以肯定的是，不同文化之间的各种规范存在很大差异，而规范这个概念过于笼统、不够精确，它无法告诉你怎样才能说服坐在你对面的那个人。

的确，与你身旁的公司同伴相比，你也许会和来自蒙古的某个人有更多的共同之处，即使此人和你语言不通。

"所有的美国佬都特立独行、好胜心极强，所有的日本人都善于团队协作，这种看法显然是错误的。"王炜炜说。她是我们在第1章提到的在南加利福尼亚大学取得巨大进步的谈判者。

有一次，我感觉一位客户不太高兴，于是我问他："你怎么了？"对方回答说："我们不喜欢律师。"我就是一名律师。我说："能告诉我是怎么回事吗？"对方提起了他们曾经和辛辛那提的几位律师有过不愉快的经历。

我告诉他们："我有个好消息要告诉你们。我不认识那些律师，和他们没有任何关系，也不对他们负责……我就是我。"

凭什么你要为你的公司在过去10年所做的一切负责呢？或者，在你的职业领域或文化中，有人为未来100年或1 000年做过什么吗？你的同胞或同事在10年前、20年前或50年前做了错事，有人愿意为他们背黑锅吗？这不公平，更重要的是，这与谈判毫无关系。

关注你面前的这个人，看看你和他目前能做什么。你力所能及的事情是什么？用这种方式考虑谈判会让你对自己的能力充满信心。将所有你无法驾驭、会让你产生挫折感的东西通通抛开，专心处理自己力所能及的事情。这有助于你分清事情的轻重缓急，也有助于你将事情做好。

如果有人说企业文化会影响谈判，你可以回答说："也许吧。不过，你相信吗，即使没有企业文化，我也有可能做出满足你需求的决策，并做出言而有信的承诺。"

即使最极端的人也并非铁板一块。假设在1944年，你是波兰的一名犹太人，你认为所有的纳粹都是恶魔。如果你遇到奥斯卡·辛德勒（Oskar Schindler），按理说你就应该没命了，因为辛德勒也是一名纳粹。但是，这名纳粹愿意拯救你的生命。不过你永远都不会向他开口，因为在你心中所有的纳粹都憎恨犹太人。

无论在事业上还是个人生活当中，如果知道哪些人真正相同、哪些人真正不同，这将带来多么有利的竞争优势啊！仅靠一些外部特征或表面上的社会交际关系是无法获得这种竞争优势的。而一旦拥有了这种竞争优势，你就能和任何团队的成员建立关系，成功达成交易。对那些识人不明、技巧不足的谈判者而言，这正是容易令他们失手的地方。

杰克·德乔亚（Jack DeGioia）是乔治城大学的校长，有一年，他在沃顿商学院参加了我们举办的执行谈判力讲习班。当我们就上述观点展开讨论的时候，他说在2001年9月11日的恐怖袭击事件之后，他做过一些有关阿拉伯裔美国人文化的研究。他注意到大约63%的阿拉伯裔美国人都信仰基督教。

换句话说，根据这次研究以及随后我们自己所做的研究发现，超过一半的阿拉伯裔美国人并不信仰阿拉伯文化中最重要的宗教——伊斯兰教，相反，他们信仰的是西方文化中最重要的宗教——基督教。

那么，"9·11"事件之后出现了什么情况呢？"9·11"事件后，无数阿拉伯裔美国人遭到了持续猛烈的舆论炮轰，发动炮轰的有美国政府各级官员，包括一些地位非常显赫的高级官员，还有航空公司、教育机构以及许许多多普通的美国人。针对阿拉伯裔美国人的各类事件层出不穷，从谋杀到殴打，从非法逮捕和拘禁到被赶下飞机，这些均有案可查。一些评论将攻击基督徒的罪责推给所有的阿拉伯人（很可能也包括一些信仰基督教的阿拉伯人)。你可能会说这样的人只占少数。但是，为什么会出现这样一些少数分子呢，尤其是在美国这样的国家？

在和宗教极端分子做斗争的过程中，更多的美国人原本有可能与许许多多热爱西方文化的阿拉伯裔美国人携手合作，团结更多人，搜集更多信息，获取更多援助。在这个例子中，致使他们错失良机的原因是他们没能将人当作个体来对待。这并非要批评那些伊斯兰教信仰者。关键在于没有区别对待个体，对人缺乏精确有效的判断。

随着时间的推移，令人不安的各类事件持续上演。2009 年年底，一名尼日利亚男子企图在一架飞往美国的飞机上引爆炸弹，美国官员因此将尼日利亚人列入恐怖分子监视名单。尼日利亚则以将石油卖给其他国家为威胁对此做出回应。两国官员难道不是反应过激吗？尼日利亚不会因为一名本国的恐怖分子而成为一个恐怖主义国家，人们也不会因为美国运输安全管理局几个官员反应过激，而对所有美国领导人持有偏见。

寻找关键的第三方

阿南德·伊耶(Anand Iyer)曾在一家销售货币兑换技术的公司工作。一位客户说他的“公司”认为阿南德收费偏高。“我对他说，我们是和人谈判，而不是和‘公司’谈判。”阿南德说，他现在在旧金山当货币和股票交易员。阿南德告诉这位客户，自己很乐意和那些认为费用过高的人谈一谈。原来，那些认为费用过高的人只是想让阿南德“改进”货币兑换柜台的服务质量。于是双方达成了一个涉及公共关系和一些额外工作在内的协议，费用依然保持不变。

几乎在任何一场谈判中都至少会有三个人——即使有时只有两个人在场。第三个人或第三方通常指的就是这样的人，无论是真实存在的或想象中的，即谈判者认为自己必须以某种方式遵从的人。这些人也许是鬼魂和过去的精灵，也许是谈判者告之以谈判结果的对象——配偶、同事、朋友，在这些人面前，谈判者需要保持面子。他也有可能是老板。问题的关键是，要想实现你的目标并获得更多，你必须对这些人负责。

例如，就谈判对方个人而言，他也许会同意你的意见，但他有一个不讲道理的顶头上司。在这种情况下，你可以和对方联手找出理由去说服对方的顶头上司。

斯科特·布罗德曼（Scott Brodman）是一家大型化学公司的销售经理。有一件事令他十分费解，一个新客户的采购代表不停地提要求，尽管那笔交易条件已经十分诱人。于是斯科特提了一些问题，想看看幕后是否存在第三方。"我发现，原来他的老板正在监视他，而且经常在事后批评他。"斯科特说。

在斯科特的帮助下，这位采购代表让其老板看到了行业标准以及他们的需求得到满足的过程。"他告诉他的老板，这是他所能达成的最有利的交易。"斯科特说。最后对方同意了协议。

很少有人会忽视对自己很重要的第三方意见。当你需要对某人施加影响，而又自认为没有足够的影响力的时候，想一想对对方而言很重要的人是谁，以及更容易受你影响的人又是谁。

20 世纪 70 年代，纽约的一名律师伯纳德·伯顿（Bernard Burton），在一起诉讼案中代表一个承包商状告在长岛修建赛道的一名建筑商。由于这条名为萨福克草甸的赛道出现了资金周转问题，建筑商罗纳德·帕尔（Ronald Parr）停止向部分债权人偿还债务。伯顿担心帕尔在被告席上就债务问题不说实情，因为帕尔并非坦荡直率之人，所以伯顿将跟随帕尔 30 多年的秘书传唤到庭，她不是来作证的，而只是坐在旁听席上。伯顿认为，帕尔绝不会在自己的秘书（一位亲切慈祥、诚实正直的老太太）面前说谎。果然，帕尔讲出了实情，伯顿帮客户要回了工程款。"一分都不少。"他说。这就是第三方的重要性。

尊重对方

一名学生走进当时费城一家主要的百货公司"斯特劳布里奇和克洛西尔"，想为面试买一套衣服。他看到一套标价为500美元的衣服打折后为350美元，于是将这套衣服拿到柜台处。在柜台处，一名售货员正在处理其他顾客提出的要求和投诉，忙得不可开交。

这名学生就在那里等，直到其他顾客都走了，那名售货员终于闲下来了时，他首先为其他顾客的行为向售货员表示歉意。接着他说，忙了一整天，她一定非常疲惫，其他顾客拿自己的问题向她出气，这不公平。一天下来，这名学生也许是第一个对这名售货员态度如此友善的人。

这名学生强调了这套衣服的现有折扣，接着询问是否还能通过其他任何方式获得更多折扣——商店专用信用卡持有者专享的额外折扣、现金支付的折扣等。售货员说这些方式都未施行。这名学生又说："我能否提个建议？在今天这段时间，我也许是第一个至少试着理解你辛苦工作的人，所以，能给我一个好人奖励折扣吗？"售货员笑了，她说："再优惠50美元怎么样？"

这是一件小事。这名学生额外得到了14%的折扣，只是因为他让自己在那名售货员面前显得富有人情味。他所做的是一次人际沟通。这并不是一种多高超的技巧，但大多数人往往注意不到。有些谈判所达成的交易其利益极其可观，这样的机会有很多。如果你每年的可支配收入能增加10%，你觉得怎样？

要让对方将你想要的东西给你，关键是要尊重对方。大多数电影和书籍都是这样描述谈判的：要狠狠打压对方，让对方感到羞耻或使其陷于不利处境，这样才能争取更多。这种方式实在大错特错！想想你自己的反应。如果对方尊重你，你就会愿意给予他们更多。在家庭中，人们之所以难过是因为他们觉得自己不被重视。在工作中，人们之所以会抱怨也是因为他们觉得自己没有受到尊重。

如果在谈判一开始你发现自己错了，要立刻调整方法。在沃顿商学院的时候，有一次我上课迟到了。在一条双向车道上，一个方向的车道被一辆大卡车堵住了。在另一个方向的车道上，一辆小汽车和一辆出租车相向驶入空车道，各自后面跟着大概 5 辆汽车，都在不停地按喇叭，但两辆车互不相让。我决定通过谈判来解决这个问题。我从车上下来，走到那辆出租车跟前。我认为，和看上去显然是本地人的这名司机谈判应该更容易。

“你非要表现得这么英勇吗？”我说。这句话说错了！因为这句话对他是种侮辱和不尊重。他挥手让我走开，还“呸”了一声。我意识到自己犯了一个错误，于是试着采取一种更设身处地的方法。

“你可以做个好人。”我试着说道。当然，他可能会因为在过去一直是一个大好人而有种压迫感。尽管如此，他还是听进去了这句话，说了声“嗯”，但还是没有任何行动。

于是我认真考虑了一下他头脑中的图景，想了想他每天的工作。最后，我突然想到了一种对他表达尊重的方式。“你看，”我按设想的方式说道，“这两辆车中，只有你是专业司机。”

他开始倒车。

了解对方的想法是谈判中的一个重要主题，我会反复谈及这个问题。要想说服对方，了解对方的想法是你所能做的最重要的事。只有努力去了解对方的想法，才有可能转变对方的思想。

如果下一次你因为交通违规而被交警拦住，首先应表示歉意，再感谢交警对工作尽职尽责。这样做说明你尊重他们拦住你的做法，尊重他们为自己的事业所花费的时间。当你尊重对方的时候，对方就会回报你。如果你担心自己要负责任，告诉他们你对“已经发生的事”或“自己在该事件中有可能造成的任何问题”感到非常抱歉。我常常以恭敬的态度对警察说：“都听您的。”

几年前，在纽约市第 37 大道上，我因没系安全带而被警察拦住。路边有三辆汽车正在接受处罚，看起来显然也是同样的原因。警察刚刚开始在此执行任务。我决定向那位警官表达一下尊重，我说：“警官，您拦住了我，您对工作尽职尽责，对此我非常感谢。要不是您，刚才我也许就没命了。”最后他对我开罚单了吗？当然没有。

当然，你一定要表现得真诚。如果你说这话的时候不是发自肺腑，那就会被开罚单。如果你厌恶所有的警察，这种情绪就会表现出来。你要把日常生活中的所有遭遇都当成谈判加以思考，并不断实践，直到你能迅速将注意力集中到对方身上。换句话说，必须让对方真正觉得这个谈判关注的是他们以及他们的需求和看法，而不是你的需求和看法。警察想要确定的是你已经吸取了教训，主要问题在于这个教训对你而言代价有多大。

在我还是一名记者的时候，常常要在几秒内赢得他人的信任。我的第一个目标就是让对方面对我滔滔不绝。我会尽力去了解对方的想法。他在想什么？他的感受是什么？怎样才能让他一直与我交谈呢？怎样才能让他主动联系我呢？只有做到真诚坦率、求知好问，才能发现对方的想法，否则你就毫无头绪。

丹尼斯·扎维雅洛夫（Denis Zaviyalov）5 岁的女儿雷吉娜想成为公主。“她爱看有关公主的卡通片，房间的墙上贴满了公主的海报。”丹尼斯说。但有个问题：“她的房间乱得一塌糊涂。”丹尼斯仔细想了想女儿以及她的想法和眼中的世界，他让雷吉娜展示一下如何用纸板做向日葵。雷吉娜照做了。“谢谢你，公主！”丹尼斯接着又说，“不过，看看这里被我们弄得多乱啊。”他环顾了房间四周，“这看上去像是公主的房间吗？”

雷吉娜想了想。“公主的房间不应该这么乱。”她说。“那我们应该怎么办呢？”丹尼斯问道。雷吉娜说：“我可以把房间收拾干净，扔掉所有干掉的‘培乐多’彩泥，让这里看起来像个公主的房间。”谈判成功！

一天清晨，在费城斯库基尔河沿岸的一个船库里，16个人正在等候埃弗雷特·赫特（Everett Hutt）给他们做船员训练。埃弗雷特的专用车位被一辆汽车堵住了。当时是早上6点。经过一番努力，值夜班的工作人员打通了车主的电话，车主告诉了他该车（一辆阿库拉轿车）钥匙的位置。但这位工作人员取来了一把本田车的钥匙，他一直试图用这把钥匙发动汽车，还说钥匙肯定没错，因为这是从钥匙盒里车主所说的位置找到的。

埃弗雷特并没有嘟囔说："你这白痴，难道你没看见这是本田车的钥匙吗？"相反，他赞扬了这位工作人员所做的努力。接着，他对这位工作人员说："并非人人做事都像你这么严谨有序，也许钥匙一不小心被放在别的地方了。"这位工作人员同意回楼上看看，他在那里找到了正确的钥匙。

现在，你会说："我永远也不会做这样的事。"但是，埃弗雷特的言行帮他准时开始了训练。如果你采取的行动无法帮助你实现自己的目标，你就要花很多时间和停车场的工作人员或其他人争论不休。

通常，尊重对方会带给你意想不到的、获利丰厚的回报。珍妮弗·普罗塞克（Jennifer Prosek）在哥伦比亚商学院学习时，她决定和吉米·陆（Jimmy Lu）聊一聊，吉米是一名非常安静的中国学生，几乎没有人和他说过话。只用了5分钟，满怀感激的吉米就把自己在中国做的公共关系研究资料送给了詹尼弗。对他人充满好奇本身就会带来各种机遇。

后来，詹尼弗成了纽约和伦敦一家公关公司的创始人兼首席执行官。"我们认为商业发展靠的就是人们与生俱来的好奇心。"她说。她补充道，一次简单的对话，无论其内容如何，都有可能成为销售谈判过程的一部分。

那么，怎样才能了解对方呢？随便聊聊吧。这不仅仅是因为某本书上说聊天乃明智之举。之所以和对方聊天是因为你对他们感兴趣，因为你想努力和对方建立一种关系。这是一种贴近生活的方法。

这也是一种接近他人的方法。在费城一家名为尚普的餐厅，一名新来的女服务员正忙着为络绎不绝的顾客安排座位。我的一名学员和她的朋友们正在等待他们点的食物，还要等很长时间才能端上来。于是，我的学员将那名女服务员叫过来，首先对她的辛苦工作表达感谢和尊重之意，接着又说，看出来她是一位新手，现在非常忙，不过在等候用餐的这段时间，能否先给她们上一盘开胃菜?

那名女服务员端来了一盘免费的开胃菜，接着又将主菜的价格从账单上划掉：除了酒水饮料，其他全部免费。“由于我态度友善，善解人意，那名女服务员自然而然地给了我回报。”我的学员说。

“找出一条能将双方联系起来的共同纽带会给你带来巨大的收获。”鲁宾·穆诺茨（Ruben Munoz）说，他是费城的一名律师。在互联网上查找能翻译出生证明和结婚证书的译者的时候，鲁宾遇到了一位女译者，他们谈到了对西班牙和旅行的共同兴趣，鲁宾的翻译费用因此减少了一半。难道你不想这样做吗？好吧，不过你也别想有任何收获。

公众往往傲慢无礼地对待服务人员。如果你能给予这些人尊严，他们将会不胜感激。

戈拉夫·蒂瓦里（Gaurav Tewari）有一些箱子已经存放在一个公共物品仓库一个夏天了，他需要支付 100 美元。戈拉夫找到了仓库经理并和他聊起天来，这位经理说他希望有一天能拿到工商管理硕士学位。戈拉夫正好在攻读工商管理硕士学位，于是他向这位经理提出了一些申请商学院的建议。结果呢？戈拉夫需要交纳的费用被免掉了。

从我的学员们的个人账户上来看，通过运用类似不起眼的方法，他们节约下来的金额已经超过 10 亿美元，这可是一笔不小的数字。

进行人际沟通意味着你必须将注意力放在对方身上，而不仅放在自己身上，你要让他们主动与你交谈。有一天，曾在沃顿商学院上过我的课的一名学员开车前往费城房价比较昂贵的郊区，他正在寻找住处，打算毕业后和妻子以及尚在襁褓中的儿子住在一起。这名学员一不留神闯过了停车标志。停在便道上的一辆警车上的警察立刻命令他靠边停车。

这名学员一个劲儿地道歉，说自己的做法确实太危险了。“问题是，”他说，“刚才我光顾着看这些漂亮的房子了，因为我正在找一个住的地方，打算毕业后和妻子、刚出生不久的儿子住在一起，所以没有看到停车标志。”

“您现在怎么处理我都行，”这名学员继续说道，“不过，您能给我点儿建议吗？在这个社区，哪里的房子稍微便宜点儿呢？我很愿意住在您所管辖的这个社区，不过我希望能找一个住得起的地方。”那名警官掏出了自己的钱包，给这名学员看他自己宝宝的照片。毫不奇怪，这名警官没有开罚单。

这种情况会一直发生吗？当然不会。不过，再强调一次，你要寻找的是每 9 局比赛中那额外的一记安打。

摸清对方的实力并予以肯定

尊重对方，也就意味着你承认对方的能力。这不仅指首席执行官，还包括高档餐厅的领班、对文件所在位置一清二楚的行政助理、机动车辆管理部门服务窗口忙得不可开交的政府官员、儿童、任何有可能节约或浪费你的时间的人。尊重对方的行为意味着你肯定对方的地位、能力或观点，这样对方就会愿意给你一些回报。即使对方能力有限，也要对他们在其他方面所表现出来的能力给予肯定，通过这种方式让他们获得力量，这样他们就会回馈于你。与将自己的权力强加于他人身上相反，这种方式产生的效果也就与之相反：人们愿意为你提供帮助。

因此，下次当酒店职员或客户服务代表在打电话、加油站的工作人员或其他服务人员犯了错误或没有准确满足你的要求时，不要责骂他们或对他们态度恶劣。这样做无助于你实现自己的目标。相反，要尊重他们，肯定他们有能力做得更好。这与人们的典型反应相反，却很有效——非常非常有效。

道恩·麦克拉伦（Dawn MacLaren）是一位管理顾问，他正和一位朋友在一家拥挤的餐厅用餐。尽管他们已经催促了4次，但服务员依然没将饮料送来。道恩的朋友冲那名服务员大嚷大叫，还辱骂他，那名服务员转身就走了。道恩跟随这名服务员来到餐厅的另一边，为自己朋友的行为道歉，同时也为其他顾客的无礼向他表示歉意。“如果您能把我们的饮料端上来，并把账单拿来，下次您来我们桌子的时候就可以拿到小费了。”道恩说。

不到两分钟，饮料就端上来了。“我没有让他显得不称职，而是努力站在他的角度看问题。”道恩说。

关键在于反应不要过于激烈，即使对方心情不好。通常，人们之所以抨击你，只是因为他们在别处受挫。不要怀疑自己。告诉他们，你很抱歉他们这一天过得不愉快。这样做会令你收获颇丰。这样做需要很强的自律能力，但获得的回报是值得的。

在生活中你会面对大量类似的情况。你选择的解决问题的方式将极大地影响你的生活质量。

找到并承认对方的能力还意味着要找到那个决策者，或者对决策者有直接影响的人。你们当中有多少人浪费了生命中大把的时间与人谈判，结果却所谈非人？每个人都曾有过这样的经历。当你打电话给某人的时候，你应该确定此人能否帮上忙。“您好，您能做某事吗？”生命是短暂的。

一家法国公司与一家韩国公司的谈判持续了三年。每一次法国公司认为双方已经达成协议的时候，韩国公司就将价格抬高到一个新的水平。历时三年，花费了50万美元——差旅费和其他费用，这还不算机会成本。最后法国公司放弃了，他们失败的原因是：他们没有问清楚原本在第一周就应该问的问题，即这个谈判流程采取的是什么形式？谁才是最后的决策者？

与此密切相关的另一个问题是，谁才是真正的谈判者？这个人未必最擅长谈判或资历最老。事实上，研究表明，人越有权力，就越少注意到对方的需求。也就是说，人们只有在不那么成功的情况下才会愿意将利益蛋糕做大。在谈判团队中，最出色的谈判者最终也许是一些资历最浅的成员，这的确是个讽刺。所以，你要问的问题应该是："在我的团队中，谁最有可能让对方实现我的目标？"

授权给他们的一个重要方式是把问题交给他们，这种方法很少被使用。要运用同理心或直接请他们帮忙。如果你让他人参与解决你的问题，他们会觉得自己被授权了，就会全心投入，就更有可能帮助你。所以，直接请他们帮忙吧。

在我的谈判生涯中，我曾为中央情报局举办过一个咨询会。中情局监察长办公室有人打电话给我，似乎是行政机构被员工们大量的投诉压得喘不过气来，而管理者却束手无策。

于是，我来到了弗吉尼亚州的兰利。我告诉他们，减少员工投诉量的一个好办法就是把问题交给员工。组建一个员工投诉委员会，让各部门的员工轮流担任委员，比如，每 6 个月一任。为这项工作提供一笔小额奖金，或写一封对其工作予以肯定的信函，将其放入员工档案，或其他一些诸如此类的举动。这样一来，所有员工的投诉都要首先接受投诉委员会的审查，只有获得委员会的批准，投诉才能被转递至管理者手中。

在这种情况下，员工们的投诉量大幅减少。人们觉得，让同事们看到自己那些琐碎无聊或心存报复的投诉实在令人尴尬。所以，最后剩下的全是正当合理的投诉。让你的同事、上司以及员工给你提供解决问题的建议，并让他们知道你也许不会采纳所有的建议。无论如何你会因此获得更多。

信任和缺乏信任的谈判

一位同事是我近20年的老朋友。一天，他看到一个机会，就将我们两人共同研究了十几年的一个项目据为己有。夫妻结婚多年，一方突然欺骗了另一方，对方恍然大悟！一段婚姻就此破裂。

显然，信任是一个涉及人的重大问题。信任的好处是巨大的：更快的交易速度、更多的交易数量、更丰厚的回报。信任缺失会让人付出高昂的代价。法国一项研究表明：在法国，人们之间由于缺乏信任，以至于就业率和国民生产总值比其所能达到的水平分别降低了8%和5%。与之形成鲜明对比的国家是瑞典，两者之间的差距达数十亿美元。一般而言，在斯堪的纳维亚国家和美国，人们彼此之间的信任度最高。

在许多发展中国家，部分经济问题是交易成本高昂，原因是彼此缺乏信任。美国的部分经济问题是，自“9·11”事件之后，存在于民众和社会体制之间的信任度急剧下降。比如机场安检或贷款的各类事务，耗时更多，成本也更高昂。原本可用于发展更富有成效的事业的资金就这样被浪费了。2009年丹麦的一项研究发现，社会信任与国外投资直接相关，在信任度较低的发展中国家尤其如此。

让我们来给信任下个定义：信任是一种因对方会保护你而产生的安全感。如果对方对你有一定程度的信任，他就会帮助你，除非风险太大或他遇到了更好的机会。如果对方非常信任你，哪怕自己因此受到伤害，他也会帮助你。了解信任动态非常重要。

信任的主要组成部分是诚实——对人要坦率。信任并不意味着双方意见一致或总是一团和气。不过，信任意味着彼此相信对方。正如我在前面提到的，你的可信度是你所拥有的最有力的谈判工具。

信任的对立面当然是欺骗或撒谎。它包括欺骗他人的任何行为，还包括以忽略某些事实给他人造成一种错误印象。比如巧妙地控制情绪、歪曲信息、吓唬愚弄（虚张声势或空口承诺）、选择性地选取信息破坏他人的可信度。只要无法通过“直觉测试”的都属于这种情况。说谎会破坏信任感，最终毁掉谈判。

信任必须建立在某个基础上。如果在生意场合刚刚认识的某个人对你说：“你难道不信任我吗？”你一定要这样回答：“我为什么要信任你？我们才刚认识。如果你就此而信任我的话，你简直是疯了！”信任要经历一段时间的缓慢发展，它是双方彼此间的一种情感承诺，以相互尊重、某些道德准则和好感为基础。它包括这样一个观点，即关心他人，不会千方百计地为自己攫取一切利益。

如果你对双方关系还不确定，就不要轻信对方。不要将自己的弱点暴露给对方。对待靠不住的人，正确的回应不是让自己也变得不值得信赖。为什么要因他人丧失信誉而毁掉自己的信誉呢？

1974—1986年，我的同事米歇尔·马克斯（Michel Marks）一直担任纽约商业交易所董事长。他创造了能源期货，一个价值亿万美元的产业。有一次我问他成功的秘诀，米歇尔说：“我总是主动让出一部分利益，从来不会让对方一无所获。”他补充说，人们信任他，所以会找他交易，他所做的交易也就越来越多。米歇尔还说，他做每一笔交易的速度都比别人快，所以交易量也就比别人多出许多。

米歇尔并非傻瓜，当他对双方的信任程度没有把握的时候，他就不会暴露自己的意图。不过，他把自己的可信度看作竞争力的一个重要组成部分。米歇尔所处的纽约商品交易所是一个典型的短期性交易场所，正如埃迪·墨菲（Eddie Murphy）主演的电影《交易所》（*Trading*）中所描述的那样。

不过，律师们也许会说：“我的职责是为客户积极争取利益，怎样才能与主动让出一部分利益不相矛盾呢？”我的回答是：“那要看是什么时间范围了，如果你今天将一切利益尽数揽入自己囊中，对方就不会再与你打交道了，在所有相关时间范围内，你是否为客户争取到最大利益了？”

有些人也许会说，信任在不同的文化中是有差异的，这的确没错。但是，在任何一种文化中，人际沟通越频繁，信任度就越高。信任缺失始终要付出代价。几年前，我在莫斯科为俄罗斯一些成功的商人举办了一次谈判研讨会。第一天早上过后，讲习班的三名学员带我共进午餐，想纠正我的观点。

“你所讲的有关合作的这些东西对你们西方学员很适用，”其中一个人说，“但和我们一点儿关系也没有。无论何时我们想得到什么，只要偷偷夺过来就行了。”他们三人哈哈一笑，但并非在开玩笑。我问有关贿赂的问题，他们说他们也会贿赂他人。

我对他们说：“在俄罗斯，你今天这样做可能管用，但国际商业社会不会容忍这种行为，从长远来看，这种做法会让你付出高昂的代价。”当然，他们并不相信我说的话。

1998 年，俄罗斯银行违约事件被曝光，其欺诈行为令美国银行损失了数十亿美元。美国在俄罗斯的投资额从占世界总投资额的 28% 锐减到 2.9%。如果你问许多国际金融家有关俄罗斯的问题，他们首先联想到的就是“欺诈”。即使有欺诈行为的人只是少数，但其代价十分高昂。本书前面引用过的法国的一项研究显示，在俄罗斯，大约 90% 的人“完全不信任”司法制度，而在美国和挪威，这个数字分别为 23% 和 12% 左右，这两个国家具备的信任度被认为是最高的。

在谈判中撒谎和欺诈会招致风险。骗局终会被对方揭穿。如果在一个组织当中，不同的人讲不同的谎言，迟早会有人站出来揭穿它。在组织内部那些道德标准更高的人群中，撒谎或欺诈很可能引起纠纷和猜疑。有人也许会从中找出矛盾的地方，并利用这些矛盾来对付你。

这并不意味着你必须将一切毫无保留地告知对方。正如第 1 章提到的，要告诉他们，在“此时此刻”有些情况暂时还不方便透露。如果双方关系有了进一步的发展，你就可以透露更多信息了。

这样做也有助于弄清楚对方的真正要求。一位女士从以前居住的曼哈顿社区搬走了，但不久之后，她又回到该社区的商店想购买一些音乐唱片。她想买的东西价值约为150美元。在收银台，经理问她是否住在附近，附近居民可享有折扣优惠。后来，这位女士在谈判课上提了这么一个问题，她当时应该撒谎吗？事实上，她并没有撒谎，而是支付了全价。

那位经理真正想问的是什么呢？他真的介意这位女士住在哪里吗？不。他想知道这位女士是否是老顾客。那这位女士为何不能这样回答："我过去住在附近，最近刚搬走。我回来只是想在我喜欢的商店里买点儿东西。你们这家商店就是我中意的一家。"

这样说难道不比撒谎更强有力吗？这种说法回答了那位经理真正想问的问题。如果这位女士撒谎了，并将自己写有旧住宅地址的驾驶证拿给经理看，而这位经理碰巧认识刚刚搬进那栋住宅的人，那该怎么办？商店现在都有资料库。如果这位女士这样做了，她可能永远被这家商店拒之门外。

为了证明这一点，这名女士又回到了那家商店，她将谈判课上学到的话对经理说了一遍，结果结账时享受到了折扣。这种方式也许需要更多地考虑到对方以及当时的情况，但从长远来看，其风险更小，收益更大。

● ●●

正如我们所知道的，这个世界往往是靠不住的。怎样在缺乏信任的情况下进行谈判呢？毕竟，那些靠不住的人也是付了钱的。

事实上，尽管信任是最佳谈判工具，但对成功的谈判而言，你并不需要信任。这是大多数人都容易忽视的重要一点：信任并非一场成功谈判的关键要求。成功的谈判需要一些更基本的要素。

我们需要的是一个承诺。信任只是用来获得承诺的一种方式，获得承诺的其他方式还有合同、第三方、各种动机，等等。

重要的一点是，你要按对方的而不是自己的方式做出承诺。你说的话就相当于你的承诺吗？谁在意呢？他们说的话相当于他们的承诺吗？不要只是想当然地认为，如果自己以某种方式做出了承诺，对方就会以同样的方式做出承诺。你在确定自己的目标时花费了多少精力，在获得对方承诺的问题上就应该花费同等的精力。

在中国做生意的美国公司抱怨说，许多传统的中国公司不在合同中对价格做出承诺，他们的承诺具有很大的随意性。中国公司首先会在合同中将交易形式确定下来——供货方式、交付时间等。然后，他们通过观察市场，根据市场行情提出报价。合同中的价格被他们视为参考价格。事实的确如此，《中国经济评论》在2010年4月表示，西方人要是不打算开展第二轮合同谈判的话，他们就需要“为失败做打算”。

不过，在中国，如果当地有一位德高望重、受到公司人员敬重的长者，由此人通过媒体宣布包含价格标准在内的合同，为中美合作做出表率——那么，这就是一个响当当的承诺。这是因为，在中国，无论是商业行为还是个人行为，顾全面子十分重要。

一家美国咨询公司遭遇巨额债务拖欠，这笔债务拖欠已达700天——将近两年的时间。这家美国公司请过律师，可是没有奏效。他们又试着使用外交手段，这次，对方的门被敲开了一条缝：开会商谈。

我给这家美国公司提出的建议是，让公司主管亲自去见这家传统公司的头头们，对他们说：“贵方拖欠债务已令我方颜面尽失，让我们在同事面前抬不起头来，在朋友面前矮人一截，在家人面前直不起腰，面对员工、咨询顾问、客户、政府官员、街坊邻里以及各个社区，我们实在下不了台。”

同时，向这家公司建言说，拖欠债务同样令他们在自己的政府面前颜面无光。因为该国正努力在国际贸易领域赢得声誉。对已完成的工作拒不偿付合法的商业债务也有违国际准则。结果不到三个星期，这家公司就清偿了所有债务。

在中东的许多市场中，一次握手就是一个具有约束力的承诺。一个交易者伸出手，手臂伸直，说道："这个价格怎么样？把你的手伸给我吧。"对方将手臂缩到身后，说明这个报价没被接受。谈判仍在继续。如果双方达成协议，他们就会在证人面前握手。这就是一个具有约束力的承诺。

我的一家公司在过去几年内曾将玻利维亚丛林的香蕉出口到阿根廷。在我们和阿根廷人做生意的特殊市场中，我发现以下说法都不算承诺：①"我发誓。"②"我以我母亲的生命发誓。"③"我保证。"④"我已经在合同上签字了。"⑤"我绝对保证。"

但是，如果我们欠阿根廷人的钱，他们就会遵守协议，至少直到我们向他们付清欠款为止。因此，我们形成了一种模式，在这个模式中，香蕉的成熟、运输、销售等环节所需成本由阿根廷人预付。我们从终端消费者，即超市那里收取付款。然后，再向我们的合作伙伴支付成本费用和利润分成。

在我们和阿根廷人做生意的 6 年时间里，他们从未违反过协议里的任何条款。是我信任他们吗？我甚至都不认识他们！因此，这里就有一个关键点。在缺乏信任的情况下，你需要用一个强制性替代物来刺激对方，让对方不会去欺骗作弊。这个强制性替代物可以是一个根据协议由第三方暂为保管资金的货币体系，也可以是第三方有可能给出的负面意见，还可以是交易中未来利润的净现值。

歌手蒂娜·特纳（Tina Turner）曾经说过："这和爱情有什么关系？"在谈判当中，信任是很好的工具，但并非必不可少的条件。

还有许多其他方式可以保护你不受到对方谎言或欺骗的伤害。第一种就是渐进式。只向对方提供很少的一点信息，这样即使上当受骗，也不会付出很大代价。看看对方是否以同样的方式对待你。如果是，那就再深入一点点。切记，不要掉入这样的陷阱：你已让对方满载而归，可对方却在你所看重的方面寸步不让。要确保自己在每一步都能获得足够的利益回报。

一位名叫亚历克斯·多戈特（Alex Dogot）的乌克兰商人说，当他在生意场合认识了某个人的时候，在最初几个月里，他总拿自己已经知道答案的问题来问对方。“如果对方撒谎，我就不再和他们打交道了。如果他们说实话，我就继续往下走一步。”亚历克斯说。

还有其他一些方法可以用来检验对方。比如，让对方向第三方证明他们的报价是真实的。告诉对方，你会在自己力所能及的范围内给出更理想的价格，这个价格只有第三方才知道。这样一来，第三方就会对其他任何不利于你的报价进行检查。如果你的报价确实更理想，对方可以拿到你交由第三方保管的钱。如果对方犹豫畏缩，你就应该质疑他们话语的真实性。

我喜欢美国前总统罗纳德·里根（Ronald Reagan）对苏联的评论：“信任，但也要核实。”这是一句古老的俄罗斯谚语。

下面这个清单中的内容一定要牢记于心：

- 如果对方获得的信息比你多很多，你就会处于劣势。不要轻易做出承诺，要采取渐进的方式，直到获得更多信息或更多信任。
- 收集大量有关对方的信息（“请正当调查”）。问他们有关细节的问题，看看是否所有的信息都相互匹配。对每一件事进行检查和测试。请可靠的第三方提供帮助。
- 对方是否逃避你的问题或转移话题？对方越躲躲闪闪，他们掩盖真相的可能性就越大。
- 如果与诚实相比，欺骗能让对方更有利可图，那就改变刺激物。例如，就对方在一段时期内的表现（价值）给予对方一定报酬。
- 除非有明确的保护措施，否则不要向对方提供自己的资产（发明创造、时间、房屋建筑）。

- 确保任何协议的真实性。告诉对方："只要你所说的是真话，我就会放心，你也不用付出任何代价。"如果对方犹豫退缩，一定要警惕！
- 在协议中将违反协议的后果予以说明。
- 亲自与对方会面，这样有些事情就很难隐藏了。在某些文化中，除非谈判各方可以亲自交谈，观察彼此，否则不会进行谈判。
- 如果对方对某些内容有所保留，你对此感到不满，那就问对方："还有什么我应该知道的吗？"

相信自己的直觉。对方紧张吗？看上去内疚吗？殷勤过度了吗？目光看向别处吗（除非是文化上的原因）？长时间沉默吗？在拒绝做出承诺吗？这些并非对方不诚实的真凭实据。但直觉提出的这些问题能让你慢下来，思考得更多，步子迈得更稳。

争取更多还意味着不要紧盯着一些蝇头小利。一定要努力按照以上准则去做，否则悔之晚矣。

失去和重获信任

当一千年后，有人从报纸刊登的文章中查阅21世纪的情况，看到一则有关广受尊敬的时尚大师玛莎·斯图尔特（Martha Stewart）的讣告时，讣告的开头可能会这样写："玛莎·斯图尔特已于昨日逝世。玛莎·斯图尔特曾改变了世界对时尚的看法，也曾因对大陪审团撒谎而遭到起诉并被判定有罪。"因为，欺骗乃至对欺骗的看法一直以来都是一个永恒的话题。

比方说，你在一家律师事务所工作。在你的职业生涯中有一次你多收取了一位客户1 000美元，有人揭发了你。那么在你今后的岁月里，人们就会把你看成是滥收费的律师，而你所在的律师事务所也会背负滥收费的骂名。仅仅一次欺骗就换来了这样的结果。

欺骗的代价是失去信任。失去信任的代价是实实在在的损失：大把的钞票、极高的声望、良好的信誉以及作为谈判者不容小觑的影响力。迈克尔·菲尔普斯曾在2008年的夏季奥运会游泳比赛中创下了连夺8枚金牌的纪录，但他失去了数百万美元的赞助合同，因为有一次他被人发现在吸食大麻。虽然他现在依然有赞助合同，但其机会已经远不如从前了。还有众所周知的，职业高尔夫球手老虎·伍兹被发现对妻子不忠以后，他的广告代言事业一落千丈。

在谈判课上，一方有很多机会欺骗另一方。有一次，一名律师和一名法律系学生在一场谈判中达成了一项协议。该学生所在的团队违反了协议，彻底战胜了律师所在的团队。律师被激怒了，他在众多学生面前站起来对那名学生说："我手里掌握着我所需要的有关你的所有情况，足以让你此后的人生身败名裂。"

这名学生回答道："嘿，别这样，这只是一场比赛而已。"律师说道："如果出于比赛目的你都能做出这样的事，想一想为了钱你又会做出怎样的事来。"

人们对欺骗的看法也会毁掉谈判以及在谈判中所建立起来的合作关系。一位经理曾在哥伦比亚大学进修我所开设的行政人员工商管理硕士课程，他说，他受雇于一家工业设备制造商，10年前，该制造商与一个重要客户在年度采购合同上出现了一个问题。

该客户每年要购买价值8 000万美元的设备。在合同谈判阶段，该客户对一项特殊的价格标准提出了反对意见。厂商同意将该价格标准从合同中取消。该价格标准对本次交易的影响不是很大，而且条款一直位于合同的最后。但是，双方曾郑重地就该价格标准进行过协商。

合同修改完毕，厂商签字后将其交给了客户。客户方的采购经理在审阅合同的时候发现，那项价格标准还在合同里！该客户十分生气，说自己上当了。厂商一再道歉，但全然没用。该客户根本不相信厂商，因为双方曾那样郑重地就那项价格标准进行过协商。

此后 10 年，该客户再也未向那家厂商购买过任何设备。如果将通货膨胀计算在内，那家厂商为此损失了达 1 亿美元的销售额。10 年之后，厂商一方曾参与过那次交易的高管们大多已离开，客户一方也仅剩一人。此人就是该公司的首席执行官，正是 10 年前的那位采购经理。

在因失去信任而造成的影响最戏剧化的例子中，有一个例子与一家大型化工产品生产商的一位客户有关。

这位客户是新泽西州中部的一家大型印刷厂。印刷厂的采购经理告诉我，他当时从那家生产商处购买的化工产品还不到总需求量的 10%，每年大约为 10 万美元。他说他们公司每年的购买额至少可以达到 50 万美元，甚至更多。然而，那家生产商并没有得到这笔生意，早在 1990 年，那家生产商就已经失去了印刷厂这个大客户。事实上，直到 2001 年印刷厂才再次开始从那家生产商处购买产品。

“出了什么事？”我问。

“哦，”采购经理说，“1990 年，那家生产商企图将一个新产品强行销售给我们，说老产品已经没货了。这个新产品不好用，导致我们在生产过程中白白浪费了很多时间。”接着，他发现所谓的“新产品”实际上是“实验品”。因此，他说：“我们丧失了对他们的信任。”他说对方从印刷厂所遭受的损失超过了 100 万美元。

“那么，你们为什么又重新开始和他们合作了呢？”我问道。

“嗯，”采购经理说，“那家公司的销售代表一直很棒。他一直坚持到我们公司来，给我们提供信息，他确实是个很不错的小伙子。所以我们认为可以在业务上再给他一次机会。这也是我们在 2001 年所下订单相对较小的原因。”采购经理说。

“巴斯夫公司的那个销售代表一直坚持来你们公司想重续业务合作关系，他坚持了多久？”我问。“6 年来每个月都如此。”采购经理说。

即使已经失去对方的信任，也有可能重新赢回来。当然，这并非易事，也不能保证一定成功。如果从“第二次机会”这个角度来重建信任，你的要求就有可能得到对方的回应。这个过程是循序渐进的。“你必须礼貌客气、向对方表示歉意并承诺会做得更好，”维拉·纳科娃（Vera Nakova）说，她是赛诺菲－安万特药品公司的一名高级营销经理，她曾给了一家业绩表现不佳的市场调查公司第二次机会。“你必须用开放的心态去接受改变，你需要就过去在沟通方面出现的问题进行讨论。”维拉说，重建信任的一个关键是要展示你在合作和解决已有问题方面的能力。

改变一切

通过本章所介绍的谈判工具和策略深入了解对方，能获得令人惊叹的效果。这个例子来自克里斯·希布塔尼（Chris Shibutani）博士——我之前在哥伦比亚商学院的一名学生——讲述的是一个 27 岁名叫吉恩的自闭症患者的故事。

克里斯现在是瑞士联合银行的一名投资组合经理，20 世纪 90 年代，他在曼哈顿斯隆－凯特林癌症中心担任一名儿科麻醉师。吉恩，这名成人患者，既不与人交流也不与人配合。每当需要打针的时候，他就会变得狂躁不安。

“我考虑了一下他的需求，还有他究竟是怎样一个人，”克里斯说，“他只是需要更多的具体的安慰，他的应对机制比别人更加有限。”

克里斯发现，吉恩害怕疼痛以及会引起疼痛的各种象征物，因此他当着吉恩的面把针全都收了起来。克里斯还发现，吉恩讨厌别人居高临下地对他说话，于是他就坐在吉恩身旁、能与吉恩的眼睛平视的地方，并让护士安静地躺在旁边的担架床上。这种举动肯定了吉恩的权力，也是对他的一种尊重。

克里斯认为吉恩不喜欢受到惊吓，所以医生在做检查和治疗的时候动作都非常轻柔。克里斯首先在自己身上演示了监控器的用法，然后又在吉恩的妈妈身上演示了一遍，演示的时候两个人都面带微笑。这就是人性化的沟通方式。

克里斯知道，吉恩在接受检查之前肚子是空的，所以他在麻醉罩上添加了香甜的草莓味，让吉恩能闻到这种香味。因为吉恩有时候会来回摇晃，嘴里发出哼哼声，所以克里斯也学着吉恩的样子，嘴里哼着“谁害怕那只大坏狼？”这样的曲子。

吉恩表现得安心、平静，就这样静静地睡着了。即使是最难对付的人，你也可以推动他走得更远，只要你知道他是怎样的人，尊重他，甚至让他有更多的控制力。

沃 顿 商 学 院 最 受 欢 迎 的 谈 判 课

Getting More:

How You Can Negotiate To Succeed In Work And Life

第 3 章 观念和沟通

看看下面这张图（把那个圆圈涂成红色）。请用一个或两个词把你所看到的东西写下来。那个箭头忽略不计，它只是一个指示标记。

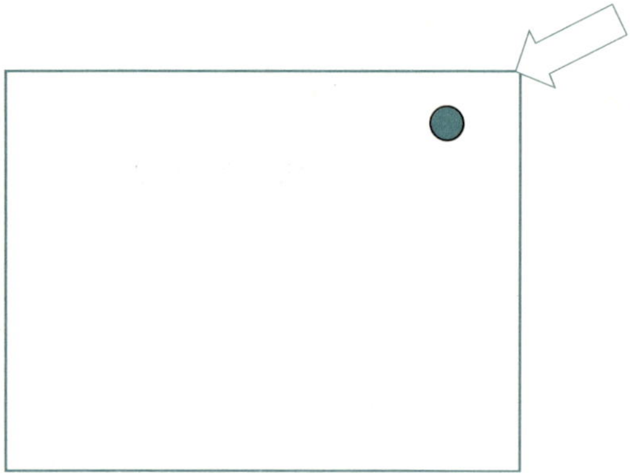

你写下的是什么呢？最常见的答案是：一个红点，但是，在看过这张图的人当中，只有 33% 的人写的是这个答案；其次常见的答案是：一个红色的圆圈，写下这个答案的人占 18%。人们对这个问题所给出的答案五花八门、千奇百怪。有一位来自医学院的人，他写的答案是“链球菌”。大约 7% 的人写的是“空白”。40% 以上的人都没有写“红色”。下面列出了部分答案：

红点	日本国旗	鲁道夫
右上角	目标	眼球
链球菌	黑点	血滴
靶子	交通信号灯	空白

对同一个问题，人们的答案怎么会有如此巨大的差异呢？换句话说，人们对自己所看到的有着广泛的分歧。将其乘以 1 000，就会产生诉讼纷争；将其乘以 100 万，就会出现武装冲突。这一切都是一个连续体。

此外，几乎所有人都对那个问题本身所包含的一些信息进行了小小的加工。我的手指向红色的圆点，但嘴里说的是："把你看到的写下来。"显然，空白所占面积比红色的圆点大得多。如果你争辩说，是这个问法让你将注意力放在了红色的圆点上，可是为什么还有 7% 的人看到了空白呢？

也许导致谈判失败的最主要原因是沟通失败，全世界范围内都是如此。而导致沟通失败的最主要一个原因是误解。两个人看同一幅画，每个人看到的内容是不一样的。正如在全世界经常会发生的，当彼此为了同一幅画的不同内容而争斗不已的时候，他们就会互相"残杀"。

是什么原因导致人们的观点不同呢？首先，我们每个人都有别于他人，我们的兴趣点、价值观和情感构成不一样，所以对我们产生的影响也不同。其次，我们体验和观察到的信息也不相同，我们常常会忽视或剔除那些不符合自己要求的信息。在辩论或谈判中，我们会有选择地收集那些能用来支持我们观点的证据。最后，我们的记忆也是有选择的，而我们的记忆会影响我们的观点。

自人类诞生之日起，这些几乎就是造成所有人类冲突的主要原因，其重要性无论如何强调都不为过。

在下面这幅著名的图画中有两个女人，一个老妇人和一个年轻女子。老妇人是个侧面像，她的嘴是一条横线，略高于裘皮大衣，她的大鼻子在嘴的左上方，她的眼睛被她的黑头发遮住了一点点。退后一点来看，是个年轻的女子正扭头望向别处，她脖子上的项链是老妇人的嘴，她的下巴是老妇人的鼻子，她的耳朵是老妇人的眼睛。

在我的班级上，当我第一次展示这幅画的时候，学生们知道画中有两个女人。接下来我将这幅画拆分成两张人物形象的图片——老妇人和年轻女子，分别传给班上的学生。

接着，我从教室前面的屏幕上将完整的画取下来，让学生们盯着各自的图片看 5 分钟。然后，我将完整的画重新挂在教室前面的屏幕上。你认为会出现什么情况呢？

几乎没人能看出另外的一张图片。如果说，人们在看了一个相反的形象 5 分钟之后，就已经很难看清摆放在自己面前的画。那么，一种文化的人在看了同一幅画一千多年之后，再以另一种文化的观点来看，难度又有多大呢？

缩小认知差距

很多人在一些问题上完全视对方的观点如无物。对于许多人而言，如果对方不理解自己的观点，他们就会认为对方愚笨顽固或不可理喻。事实并非如此，这个问题往往比这深刻得多。通常，你自己深信的东西对方未必看得到，在对方眼里，那些东西是不存在的。

因此，要想说服与你持不同观点的人，必须先从观念入手，即你所谓的“各种事实”——你的思想、想法、观点——对方是看不到的。你认为一清二楚的东西，对方也许完全不知道。

如果中东的小学生在整个少年时代看到自己所在地区的地图上都没有以色列，你认为会出现什么情况呢？当终于有人告诉他们还有一个国家叫以色列的时候，他们根本就不相信。

甚至使用的日常语言也有可能导致观念上的巨大差异。一个客户曾在纽约市宝丽金唱片公司的营销部门工作。有一天，他和其他同事在工作时发生了争论，这时他们才意识到，他们每个人对所使用的“营销”一词的理解都不相同。有一个人认为营销和销售的联系更加密切，而另一个人认为营销和策略的关系更加密切。事实上，好多年来，他们都在同一个部门工作，彼此座位离得很近。他们的不同观点影响了他们处理工作、利用资源以及对待客户的方式——甚至，利用时间的方式。

在进行复杂合同的谈判时，聪明的律师知道，他们需要专门列出一项，对协议中所使用的术语进行界定。他们明白，即使是最普通的字眼也很容易有不同的理解。如果双方对同一语句的意思有不同的理解，整个协议就会带来风险，因为双方的观点没有达成一致。

这一点在日常语言中甚至更加重要，因为它产生误解的可能性非常高。但人们很少为了自己的言谈而对专门词语进行界定，对那些看起来含糊其词的东西提出质疑的就更加少见了。

有关误解的例子比比皆是。“就所提供的建筑服务包而言，那位客户说我们 43 万美元的收费报价太高，”阿努普·米斯拉（Anup Misra）说，他是一家房地产开发公司的创始人，“而客户不愿告诉我们他能接受的费用。”最后，他们让那位客户对“建筑服务包”一词进行了界定。原来那位客户想要的服务比首次费用当中所涵盖的服务要少很多。由于工作范围缩小了一半，最终确定的费用为 23 万美元。双方分歧得以消除。

鲍勃·布朗（Bob Brown）对儿子的高中成绩不满意。在详细询问了儿子亚历克斯之后，鲍勃发现，亚历克斯认为自己的成绩已经“够好”，足以考入自己所选择的大学。鲍勃将 14 岁的儿子引见给一位大学招生顾问，这位顾问告诉亚历克斯他的成绩还不足以考入自己心目中的大学。鲍勃没有和儿子争论谁对谁错，他借助于一位受人尊敬的第三方，使儿子知道了考入大学的真正要求是什么。“这十分奏效。”鲍勃说，他是默克公司的一名健康科学顾问。如今，亚历克斯考入了威斯康星大学电气工程专业，平均成绩始终保持在 3.8 分以上（“优”）。

几年前，我在沙特阿拉伯首都利雅得为一些高管开授为期三天的谈判讲习班。一位曾在美国生活过的高管说：“你看，当你在美国一家餐厅想再来点咖啡的时候，你只要举起咖啡杯，轻轻晃动一下，服务生就会走过来为你续杯。但在沙特阿拉伯，如果你也这样做的话，服务生就会拿走你的杯子。他们认为自己完全明白你的意思。”想象一下，当一天全部充斥着类似这样的不同观念，那会是怎样一番情景。

人们总是以不同的方式陷入个人冲突，因为他们还没有学会问这个问题：“对方的意思和我对他们所说的内容一样吗？”在心理学上，这种错误称为“基本归因错误”。你以为其他所有人对待事物的反应方式都和你一样。

当你很肯定地对一个人说：“这个地方真热！”对方回答道：“我觉得很冷。”这时你就不应该再接着说：“你说错了！”人们对待事物的反应都不尽相同。如果你对这一点的认识越深刻，你遇到的冲突就会越少，能够解决的问题就越多。也就是说，如果你想说服他们，对方的观点比你的观点更重要。

在公司里无法实现有效沟通会付出高昂的代价：成本更高、失败更多、效率更低、服务更差、客户流失、反应时间更慢（包括对竞争性威胁的反应）、集体智慧无法得到利用、坐失良机、组建机构团队的时间更少。一家大公司对这些损失进行了计算，这些损失相当于每周每名工人损失 3.5 小时。按此计算，即使对一家 500 人的公司而言，每年的经济损失都高达数百万美元。

● ●●

我们如何解决沟通失败和观点差异这些问题呢？你首先必须明白的一件事是，这些问题无时不在、无处不在。首先，检查你们双方所说的话，看看双方意思是否一致。

乔斯琳·多纳特（Jocelyn Donat）是摩根大通集团的执行董事。睡觉前，她对两岁的小侄女安娜丽莎说："现在是乔斯林姑姑讲故事的时间。"她的小侄女立刻就说："讲两个故事。"几个回合之后，乔斯林最后问小侄女为什么要讲两个故事，小侄女的回答是："因为我不累。"她们商定好讲一个比较长的故事，但两个人对故事的长短有着不同的看法。

从现在起，当你与某人发生冲突的时候，问问自己下列问题：①我的看法是什么？②对方的看法是什么？③是否存在观点不一致的情况？④如果是，原因是什么？

在生活中，你有时候也许已经以一种特定的、随意的方式问过自己上述问题。现在，你应该让这样的问题成为你众多谈判技巧中一个特殊的、重要的技巧。这意味着你要理解双方所持有的偏见，努力让对方明确表达出他们的观点，然后再来解释你的观点。

这里有两句话，其所用词语完全相同。第一句："我要去纽约市。你要去哪儿？"第二句："你要去哪儿？我要去纽约市。"经验表明，与第一句相比，第二句更容易为对方所接受。如果你首先询问对方的观点是什么，这表明你很重视他们，对方会因此更有兴趣倾听你想说的话。

两句话，词语相同，语序不同。对于那些还不知道这些技巧的人来说，他们是看不到这些技巧的，我这样说是有原因的。

这也是为什么打断别人说话通常是毫无意义的。即使对方的话被打断了，其脑海中的思想却并未中断。大多数情况下，对方并不想听你说话。如果对方因为话被打断而恼怒，那听你说话的可能性就更小了。在谈判中，你必须首先让对方愿意听你说话。

大多数人在谈判一开始就摆出各项事实。“我的建议是，根据市场行情，我方出价 20 万美元向你方购买这栋房子。”但是，正如我们已经看到的，在促使人们达成协议的原因之中，事实在其中所起的作用还不到 10%。还有一些人在谈判一开始就先解释合理“利益”。“房屋价格持续下跌，所以最好趁现在赶紧卖掉。”

然而，在这个世界上，大多数人对事实和理性都不感兴趣。在谈判中，我们应该这样开始：对方准备好要听我说话了吗？要想知道答案，你必须了解对方脑海中的画面：他们的观点和感受、对你的看法以及对世界的看法。如果不这样做，你就无从下手，就如同在黑暗中摸索前行。

在上面的例子中，试试这种说法：“嗨，你的这栋房子实在太漂亮了，你在这儿住多久了？”

解释你的观点是你应该做的最后一件事。首先，要了解对方的观点。

蒂姆·麦克勒格（Tim McClurg）是一家大型寿险公司的客户经理。一位经纪人告诉他，蒂姆所在寿险公司的产品价格过高，高出比例达 15%。蒂姆详细询问了这位经纪人的看法。他为什么对价格不满意呢？“这位经纪人认为我们会令他在他的客户面前显得无能。”蒂姆意识到。于是，他们为这位经纪人提供了一套附加服务，各项服务价格分别计算。

了解对方观点的一个好办法是提问。在谈判中，提问要远比陈述更有力量。

陈述会让你受制于自己所说的话，无法帮你获取任何信息，而且还会授人以柄，让你成为众矢之的。换句话说，提问不会让你受到限制，通常还会帮你获取信息，如果你愿意还能授你以柄。提问可以让对方将注意力放在他们自己身上。

在谈判中，几乎你所说的一切都应该以提问的方式表现出来，这有助于你搞清楚对方是否真的打算把自己的意图告诉你。

达米安·奥利芙（Damian Olive）是华盛顿特区国际金融公司（世界银行）的一名高级投资主管。他所在的公司向一家墨西哥公司投资之后，这家墨西哥公司没有向达米安发送任何财务信息，甚至连电话都没有回。

达米安没有威胁墨西哥公司，而是认真思考墨西哥公司有可能面临的各种问题。他发了一条信息询问对方是否一切顺利。“我们发现该客户既没有时间和资金，也没有人手去即时收集财务信息。”达米安说。这家墨西哥公司非常尴尬。最后，该公司每次都主动提供一点信息。一次毫无必要的争执就这样得以避免。

试着将你的陈述变成一个个问句。不要说：“这不公平！”试着说：“你觉得这公平吗？”不要对你的儿子说：“把你的房间收拾干净！”试着说：“你能告诉我为什么你的房间这么乱吗？”你也许不喜欢对方的回答，但请记住，谈判并不以对方回答你的问题而结束。谈判结束与否由你说了算。

提问还能给对方提供一个更好的参与交流的机会。你也许能从中了解到一些有价值的情况。至少，通过首先询问对方的观点，你已经表现出了对他们的尊重。

杰克·道格拉斯（Jack Douglass）曾努力说服一名客户从他们公司的新网站订购产品，但没有成功。如果使用现有系统，这名客户必须每天亲自去商店好几趟来挑选化学产品，但如果使用新的互联网系统，该客户每周只需通过电脑订购一次。

“他非常生气，”杰克说，“他说，如果非要使用互联网的话，他就再也不从我们这里订购了。”于是，杰克很巧妙地向这位客户询问了一些有关购买习惯的问题。

“我找出了他的真正问题，”杰克说，“这个问题主要和人有关。这名客户喜欢人际交往，他想保护我们当地人的工作。”杰克向这名客户解释说，新的互联网系统不会将他所喜欢的人们的工作夺走。他仍然可以去看他们，向他们征求意见。新的互联网系统可以提高公司的库存分配效率，大大减少发票单据，减少他的朋友们的额外工作。这名客户终于开始在互联网上订购了。

很多人说自己没有这个耐心。事实上，从长远来看，以这种方式处理人际关系可以节约大量时间。双方对话可以因此变得更加友好、更加理智并最终更有说服力。

乔丹·鲁宾逊（Jordan Robinson）接到了一个意外电话，打电话的是住在附近的“一个漂亮女人”，想邀请乔丹共进午餐。这个漂亮女人出现的时候还带了两个女性朋友，她们三人对乔丹赞不绝口，并不断提问。乔丹受宠若惊，一一回答了她们的问题。当他最后有些怀疑并开始向她们发问的时候，才发现她们企图向他出售一门有关改善生活的价值 450 美元的研讨班课程。当他拒绝的时候，对方紧接着就使用了高压销售策略。“因为没有及时向对方提问，我浪费了两个小时。”乔丹说。

提问的时候，你不必一脸不快的样子。许多人想当然地认为，提问往往会充满敌意。事实上，提问的方式可以多种多样。我最喜欢的一种是有些过时的电视人物神探可伦坡所使用的策略：“帮帮我吧，我有些迷惑……”这是一种强有力的提问方式——向对方寻求帮助。

还有一种合作性的、强有力的提问方式：“请告诉我，我错在哪里？”如果对方告诉你，你就获得了有助于你下一次谈判的信息。再说一遍，谈判结束与否由你说了算。如果对方无法说出你错在哪里，那你就会变得更有说服力。

我总是让别人指出我错在哪里，无论是同事还是首席执行官。这是一件小事，但请记住，谈判中双方对所使用的确切词语非常敏感。

精确是十分重要的。上帝还是魔鬼，体现在细节上。在传达想法、希望、梦想、感情以及一般信息的时候，表达越精确，信息传达错误的可能性越小，谈判失败的可能性也越小。

交流隔阂及其消除之道

在哥伦比亚大学商学院，我在上课一开始会问："我要如何才能从这里到百老汇呢？"有人回答说："沿着第118大街一直走就能到。"

我接着问："那如何才能到第118大街呢？"他们回答说："往北穿过校园。"我又问："我怎么才能到校园，哪边是北呢？"他们说："嗯，从这栋大楼出去就行了。"我问："那怎么从这栋大楼出去，又该走哪个门呢？"他们说："直接乘电梯到一楼。"我问："电梯在哪儿？"他们说："从这个教室出去就到了。"我问："教室的这两个门应该走哪一个呢？"

当我们既麻烦又费劲地完成了这个练习之后，我们才明白为什么在交流中会如此频繁地产生误解，从而导致冲突和交易失败。我们以为有一些信息和观点就存在于对方的脑海中。但事实上，对方脑海中往往并没有这些信息和观点。你必须从起点开始，一步一步前进——跟随对方的节奏，而不是你自己的——如果你想说服对方的话。

下面是有效沟通的基本原则：①始终保持沟通；②倾听并提问；③尊重而不是责怪对方；④经常总结；⑤进行角色互换；⑥平心静气；⑦明确目标；⑧在不损害双方关系的前提下坚持自己的立场；⑨寻找不起眼的小信号；⑩就知觉差异进行讨论；⑪了解对方做出承诺的方式；⑫做决定之前进行协商；⑬专注于自己力所能及之事；⑭避免争论谁是谁非。

第一要务：必须与对方沟通

不与对方沟通与传统智慧背道而驰，但是它被忽视了。除极端情况外，例如，对方曾伤害过你心爱的人，你都应该尽量与对方交谈——即使你对他们痛恨不已。

这是因为，不与对方交谈意味着你对他们不够尊重，不愿倾听他们的意见。这会令首选方案变成诉讼或战争，而不是协议。如果你与对方交谈，你就能获得对你有用的信息，这既可以帮助你达成交易，也可让你利用有力证据当着第三方的面驳斥对方。

无论你对对方（包括你的敌人）的看法如何，在决定采取行动之前都应先去了解对方的想法，这难道不是更明智的做法吗？即使你的目的是攻击对方。

讲话是实力的象征，不讲话是示弱的表现，这与传统智慧恰好相反。有一种现象让我感到很诧异，很多谈判者，例如劳资谈判代表、体育领域谈判代表、律师、外交官以及形形色色的领导者，当事情进展不顺利的时候，他们就会中途退场。这必然会使谈判无法顺利进行下去。这种做法有何意义呢？

然而在世界各地，无数谈判都是因为人们的中途退场而破裂，这些人还理直气壮地认为自己的做法完全正确。如果你害怕被对方小看，为何不说："嗨，如果贵方有意做出任何让步，我都在此洗耳恭听。"一切皆取决于你对局势的掌控。

2002 年，以色列前总理阿里尔·沙龙（Ariel Sharon）说，他本应该在 20 年前就除掉亚西尔·阿拉法特（Yassir Arafat），阿拉法特当时是巴勒斯坦解放组织的首脑。这个声明本身并不能说明沙龙是一个蹩脚的谈判者。在这个事件中真正让他沦为蹩脚谈判者的是，沙龙没有说出他应该说的话。沙龙本应该说："阿拉法特，我恨你，我本应在 20 年前就除掉你……我们得谈谈！"

如果沙龙想达成一项关于结束暴力的协议，那么他就需要和阿拉法特进行交谈，无论双方对彼此的看法如何。这也意味着，只要能从对方那里获取有助于改善局势的信息，就要和各种各样的人进行交谈，包括也许在其他方面支持恐怖分子的人。如果你担心和这样的人交谈会使他们显得合法，那就在确定谈判者和谈判形式的问题上采取渐进式的步骤。

美国联邦调查局、国家安全局以及其他一些与人质和恐怖分子打交道的联邦政府机构，曾经派人到沃顿商学院我们所开设的谈判讲习班来学习这些沟通技巧。现在，驻阿富汗的一些部队正在使用这些沟通技巧来建立打击塔利班的联盟。在第 15 章中，我将谈到更多有关这方面的内容。

还有一种与我们直觉相悖的沟通技巧：许多谈判者要求对方做出让步，以此开启谈判或重启谈判。在电视节目中，这种做法看起来很棒，谈判者在其委托人面前表现出一副精明强悍的形象。事实上，这种做法通常并不奏效。更糟糕的是，这样做会招来敌意，有时甚至是报复。

除非我与你有某种形式的关系，否则我不会心甘情愿地给你任何东西。你想让我通过让步的方式获得和你谈话的资格吗？我的第一反应是，滚一边去吧！如果我们在谈判期间建立起了某种关系，那么，让步也许还在情理之中，哪怕是在自己昨天受伤害的问题上也可能做出让步。但是，在谈判一开始——当双方尚未建立起信任或某种关系的时候，让步想都别想。

这种“你们做出让步之后我们再谈”的观点完全是本末倒置。应该先交谈，再提建议。

对方的言论和观点比你的更重要

这个标题引出了前面所论及的有效沟通基本原则中的第二条：倾听

对方意见并向对方提问。首先要确认对方的观点。对方的言论比你的言论更重要。对方主观上所听到的比你所说的更重要。要想说服对方，你必须先倾听他们在说什么，无论是语言上还是动作上。你越想责怪对方，对方就越不愿意倾听。你越尊重对方，对方就越愿意倾听。事实上每一个人都是如此，包括儿童、政府官员、销售代表以及客户。

我的一个叔叔是一名非常成功的保险推销员，他会主动约见潜在客户，问他们一些问题，也会花大半个小时和潜在客户交谈，在谈话结束之际，那些潜在客户通常都会买下保险。“小伙子，你可真是个健谈的家伙。”他们会这样对我叔叔说。

大多数人都是通过谈话说服对方。如果对方侮辱并威胁你，正确的反应是：“请告诉我为什么。”你对一个人了解越多，就越能明白他的想法，也越能看清他脑海中的画面，你在谈判中的表现也越出色。

如果不这样做有可能导致灾难性的结果。要多了解情况，看看那些因“专家们”失误而犯下的明显的、代价高昂的错误，这样做大有裨益。

1972 年奥运会期间，东道主联邦德国（西德）在营救以色列运动员时犯下严重错误，这一事件的相关报道很多。慕尼黑警方态度强硬激化了矛盾，而且对恐怖分子心存轻视。当人质还处于枪口威胁下的时候，警方的狙击手就朝恐怖分子开枪射击，导致 11 名人质被恐怖分子杀害。

几年前，沃顿商学院来了一名人质谈判代表，他来自阳光地带一个主要城市的警察局，向我讲述了一起失败的人质谈判案例。这起谈判的结果是一个高度情绪化的男子杀害了自己的女友。这名女子刚刚和该男子分手，就被他挟持在枪口之下。

人质谈判代表们采取的是从僵化的常规训练中所学到的强硬策略，例如向公寓施放毒气。

如上所述，这种策略往往会使对方动摇，使他们更加情绪化，更加丧失理智，而且通常更极端。

反过来，人质谈判代表们为什么不认真想一想对方的感受？此人显然是因为自己的女友提出分手而狂躁不安。他需要的是冷静以及作为一个人所应该享有的尊重。

那名人质谈判代表讲完这个案例之后，我们进行了讨论。我的看法是，人质谈判代表们原本可以对那名男子说他的女友仍然爱他，问题就可以得到解决。如果那名女子聪明的话，她就会配合警方的这番说辞。那名男子当时正狂躁不安，非常希望听到安慰的话语。这样形势也许就会转危为安。听了我的建议，那名人质谈判代表脸色苍白，他意识到那次谈判原来可以是另一种结果。

近年来，许多人质谈判代表已经放弃采取极端策略。但是，现在许多谈判者在各种情况下都用虚情假意的方式让对方放弃于他们不利的东西。一旦对方识穿这种虚情假意，认为受到了愚弄，就会情绪激动、犹豫动摇，最后导致危险的结果。这和过去那种强硬策略所产生的效果毫无二致，但与前面我给那位人质谈判代表所建议的策略不同，因为那个策略的目的是要帮助对方，而不是伤害对方。

尊重而不要责怪对方

过去 50 年来针对儿童和成年人所进行的各项研究表明，责怪对方会使对方表现变差，积极性降低。换句话说，赞扬对方会让对方表现更佳，积极性更高。我在第 2 章中曾提到尊重对方的问题，这里要谈沟通的问题。

下面的一项研究结果显示出，消极因素在缺乏技巧的（也可能是不太成功的）谈判者的全部技能中所占的比例。

谈判行为	技巧熟练的谈判者（%）	普通谈判者（%）
每小时激怒对方的行为：		
自我吹嘘，暗示不公平	2.3	10.8
每一问题的策略选择项	5.1	2.6
指责	1.9	6.3
信息共享	12.1	7.8
“长远”性评述	8.5	4.0
“共同点”评述	38.0	11.0

与技巧熟练的谈判者相比，普通谈判者怪罪对方的频率是前者的 3 倍多，能想到的具有创造性的策略数量是前者的一半，用于寻找双方共同点的时间不到前者的 1/3，与对方共享的信息量远远少于前者，对长远利益所做的评述次数是前者的一半，做出无端评价从而激怒对方的次数是前者的 4 倍。

消极因素所占比例越大，谈判成功的可能性就越小。事实就是如此。

总结所听到的内容

要经常对你所听到的内容进行总结，然后用自己的话再给对方说一遍。这样做是尊重对方，还可确保你们双方的意见仍然保持一致。如果对方能看到你正在倾听他们的意见，那他们倾听你的意见的可能性就更大。即使你说得不太正确，对方也不会对你产生误解。

需要强调的一点是，你认为自己对情况一清二楚，并不意味着对方会以同样的方式理解你所说的话，无论他是你的客户、朋友、配偶还是竞争对手。

对所听到的内容经常进行总结也为你提供了一个机会，让你能够以正确看待问题的方式收集整理信息：“据我了解，与别家产品相比，你更喜欢我们的产品，可是你却仍然购买他们的产品。”或者，“我的考评成绩在本部门是最高的，可我没有拿到奖金，而其他人却拿到了。我的理解对吗？”或者，“儿子，你是说即使你的成绩单上都是 B 和 C，你仍然相信你能考入常春藤盟校吗？为什么呢？”

洛丽·克里斯托弗（Lori Christopher）是洛杉矶的一名顾问，花旗银行正在向她收取 17.9% 的信用卡年利率，另一家银行给她报出的信用卡年利率为 11.6%。花旗银行的客户服务代表不愿做出让步。“那么，”洛丽说，“你是在告诉我，我应该将我的账户余额从你们银行年利率为 17.9 % 的信用卡中，转到只收取 11.6% 的年利率的另外一家银行吗？”这一说法让花旗银行的客户服务代表清楚地看到了问题所在。洛丽最后只需支付 8.9 % 的年利率。总结信息能为对方呈现出一幅清晰的图像。

角色互换

角色互换是指把自己置于对方的位置。这是本书所介绍的最重要的谈判技巧之一。这一技巧能让你更清楚地了解对方的观点、也许正在面临的压力以及他们的梦想和恐惧。换句话说，要想理解对方，就必须尽量去感受他们的痛苦、快乐以及疑惑，并将其纳入你的谈判策略中。而且你还必须让对方知道你正在努力理解他们。

在数千名求职者中，一名学生被花旗集团录用，和他同时被录用的还有大约 50 名工商管理硕士毕业生。就像我的大多数工商管理硕士学生一样，这名学生也不满足于自己的薪酬，希望薪酬能更高些。这名学生来找我寻求帮助。

“你的目标是什么？”我问。这名学生说他想在众多的工商管理硕士毕业生当中脱颖而出，这样他在公司就能晋升得更快。他还说他想让曾录用他的副总裁当他的导师。

我说，我们应该一步一步地实现目标。“首先，如果你的目标是从众人中脱颖而出，而大部分工商管理硕士毕业生的目标都是加薪，那么，怎么能让你从要求加薪中脱颖而出呢？”我说。

“说得好。”他说。看看自己的行动是否与自己的目标一致，这始终是个不错的主意。“好，”我说，“让我们来看第二点。你想接受其指导的那个家伙是谁？”

那名学生说是副总裁，去年夏天他曾在这位副总裁手下工作过。他说，这位副总裁刚刚制订了一项新计划，目的是让 50 名新录用的员工从 9 月份开始轮流进入各个部门。对人员这样部署尚属首次，因此副总裁有些紧张。

听完之后，我说：“现在把你放在副总裁的位置上，想想他有什么希望，又害怕什么？你怎样才能帮到他？”

这名学生进行了角色互换，在心理上将自己置于副总裁的位置，他明白了自己要做什么。他打电话给副总裁，诚恳地感谢副总裁对他的录用，然后说他希望副总裁能够做自己的导师。作为回报，他愿意在未来 10 个月里竭尽所能地帮助副总裁。他主动要求承担采访和调研工作以及其他任何必要的行政工作。

“很好，”副总裁说，“别挂电话，稍等片刻，我马上回来。”

副总裁重新接起电话后说：“我要告诉你两件事。第一，我要立刻发给你 15 000 美元奖金。第二，我想让你下个月参加花旗集团全球董事会议，见一下花旗集团的董事长和首席执行官。”

这名学生成功了。在甚至还没有正式加入这家有着数千名员工、资产将近 5 000 亿美元的公司之前，他就得到了面见该公司两位最高决策者的机会。这名学生的成功是因为他运用了本书所介绍的谈判技巧，利用一件普通的小事制造了一个机会。角色互换会让你对对方的观点极其敏感。

人们往往无法表达自己的感情。你的任务就是找出隐藏在人们言论背后的真正想法。如何才能做到这一点呢？可通过如下方式：努力找出有关对方的更多信息、将自己置于对方的位置、努力看清对方脑海中的画面。

我曾给蒙特利尔一家名为“科马克”（Comark）的服装供应商提出过建议。客户凯瑟琳·克拉卡基斯（Katherine Korakakis）和其中国制造商在交货方面出现了问题。在课堂上，凯瑟琳基于双方上次见面的情况，在其中扮演了工厂主的角色。突然，她停了下来。

“我只记得，”她说，“我们沿着一排衬衫走着，他正领着我们一群人参观工厂。他从架子上拿起一件衬衫展示给我们看。‘这是凯瑟琳的衬衫。’他说。”就在此刻，凯瑟琳意识到，那位工厂主现在不是在为科马克生产衬衫，尽管他为科马克生产了数以万计的衬衫。他现在正在为凯瑟琳生产衬衫。她意识到，工厂主不是她需要解决的问题，而是为她解决问题的人。

她给工厂主送了一份礼物，感谢他“为凯瑟琳”生产了这些精良的衬衫。她打电话给工厂主，工厂主终于向她吐露了实情，衬衫交货延迟是因为他和他的布料供应商之间出现了矛盾。原来，这是一个需要凯瑟琳和工厂主共同解决的问题。凯瑟琳的整个谈判方式因此发生了改变。

从对方的角度进行思考往往会带来意想不到的结果。芭芭拉·特鲁宾（Barbara Troupin）是一名正在攻读工商管理硕士学位的医学系学生，她曾在费城一个贫困地区的一家诊所工作。一天，诊所里来了一个看上去饱受虐待的女人，要求做怀孕测试。

经过进一步询问，芭芭拉发现这个女人：①是一名妓女；②吸食可卡因上瘾；③发生性行为时未采取任何保护措施；④经常遭受老鸨的毒打；⑤如果怀孕就无法接客；⑥不知道孩子父亲是谁；⑦如果怀孕就会遭到老鸨更加狠毒的殴打；⑧如果怀孕，她想做流产手术；⑨生活贫困；⑩没有接受过良好的教育；⑪以前从未去过诊所。

我让全班同学对这一情况进行分析。只有个别学生想到要问一个问题，即这个女人为什么会到诊所里要求做怀孕测试。显然，要想检测是否怀孕，使用家用检测试剂即可。因此，这个女人出现在诊所这一简单事实充分说明她是来求救的，并非为了做怀孕测试。要找出人们说话的真正意图，而不是表面意图，这一点很关键。

芭芭拉为这个女人做了怀孕测试，并对她谈了一些自己的建议，包括在另一个城市找一个过渡性落脚点，以躲开虐待她的老鸨。

即使你是错的，你为了理解对方而付出的努力也会让对方心存感激。

经常将自己置于对方的位置，让你的同事扮演你的角色，参加模拟谈判。你不需要很多花哨的理论，你所需要的只是角色互换的方法、进行角色互换的意愿以及一点点时间。你会因此而成为一名更出色的谈判者。

保持沉着冷静

“你是个白痴吗？”对这句话的正确反应是什么？你想的也许是“去你的吧！”，或者“你才是个白痴呢！”，或者“你去死吧！”。所有这些反应都是错误的。正确的反应是：“你为什么认为我是个白痴呢？”

这种反应为什么正确呢？首先，这能让你获得有利于本次或下次谈判的信息。最出色的谈判者都是头脑冷静的，会继续从对方那里获取信息。

正如在第 1 章中所提到的，如果有人对你说“我恨你”，你要问他为什么。尽量多问对方喜欢什么样的竞争对手，少询问对方对自己的看法。如果对方威胁你，要问他们为什么如此生气。既要看到对方在表达自己情感方面所做的努力——尽管这种努力往往是无效的——并对其做出回应，还要发现对方的言外之意并做出回应。即使对方只向你透露一点点信息，你也可以获取能用来说服他们的宝贵信息。

戴维·霍罗克斯（David Horrocks）是一名健康资讯高管，他正在开展一个为期 5 天的项目。“在第二天开展项目中途，一名团队成员怒气冲冲地公开说我故意误导他。”戴维说。戴维没有表现出愤怒，相反，他详细询问了这名成员所做的事情。“当我明白了他的需求之后，我让他看到我没有故意误导他的动机。”戴维说。对方的怒气顿时平息下去，团队工作又顺利地运转起来。

在你的工作或个人生活中，由于处理不当，冲动易怒引起了多少争吵和冲突，留下了多少永远抹不去的伤痕？

声明及重申你的目标

设立目标并非意味着在谈判一开始确定好目标就万事大吉了——你需要不断检查自己的目标。

你们双方的意见仍然保持一致吗？新的事件或新的信息使你重新思考自己的目标了吗？你的行动仍然和你的目标一致吗？开车前往目的地的时候，你会利用方向盘不断调整方向以到达目的地，包括必要的绕道行驶以避开路障。在谈判中，要想实现你的目标也需要进行类似的调整。

语气和电子邮件中的谈判

在谈判中，谈判者对所使用的具体词语和语气非常敏感。如果你的语气怀有敌意，如果你侮辱对方，如果你脾气暴躁，那么你所说的话就会没有分量。你可以在不引起对方反感的情况下坚持自己的立场。例如，“我真的很需要这个，理由如下……”讽刺挖苦可能会在当时让你感觉过瘾，但在谈判中，它往往不会奏效。你也许看到，有些成功的谈判中也用到了讽刺挖苦。但是，那些谈判者获得成功并非因为运用了讽刺挖苦，而是因为他们对讽刺挖苦充耳不闻。

现在，全世界很多人在生活中都离不开电子邮件，无数公司完全依靠电子邮件而生存。2009年，全球每天发送电子邮件达340亿封，1998年每天发送的电子邮件为1 500万封，前者是后者的2 000倍。2009年全年发送的电子邮件多达10万亿封。如果将垃圾邮件也包括在内，这个数字还要高出5倍。

电子邮件作为一种通信手段有什么好处呢？“非常糟糕。”大多数人这样说。原因之一是电子邮件不包含任何语气，电子邮件的语气视收件人当时的感受而定。如果收件人当时处于自卫防护状态，他们也许会认为你在攻击他们。所以，如果可能的话，亲自和对方见面或进行电话交谈，这显然要好得多。

如果你不得不使用电子邮件进行沟通，那么，怎样做才能使问题最小化呢？下面是一些建议：

• 添加语气。开头这样写，“请把此电子邮件看作……”。然后插入这样的字眼，如“友好”、“建设性的批判”、“难过”、“失望”等。这样会使收件人更有可能以你所期望的语气阅读电子邮件。至少，负面反应会因此减弱。

• 千万不要根据你对所收到电子邮件的第一反应回复电子邮件。大多数人都知道要避免这一点，但很少有人能做到。你本想一吐为快或节约时间。事实上，与立即回复邮件，然后再花几个小时或几天时间来纠正给对方造成的错误印象相比，克制自己、半小时后再看一遍的做法会节约更多时间。

• 在发送电子邮件之前，重新阅读一遍，想象一下对方在心情最糟糕的情况下阅读这封电子邮件的情况。大多数电子邮件给对方留下的印象都比你预想的更咄咄逼人。你应该想一想在最糟糕的情况下对方脑海中的画面。这样做会大大减少风险。

• 进行角色互换。在电子邮件中首先提一些与对方有关的事情——相当于聊天。“希望你感冒已经好了。”“听说你那里下大雪了。”这样做会让你更富有人情味，也会使其更像一次有着更多人际交流的面对面的会谈。

• 心烦或生气的时候千万不要发送电子邮件。因为你会说出一些原本不想说的话。如果可以，先写好电子邮件并保存为草稿，过些时候再重新读一遍。

• 尽量使电子邮件简短些。如果你要提一些需要花很长时间进行检查的复杂建议，电子邮件并非最佳手段。如需发送报告，请以附件形式发送，标出你希望对方阅读的时间段（“在您方便的时候”或“在未来几天之内”）。这样做既考虑了对方的时间，也不至于使对方一拍脑门说：“噢，天哪，又是一封长长的邮件！”

• 如果你正在写一封特别敏感的电子邮件，在发送之前请找一位同事或朋友先检查一遍。另一双眼睛的视角通常会对你有很大帮助。

• 如果不得不在心情不好的时候发送电子邮件，应主动向对方说明。邮件开头可以这样写，“我现在的心情真的非常糟糕，所以请原谅我的语气”，或其他任何需要对方谅解的话。

• 幽默非常有效，但前提是对方看待幽默的方式与你相同。幽默风趣的语句就像聊天一般令人感到轻松。

最后，想想对方的沟通方式，尽可能与其接近。这并不是要你刻意模仿他们，而是在为对方做出转变。

如果对方是一名工作繁忙的高管，他 / 她也许只会看寥寥数语。关键是要确保对方看到了你想让他们看到的内容。你采用的沟通方式在此会起很大作用。

为比尔·科格里安内斯（Bill Coglianese）的婚礼设计邀请函的设计

师，晚了一个多星期还没交上设计样品，而且只有通过电子邮件才能联系上他。这位设计师的助理让比尔再等一星期。比尔没有匆忙地给予对方愤怒的回应，而是发送了一封电子邮件，感谢设计师为他设计婚礼邀请函。接着，他以实事求是的态度告诉对方婚礼带给自己的各种压力，说自己和未婚妻真的需要对邀请函的样式做出决定。他想知道，设计师怎样才能帮助他们完成这个计划？

第二天，比尔拿到了连夜快递来的设计样品。“即使在一封电子邮件中，对待延误也不必态度粗鲁。”比尔说。他还补充说，那封电子邮件不带任何情绪，轻松地就让设计师采取了迅速而积极的行动。

留意语言和动作透露的信号

如果你仔细观察和倾听，大多数人都将会 / 能够给出用以说服他们的方法，但我们往往没有充分注意对方的言行。注意各种信号——语言的和动作的——可以为你提供许多有用的信息以说服对方。

如果对方说：“我不可能在这个时候为你这样做。”你就应该问：“那你什么时候能这样做呢？”或“还有谁能这样做呢？”如果对方说：“这是我们的标准合同。”你就应该问：“贵方曾有过例外情况吗？”如果对方说：“我们从来不议价。”你就应该问：“好吧，那你们议什么呢？”要注意对方的每一个用词、每一个语调的变化和每一个举动。

梅利莎·格鲁扎德（Melissa Grouzard）要求降低房租，房东拒绝了。梅利莎问房东最近是否能少收点房租。“两年前可以，今天可不行。”房东说。现在是芝加哥一名律师的梅利莎捕捉到一个信号：“今天不行”，于是她问道：“好吧，如果今天不行，那明天呢？”房东最后降低了房租。

法比奥·瓦塞尔（Fabio Vassel）想让瑞银投资银行在他未能及时取得签证的情况下保留他的工作机会。人力资源经理说：“我无能为力。”法比奥说：“好吧，那谁能做主呢？”他找到了可以为他保留工作机会的人。法比奥现在是伦敦野村国际的一名投资银行家，他当时因为认真倾听，所以得到了这样的信号：人力资源经理只是说了她自己的职权范围。

日本企业经常将很多人召集到一起会谈，目的是让大家仔细观察并倾听对方：微妙的措辞、手势或眼神、何时记笔记、眼神何时向下看等，这里面包含了大量的信息。会谈结束后，小组成员们就聚集在一起比较各自的笔记。

对你而言，这意味着什么呢？这意味着，当你去参加任何一个重要会谈时，要带他人和你一起去。当你的伙伴在认真交谈、倾听并观察的时候，你就能捕捉到注意力不够集中的人们所注意不到的信号。

几年前，沃顿商学院一个非营利性的医疗保健俱乐部要举办一个500人的会议，需要购买活页夹。史泰博办公用品商店要价1 300美元，学生团体没有那么多钱。因此，他们打电话给加利福尼亚的制造商，想通过从厂家直接购买的方式获得价格优惠。

制造商的销售代表说，她不能将活页夹直接出售给终端客户。“我就是不能把这些活页夹卖给你们。”她说。

在和学生们的目标相关的这句话里包含了3个主要信号，即3个词。是哪3个词呢？是“我”、“卖”和“你们”。“我”这个词：如果该销售代表不能卖给学生活页夹，那公司的其他部门可以卖给学生活页夹吗？“你们”这个词语：如果学生团体不能从销售代表处购买活页夹，也许大学的其他部门可以购买然后再提供给学生团体？最后，这也是学生们问的问题：如果不能将活页夹“卖”给我们，那能送给我们吗？回答是什么呢？是“可以”！学生团体答应为该公司在医疗保健会议上做广告，该公司将免费提供去年库存中不合规格的活页夹——没问题！

只要认真倾听、仔细观察，对方就会以无数种不同的方式，明显或不明显地给出能够说服他们的办法。

1998年，美国政府指控微软公司以不正当手段引导用户使用它的网页浏览器。这是一起重大的反垄断诉讼案。在这起案子里，美国政府错过了微软公司发出的和解信号，这个信号明眼人一眼就能看到。

在 1999 年至 2000 年法院下令的调解谈判中，美国政府要求微软公司为其视窗产品添加代码，让用户可以访问其他与微软公司有竞争关系的浏览器，如网景浏览器（Netscape）。微软公司拒绝了这一要求。“比尔·盖茨说任何人都无权告诉他应该如何设计自己的产品。”史蒂芬·霍利说，他是苏利文和克伦威尔律师事务所的合伙人，也是微软公司的谈判代表。于是，双方重回法庭，打起了长达 19 个月的官司。这场官司历时长久，耗资巨大，令双方都精疲力竭。

当微软公司表示不会为其产品添加代码的时候，美国政府原本应该怎样回应呢？如果问“那你们会给什么添加代码呢？”或者“你们会给产品添加点什么呢？”，会怎么样呢？微软公司给美国政府发送了一个极其明显的信号，说它不会给自己的产品添加代码，但它并没有对其网站、广告或任何置于视窗上的东西发表任何言论。

这一信号所包含的信息与微软公司和美国政府在 2001 年达成的协议非常相似：微软公司将在其视窗菜单中添加一个访问网景浏览器的链接，条件是除微软公司以外还有其他人——例如，客户或计算机制造商——在电脑上添加网景浏览器代码。霍利说，这一信息原本极有可能让双方不必再等 19 个月就能达成那项协议，但是，在调解初期美国政府没有真正想解决问题，因此没有注意到那些最终能使问题得以解决的信号。

这一案例再次表明，即使你是一位了不起的谈判者，那些通常十分微妙的谈判技巧仍然需要加以学习。

弄清楚对方做出承诺的方式

这一点曾在第 2 章中讨论过，因为有效的承诺既与对方脑海中的画面有关，还与对这些画面的理解有关。在前面列举的主要沟通技巧中，这一点被再次强调。当然，这一点与其他内容有重叠之处。就沟通这一部分而言，我想说的是，你必须就对方做出承诺和信守承诺的方式与对方进行明确的交谈，否则你可能会面临像瑞士一家大型公司一样的遭遇。

那家瑞士公司得到一份由其在中东的业务合作伙伴公司所签署的协议。瑞士公司自以为这是一份“具有约束力的协议”，便要求对方执行协议中的规定，结果被对方拒绝了。瑞士公司亮出了对方公司的签字，中东公司说这份协议对他们不具有约束力，之所以在上面签字只是为了“不失礼”。中东公司的代表说，只有自己和瑞士公司的代表亲自会晤并相互握手“达成口头协议”，协议才会生效并对他们产生约束力。

对瑞士公司而言，书面协议就是一份具有约束力的承诺；而对中东公司而言，只有握手才能使协议对他们起到约束作用。

做决策前先征询意见

假设你正在做一个决定，而这个决定会影响到其他人。这个决定可能是去看电影，或去饭馆吃饭，也可能是开一家新店或一个新工厂。你并没有向每一个会受到这个决定影响的人征询意见，而是完全自己做主，这样做的结果是什么呢？

最有可能发生的第一件事是，人们会反对你，只是因为你轻视了他们。你没有充分考虑并询问他们的意见，即使这个决定会对他们产生影响。无论他们要说的是否有价值，或者无论你是否已经知道他们要说什么，这都不重要。不去征询他们的意见说明你在疏远他们。这不仅不会节约时间，反而会让你花费更多时间。他们会想方设法为你制造障碍。这是因为你发送了一个非语言信号：他们的意见不值得一听。

最有可能发生的第二件事是，你得不到他人的一些点子，这些点子往往还是好点子。

如果时间紧迫，那就发送一条信息，上面这样写："我要在明天某时间之前对此做出决定。如果届时没有收到你的信息，我就认为我可以据此开始实施计划。"这样一来，人们就会觉得你已经问过他们的意见了，而且很多人也不会产生非要与你联系的压力。如果他们在截止日期之后与你联系，你可以合情合理地向他们解释制定截止日期的必要性。如果他们不喜欢截止日期，你可以和他们一起为下一次制订出一个更好的计划。

不一定非要采用他们的意见，你可以解释你做出这样决定的原因。如果他们表示反对，至少你已征询过他们的意见。他们的不满情绪会因此减弱，因为你对他们表现出了尊重。

一家国际银行对其客户提高了银行服务收费。银行一名经理说："客户真的非常生气。"令客户生气的并不是收费问题，而是银行方面没有就收费实施时间和收费方式告知客户。客户拒绝按新规定支付服务费，直到银行方面就此问题与他们进行了商谈，双方的关系才得以修复。

格雷格·格维尔茨（Greg Gewirtz）想去以色列观光旅游。他的家人担心以色列太危险。他向家里每一个表示担心的人征询了意见，了解每一个人担心的原因，并向每一个担心他的人进行了解释。"我不会去那些冲突最激烈的地区，"格雷格说，"我让我的家人知道，我在出发之前要征求他们的意见，我让他们将自己的担心充分地表达出来。"

其结果是，格雷格的母亲"平静了下来"，他的父亲"认为这趟旅行是安全的，所以对他的旅行计划表示赞成"。

在世界舞台上，做决定之前不征求他人的意见，也有可能造成极其重大的不良后果。2002 年 9 月 12 日，美国前总统乔治·W. 布什在对联合国发表讲话之前，拒绝就一个对全世界都至关重要的议题向其他国家征询意见，这个议题是：是否进入伊拉克这个主权国家。在接下来的几周里，布什制定了一项新政策，即如果美国认为自己受到威胁，美国就可以在世界任何地区单方面采取军事行动。

就这样，布什视联合国两百多个国家和地区领导人的意见如无物，他的行为激怒了世界上其余大部分国家和地区。美国在实施这项新政策的过程中，许多国家没有向伊拉克派兵支援美国。而其他一些国家所派军队少得可怜，有的不久就撤军了。布什所获得的支持远远不够。

布什原本可以发表同样的讲话，美国也可以享受到同等程度的自由，而且还不会造成如此不良的反应。他需要做的就是运用更有效的说服技巧：做决定之前先征求意见，尊重其他国家。他也许可以这样说：

“我知道这对你们很多国家来说是一个十分艰难的时刻。你们之中的阿拉伯代表国家会产生矛盾心理。其他一些发展中国家和美国关系紧张。但我仅想指出我们有一个共同的敌人，那就是国际恐怖主义。

“在今天结束后，这里的每一个主权国家包括美国在内，都需要对采取什么样的行动做出自己的决定，无论是使用外交手段、采取军事行动或是介于两者之间的行动。但是，在我们做出自己的决定之前，我们要努力向尽可能多的国家征求意见。”

同样的讲话，美国依旧可以享受同等程度的自由，大约只需要一分钟的时间，听上去却截然不同，难道不是吗？这样说也许会赢得更多国家和更多军队的支持，也许会带来更理想的结果，而不是多年来无数生命的丧失。

昨日已逝

我们无法控制昨天发生的事情，就像我们无法改变昨天一样。在谈判中，为昨天发生的事情而争斗永远不会让你取得任何进展。

为昨天而争斗会带来 3 个主要后果：①战争；②诉讼；③无法达成交易。为昨天而争斗既要付出高昂的代价，又会浪费时间，令人痛苦不堪，还往往不能使冲突结束，而且会让人们失去目标。

中东地区要想和平，除非阿拉伯人和以色列人不再为过去的恩怨而相互争斗。无论双方制定了多少条约，派出了多少使节，如果一方总是有人企图为过去的恩怨对另一方的人采取报复行动，那么这些措施都无济于事。

在达成协议的情况下，这并不意味着我们不能为昨天负责。但首先我们需要将彼此当成普通人来交谈，并运用本书所讨论的那些谈判技巧。我们必须找到一种前进的方法，然后才有可能做一些与昨天有关的事情。但是，这个问题总是非常棘手。如果仅仅在对方为昨天负责的情况下你才与其达成交易，那么，这笔交易永远都不值得你做。

各方的时间取向——无论对昨天或是明天——是谈判和诉讼之间的主要区别之一。诉讼让人们更关注昨天和指责；谈判让人们更关注价值和明天，或者确切地说，更关注今天。

马克·胡德（Mark Hood）是石油行业一名供应链经理，他正在努力接待一位过去受了委屈尚未得到“补偿”的供应商。这位供应商对马克的前任对待他的方式耿耿于怀，在一个与此事完全无关的项目的条款制定和支付问题上，他态度强硬。“这是一个信任问题，”马克说，“首先，我们不得不安排一系列的午餐和晚餐，提供彼此交谈的机会。”马克听供应商把牢骚发完，然后为他人的不当行为向对方致歉，并承诺以后会做得更好。

在谈判中，不为昨天而争斗大有好处。鼓励对方只谈论那些他们力所能及的事情，这有助于区分主次，让双方更自信。你可以说：“为什么要为了昨天而指责我，我并没有参与其中，我也不会支持那些参与其中的人。”

争论对错于谈判毫无意义

指责怪怨和施以惩罚是人类的自然反应。然而，从心理学的角度而言，人们很难愿意接受惩罚。即使承认自己有错也很难，因为这会让人们在自己和他人面前显得有些丢脸。指责怪怨的时候几乎总是需要一个第三方：一名法官、一个陪审团或一名裁判。如果想争论谁是谁非，你会发现，让对方帮助你实现自己的目标就会变得难上加难。相反，你将被迫做出代价更高昂的选择——诉讼、第三方仲裁或战争。

在谈判中，最好能问一些这样的问题：我们现在该怎么办？我们怎样才能阻止这种情况再次发生呢？

1993 年，抓绒面料（一种受欢迎的合成摇粒绒）制造商莫尔登·米尔斯公司遭遇一场大火，大火烧毁了公司在马萨诸塞州波士顿市郊的厂房，损失达 400 万美元。在工厂重建的两年时间里，公司首席执行官艾伦·福伊尔施泰因（Aaron Feuerstein）让工会工人们一直值班，并发放全额工资。

在这样一个失业率居高不下的时期，此举令福伊尔施泰因成了一位民族英雄，也成了《时代》周刊的封面人物。

不过，莫尔登·米尔斯公司可能违反了联邦消防安全法准则，因此联邦调查人员打算对两支当地消防队进行审查：莫尔登·米尔斯公司的工厂消防队和城市消防队。

事情的经过是，工厂消防队在起火后立即赶到现场，但未能将火扑灭。城市消防队晚了 20 分钟才赶到，这时火势已经失去控制。最后，大火被城市消防队扑灭，但工厂已被烧毁。

“工厂消防队被‘激怒’了，想把责任归咎于城市消防队。”杰夫·鲍曼（Jeff Bowman）说，他是莫尔登·米尔斯公司的危机协调员和市场总监。“在那段时期，我是公司的一名顾问，职责是协助鲍曼。我们两人言辞强硬地要求福伊尔施泰因不要让其工厂消防队指责城市消防队。我们说，指责城市消防队员无助于实现公司的目标，即得到由联邦政府颁发的消防安全合格证明。”

正确有理并不是公司追求的目标。公司的目标是：不要被监管部门处以罚款，并且要维护公司的声誉。福伊尔施泰因尤为担心自己声誉受损。怪怨城市消防队只会令两个消防队互相疏远。

“不要说谎，”我说，“您的消防队员一定也承认，虽然城市消防队晚了 20 分钟才赶到起火现场，但是他们住的地方离起火地点更远。也许将来他们可以住得更近一些。此外，他们为工厂消防队提供了经验，而且最终是他们将大火扑灭的。”

尽管这番话合情合理，但你可以想象到，要让工厂消防队不怪怨城市消防队很难。工厂消防队想在公众面前显示自己是有理的，不过，首席执行官最终说服了他们。他们在公众面前对此做了一个委婉巧妙的解释，城市消防队表示支持。

由于当地城市消防队的支持，工厂消防队获得了联邦政府颁发的消防安全合格证明。“如果没有城市消防队，我们公司就无法生存下来。”鲍曼说。鲍曼在此之后就退休了，他现在是俄勒冈州阿什兰一家军用服装生产商的首席运营官。莫尔登 · 米尔斯公司之所以生存下来，是因为他们将注意力放在了自己的目标上，而不是谁是谁非上。

本章中的每一种技巧都很细微，只需在谈判中将你所说的话稍加改变而已。不必一次使用所有技巧，试试其中一种或两种，对其加以实践。树立起信心，实现目标后，再去试试其他技巧。

但是，请记住本章的口号，这个口号因戴维 · 利恩（David Lean）导演的电影《印度之行》（*A Passage to India*）中的人物戈德博尔教授而永垂于世：

你无法告诉任何人任何事，

除非对方愿意聆听。

第4章 面对强硬的谈判对手

一天晚上，我的一个学生在10点55分去麦当劳买了一份法式炸薯条。薯条有些湿软，他要求柜台服务员换一份新鲜薯条。服务员不耐烦地回答说："再过5分钟我们就关门了！"这名学生平静地走到柜台另一端，拿起一张麦当劳印制的保证食物新鲜的宣传单，然后走回到服务员那里。

"我现在在麦当劳，对吗？"这名学生说。店员嗯了一声。"那好，"学生说，"这张宣传单上说你们的食物在整个营业期间都是绝对新鲜的。"他指着宣传单上法式炸薯条一栏，上面承诺会带给顾客所期望的"完美品质"。

"这家店难道不是要到晚上11点才停止营业吗？"这名学生补充道，"宣传单这一栏并没有写保证食物新鲜在停止营业前5分钟就开始失效，对吗？"

这名学生买到新鲜的法式炸薯条了吗？他当然买到了。

很多人会无奈地接受湿软的薯条，或一气之下转身离开，或气愤地与店方发生争执，或气恼不堪。这名学生的做法却是冷静地利用了麦当劳为自己制定的准则。毫无疑问，这是一件小事，但在成千上万的谈判中，无论大小，从餐馆到你的工作，再到地缘政治，利用对方的准则是一种有助于你实现目标的极具说服力的方法。

在大多数人都不甚了解的众多极其有效的谈判技巧当中，利用对方的准则也是其中之一。这种技巧对那些难对付的谈判者尤为有效。然而，很少有人了解这个准则，对它加以利用的人就更少，几乎没人明白准则是能使人们在各种情况下应对自如的心理杠杆。我谈论的不是“客观”准则或自己认为公平的准则，而是指被对方认为公平合理的准则。

准则一旦利用起来，通常会产生神奇的作用。每天你都可以使用这种技巧，在有些情况下这种技巧尤为有效。

利用对方的准则非常重要，因为这个世界本来就是不公平的。不断有人和公司违反自己制定的准则。他们对服务做出承诺，又违反承诺。在商店订购商品，但商品未按承诺交付；他们承诺要提供最优质的服务，但服务态度异常恶劣；你信任他们所做出的承诺，他们却通常理直气壮地食言背信。这种现状让很多人十分抓狂。但现在，你可以从容镇定地利用他们的准则来达到你的目的。

蒂姆·拉瑟特（Tim Russert）是美国全国广播公司（NBC）电视节目《与媒体见面》（*Meet the Press*）的主持人，经常因精彩出色的报道而备受称赞。在采访美国政要的时候，拉瑟特经常会做的事情之一是，在国家电视台上将这些政要们以前所说的话重新播放给他们听，而这些话似乎与他们当前的行为相互矛盾。政要们会局促不安，然后被迫自圆其说。拉瑟特正是利用了对方的准则。

早在30多年前当记者的时候，我就发现利用对方的准则效果惊人。后来当律师和商人的时候，我对这一技巧进行了完善。现在，这一技巧已经成了我的课堂上诸多谈判技巧中的一个重要组成部分。

这一技巧如何发挥作用呢？利用对方的准则是人类心理学的一个基本原则，即人们讨厌自相矛盾。所以，如果你让人们在这两者之间进行选择：是和自己的准则相互矛盾，还是和自己的准则保持一致——例如和自己以前所说的话和所做的承诺保持一致？人们通常都会力争和自己的准则保持一致。当然，任何技巧都不可能始终有效。但是，通过运用这些技巧，你会争取更多。人们违背自己准则的可能性越小，你达到自己目的的可能性就越大。

准则的力量

准则是赋予某项决定合理性的一条惯例、一项政策或一个参照点。它既可以是从前所说的话、所做的承诺或所给予的保证，也可以是谈判中对方同意采取的一种做法。

公司政策就是一个准则。基本上它是这样的："这是我们的规定。"另一个可以加以运用而且同样威力十足的准则是："贵公司史上在公司政策方面是否有过破例的情况？"下次当机票代售人员对你说，改签机票要收费 100 美元的时候，问一下该公司史上对该项规定是否有过破例的情况。如果有，试着让自己符合其中的一种例外情况。

尝试这种谈判技巧可以先从服务提供者开始，因为他们的职责是为他人提供服务，几乎所有公司都制定了服务准则和服务保证：有线电视公司、电话公司、航空公司、信用卡公司、银行、酒店等。如果你有需要对方解决的问题，那就从该公司的网站、印刷品或电视广告中找出该公司关于客户服务的各项规章制度。

如果客户服务代表不予帮助或对你无礼，你可以对他们说："你们的广告上说，客户服务代表要始终竭诚为顾客服务。我很好奇——你们所说的和现在这种情况一致吗？"

对方不会挂断电话、一走了之或痛打你一顿。事实上，他们通常会按你的要求去做。

几年前，沃顿商学院有一个名叫贾森·克莱因（Jason Klein）的学生，他努力了 3 年想考入宾夕法尼亚大学法学院。第一年，他没被录取。第二年，他上了候补名单，但还是没被录取。第三年，他在 4 月下旬又上了候补名单，他需要校方立即给他答复，因为他要攻读沃顿商学院一门联合学位课程，该课程为期两年，他已完成了第一年的学习。

法学院通常要到夏天才能确定候补名单上的人选，考虑到联合学位课程的注册要求和夏天的其他计划，夏天对贾森来说就太晚了。因此，他希望被学校录取并想让校方破例，即尽快考虑他的入学问题。任何一个了解申请进入顶级大学程序的人都明白，贾森的机会几乎为零。贾森在沃顿商学院也是我的谈判课上的学生，所以他问我该怎么办。

我建议他先从头至尾仔细查看一下宾夕法尼亚大学法学院的招生目录，研究一下该校的各项规定和制度。然后，他应该给招生院长写一封信，简单地说一下："这是贵校的要求，以下是我满足该项要求的条件；这是贵校的规定，以下是我满足该项规定的条件；这是贵校的制度，以下是我满足该项制度的条件。"在信的结尾，我建议他这样写："请告诉我，我在信上说得不对的地方。"或类似的一些话。贾森按我所说一一照办。

4 月 28 日，贾森将信交到了招生办公室。5 月 2 日，他被学校录取。贾森知道这不是巧合，因为法学院之前曾告诉过他，最早会在 6 月考虑他的入学问题。

一旦认识到利用对方的准则会收到奇效，你就会看到它无处不在。而在此之前，你是看不到这些技巧的。"这一过程让我学到了极其宝贵的经验，"贾森说，他现在是纽约纪念斯隆 – 凯特林癌症中心的副总裁兼首席投资官，"口头谈论这些技巧和概念是一回事，亲自运用这些技巧和概念、看到它们为自己发挥作用完全是另外一回事。"

在某些情况下，如果没有先前的准则供你利用，想办法确定一些在谈判中对方会接受的准则。一名年轻的经理到纽约一家昂贵的爱马仕法国店购买一条围巾。他看中了一条标价 500 美元的围巾，优惠降价后为 250 美元。这名年轻的经理让店员把围巾包装起来，因为这是他送给妻子的一份生日礼物。店员回答说："我们不给降价商品进行礼品包装。"

对这样高档的一家店铺而言，这个回答是多么粗鲁无礼啊！但是，这名经理没有像大多数人一样怒不可遏（大多数人也因此一无所得），他问："那么，如果我付全价 500 美元购买这条围巾，你就会把它包装成礼品吗？""当然。"店员说。这名经理接着说："也就是说，爱马仕最近要收取 250 美元作为礼品包装费？"

这名经理买的围巾被包装成礼品了吗？那是当然！

为什么人们几乎总会遵守自己的准则呢？这里有两个基本原因。首先，人们心中的道德准则告诉他们，遵守自己的准则是正确行为，他们不愿承认自己是背信之徒。其次，他们担心，违反他们本应遵循的准则会惹恼或激怒与他们有重要关系的第三方。例如，他们的老板，因为老板会坚持维护该组织机构的准则。违反准则的人会显得不合情理，而且最糟糕的是，他们有可能被解雇。

假设你正在提一个完全合乎情理的要求，而在电话另一端的客服代表却完全不通情理。他 / 她事实上是在违反公司的准则。你可以借助第三方的力量问对方："如果贵公司的首席执行官亲自听这个电话，他会赞成您这样做吗？"

你不过是通过这些提问让对方仿佛看到了一只可怕的体重 800 磅的大猩猩。现在对方知道，如果违反公司准则，他（她）会面临更大的风险。

几年前，在加勒比海地区，我正在对我和合伙人共同购买的一家小型货运航空公司进行尽职调查。我在视察各个岛屿、检查各项设施时，只有公司一名飞行员驾驶着一架单引擎飞机载着我飞往各处。那是一个晴朗愉快的下午，我们降落在英属维尔京群岛中的托尔托拉岛，抵境大厅里除了一位入境检查员没有其他人。

在填写各种表格的时候，那名检查员对飞行员的态度十分粗鲁无礼，尽管这名检查员认识这名飞行员，在过去的 10 年里也经常见到他，而且飞行员和我都有机场通行证。我来此岛的目的是确保我们公司的小型办事处运行状况良好。这个小型办事处离抵境大厅只有 50 码的距离，从我们现在所站的位置就可以看见办事处的大楼。

我环顾抵境大厅四周，想找到一个准则。我看到墙上有一块牌子，就是人们有时会在旅游目的地见到的那种牌子。牌子上是英属维尔京群岛的总理发布的一份声明，上面写着："欢迎光临英属维尔京群岛，我们的海关官员、入境检查员以及其他各类服务人员视我们的游客和其他宾客为上宾，并将以彬彬有礼的态度、殷勤周到的服务让诸位在此享受到充分的尊重。"

于是，我走到入境检查员那里说："打扰一下，好吗？""什么事？"她一边说一边抬起头来，一脸不情愿的样子。我指着那块牌子说："上面那些话真是总理说的吗？"她说："是的。"语气中带着些许犹疑不定。我接着说："那么，总理所说的这些话和现在这种情况一致吗？"

5 分钟之后，我俩就从抵境大厅走了出来。按政府的说法，墙上那块牌子从此以后就应该摘掉了。

如果在取回干洗衬衫时发现衬衫纽扣掉了，你可以这样对干洗商说："将衬衫交还给顾客的时候，衬衫纽扣要比送来干洗的时候少几颗，这就是你们的政策吗？"这样说当然是在利用准则，不过这种说法也许会让人觉得太咄咄逼人。没关系，那就换一种你觉得舒服的说法，但在原则问题上绝不能含糊：干洗商的职责难道不是要保证纽扣完好无缺吗？

或者，你也许会对自己的配偶或其他重要的人说："亲爱的，我们最近看的 7 场电影都是你想看的电影，难道这次就不该轮到我选一部吗？"同样，你也许想换一种比较缓和的说法。不过，你现在的这种说法是在询问对方这样一个问题，即对方是否同意电影的选择权应该在你们两人之间公平分配。

利用准则了不起的一点是，其过程是透明的，不是人为操纵的。当你在利用准则的时候，你完全可以向对方坦言相告。如果对方说：“你是在用准则吓唬我吗？”你可以回答说：“当然！我根据你们精心制定的准则来做决定，这有什么错吗？”在这里，你已将讨论对方的准则变成了问题焦点。“我不过是在要求贵公司遵循自己的准则，不是吗？”

一些心理学家将准则看成“一致性陷阱”，并将其与操纵手段归为一类。这是对准则的错误看法。利用准则并不是骗人上当，只是在尽力让对方信守承诺，去做合乎情理的事。坚持诚信和公平难道有错吗？

如果对方决定违背自己的准则、抛弃诚信，我们该怎么办呢？那好吧，对方会变得更极端，顽抗到底，这自有其风险，稍后我会对此进行解释。

你要牢记的另外一点是：利用准则可能会对他人造成伤害。利用准则十分有效，这一点毫无疑问，但是，利用准则会让你做出何种程度的决定呢？

下面这个例子发生在美国。宾夕法尼亚大学法学院一个名叫尼尔·塞西（Neil Sethi）的学生，他现在是一家大型房地产公司的法律总顾问，他和几个朋友外出去唐舒拉体育酒吧吃饭，该酒吧是前迈阿密海豚队足球教练所开的特许经营店。尼尔点了一杯啤酒，可这杯啤酒直到晚餐吃完半小时后才端上来。“本着所学到的谈判精神，”尼尔说，“我几乎是不假思索地质问啤酒是否应该在晚餐开始之前就端上来。”

女服务员不断道歉，然后解释说她把尼尔这桌和另外一桌搞混了。尼尔问女服务员这些是否都是他的错，女服务员说不是。尼尔让女服务员将啤酒退掉，女服务员说她不能这样做，因为啤酒已经打开，账单也已输入了电脑。

“我问，因为餐厅自身的失误而让顾客蒙受损失，这是否是该餐厅的规定？”尼尔说。“当然不是。”女服务员说。尼尔接着问，在该餐厅，当酒水费或任何类似的费用被输入电脑后，是否曾有过将其再从账单上取消的先例。女服务员回答说曾有过。于是尼尔又问，如果失误是由餐厅造成的，而且该餐厅从前也有过将酒水费从账单上取消的先例，那现在为什么就不能将啤酒费从账单上取消呢？女服务员从账单上取消了啤酒费。

女服务员走开以后，尼尔的一位朋友对女服务员取消啤酒费的做法非常吃惊。“我了解这家餐饮连锁店，”尼尔的朋友说，“这笔取消的费用将会从那名女服务员少得可怜的薪水中扣除。”那名女服务员为了不让自己显得像个傻瓜，只好无奈地接受了尼尔的要求，这或许让她减少了一次为家人购买食物的机会。

“当得知啤酒将由她来埋单的时候，我十分震惊，”尼尔说道，“我开始真正感受到这些谈判技巧的巨大影响力。我意识到，在运用这些技巧施加影响力的同时，还要负责任地、理智地运用这些技巧。”尼尔支付了啤酒费，并感谢那位女服务员让他在人际关系方面获得了一些启示。尼尔说这个启示会给自己的职业生涯带来极大影响。

懂得了这个道理，你在和他人谈判的时候，就必须确定怎样做才会让自己感觉心安理得。我也许会奋力争取一些东西，你却永远不为所动，因为你认为这种做法不合时宜。虽然我可能最终会比你获得更多，但你也许会认为，如果因此而感到良心不安，再多的利益也不值得去争取。

在我的课上，有一位女士坚持认为，利用对方的准则不可能奏效。于是我让她任意挑选一个场合去尝试一下。艾迪堡是一家知名的服装零售商，对其店内所售服装做了全额退款的书面保证，并承诺该保证终身有效。这位女士曾从艾迪堡买过很多衣服。

于是，这位女士回到公寓，从衣柜里将过去5年从艾迪堡所购买的所有衣服取出来，去了当地的艾迪堡店铺，将衣服使劲扔在柜台上，说：“我现在不喜欢这些衣服了，请你们把钱退给我。”

店里的工作人员当场就把钱退给了她，而且是全额退款，全部使用现金。

“我一生中从未如此尴尬过。”这名学员在一周后向我们汇报时说。

对于这名学员而言，这个结果是她始料未及的，她看到了自己的底线。我建议她要避免出现让自己感到良心不安的情况。“但是，不要告诉我这些技巧不起作用。”我说。

让我们更深入地来看一看导致这一策略如此有效的原理。几年前，我到中国台湾出差一个星期。在那个星期结束的时候，我入住的酒店向我收取 150 美元的信用卡电话接入费——一次通话 1 美元。我本已准备付费，但房间里没有任何有关接入费的说明。于是，我找到了酒店经理——那位决策者——开始与她展开谈判。

“向客人收取贵酒店事先并未予以通知或说明的某些服务费用，这是贵酒店的规定吗？”我问道。

通过问这个问题，我给了这位经理一个选择。每当运用准则技巧的时候，我总是会给对方这样的选择，即要么一错到底，要么接受我的条件。这位经理会说“没错，我们违反了规定，没问题”这样的话吗？不太可能。根据规定，在收取对方任何费用之前必须对此予以通知说明。

所以，这位经理说：“当然不是。”

“那好。”我说。我开始问第二个问题：“房间里没有任何有关信用卡电话接入费的说明，是吗？”“嗯，是的，”她说，“但其他酒店也会向您收费的。”

“他们当然会收费，”我说，“但他们事先会向我说明，不是吗？”“您说得有道理，戴蒙德先生，”这位经理想了一会儿，她说，“您看我这样做怎么样，我们折中一下，您支付 75 美元就行了。”

对这一方案，我的回答是：“请说得明白些，我有点混乱。如果在这件事上我是对的，我不欠贵酒店一分钱。如果我是错的，我就欠贵酒店 150 美元，这 75 美元又是从何而来呢？”

折中通常是一种既偷懒又无效的谈判方式。在谈判的最后阶段，如果在使用其他各种技巧之后，只剩下一步之遥需要跨越，这也许就可以算大功告成了。但准则的效力要比这远远大得多。“您说得对，”那位经理说，“我们将从您的账单上取消这项收费。”

你可能会觉得这有点不近人情。显然，在这样的谈判中，语调运用是否得当非常重要。说这番话的时候，你的语调应该听上去平静、亲切并且通情达理。关键是要给对方选择：是一错到底，还是满足你的要求？多年来，通过运用这些方法，我的学员们已经拿回了数百万美元。真正的问题是，拿回来的这些钱应该落入你的口袋还是对方的口袋——尤其是当对方处事不公的时候。

如果对方不想回答你有关准则的问题，那又该怎么办呢？那就问对方你所提的这个问题本身是否有问题。这样一来，对方回答这个问题的过程就变成了一个有关准则的问题。

你要小心的是：如果在周围有很多人的情况下要求对方为你破例，那你往往会无法如愿。为什么呢？因为，这会增加对方做出决定的难度。如果被其他人无意中听到，他们也会要求破例。

采取循序渐进的策略

反复强调利用准则以及本书所提供的所有建议都体现了一种观点：要采取循序渐进的策略。将谈判分成多个步骤。大部分谈判经验不足的人往往要求对方一次迈出一大步，他们要求对方从当前位置一下子跳到自己所希望的位置。例如，“我的电脑坏了，给我一台新的。”

让对方迈出如此大的一步很容易遭到对方的拒绝。大的步子风险更大，因为它和当前的状态差别太大。

所以，你应该将谈判划分成一个个比较小的步骤，每一步都要停靠并确认一下。每一个停靠点相互之间的距离不能太远。通过这些渐进式步骤，你可以将对方带到很远的地方。你要一次一小步地带领对方从熟悉的内容逐渐到不熟悉的内容。

本质上，在每一种情况下，这样做都是在为说服对方迈出下一步打基础。如果对方问你的目标是什么，告诉他们你正在努力确认他们的准则，以便找到在目前的状况下有可能采取的方案。如果对方问你更多问题，披露一些能让你更接近目标的信息。“这种情况下怎样做才有可能呢”要比“我想让你给我便宜20%”更有效，因为后面这种问法要求对方迈的步子太大。

只有后退足够远的距离，对方才会既无法拒绝你所提出的要求，又不会产生被你利用的感觉。从对方脑海中的各种画面开始，准则的含义即是对方脑海中的一幅画面。在谈判中大多数人后退的距离远远不够。要从对方所熟悉的内容开始，然后再一步一步地缓缓前进。

我所说的后退到足够远的距离是什么意思呢？例如，这些问题：“您想达成一项协议吗？”“您想赚钱吗？”“您想让客户满意吗？”这为谈判提供了一个停靠点。如果对方一开始说他们希望达成一项协议，之后却开始提出蛮横无理的要求，你可以问对方，这样的要求如何与他们希望达成协议的说法相符合。

在谈判中，应该一步一步地带领对方从熟悉的内容到不熟悉的内容。情况越复杂，迈的步子要越小，所需步骤就越多。

对方脑海中的画面应该简单明确，从中找出一些让对方无法拒绝而你又可以接受的东西。

下面就是一个从熟悉内容开始采取渐进策略的例子。我的一个学生名叫洛基·穆特瓦尼（Rocky Motwani），他去位于费城西部的机动车辆管理局缴纳交通违规罚款。在那里，他看到一个巨大的标示牌，上面写着：禁止使用个人支票缴费。洛基只带了个人支票，他决定去看看能否就此事协商一下。

他环顾四周，想找到一个准则。他发现，自己的交通违规罚单背面有一个地址，供人邮寄个人支票。这个地址看起来有些熟悉。

洛基走近窗口，说：“我的罚单背面写着我可以按照上面所写的地址将个人支票邮寄过去，是吗？”“是的。”工作人员回答。

“可是上面这个地址具体在哪里呢？”洛基问。“就是这栋大楼。”工作人员说。

洛基停顿了片刻。“邮寄过来的支票会放到这栋大楼的具体什么地方呢？”洛基问。“哦，就放在那边那张桌子那儿。”工作人员一边说，一边用手指着大约两米外的一张桌子。

“真的吗？”洛基沉吟了一下说，“我能问您一个问题吗？那两米有什么特别之处吗？两米以外，个人支票可以使用；两米以内，个人支票就不能使用……如果我现在拿着我的支票，将它放入信封寄给您，这张支票就会被放到那边的那张桌子上，您觉得怎么样？这样我就可以用支票缴费了吗？我还会贴上邮票。”

洛基那天缴费用的是个人支票吗？是的。而在他前面的 3 000 人就没有做到这一点，也许在他后面的 3 000 人也没有做到这一点。不过，对洛基表现出的那丝讽刺挖苦，你可能不太喜欢。如果是你，可能会这样问，就禁止使用个人支票这一规定，你们是否曾有过例外情况？重点是，洛基通过指出机动车辆管理局在其规定上存在明显的矛盾，从而实现了自己的目标。如果洛基当时在谈判中想一步到位，（“既然我可以将个人支票邮寄到这儿，为什么就不能亲自用支票缴费呢？”）那名工作人员所要迈的步子很可能就太大了，因为他需要看清这个思维过程的每一个步骤。

后来，洛基成为摩根大通银行的总经理，经营着价值高达两亿美元的业务。今天，他说：“我现在每一天都非常积极地运用各种谈判技巧，尤其要运用渐进式技巧。”

这里有一个来自商业领域的例子。默里·赫尔姆斯利（Murray Helmsley）是德国巴斯夫化学公司的一名经理，有一个大客户对他说，巴斯夫公司应该将其所有包裹都打上电脑条码。这名客户说，如果巴斯夫公司不这样做以承担客户的人工分拣成本，他们就从每个包裹的费用中扣除 450 美元。但是，巴斯夫总公司告诉默里，公司不会为了一位客户而这么做。默里该怎么办呢？

“我没有理会客户的威胁，而是寻找更循序渐进的解决方法。”默里说。他说服了巴斯夫公司进行为期一个月的实验，在实验中使用客户提供的标签。巴斯夫公司的物流和营销人员最后同意与客户见面并进行协商。实验成功了。

律师发现，采取循序渐进的策略与交叉询问的方式相似。你会引导对方一步一步走向你所希望到达的目的地，所有步子都朝着同一个目标。谈判的不同之处在于，这一过程的目的不是引人上当，而是要让对方清楚地了解从起点到目的地的前进过程。

在众多采取循序渐进式策略对付强硬谈判者的知名例子中，有一个是 1970 年上映的电影《5 部轻松的戏剧》（*Five Easy Pieces*）中的一个场景。杰克·尼科尔森（Jack Nicholson）扮演的主人公在一家小餐馆里点了主食之后又要了一份吐司。女服务员说餐馆不供应吐司。于是，主人公点了一份鸡肉沙拉三明治吐司。然后，他让服务员相继将蛋黄酱、黄油、生菜和鸡肉拿走。他的语气极不友善，而且怒气冲冲。其实他大可不必这样，只要让对方看到餐馆的规定不合情理，他的要求就能得到满足。（但是，在这个例子中，主人公当众大吵大闹，最后也没有得到吐司。）

我班上的学员会从对方的错误中受益。克里斯·达文波特（Kris Davenport）是我在哥伦比亚商学院的一名学生，她在一家餐厅点了一份纯真玛丽鸡尾酒（血腥玛丽不加伏特加），结果被告知这种鸡尾酒无法调制。“你们有番茄汁吗？”她平静地问道。“有。”女服务员回答。她接着又以同样的方式逐一问对方有没有塔巴斯科辣椒酱、辣酱油和冰。最后她得到了纯真玛丽鸡尾酒。

我知道，你们之中有些人也许认为对方不会按你的要求去调酒。如果你语气和善就不会出现这种情况，如果你态度委婉地让对方按照你的要求去做就不会出现这种情况。有一次我将大家的这种想法告诉了一家餐厅，他们对我会有那样的想法感到无比震惊。你也可以告诉对方，如果你的需求得到满足，他就会得到一笔可观的小费。

如果对方刚开始不愿满足你的所有要求，那就想办法让对方先满足你的部分要求，改天再来。记住：每一个上限都是一个新的下限。这个月要求将你信用卡的利息削减 1%，下个月再继续就此进行谈判。这次省 50 美元，下次省 75 美元，到了年底，省下来的现金就会是一笔不小的数目。

准确描述令你事半功倍

利用准则的关键——事实上对所有成功的谈判亦然，是表达描述。在本书前面我曾提到过。但利用准则时，描述比任何其他因素都更重要。描述的意思是将信息进行系统整理，或使用一些特定的、对对方具有说服力的语句将信息呈现出来。

在谈判中，人们对所使用的具体词语非常敏感。要点是让对方看到关键问题所在。贝拉克·奥巴马使用的是“改变”一词。在辛普森谋杀案的审判中，已故的约翰尼·科克伦曾就手套问题对陪审团说：“如果这双手套试戴不合适，你们必须判他无罪。”可口可乐公司凭“享受清新一刻”这句广告语赚取了数十亿美元。

就如何准确描述问题，这里有几个例子：如果一家餐厅将你的预订安排得晚了，可以问他们：“贵餐厅是否信守承诺？”或者，问任何一家服务提供商：“你们的宗旨是让客户满意吗？”

要想知道如何准确描述问题，首先要问自己：“现在的真实情况是什么？”了不起的谈判者能牢牢抓住那些显而易见的线索。

周丽娜是沃顿商学院的一名学生，她收到一封申请领取美国运通卡的邀请函。如果签约申领，可以享受到在参与该活动的一条航线上免费飞行 8 000 千米的优惠，其价值达 250 美元。周丽娜打电话给美国运通公司，却被告知自己没有资格享受这一优惠，因为她已经有一张美国运通卡了。她被告知这一优惠只针对新卡会员。

丽娜仔细想了想这个问题，然后，她又把电话打回去，要求主管接电话，并将自己的问题告诉了对方。接着她说：“您能告诉我，就美国运通公司需要做出决定以更改其在全世界发布的广告并对整个公司进行重新定位这一问题，我应该找谁谈呢？”“您这话是什么意思？”主管问道。

“是这样，”丽娜说，“过去美国运通公司有这样一个口号：‘会员享有特权。’但现在我发现，非会员比会员享有更多特权。所以，贵公司一定已经将口号改成了‘美国运通：非会员享有特权’。我应该和谁谈谈这个问题呢？”

主管当场就将免费航程的优惠给了丽娜。丽娜现在已是纽约一名金融分析师。你能想象这一情况发到博客上的后果吗？在第三方（或潜在的第三方）在场的情况下，准确描述问题并利用准则极其有效。在这里，丽娜的描述让对方看到，美国运通公司的言外之意是：新客户比现有客户更重要。鉴于丽娜所使用的这些措辞，美国运通公司更愿意向她提供免费航程的优惠。

有研究表明，对完全相同的事实，准确地描述会让一个人比另一个人更具有说服力。如果谈判者以一种能改变对方脑海中画面的方式对信息进行加工整理，他在谈判中就会更加成功。有一项经常被援引的研究与手术后的存活率有关。一些患者被告知，择期手术的存活率为 90%，另外一些则被告知手术的死亡风险为 10%。尽管此处的信息完全一样，但被告知存活率为 90% 的时候，选择做手术的人数要高出很多。

一名学生从电脑美国（CompUSA）公司购买了一台电脑。一个月后，电脑坏了。他打电话给销售员，对方告诉他可以将电脑送回到制造商那里，因为该电脑仍在保修期内。这名学生不想这样做——这样太浪费时间，而且他还需要用这台电脑学习。

因此，这名学生将电话打到商店，要求经理接电话。他问经理：“保障当地顾客的权益是贵店一贯的宗旨吗？或者，一出现问题，贵店就会将顾客打发到别处去吗？”

“我们当然会保障顾客的权益！”经理说。

“那么，在我今天需要用电脑学习的情况下，你们为什么将我打发到制造商那里？”这名学生问，“这听起来好像你们并不是在保障顾客的权益，是吗？”

这名学生得到了一台借用电脑。而在其他情况下，别的学生只能去更换新电脑。大多数人都只是抱怨“电脑坏了”，或者发牢骚“为什么让我这么麻烦地去找人修电脑？”商店经理并不会因此动摇或让步。而这名学生却依据商店的客户服务准则，准确描述了自己的要求，最终达到目的。

你可能会说：“这不合常理。”谈判最重要的并不是合理性，而是对方的感受和看法。这也是准确描述（呈现信息的方式）如此重要的原因。我们可以通过准确描述来让世界变得更加公平。

费城的匹兹堡国民银行在谢纳兹·吉尔的账户上出现了一个失误，银行却随意向吉尔收取了一笔透支费。吉尔问银行经理：“匹兹堡国民银行的客户应该为银行所犯的过错付出代价吗？”经理显然不知该如何回答这一问题，因为他很难对此予以承认。

于是，可口可乐公司的战略经理谢纳兹，开始利用匹兹堡国民银行的第二项准则，该银行广而告之的、为客户“提供解决方案”的承诺。谢纳兹问银行经理如何才能提供一个解决方案呢？谢纳兹最后得到了退款。

准则不仅可用于对付那些强硬的谈判者，而且也可用于处理各种各样的关系。关键是要以保持双方关系的方式来进行。记住，你要站在对方一边，你只是在帮助对方以一种不同的方式来看待问题。

塔希尔·卡齐（Tahir Qazi）两岁半的女儿名叫纳迪娅，纳迪娅对自己被安排在高椅子上独自吃饭非常不高兴，她想和家人们一起坐在饭桌旁吃饭。纳迪娅的爸爸没有告诉纳迪娅应该怎么做或给她一些补偿，而是绕着餐桌从一把椅子走到另一把椅子那里，然后问纳迪娅：“谁坐这把椅子呢？”对纳迪娅来说，这是个有趣的游戏，一个让她有权决定每个人座位的游戏。她玩得很投入。很快所有椅子都坐满了。

塔希尔现在是康卡斯特公司的一名副总裁，他当时并没有告诉女儿，饭桌旁没有她的位置。相反，他问纳迪娅应该怎么办？纳迪娅意识到，如果她坐到其中的一把椅子上，通常坐在饭桌旁的人就必须有人让出位置。于是她明白了，她是唯一一个适合坐高椅子的人。

不过，大点的孩子也许会说："再搬一把椅子。"或者让他明白道理会更困难。但对纳迪娅而言，在这种情形下，这套技巧堪称完美。这套技巧给予纳迪娅权力、做决定的自信心以及一个循序渐进的过程，这个过程让纳迪娅看到她是唯一一个适合坐高椅子的人。

不一定非要接受对方的准则或对方的表达描述。运用合理得体的表达方式的一个重要部分是"重新构架"。从对方所用的措辞开始，找到一种不同的方式将其重新描述出来，让对方获得更深刻的认识——你的目标也会更有希望实现。

无论对方多么强大，运用合理得体的表达方式经常会使谈判中的权力平衡发生改变。如前所述，运用这种技巧应该谨慎，而且要以积极正面的方式加以运用。在沃顿商学院我教的工商管理硕士班上有一名女士，她从世界一流的咨询公司麦肯锡谋得一份工作。这名女士认为，她应该额外得到 3 万美元的签约奖金，因为她拥有多年在她供职部门——媒体和娱乐部门——的工作经验。她未来的老板虽然认为她应该得到这笔奖金，但是，说不能给她发放这笔奖金，因为麦肯锡公司有一项广泛适用的铁的政策，那就是在全体新入职的工商管理硕士毕业生的待遇问题上一视同仁。

于是，该女士认真思考了一下应该如何运用合理得体的方式将麦肯锡公司的准则表达出来，以实现自己的目标：尽快拿到 3 万美元的额外奖金。她问未来的老板，麦肯锡公司给新员工发放奖金最快是什么时候。"3 个月后。"老板回答。"那么，您为什么不能在我工作 3 个月后给我发 3 万美元奖金呢？"她问。"当然可以。"老板说。

这次谈判所花的时间比你阅读这个事件的过程还要短。

与告诉对方应该做什么样的决定相比，将做决定的权力交给对方更具有说服力。运用合理得体的表达方式，采取渐进式策略，就可以带领对方到达你期望的目的地。对父母们而言，正如我将在本书后面所说明的一样，这些技巧尤其适用于对待儿童。

约翰·罗奇（John Roche）的妻子罗斯玛丽想扔掉他们家那条达尔马提亚大狗。“她讨厌狗。”约翰说。一方面，这条名叫霍迪尼的狗经常穿过家里那道无形围栏，弄响警报器，而且还在街坊邻里到处乱窜。邻居们对此颇有怨言。

“我先给了她发泄的机会，”约翰说，他现在是纽约一家房地产投资信托公司的首席财务官，“然后，我问她，这条狗是否给我们的孩子提供了安全并陪伴他们玩耍。”“是的。”她说，她现在已稍稍愿意谈论这条狗的好处。接着约翰又问：“如果把狗丢掉，我们怎么告诉孩子们呢？说我们扔掉狗是因为狗给我们带来了不方便吗？说我们怕麻烦吗？”

有一句古老的谚语：灭蚊焉用重锤。这条狗的问题本来并非一个大问题。事实上，这甚至不是狗的问题，而是围栏的问题。解决办法：修建围栏让狗无法弄响警报器并且不会跑到街坊邻里乱窜。要深入问题核心，找到解决真正问题的最简单的必要方法。

在处理工作关系的时候，也可以通过运用合理得体的表达方式、采取渐进式策略来实现自己的目标。彼得·陶克斯（Peter Tauckus）是华尔街一名债券交易员，他度假回来后发现自己的座位被占了。“在交易大厅位置是十分重要的。”彼得说。彼得的座位被老板安排给了一名返聘回来的交易员汤姆，令这名交易员接受返聘的条件之一就是安排他坐在交易柜台彼得的座位上。大多数人在这种情况下都会放弃，但彼得决定就此进行谈判。

“我问老板，汤姆要去交易平价债券还是不良债券？”彼得说。“不良债券。”老板回答。“那么，他为什么没和其他不良债券交易员坐在一起？”彼得问。接着彼得又问，是否所有的交易员都应该坐在交易柜台旁？老板回答说是的。办法有了。于是，彼得继续问，业务员是否必须坐在交易柜台旁？

彼得将这一切进行了总结，然后补充说，他花了很长一段时间才得到了自己的座位。最终——他要回了自己的座位。

在最难学的技巧之中，运用合理得体的表达方式和采取渐进式策略是其中两种。大多数人都想勇往直前，认为将事情分解成一个个小步骤很困难。此外，要找出合适的表达方式需要很长时间，很多人没有这个耐心。然而，在谈判中，清晰、准确的表达方式可以立即帮你达成有利于你的协议。

凯文·舍洛克（Kevin Sherlock）是德意志银行的总经理，一位客户要求银行提供许多不用付费的额外服务，凯文对该客户说："我们的工作应该免费吗？"他采取了一种合作的口吻，这对客户是非常好的现实回应。

谈判前制定准则

在谈判开始之前应该尽量制定一些准则，这样对方会在谈判的初始阶段就看到基本规则的重要性。如果不这样做，而是在自己明显受益之后再去设法制定准则，对方就会认为你在操纵和利用谈判局势。

在商务会议一开始就应该制定的一条理想准则也许是：任何议题如果无法在 15 分钟内得到解决，直接进入下一个议题。因此，在凌晨 3 点钟的时候，我们要讨论的不是第 4 项议题，而是第 30 项，后面还有 4 项有待讨论。之后我们再回头解决那些棘手的问题。这就是所谓的"过程性"准则，这种准则可以让人们掌控谈判进程。

一个议程就是一个过程性准则。大多数人认为议程没什么大不了，因此并不制定议程。他们认为对自己的目标做到心中有数就足够了。我不同意这种观点——这还远远不够。

我无法想象没有议程的会议将会是什么样子。即使你知道自己要谈的内容，仍然需要一个议程来为会议进程制定一个准则。如果你迷失了方向，议程可以帮你重回正轨。要确保每一个人都同意议程安排。这样一来，如果有人中断议程并企图背离议程，你就可以强调这个议程是所有人都同意的。你可以将新议题写在展板上的“其他议题”之下，并让所有人看到。

即使一个简单的会议，也需要一个议程。如果在会议开始前已经制定了一个议程，会议开始时需要再检查一遍，以免事情有变。我们大家都知道，会议是多么容易跑题。在会议开始阶段，如果没有一个大家一致同意的议程，这就像是坐上一辆不知开往何方的汽车，很难指引你到达目的地。

在谈判中，要从简单的事情开始，这会给双方带来成就感。例如，“下次会议是什么时候？”即使前 5 个议题都只是铺垫，也并不意味着它们无足轻重。实现任何目标都会让双方对会议好感倍增并变得更加合作。

两家高科技公司为一宗 3 亿美元的并购案正在进行最后谈判，进展极其缓慢，而且争吵不断。我意识到，谈判委员会规模太过庞大，很难迅速达成协议，于是我将目光锁定在对方代表里克·塞弗特（Rick Seifert）身上。

“嗨，里克，想到隔壁房间喝杯咖啡吗？”我问。也许里克能和我一起想出些办法来。

里克的同事们迅速做出了反应。“我怎么不知道你们认识！”里克公司的首席执行官说。对方以为我要使用离间计来打败他们，里克会泄露一些公司机密，或者我会以某种方式利用里克。这当然很荒谬。

所以我说：“噢！我明白了！你们认为我要在 15 分钟内给里克洗脑，是吗，里克？我能在 15 分钟内给你洗脑吗？”

好了，里克的同事们也觉得自己很傻。他们意识到，他们刚才的反应是对里克这位经验丰富的谈判者缺乏信心的表现，他们的恐惧和担心是没有理由的。想了想他们脑海中的画面，我意识到，他们可能想知道我为什么要与里克私下见面。

于是我补充道："说实话，里克和我要去喝咖啡，是因为我想我俩都需要喝点咖啡。你们这些家伙为什么不给里克和我找点在喝咖啡的时候可以做的事呢？我俩会尽力在回来的时候拿出一个解决方案来。"

这个解释在每一个人看来都显得合情合理。于是，他们交给我们一个问题去解决。里克和我对缓慢的谈判进程深有同感，我俩走进隔壁房间，开始执行我们的任务，找出了一个解决办法，最后回到了谈判桌上。整个谈判进程因为我俩合作性的解决方案发生了改变，合并案谈判取得了成功。

如果不知道对方的准则是什么，该怎么办呢？那就问。在工作中，问对方决定加薪和发放奖金的准则是什么。如果他们不告诉你，可以礼貌地说，你无法满足他们的要求，除非你知道他们对你的确切要求是什么。让对方将情况介绍得尽可能明确具体些——对方的要求和奖金数额。然后，如果你符合准则，为加薪找出理由就会更容易。找出消费者物价指数，以实际美元价值进行计算，看看你今年的薪水与去年相比是多了还是少了。如果少了，问对方，你今年为公司所做的贡献是否比不上去年，或者也可找出公司用以衡量成功的一些准则并加以利用。

这种方法在有些情况下并不奏效。正如我所说过的，没有任何一种技巧是完美的。但是，与完全不尝试相比，努力尝试获得成功的概率要高得多。成功概率即使只增加一点点，也会给你的生活带来重大的积极影响。

让对方将其准则告诉你通常是尊重他们的表现，尤其是当你以谦虚有礼的态度这样做的时候。我有一笔数额较大的账单没有及时向美国运通公司还款，结果美国运通拒绝给我额外的航空里程奖励。我是美国运通的长期客户，因此我刚要对美国运通的客服代表发火，但是，我克制住了自己，想了想这位客服代表这一天的情况。

"我敢说一整天都有人在对你大喊大叫。"我在电话中对她说。"没错。"她说。

"我想还有很多人威胁说如果没有航空里程奖励就要销卡。"我说。

“的确如此。”她说。

“碰到这种情况你怎么办呢？”我问。“嗯，”她说，“我就把他们的电话转到信用卡销卡部。我没必要听那么多废话。”

“对没有及时还款的人，你是否会给他们补上航空里程奖励？”我问。“当然会。”她说。“什么情况下会补呢？”我问。

她说：“如果他们表示歉意，如果他们对我表示感谢，如果他们保证下次绝不会再出现类似情况，还有，如果他们对我态度友善。”

我说：“你看，我为自己没有及时还款真心向你表示歉意。如果你能为我补上航空里程奖励，我诚心诚意地感谢你。我保证今后绝不会再出现类似的情况。而且，我认为你真是个好人。”她大笑着说：“里程奖励已经打入你的账户了。”

这种技巧可以通过实践让你运用得更加得心应手。

要控制用以做决定的准则。过去，女性主管常常会生气，因为男性同行们总吩咐她们用粉笔将会议要点写在黑板上。我的建议是，你应该始终拿着粉笔。这样，你就可以控制会议进程。

我曾和亚特兰大泰森食品公司的首席执行官巴迪·雷（Buddy Wray）、首席财务官韦恩·布里特（Wayne Britt）进行过一场谈判。泰森食品公司是世界上最大的鸡肉、牛肉和猪肉生产商。我当时代表克罗地亚一位客户进行谈判，该客户从泰森公司购买了7 500多万美元的鸡肉销往俄罗斯，货款拖欠未还。我正在尽量削减债务规模，并就一项计划与对方进行商谈，该计划能让我的客户继续经营下去。

我比对方年轻得多，还会打字。所以，我主动提出来做会议记录。泰森公司首席执行官之类的人物用有些纡尊降贵的态度朝我挥挥手，表示同意由我来做会议记录。

于是，我完全按自己的想法做会议记录，完全按自己的想法总结要点，完全按自己的想法将会议备忘录打印出来，完全按自己的想法将下次会议的议程打印出来，然后将这些东西交给泰森公司的高管们。

在双方的第二次谈判会上，那位满头银发的泰森首席执行官走了进来，笨拙地拿着一台笔记本电脑，好像他以前从未拿过笔记本电脑一样。他意有所指地朝我做了个手势，然后大声说："我来做会议记录！"他不是傻瓜。

在会议中，无论地位高低，只要提的问题准确得当，会议很快就会处于你的掌控之中。"我们双方在此的目标是什么呢？"你可以以一种不带威胁的方式这样问。"出什么问题了吗？"你可以委婉地这样问。你可以主动要求将这些问题写在展板上，并征得对方同意。很快，会议就会尽在你的掌握之中了。

直接指出对方的不当行为

从指出对方的准则到指出对方的不当行为只有一步之遥。一个行为不当的人由于和他所属的社会、企业、团体或其他组织所要求的行为背道而驰，所以显然违反了他 / 她自己的准则。

这种情况下的"社会"，包括对方认为负有义务的第三方。而这个第三方是关键，无论其在场与否。如果一个人在重要的第三方面前表现得不合情理，那他就会失去可信度，而且有可能招致批评，甚至被解雇。

通常情况下，如果有人对你举止失当，你就可以利用他们的不当行为得到一个"筹码"，或者一张"他欠你"的欠条。一个道歉就是一个筹码。如果汽车专卖店延迟交付你的汽车，只要你指出对方行为失当，也许就能得到一次免费更换机油的机会。上述一些例子中就有潜在的第三方，例如托尔托拉岛入境检查员的例子，如果她违反总理的承诺被总理发现，后果会是什么呢？

在男性占主导地位的企业中，指出对方的不当行为对女性主管尤为有用。可以采取很多不同的方式——直截了当或不乏幽默等，几乎所有方式都很奏效。有一位女性副总裁，她是一个特别肯合作的人，一般而言，这是一大优点，她却处境堪忧。

一天，她正在与该公司的首席执行官交谈，在场的还有另一位男副总裁。那位男副总裁一再打断她的话。然后，就在她一句话说到一半的时候，那位男副总裁转身走了，这令她十分尴尬。她认为是时候反击一下了。结束了和首席执行官的谈话后，她追上了那位男副总裁。

“我想问你一个问题。”她说。“什么问题？”那位男副总裁说。

“我刚才和首席执行官谈话的时候，我一句话才说到一半你就转身走了，你当时是怎么想的，是想让我难堪吗？”她问，“你的目的是什么？你想和我维持一种什么样的关系？如果我是一个男人，你还会那么做吗？”

这位女副总裁说那位男副总裁两天来一直在向她道歉。

了不起的谈判者会牢牢抓住那些显而易见的线索，并告诉对方。因此，指出对方的不当行为要直接干脆。“你有必要朝我这样大喊大叫吗？”你可以这样说。或者，“我保证尽量不去打断你说话。你也能体谅我一下吗？”记住，你可以经常用这些技巧来对付这些难对付的家伙，他不知人际关系为何物，而且一直企图诋毁你。

在影片《矮子当道》（*Get Shorty*）中，约翰·特拉沃尔塔（John Travolta）所饰演的人物正在给吉恩·哈克曼（Gene Hackman）所饰演的人物传授谈判经验。特拉沃尔塔所饰演的人物对哈克曼所饰演的人物说，谈判的时候，应该打开百叶窗，务必让阳光照到对方的眼睛上，这样对方就会因此而分心。现在，如果这种事发生在你身上，你难道不会指出来吗？“我为什么要坐在这个阳光刺眼的地方？”或者，你也可以说：“这儿刺眼的阳光会让我分心，我们为什么不关上百叶窗呢，这样我就能更专注于我们双方的谈话和你所说的话了。”

对付强硬的谈判者需要技巧。并非所有的谈判者都与人为善。有人会建议你在谈判中与人为善，说这样做会让你变得更加强大。事实上，这要视具体情况而定。如果你是在水中与鲨鱼为伍，你就需要驱鲨防护剂。我愿意与人为善，但如果情况不允许，我也不会让自己陷入无保护的境地。

在指出对方行为不当时有一个关键——这也是所有谈判技巧中最有力的技巧之一，即在指出对方行为不当的时候，绝对不要让自己成为问题的焦点。如果这样做，你就失去了筹码，因为此时的你也变得不理智。律师经常会犯这样的错误，他们会说："你竟敢叫我浑蛋，你才是浑蛋！"事实上，对方越卑鄙顽固，你越应该心平气和。在为数不多、无人能抵御的谈判技巧之中，这也是其中之一。例如，用非常亲切温和的声音说："你为什么骂我呢？我绝不会骂你。为什么？因为我们尊重你。"

这样就将所有问题聚焦在了对方身上，当对方显得越来越不理智的时候，就会将自己推落万丈悬崖。

将这一技巧运用得最为炉火纯青的现代实践者是甘地（Gandhi）。甘地从未抬高过自己的声音或举起过任何一件武器，却从不列颠帝国的王冠上摘得了那颗璀璨的宝石——印度。英国人越凶狠，他就越忍让。最后，当英国人走向极端的时候，他们已无法承受世界舆论的强烈谴责，只好放弃了印度。

马丁·路德·金（Martin Luther King）牧师的非暴力政策也产生了同样的作用。白人至上主义者最后也走向极端，从而失去了政治体制和美国大部分民众的支持。

当面指出对方行为不当的同时不要使自己成为问题的焦点，这一技巧威力巨大，因为这是利用对方的所有力量来对抗他们——所有焦点都聚集在他们身上。在2008年美国总统大选的第二场辩论会上，每当约翰·麦凯恩侮辱奥巴马的时候，奥巴马都依旧对他恭敬有加。辩论结束后，麦凯恩拒绝和奥巴马握手，而奥巴马依然彬彬有礼。所有负面焦点全部汇聚到麦凯恩身上。如前所述，麦凯恩很可能就是在当时当地输掉了大选。

在公司或人际关系的背景下，必须谨慎选择指出对方行为不当的方式，这往往需要机智。例如，在一次会议上，你提出了一个绝妙的点子，结果在稍后的会议上，有人换了一种表达方式将你的点子据为己有。这是一个当面指出对方行为不当的绝佳机会——而且不会让你成为问题的焦点。

首先，称赞对方："太精彩了！"而且要不带一丝讽刺。"几分钟前，当我提出这个点子的时候，我希望能有其他人赞同。很高兴看到大家都赞同这一想法！"如果你想更强硬一些（前提是不会让你成为问题的焦点），你可以这样说："太棒了！几分钟前，当我提出这个点子的时候，我不知道还有其他人也这样想。"接下来，回顾你的团队为这个点子都做了哪些工作，然后亲切温和地问："那么，你们为这个点子做了些什么呢？"

对方当时也许会东拉西扯地为自己解围，但他们将来绝不会再做这样的事。

显然，实践会让这些技巧变得更加有效。不断用表达准确、包含准则在内的方式进行提问练习，你会运用得越来越好。例如，问"在此有何公平可言吗？""我们如何做决定呢？""我应该为您的失误付出代价吗？""让客户满意是贵公司一贯的宗旨吗？"

如果对方违反了他们自己的准则，千万要沉住气，这是关键。只有保持冷静才能如你所愿。例如，每次有人企图欺骗我的时候，我就告诉我的团队不要心烦意乱。"不妨这样来看这件事，"我说，"我们正好有了筹码！"我们指出对方行为的不当，就得到了一个谈判筹码。所以当对方想欺骗我的时候，我就很高兴。现在，我已将他们列为骗子，这一点可以永远为我所用。

如果对方不回电话或电子邮件，尽量不要生气，只在清单上记录下你打电话的日期和时间即可。当你的记录足够多的时候，给对方发一封电子邮件，可以这样写："在过去两周，我们给你打了 14 次电话，希望联系到你。还有什么我们能做的吗？"现在，你手上有了一份可以出示给第三方看的记录，不过常常用不上它，因为对方通常会迅速给你回电话。

在一个多雨的夏季周末，莫伊拉·麦卡洛来到了她租住的海滨别墅，结果发现房东与他的一些朋友在那儿。“房东原以为我们不会出来度周末。”莫伊拉说。

很多人都会冲房东发火，但这样做对莫伊拉来说于事无补。房东会辩解，那么莫伊拉只能起诉房东让他执行租约规定。所以，莫伊拉没有这样做，而是镇定自若。“我问他，我们是否已经支付了整个夏天——每周 7 天共 16 周——使用这栋别墅的费用。”莫伊拉说。

房东承认自己行为不当，莫伊拉依然以一种实事求是的态度，要求房东给予补偿。她的别墅租期被延长了两个星期直至 9 月，这期间不收任何费用。“人们的注意力经常会偏离自己的目标。”莫伊拉说，她后来在伦敦和纽约做电信经理，现在是一位全职妈妈，在家照顾 3 个年龄分别为 7 岁、10 岁和 11 岁的孩子。

训练自己也这样做，就会以这种方式争取更多，实现自己目标的概率就会更大。

本·杨（Ben Young）去曼哈顿一家电子商店为他的摄像机购买一块充电电池。“ 200 美元。”销售员给出了报价。这是正常价格的 4 倍，本不禁欣喜若狂。“那么，这个价格为什么是正常价格的 4 倍？”本和和气气地问。“100 美元给你吧。”销售员说。“你为什么把价格一下子降这么多？”本说，“你一定是想敲诈我。”

接着，这个价格就降到了 80 美元，65 美元，然后又到了 55 美元。“这已是我所能给出的最优惠的价格了。”销售员说。在这个时候，本，一家房地产对冲基金的老总，要求见经理。“一件商品向顾客报 4 个价格，这是贵店的一贯政策吗？”本问道。经理说不是的，他批评了销售员，将这块电池以 50 美元的价格卖给了本，“因为给本添了麻烦”，还额外送了一个免费的摄像机专用盒。多么神速啊！激烈的讨价还价大有乐趣！

维修人员没有完成林家明公寓里的维修工作。不过，如果经理办公室接到了客户愤怒的投诉，维修人员的确会对此做出回应。所以，林家明对经理说："对那些最不愿意投诉的居民给予最少的关注，您认为这公平吗？"林家明是一家新加坡银行的主任，他用自己清晰合理的表达方式一下子指出了对方的不当行为。之后不到4个小时维修人员就赶到了。

当你做错事的时候，有人企图强迫你为此付出过巨大的代价吗？这时，你也可以运用合理得体的表达方式和技巧。从本质上讲，他们因你行为不当而向你"索要过多"也属于行为不当。在这种情况下，你可以问："那么，你利用这一点要伤害我到什么程度才够呢？"这会让对方换个角度来看问题。

特里·琼斯（Terry Jones）买错了去新泽西火车站的通勤列车车票。检票员开始训斥他，让他买一张到纽约的昂贵的单程车票，并支付附加费。"您是想判我死刑吗？"特里开玩笑地说。检票员笑了，说他一会儿还会回来。但他再也没有回来。

詹姆斯·恰莱塔（James Ciarletta）的未婚妻收到一张科恩光学眼镜公司的无条件赠券，赠送一副价值34美元的新眼镜。但商店的售货员告诉她，赠品仅限于数量有限的（便宜）眼镜架。大多数人干脆会放弃，不想当众大吵。但詹姆斯决定冷静地利用其准则，让这家眼镜店兑现承诺。

詹姆斯的未婚妻挑选了一副价值174.54美元的眼镜架。詹姆斯让店主做了自我介绍，店主说这是一家特许专营店，店中所有商品由她全权负责。她还承认顾客的满意度对科恩公司非常重要，正如其广告所言。

"我问，兑现其发行的赠券是否是科恩公司的政策。"詹姆斯说，"她说是的。"但接下来，店主拒绝兑换赠券。詹姆斯再次发问，科恩公司的行为是否与其发布的广告相符。

"她开始将责任推到广告公司头上，"詹姆斯说，"她开始变得非常激动，而我依旧保持冷静。我不断引导她回到刚才的准则问题上：她的职权、顾客满意度、公司政策的执行。我问，赚钱是否比客户满意度和执行公司政策更重要？"

最后，店主开始朝詹姆斯和他的未婚妻大喊大叫："好吧，你说得没错，赚钱对我来说是最重要的！”詹姆斯退后了一步，等待着。突然，在这家拥挤的商店里，所有人都停下来看着她，一脸惊讶的表情。短短几秒，时间似乎停滞了。詹姆斯已经在考虑将此事写信寄给公司总部。他知道店主很清楚这一点。

“我开始平静地将她的话复述给现在静悄悄的商店里的其他人听，”詹姆斯说，“店主拦住了我，向我道歉，说我是对的。她说，顾客事实上更重要，商店会与其发布的广告保持言行一致。”詹姆斯让他的未婚妻将选好的眼镜架和赠券交给店主。“不到30分钟，他们就把配好的眼镜交到了我们手上。”詹姆斯说。

与许多想努力实现公平的人相比，这种方式更能实现目标。詹姆斯也承认，在谈判期间，他感到自己的嘴唇在不停颤抖——我说过，这种现象会随着实践而消失。但詹姆斯自始至终保持了冷静，真正没有沉住气的是店主。是否有人认为商店不应该为其广告公司所犯的错误而受到惩罚？也许吧！

但我讲这个故事是为了让你再一次看到应该如何运用这一技巧。请注意，詹姆斯运用了渐进式的方法，而且始终没有心浮气躁。这一技巧可以运用到生活中大大小小的事情上，你需要做的只是确保对方信守承诺。

现在，让我们来看看一些重大的商务谈判中这些技巧是如何被运用的。几年前，惠普公司参与了一个重大项目，要为位于开罗的埃及电信公司的电脑设备进行升级。根据惠普公司的说法，另一位承包商态度粗鲁、歧视女性、充满敌意，而且还是一位种族主义者，那里的美国员工都对他敬而远之。

惠普公司派了几个人来到我位于费城的办公室，他们花了几个小时和我探讨如何运用谈判技巧的问题。由于各种商业原因，惠普公司不想利用自己手头上的坊间逸事证据与埃及电信进行直接接触。

我问惠普公司的人，在这次交易中是否有美国援助。的确有，美国国际开发署拨了一小笔款项。任何美国公司不得参与违反美国法律的任何项目，那位承包商的行为显然违反了美国法律。“在保护美国法律的问题上，最感兴趣的一方应该是美国政府。”我说道。

因此，我建议惠普公司的人给自己的每位员工发放一些记事本和钢笔，然后从下个月开始整整一个月，让惠普员工在记事本上简要地记下那个家伙所说的一切、所做的一切——不要与他争吵、不要抗议、不要生气。

我让惠普公司的人在那个月的月底将记事本收回，用橡皮筋将它们绑在一起，写一个简短的摘要，将它们全部送往华盛顿美国国际开发署，然后问：“你们觉得怎么样？”

没多久，那位承包商就消失了。没有混乱，没有争吵，没有难题。这是一个利用准则对付恶劣行径的典型例子。

几年前在为乌克兰一家公司大规模筹措资金期间的谈判，是我所经历过的对手极其强硬顽固的艰难谈判之一。此事关乎欧洲向乌克兰最大的公司尤日内机械制造厂（或称南方机械厂）发行价值高达 1.075 亿美元债券的问题。南方机械厂曾为苏联制造过大部分核弹头所需要的陆基洲际弹道导弹。苏联解体、乌克兰独立之后，克林顿政府通过外交斡旋促成了裁军协议，作为裁军诚意的一种表示，南方机械厂将其制造的核弹头送往莫斯科，以此限制拥有核武器国家的数目。

乌克兰的这一良好意愿为其在西方带来了商机，其中之一是南方机械厂获准为波音公司的一家商业合资企业制造发射通信卫星所用的火箭。

南方机械厂制造火箭需要周转资金，债券将成为乌克兰历史上最大的境外商业融资渠道。我当时是南方机械厂的法律顾问，负责促成这次交易。终于，我说服了伦敦摩根大通公司负责筹集资金。

筹集资金计划于 1998 年启动，为使南方机械厂能借到 1.075 亿美元的资金，乌克兰财政部交给我们一份由我执笔的、无条件的、不可撤销的乌克兰政府担保书。这份担保书的内容十分严格苛刻，我认为投资者需要这样一份担保书，因为南方机械厂没有向西方借贷的历史，所以向其贷款会被认为存在巨大的信贷风险。事实上，世界银行欧洲分行，即欧洲复兴开发银行，曾因风险太大而两次拒绝向其提供贷款。

不过，乌克兰财政部长很乐意提供这样一份担保书。这是一种极佳的政治姿态，因为当时的乌克兰总统正是刚刚卸任的南方机械厂总裁利奥尼德·库奇马（Leonid Kuchma）。而且，这份担保书不花财政部一分一文，其价值还不如打印其所用的纸张：乌克兰没有投资级国际信贷评级。

这份担保书在我手里放了5年，直到2003年3月，瞧瞧，此时的乌克兰得到了投资级国际信贷评级。我们再次来到了财政部，开门见山地说："嗨！我们又见面了！我们已做好了交易准备！"无论是伦敦的摩根大通公司还是其律师事务所，都希望重新签署那份担保书，因为时间已经过去了5年。

财政部长毫不客气地让我们滚开。总统库奇马行将卸任，财政部从别国政府获得了几十亿美元的贷款，而且我们担保书上的条款过于严格苛刻。财政部长现在大权在握，认为自己拥有征服一切的力量。由于他们正从国外引入所有的政府资金，所以他们认为自己有足够的力量挑战总统库奇马的意愿。请记住我早些时候所说的有关滥用权力的问题。

我们努力保持一种合作的态度：这对乌克兰再好不过了，因为这将有助于建立起一个境外商业借贷市场，为乌克兰各类私营经济的发展开辟道路。但我们的努力徒劳无益。最后，我们不得不利用准则。

我与南方机械厂的官员和财政部长及各部门副部长坐到了一起。我们复印了5年前由部长签署的担保书。我问部长："这份担保书上写着'不可撤销'了吗？"当然写了。我接着问："'不可撤销'是什么意思呢？意思是只要你愿意，就可以随时撤销吗？"显然，"不可撤销"并不是这个意思。所有人都有点儿不自在。我们正在利用他们自己的准则对他们进行反驳。

我接着问："这份担保书上写了'无条件'吗？"当然写了。"'无条件'是什么意思呢？"我问道，"意思是只要你愿意，就可以随时设置条件吗？”他们嘴里开始嘟嘟囔囔。当然，这个词也并不是这个意思。

然后我翻到担保书的最后一页，并要求他们也翻到最后一页。“在这份不可撤销、无条件的政府担保书上，这上面是乌克兰财政部的印章和签名吗？”我问。显然是的。

最后，我说：“也就是说，对所有那些贵国政府想从中借取几十亿美元贷款的国际贷款机构而言，虽然乌克兰财政部现在为他们设置了准则，但乌克兰财政部只要自己认为方便就会违反对境外贷款机构所做出的承诺。”我暗示，这样的准则不大可能吸引到很多贷款机构。

这次会谈很不愉快。一位副部长情绪异常激动，他指责我们美国人插手乌克兰事务。我问他是否在对我们进行人身威胁。他的这种极端言论只会让他丧失可信度。财政部重新签署了担保书，我们的交易成功了。

我并不想给我们和财政部的关系留下烂摊子——也就是会谈结束时所形成的那种不愉快局面。所以，事后我和南方机械厂的人进行了商谈，我们决定由南方机械厂出面邀请财政部长参加我们的路演[①]活动。我们打算至少要去伦敦、维也纳和法兰克福会见贷款方。南方机械厂的人告诉财政部长，在财政部长向南方机械厂证实自己已重新签署与南方机械厂的协议之后，他就可以会见新的投资者，向他们推广宣传自己的计划。这对财政部长显然大有好处。所以，财政部长派了一位副部长和我们同行。

最后，在路上，我和这位副部长吃过几次饭——并非私下，而是还有他人在场。在那周结束之前，他在走廊碰到我的时候，主动和我打招呼。这真是一场异常艰难的谈判。但是，我们实现了自己的目标，而且，我认为我们在最后阶段取得了令各方都满意的最佳结果。

当然，在这个过程当中，确定对方确实存在不当行为十分重要。这

---

① 路演，译自英文 road show，是国际上广泛采用的证券发行推广方式，指证券发行商在发行证券前针对机构投资者进行的推介活动。在活动中，公司向投资者就公司的业绩、产品、发展方向等做详细介绍，充分阐述上市公司的投资价值，让准投资者深入了解具体情况，并回答机构投资者关心的问题。——译者注

意味着你首先必须要经历一个收集信息的过程。你必须搞清楚当前的真正状况。

布赖恩·霍姆斯是一家大型非处方医药公司的产品经理，他接到厂长打来的一个电话，电话中说质量监管员“又报废了一批”来自波多黎各的非处方药品。布赖恩说，在做出决定之前，他希望看到所有的相关事实。药品报废的标准是什么呢？

布赖恩发现，非处方药的标准报废率是3%，但波多黎各工厂实行了与处方药一样的1%的报废率。“这是一个错误，”布赖恩说，“对于非处方药而言，1%的报废率几乎不可能达到。”如果将报废率恢复到3%，波多黎各工厂的药品就刚好符合标准。过去使用的标准竟然是错误的，这个问题在逐一拆解开来之后才看得如此清楚。然而，有多少人会这样做呢？

肖恩·罗德里格斯（Shawn Rodriguez）被告知，根据联邦法规，他必须先还清利息较低的贷款。结果证明这种要求是不合理的。不过，肖恩与贷款代表谈话的时候没必要心存敌意。他需要做的只是得知对方的姓名，并要求对方提供她手头上的所有证明材料。一旦肖恩找出那项要求是错误的，他就能因此得到某种补偿。

“我并不想引发一场战争，”肖恩说，他现在是吉布森·邓恩与克拉彻律师事务所的一名合伙人，“挑起事端会产生适得其反的效果。我只是解决问题，获得信贷，实现自己的目标而已。”

收起你的争强好胜心

当你从事竞技性体育运动的时候（棒球、足球、曲棍球、游泳等），在你处于比赛最激烈的时刻，你想的是什么？到目前为止，我在谈判课程中所听到的头号答案是“赢得比赛”——至少占所有答案的95%。然而，这是个错误的答案。如果你想的是赢得比赛，那你就输定了。

下面问一个更重要的问题，比赛时你重点关注的是什么？答案应该是：球、你的动作、你的呼吸节奏以及你在技艺上的最小的细节。如果你是一名体操运动员，却不注意这些细节，你的手臂就会在双杠上骨折。

竞争性谈判与此完全一样。不要因为那些干扰你的东西而分心：赢球、输球、昨天发生的事、比赛不公平、裁判的裁决、明天可能会发生的事、下一局比赛、一个罚球、此刻的情绪。

相反，要完成基本要求并集中注意力：我的目标是什么，我应该使用什么样的准则，对方的需求是什么，我能让对方与我同仇敌忾吗，我能与对方建立起良好的关系吗，对方的决策者是谁等。

在谈判之前，无疑要制订策略并做好准备，然后集中注意力，沉着冷静地实施自己的策略。如果发现一个问题，稍事休息，重新检查策略，进行必要的调整。之后，重新回到谈判当中，再次实施新的策略。这是一个极其有效的过程，既适用于最佳运动团队，也适用于最出色的谈判者们。

将这一方法用于对付强硬的谈判者也很有效，因为这个世界上充满了欺骗。卑劣之徒往往是难以对付的角色——他们使公平的过程和公平的结果难以实现。因此，在对待卑劣的顽固分子的时候，你的态度很重要。不要让他们影响你，使你变得情绪化并因此犯错误，要专注于自己的目标。认真学习刚才所描述的这一冷静处理过程，你就能更好地对付他们。

在竞争激烈的生活中有两种人：一种聪明能干，另一种总是企图从聪明能干的人身上窃取利益。此处的真正意思是，很多难以通融的顽固分子，即使不是大多数，其行事方式之所以如此，是因为他们缺乏技巧，无法光明正大地实现自己的目标，所以，他们不得不撒谎、欺骗、偷窃等。

对你而言，关键是不要因此而心烦意乱或感情用事。缺乏技巧的人也要吃饭生存。事实上，研究显示，在经济困难时期，行欺诈之术的人数呈上升趋势。

所以，你要做的只是确定自己的目标，运用谈判技巧实现目标并继续前进。他们这种人本性难移，不要对他们的诚信抱有多高期望，这样，你才永远不会失望，才会经常感到惊喜。

此外，这些技巧并非适用于所有人，也并非永远有效。若干年前，约翰·莱顿（John Layton）要求内曼马库斯百货公司的一名经理给一个破损的雪茄盒打折。该经理断然拒绝了。“破损的商品和完好无损的商品相比，其价格完全一样，这是马库斯百货公司的宗旨吗？”约翰问，他现在是一家资产管理基金的总经理。

经理拒绝降价，转身走了。这种情况时有发生，这个世界上什么人都有。虽然在当今的经济形势下，这种情况已不太可能发生。约翰原本可以将这位经理上告到马库斯百货公司的高级主管那里，其他人就是这么做的，而且得到了各种好处。或者，约翰也可以将经理的这种行为发布到博客上。

你利用准则的能力通常只受限于你的创造力。海伦妮·拉特利奇（Helene Rutledge）现为葛兰素史克公司的创新总监，她会和自己的丈夫乔恩分享谈判课程的笔记。她认为，如果两个人都懂得这些技巧，他们彼此协商的方式将会更有效。这种看法完全正确。

有一天，乔恩对海伦妮说：“你不爱我。”海伦妮大吃一惊，她想知道乔恩为什么会有这样的想法。乔恩告诉她，她的咳嗽实在太严重了，可是她却不愿去医院看病。“他对我说，因为我没有好好照顾自己，所以我无法遵守要和他长久健康地生活在一起的约定。”乔恩说：“如果你先我而去，你就会撇下我，让我孤独地生活；所以说，你不爱我。”

也许有点儿煽情，不过，与通过唠叨抱怨的方式来表明自己的观点相比，这种方式颇令人感到愉快。海伦妮终于去医院看病了。

第5章 不等价交易

几年前，造纸行业的一位主管告诉我，有一笔数百万美元的交易协议他怎么都无法达成。

“我们为这笔交易和客户反复研究，想搞清楚对方究竟想要什么。”这位名叫拉里·斯蒂尔曼（Larry Stillman）的主管说，他现在是犹他州的一名企业家，“最后我们终于搞清楚了，原来对方想要 4 张篮球赛门票。”虽然只是几张美国篮球职业联赛决赛的门票，却成了解决问题的关键。

对该客户而言，他只是想通过这种方式证实：卖方会不惜一切代价让其客户满意。最后，拉里的公司得到了那份价值数百万美元的纸张供应合同。

那一天，拉里发现了一个技巧，这一技巧几乎无人使用，完全明白这一技巧并能成功地对其加以运用的人更是寥寥无几。这个技巧就是利用价值不等之物进行交易。谈判各方衡量价值的方式各不相同，对价值大小所持看法往往也不相同。一旦找出那些各方对其价值大小持不同看法的东西，就可以利用其进行交易。在这个过程中，你会得到你认为对你有价值的东西，作为交换，你可以放弃对自己而言价值相对较小的东西。

在谈判中，利用价值不等之物进行交易会使谈判项目的总体数量或价值增加，让双方获得更多。双方对价格的敏感度将会降低，关系更加融洽，信任度也会提高，一方对对方的价值也将增加——无论在事业上还是在个人生活中。

有些人将其称为“扩大整体利益”，有些人美其名曰“双赢”，有些人称之为“基于利益的谈判”，还有一些人称之为“互相合作”。然而，所有这些冠冕堂皇的词语都没有真正捕捉到这一技巧的实质。只有了解其实质，才能在运用这一强大技巧的时候充满自信、坚持不懈。可是这些词语却没有一个告诉你如何才能做到。

“不等价交易”会告诉你应该怎样做。首先，必须搞清楚对方脑海中的画面。然后，必须搞清楚你自己脑海中的画面。找出对一方而言价值不太大但对另一方很有价值的东西。之后，利用这些东西进行交易。

对方脑海中的画面不一定与交易本身有关，它们可以与交易以外的任何事物相关。事实上，越是将整个世界看作自己潜在的资源宝库，就越容易发现对方的心中所想。

费城一家大公司的总裁有一次说，他曾为与他有着20年业务关系的最重要的商业客户做了一件最重要的事情，即在一个星期六的晚上到费城机场去接这位首席执行官客户的母亲。他的行为与任何交易无关，但此后对他的每一笔交易都产生了永久性的影响。

与本书所介绍的其他许多技巧相同，利用价值不等之物进行交易看起来似乎有违常理。但你在实践中运用得越多，就越能看到这一技巧的巨大效果。

不等价交易的原理

2000年，我在伦敦开设了一个为期两天的谈判讲习班，学员是泰科国际公司负责兼并和收购（并购）的40位高级主管。当时，泰科是世界上胃口最大的公司，平均每天购入一家公司。

其中一名高管马特·罗杰斯（Matt Rogers）是泰科负责并购的一把

手，他牢牢记住了不等价交易这一概念。第二周，他成功说服英国一家公司不但将一个子公司拱手让给泰科，而且还反过来向泰科支付费用，该英国公司原本打算以 300 万英镑的价格将子公司卖给泰科。

让我们来看看事情的来龙去脉。英国公司提出的主要条件是，子公司必须在三周之内脱手。马特询问了一些该公司以及与之相关的其他公司的情况，他发现，这个子公司是一家以闭路电视安装和维修业务为主的公司，正处于严重亏损状态。事实上，如果三周之内不摆脱这个子公司，其母公司就会违反与银行签订的债务协议。“价值至少 3 000 万英镑的整个公司正处于危急关头。”马特说。

因此，泰科主动提出在三周内接手这个子公司，条件是泰科分文不出。这样泰科将节省 300 万英镑（该子公司的成本），英国公司将至少节省 2 700 万英镑（节省自保住其银行信贷和免于破产）。马特承诺，泰科会做出一切必要的努力以达成这一交易。

在最后一刻，英国公司同意向泰科支付 6 万英镑作为泰科的“行政费用”，当然，在高档餐厅的宴请费用也包括在内。就这样，泰科不仅从一家公司手上得到了一个子公司，而且对方还向其支付了费用。其实，泰科主动利用自己快速交易的能力和对方交换了一个销售价格上的优惠，优惠幅度从 300 万英镑直接降到 0 英镑。英国公司放弃了 300 万英镑，却保住了价值 3 000 万英镑的整个公司（节省净额 2 700 万英镑）。

“从那以后，像这样的交易项目成为我运用谈判技巧的部分成果。”马特说，他现在是一家有线电视和网络公司负责并购的一把手，该公司总部设在迈阿密。

这太精彩了，这类交易并非一定要与重大事情有关。我们大家都很熟悉这样一些行为所产生的积极效果，比如为所爱的人购买一枝鲜花或旅行时带回一件不同寻常但并不昂贵的礼物。很多时候，重要的并不是你所送出礼物的货币价值，而是你送出的尊重、友情、爱意以及自己所付出的时间价值。你在表达对他人的尊重，作为回报，他们会更加爱你。

而这，正如他们所说，是无价的。

有很多普通人利用不等价交易的例子，比如你周一洗衣服，我周二购物，周三你带孩子，周四我带他们。本章旨在让你更有意识、更有效、更有利地做到这一切。

即使在商业活动中，你也可以利用非常小的东西去换取巨大的利益（例如，获得对方的账号）。我经常问高管们一些这样的问题：周一，你将装满产品的一辆卡车交付给一位客户，该客户为此支付费用。周二，你将装满同样产品的卡车交付给同一位客户，该客户为此支付同样的费用。此外，周二你还向该客户提供了一个名字——仅仅是一个名字——加勒比一家服务一流却价格低廉的酒店的名字，供该客户和他妻子第二次度蜜月所用。这样一来，你周二交付的产品与周一还相同吗？

当然不同！与周一相比，你提升了你的客户在周二的生活价值。当然，只是轻微提升而已。但是，在一个竞争异常激烈的世界里，轻微地提升往往是通向成功的必要条件。

将对手当成有着数十亿神经突触的资源宝库，有些神经突触与交易有关，有些与交易无关。你点亮的神经突触越多，对方对价格的敏感度就越低，双方的关系就越融洽，交易的价值就越高。当我在大学教书的时候，我的一些客户喜欢听我传授实际经验。我给他们和他们的孩子提供了一些建议，告诉他们如何通过大学的入学申请。

这个过程与“基于利益的谈判”区别很大，“基于利益的谈判”一直是近几年来的商业主流。“利益”通常是解释人们想得到自己想要东西的最近似原因：如果银行降低我的购房贷款利率，我就会将自己的账户转至该银行。或者，如果你让我和你一起用你的新高清电视观看足球比赛，零食就由我来负责。

你应该尽可能多地找一些类似交易。但是，争取更多的意义要比这宽泛得多。用以交换的“利益”或“需求”可以是任何事物，比如尊重，比如帮助某人安装家用电脑系统，所有与交易有关的、与交易无关的，理性的、非理性的，明确的、含蓄的，长期的、短期的，言语的、非言语的，大的、小的。如果我为你介绍一些咨询业务，或让你使用我在体育馆的包厢座位，你就会让我借用你的豪华汽车。如果银行降低我的房贷利率，我就会在该银行的年度野餐聚会上充当厨师一展厨艺。如果你让我用你的高清电视观看足球比赛，我就会在整个夏天用我的拖拉机为你修剪草坪，为你节省草坪打理费用。

整个世界都可以由你掌控，帮助你达成协议。你不会受限于谈判议题本身。“获得更多”的机会在向你频频招手。人们在生活中有诸多需求。你找到对方的需求越多，你能用来进行交易的东西就越多。

参加我的课程的一些学员曾要求信用卡公司退款、降低利率或降低收费，理由是他们是忠实的客户。如果信用卡客服代表无法满足这些要求，这些学员就问对方是否还有其他不涉及钱的优惠项目可供选择，客服代表就会提供航空积分兑换里程或可抵现金使用的其他一些优惠项目，与学员们原先所要求的货币性项目的价值相比，其价值高出了一倍、二倍甚至三倍。

通过贵宾客户优先权条款或购买系统，公司也许可以向其客户提供旅游折扣或办公用品折扣。这可以使该公司在打折期间始终保持价格不变：实际上，通过节省旅行费用或办公用品费用，客户已经享受到了优惠“折扣”。

专注于对方的需求，就可以远远抛开交易中金钱至上的观念。那些无形的东西将会取代对金钱的过度索取。匹兹堡计算机网络专家普拉桑特·德赛（Prashant Desai）正在设法为自己雇用一个住家保姆，一位单身父亲已经给这名保姆开出了两倍于普拉桑特所能支付的工资。所以，普拉桑特邀请这名保姆过来聊一下。

他发现这名保姆是一位单身母亲，她的儿子患白血病刚刚康复，她正在设法为自己的儿子寻找当地的医疗护理机构。这是她的第一份工作。“我表现出真诚的关怀，”普拉桑特说，“我告诉她，我妻子是一名医生，我父亲有一个病理实验室。我传达了一种我们家视保姆如家人的理念。”

普拉桑特强调自己家的生活方式非常宽松自由，家庭收入状况比较稳定。他还通过对保姆工资进行比较，让她看到自己的工资并不低。面对工资报价仅为那位单身父亲所报价格一半的情况，这位保姆接受了普拉桑特家的保姆工作。

“绕过工资问题，对她进行了解才是关键。”普拉桑特说，“要在过去，我早就放弃这项交易了。”他说是谈判课程中所学到的技巧帮助他获得了成功。

关键驱动力：无形之物

不等价交易的背后有一个关键的驱动力：“无形之物”，即除金钱以外对对方同样具有价值的东西。例如，在商业交易中，各方最终所获利益的货币估值往往不相上下，让一方下定决心达成交易的通常是对方所提供的金钱之外的东西——无形之物，这些东西也会大大提高对方整体利益的价值。这些无形之物往往对一方而言价值不大，却完全是对方的梦想（或者会引起对方的恐惧）。

贾尼丝·布吕（Janice Brue）任职于美国通用运输公司——旧金山一家大型飞机租赁公司，她需要拿回加拿大航空公司欠她们公司的一批航班座椅，但由于对方总是摆出一副官僚架势，事情就被搁置了。最后，贾尼丝找到了可用来交易的东西：在卵石滩打一轮高尔夫球的机会。安排此事对她而言轻而易举，加拿大航空公司的高管对她此举甚为赞赏。

正如你在本书稍后将要看到的，不等价交易对儿童极其有效。儿童们一直都在用无形之物进行交易：我的棒球卡换你的玻璃弹珠，我的玩偶换你的填充动物玩具。虽然基本的交易之物是有形的，人们附加在某一特殊物品之上的特殊情感却是无形的。有时候，附加之物可以量化，但大多数时候不可以量化。

例如，一个特定的待售之物是一份饼干。如果这是一份普通的饼干，你也许花 3 美元就能买下，但如果这是一份燕麦饼干，它让你想起了祖母亲手做的饼干以及肉桂散发出来的迷人香气，那么，你也许愿意花 5 美元买下这份实际上完全相同的饼干，对你而言，另外2美元是其无形的价值。

人类的经济制度就是从利用价值不等之物进行交易开始的：你的肉太多，而我的面包太多，我们就相互进行交易。货币是用来衡量交易之物的标准，但它永远无法取代附加于交易之物的那些实实在在的无形之物，这些无形之物也许本身就价值极高。

黛比·西蒙奇尼–罗森菲尔德（Debbie Simoncini-Rosenfeld）是一家保险公司的副总裁，她正在努力和 8 岁的女儿杰茜卡进行交涉，杰茜卡“正尖叫大喊着”，不愿像往常一样八点半就上床睡觉，她想看一会儿书，稍后再睡。于是，黛比答应让女儿九点半上床睡觉，交易条件是女儿上学时不能穿露脐衬衫，也不能在街上骑自行车。与迟些上床睡觉相比，黛比更重视女儿的礼仪和安全；而她女儿所重视的东西恰恰相反。“孩子们喜欢参与规则的制定，”黛比说，“如果他们得到一些东西，就会放弃另一些东西。”

青木信子是我以前的一名学生，现在就职于美国一家著名的电脑公司，管理着一家美日合资企业。起初，美日两家公司都坚持拥有 51% 的股权。但是，通过进一步询问，现在已是一名财务经理的信子发现日本公司愿意接受 49% 的股权，条件是美国公司保留日籍员工。

利用价值不等之物进行交易在商业领域中的应用要比人们所想广泛得多。法律制度中的商业谈判规则支配着全世界范围内的大多数并购，这项规则表明，如果你是一名公司董事，你没必要接受公司收购方所报出的最高股票价格。你可以接受一个更低的股票报价，条件是，根据你合理的商业判断，这个更低的报价加上无形之物的价值，会给股东带来更高的长期价值。

在过去，法院会命令董事们，尤其是上市公司的董事们，接受公司收购方所报出的每股最高价格。理由是：股东们必须得到他们所能得到的最高价格。即使是非上市公司，股东们也常常通过起诉的方式迫使董事们接受最高价格。

然而，近几年来，法院已经意识到那些无形之物也许蕴含着巨大的价值，如公司的品牌、员工的技能以及公司的声誉。如果收购方主动提出会以某种方式保护这些无形之物，那么，与那些开价更高、全部以现金支付的收购方相比，他们会更容易为对方所接受，从而成功收购。

人们一直在努力对无形之物进行量化。若干年前，美国联合航空公司的品牌估值大约为（每个乘客）每千米航程 1.9 美分，换句话说，按一次 3000 千米航程换算的话，每个乘客的价值为 56 美元。这是一笔数额巨大的额外价值。可口可乐的品牌价值估计为 840 亿美元，家乐士股票价值的 2/3 源于其品牌价值。在一次谈判中，如果你为对方节约了一小时、一星期，或让对方免于操心，或打消了对方对风险的后顾之忧——这其中会蕴含多大的价值呢？如果你开始像这样思考了，一整套全新的选择将会豁然出现在你的面前。

不要指望对方会思考这些问题。通常，要由你来为他们做这项工作，他们不知道附加价值从何而来。

显然，在某些情况下，向他人提供某种特定的无形之物是一种不道德行为，例如医药公司给医生送礼，向政府职员行贿或大开方便之门。利用价值不等之物进行交易不是为了鼓励非法或不道德的行为，你要找的无形之物必须合法。无形之物不胜枚举，做到这一点并不困难。有一位在一家大型公司工作的电脑专家，一个星期六，他帮助一位潜在客户的女儿修理电脑，该潜在客户因此成了他的新客户。

一家大型科技公司的网络收购经理为自己的公司节省了数百万美元，因为他在电缆价格上获得了 90 % 以上的优惠。电缆供应商的另一宗交易需要筹措资金，这家大型科技公司在这方面帮了他们一个大忙。作为回报，供应商将自己的额外库存以极低廉的价格销售给了科技公司。

埃里克·施瓦茨（Eric Schwartz）是强生公司负责法律事务的副总

裁，他能说服自己的公司抛开不稳定的经济因素去为糖尿病患者开发一种人工胰腺。和青少年糖尿病研究基金会合作伙伴关系的建立，和美国食品与药物管理局之间的关系得以加强，对公司积极正面的宣传以及对公司信条始终如一的坚持，所有这一切都是宝贵的无形资产，其价值要远远高于一时的成功。

现在，你可能会想："他这是在要求我们跳出固有框架进行思考。"我并没有这样要求。我是在说："根本就没有框架。"有的只是你的创造力，对目标、需求以及对方脑海中的画面进行广阔思考的能力。事实上，对那些与交易无关的需求思考得越广泛，就越有可能将整体利益扩大，为整个交易附加的价值也就越大。

深入了解多维度的需求

许多谈判者都喜欢谈论"利益"，但人们往往很难搞清楚其具体含义。利益和目标有何不同呢？"目标"是指你在谈判结束时想要的东西。在大多数谈判中，我的目标只有一个，需求却有很多，这些需求可通过这一目标得到满足。也就是说，这些需求是我想实现这一目标的各种原因。

比方说你想加薪，公司却无法给你加薪。你真正的目标应该是过上更好的生活。因此，也许公司可以和你联名签署一笔贷款，让你住上一个条件更好、每月还贷更少的房子；或者，公司可以给你更多的休假时间，让你能够在外做兼职咨询顾问；或者，公司可以给你提供一种便宜的方式让你享受一个梦想的假期。公司对你的潜在需求了解越多，这些需求就越有可能得到满足。

另一个问题是，"利益"通常意味着具有一定的合理性。大多数人想当然地认为，谈判各方能够就自己想要的利益进行理性的讨论。而事实是这个世界上充满了非理性的人。世界无法变得富有理性，尽管许多善良的人们为此付出了很多努力。人们会生气、会欢喜、会恐惧，我想让他们保持理智和冷静，但这是现实世界，我生活在其中，就像你一样。

因此，要想满足人们的无形需求，将整体利益扩大，还需要了解他们的情感需求和非理性需求。这些需求也许包括各种恐惧，如害怕独处、害怕办公室所在楼层较高或害怕各种昆虫；这些需求也许包括各种梦想，如与志同道合之士参加棒球训练营或举办一个关于钓鱼的专题讨论会等。我们让谈判课程的学员们说出他们的梦想和恐惧，由此了解他们的各种梦想，例如旅游、航海、开餐厅、参加马拉松赛、创办公司等；也了解到他们的各种恐惧，例如怕蛇、怕人群、怕当众演讲、怕飞行、恐高等。

如果你知道对方喜欢旅游，你就可以在交谈中用这一话题来打破僵局，或给对方讲一些你对该话题所了解的东西。如果你知道一名有可能成为你的员工的人恐高，你就可以将其办公室安排在一楼。这位员工将会对你的这一安排有所回报。

关键是，你越了解对方，在谈判中就会越有说服力。你能将整体利益扩大，实现自己的目标，找到解决问题的方案，还能利用价值不等之物进行交易。

以家族企业为例，全世界 90% 以上的企业都是家族企业。在发达国家，至少 2/3 的国民生产总值以及 2/3 的就业人口来自家族企业。在发展中国家这两个数字更高。《华尔街日报》所描述的那个世界，即各式各样的上市公司所在的那个世界，并非大多数人花费时间的地方。

在那个大多数人度过自己时间的世界里，无形资产比人们所认为的更重要。在许多家族企业交易中，企业创始人和建设者在出售自己公司的时候，常常索要天价。但是，经过深入了解，你也许会发现，他真正想要的往往是一些无形之物，他想要的是尊重、保住商标名称、让自己的照片摆放在公司大厅中的显要位置、为自己的侄女安排一份暑期工作或者被任命为董事会的名誉董事。换句话说，如果有了这些无形之物，就算对方出价较低，他也会接受。

忽略这些因素，交易成功的可能性就要小得多。在很多交易中，对双方而言，无论双方的说法是什么，金钱都并非众多因素中最重要的一个。虽然价格必须合理，但双方的需求远远不止于此。

无形之物可以消除看似截然相反的两种立场之间的差距。杰弗里·迪比（Geoffrey Dubus）的妻子想让他杀死两只有时在他们公寓周围窜来窜去的老鼠。“它们会传播疾病。”妻子说。杰弗里是巴黎的一位风险投资家，他并不介意老鼠。他把它们看作“没有恶意的动物”。

无论你对他们两人的立场持何种想法，杰弗里妻子的真正意图并非杀死老鼠，而是不想让老鼠出现在自己的公寓里。因此，杰弗里找到了老鼠进入他们公寓的洞口，用灰泥将洞口完全堵住。各方都很满意：杰弗里，他妻子，还有老鼠。

罗斯玛丽·福特（Rosemary Ford）曾是宾夕法尼亚大学法学院的一名学生，现为费城一名律师。有一次她将自己看过的一本百货公司时装目录给了她5岁的女儿。过了不久，罗斯玛丽想要回目录，因为她想在一个工艺项目中模仿该目录封面上的一个设计。于是，她让女儿科迪莉亚将目录还给她，但女儿拒绝了，而且还将目录藏了起来。“那是我的杂志，妈妈，你已经把它送给我了。”

罗斯玛丽没有生气或懊恼，相反，她想努力找出女儿想要那本杂志背后的无形需求。“你为什么想要那本杂志呢？”罗斯玛丽问道。“我想看里面那些漂亮的图片。”科迪莉亚回答道。

于是，罗斯玛丽说：“是这样的，妈妈想从封面上模仿一个设计。你为什么不把杂志拿出来，只把封面给妈妈，保留里面所有漂亮的图片？”

科迪莉亚拿出那本目录，小心翼翼地将封皮撕下来交给妈妈，留下了目录的其余部分。借着这个契机，罗斯玛丽给女儿解释了不等价交易的原则。

罗斯玛丽5岁的女儿认为这一原则实在太奇妙了，以至于她第二周一直在给每一个人——她的朋友、家人和邻居——讲她对这一原则的理解，而且她自己还一直在寻找不等价交易的机会。这是一位母亲如何让她女儿变成一个更出色的谈判者并促进母女之间关系的例子。如果你想让谈判更加成功，那就不要向对方隐瞒谈判过程，而要将整个过程告诉他们。

面试：获取关键信息

如果对方不愿意告诉你他们的需求，该怎么办呢？并非所有人都像你那么愿意开诚布公。有些人是担心，有些人是谨慎，有些人只是自己也不知道。你要做的就是猜测。如果猜对了，你通常会获得你所需要的信息，并有可能促进双方的关系、增加达成交易的概率。如果猜错了，对方往往会直言相告，并为你提供一些有关他们需求的信息。无论猜对还是猜错，你都会获得更多。

此外，没有什么事情是完美的。但关键是，如果你这样做了，你就会更成功——你会争取更多。

在你所参加的每一次重要会议中，尽可能找出有关参会者们的各种信息，越多越好。这同样适用于求职面试、工作会议以及电话会议。会议开始之前要进行调查研究，要多向他人询问。

我让我的学生在面试之前搞清楚到底谁才是面试官，并对面试官进行研究。他 / 她写过些什么？他们的好恶是什么？公司是什么情况？公司一直以来最大的成功是什么、最大的担忧是什么？当一个公司决定对你进行面试的时候，它也许认为你能胜任这份工作。其余的都是些无形因素：健康、动机、忠诚、对该公司的兴趣。他们在心理上已经将你当作公司的一员，并且在想，此人作为一名员工会有怎样的表现呢？

一名学生在一家投资银行接受最后一轮面试。他对总经理进行了一番研究，当他到达这家投资银行的时候，却发现银行方面由于日程的原因已将面试官换人了。这名学生由他人带到另一位总经理的办公室，他对这位总经理一无所知。

当带他进来的人介绍该学生的时候，这名学生随意环顾了一下这间办公室，以期建立某种联系。他看见总经理办公桌后面的一个架子上摆着一个相框，里面有一张小照片。这张照片看起来像是总经理和他的孩子们正站在一艘帆船的前面。

于是，这名学生问总经理，这张照片是否是他和他的孩子们的照片。总经理回答说是的。于是，两个人聊起了与帆船运动有关的一些内容。这名学生对帆船运动所知不多，但他也没必要知道很多。他问："您经常驾驶帆船航行吗？您在哪里进行帆船运动呢？您是参加帆船比赛呢，或只是为了娱乐？怎样学习帆船运动呢？"

接着，两个人花了40分钟谈论各种话题——帆船运动、其他运动、旅行、美食。这期间并未谈到这次面试的正题。40分钟结束时，这位总经理录取了这名学生。他们谈正事了吗？

他们当然谈了！在40分钟与业务无关的聊天过程中，这位总经理从这位求职者身上了解到了哪些业务信息呢？他了解到这名学生善于倾听、好奇心强、有敏锐的感知能力、兴趣浓厚、为人有趣、很可能擅长与客户进行沟通、才思敏捷，是一个总经理不介意与其整晚一起工作的人，一个擅长交际的人，一个能胜任销售工作的人。

当你正在接受最后一轮面试的时候，对方已经肯定你能胜任这份工作。他们此时希望看到的不是你的硬件，而是你的软件，那些无形之物。

迈克·莱斯基宁（Mike Leskinen）是纽约的一名共同基金管理者，对他而言，获取有关对方所重视之物的信息尤为重要。他说他们家在宾夕法尼亚拥有一些土地，他母亲靠这些土地为生，而且每月从一家公司领取500美元，因为那家公司在那片土地上建了一个手机信号塔。最后，该公司为了一劳永逸，想一次性付给他母亲8万美元。当谈判开始的时候，他和他母亲想，如果对方能出到12万美元，他们就心满意足了。

迈克查阅了谈判课程的各种技巧。“我想搞清楚这块地对他们而言价值有多大，而不是对我的价值有多大，”他说，“我在互联网上进行了一些调查，并认真思考他们脑海中的画面，包括将手机信号塔搬走的情况。”在做完这一切之后，迈克给那家公司打电话，最后，那家公司向他们支付了 75 万美元。迈克并非贪婪之辈，他说那块地的价值高达 120 万美元。

扩大整体利益

从对方那里收集到的信息能让你更好地实现你的目标、满足你的需求。记住，这并不是说要以牺牲他人的利益为代价让你变得更强大。拥有更强大的力量并不意味着对方力量的减弱，而是整体利益变大了。这与新技术的发展过程类似，虽然有些种类的工作消失了，但整体就业率和繁荣程度一直处于增长状态。

如果知道对方的需求或兴趣所在（广义上的），你还能更有效地对付那些强硬的讨价还价者。比方说，你已想好了扩大整体利益的方法：跳出最初的想法，将更多内容纳入交易之中。但另一方面，如果你是卖方，对方却不断压低价格；如果你是买方，对方却不断抬高价格。他们不想谈论任何有关合作的内容。

那么，你可以问：“你们难道不想谈谈这次交易中更多更大的利益吗？不想谈谈摆在你们面前更大的利润吗？不想谈谈我们要付给你们的更多的钱吗？如果你们不想谈这些，你们公司中是否还有其他人——也许是负责业务发展的某个人——想和我们谈谈呢？我们将谈一谈你们现在没有问及却唾手可得的更大的利润问题。”

对方肯定不敢拒绝就这一话题所进行的讨论，一旦他们公司更高级别的决策者得知这一情况，他们可能会遭到解雇。所以，你现在就掌握了这场谈判。因此，无论对方强硬也好，容易通融也罢，与他们进行交易都有很多技巧可以运用。对待合作者，就将整体利益扩大；对待强硬分子，可以让第三方看到如何将整体利益做大。

在谈判中，对方曾这样对我说："我想要 10 万美元！"我的回答是："为什么不要 20 万美元？为什么不要 30 万美元？"通常他们的反应是："你说什么?！"于是，我说："是这样，我们现在连这笔交易的内容是什么都还不知道，你又怎么知道我不会付给你们更多呢？所以，我首先要知道这笔交易的内容是什么。当我知道了你们的兴趣所在和所有的需求时，我才能拿出一个方案来。"

例如，也许会有一些交叉销售的机会，也许需要综合协同运作（从后勤办公室到差旅事务部）。所以，让我们首先搞清楚各自的需求和一些无形的东西，稍后再制定方案。如果对方问："您有什么方案呢？"你应该回答："我不知道，那请问交易的内容是什么呢？"

对方并不知道该怎么做，你首先必须帮助他们。他们对利用价值不等之物进行交易可以将整体利益扩大这一过程了解得越多，你和他们之间的谈判就越轻松容易。聪明的客户甚至将他们自己的客户带到我的工厂，结果是达成了令各方满意的交易。

就扩大整体利益而言有许多更不同寻常的成功商业案例，其中一个是关于布拉德·奥伯韦杰（Brad Oberwager）的。布拉德是桑迪亚公司的创始人兼首席执行官，该公司位于加利福尼亚州的奥克兰市，是一家高品质水果杯的生产商。布拉德大约曾在 15 年前上过我的谈判课，利用价值不等之物进行交易在他那里已经被上升到了艺术的高度。

几年前，布拉德和北美 20 个最大的西瓜种植者中的 10 个进行了接洽。他主动将自己计划好的部分水果杯业务让给他们，条件很简单，就是允许他将"桑迪亚"的商标贴在他们商店出售的西瓜上，而种植者不必花一分钱。两年来，商店老板们看到的都是"桑迪亚"的商标。后来，有一天，在种植者们的支持下，布拉德开始给各大商店打电话推销产品。与人们渐渐熟悉的那个商标相比，布拉德所提供的水果杯具有更高的附加值。“一夜之间，我们就占领了32%的市场份额。”他说。

布拉德说，他将自己的整体经营策略概括成他在谈判课上所学到的一句话，“什么东西让你不花一分钱却可以满足我的需求，什么东西让我不花一分钱却可以满足你的需求？”布拉德还补充说，他会向对方披露大量信息，对自己的计划坦诚相告，唯恐自己准备得不够细致、充分。“聪明能干并不会让你成为一名出色的谈判者，”他说，“你之所以是一个出色的谈判者是因为你能看到未来，这种能力来自充分的准备。”

联系：关键记忆辅助工具

在这一切中有一个需要考虑的关键记忆辅助工具，那就是联系。你要将那些未必有关的事物联系在一起：这些事物也许与交易有关，也许与交易无关。你可以通过议题、时间或其他参数将事物联系起来：如果你现在为我做这件事，稍后我就会为你做某件事。

家庭成员们为什么会为今年去哪度假而争得不可开交？除非所有人都活不过今年，否则就还有明年。即使是今年，也并不只是去哪儿的问题，还有到达目的地之后干什么，怎样到达目的地，去吃些什么，要花多少钱——各种各样需要协商的事情。此外，与此次度假无关的一些事情也可以拿来协商。

如果用更广阔的思路来思考能用以交易的事物，就会更好地促进人际关系，那些看起来完全无法改变的情况和棘手的难题将会迎刃而解。这意味着，如果你真的非要拥有克尔维特跑车，那你妻子也应该得到她爱好的某样东西。如果丈夫帮忙打理花园，他看足球比赛的时候妻子就不应该发牢骚。妻子收拾客厅，丈夫就打扫车库。丈夫和好友们打牌，妻子就可以外出度过一个愉快的“女生”之夜。

我们在学校开展了“谈判诊所”活动。在谈判方面有问题的学生会坐在全班同学面前，他必须和每一方进行谈判，先和我，再和其他学生，因为我们所有人都能通过这种方式提供如何提高谈判能力的建议。有一次，班上有两名已经订婚的学生，他们的这种情况产生了各种有趣的谈判议题。

首先，一名男生在纽约找到了一份工作，而他的未婚妻在洛杉矶找到了一份工作。为了去哪个城市生活以及他们之中谁应该放弃来之不易的工作机会，他们已经争论了好几个月。于是，我让他们当着全班同学的面进行谈判。她讨厌纽约，他讨厌洛杉矶，虽然洛杉矶是他出生的地方；她在洛杉矶的工作比他在纽约的工作要好得多；经济状况刚变得不太景气；与纽约相比，他在洛杉矶找到投资银行工作的机会要少很多。

全班同学利用谈判技巧给这两名学生提供了各种各样的建议。最后，那名男生说："我愿意放弃工作搬到洛杉矶，然后再找一份工作，条件是由我：①做主并决定与婚礼有关的所有事项；②挑选度蜜月的地方；③决定我们未来 10 年去度假的地方。"

当然，这名男生潜在的问题是："如果我情愿失业，那你愿意拿什么来交换呢？"

他的未婚妻想了不到一分钟，说："我愿意住在纽约，如果我不必工作的话。"

突然整个谈判发生了变化。显然，她有一种无形的需求，而这种无形的需求他们在几个月的争论中从未谈及。他原以为自己根本不可能让未婚妻留在纽约。但事实上，工作对他未婚妻的重要性远比不上对他的重要性，或者说工作对他未婚妻来说并非他原先所想的那么重要。

我们没必要让他们在课堂上完成谈判，我们已经为他们重新建立了一个有意义的谈判，他们应该能在私下达成协议。

即使是在最充满敌意的情况下，也可以试着将整体利益扩大，至少有时候可以做到。换句话说，你会争取更多。如果对方说："我要毁掉你的生意。"你接下来应该说："好的，不过我们能通过其他方式赚到更多的钱吗？”这样的回答似乎有悖常理，但很管用。

我和他人在加勒比海地区共同经营一个小型货运航空公司。我是公司老板。公司的业务范围是各种物业管理——仓库、飞机库、办公室。

一家名为艾维港的公司将其地面处理设备（皮带输送机、拖航机、货车）放在我们一处物业那儿已长达数月之久。我们的人多次打电话给该公司，让其搬走设备，却没有得到任何回应。

8个月之后，我让我的人开始使用这些设备。没过几个小时，我便接到愤怒的物主小阿方索·费尔南德斯（Alfonso Fernandez）打来的电话，他现在是常春藤投资公司的合伙人，他说我侵占了他的财产，他要报警。

“你不懂波多黎各的法律！”他在电话中怒气冲冲地说，“我是律师！你不能这么做！”

“哦，”我平静地说，“你是律师，这太棒了，我也是律师。你念的是哪所法学院？”

“哥伦比亚法学院。”他说。我又接着说：“祝贺你！哥伦比亚法学院是一所一流的学校。我念的是哈佛法学院，就在马路的另一头，所以实际上我们离得很近呢。”

“我还拿到了工商管理硕士学位，商业是怎么回事我很清楚，”他说，“你的做法不符合商业原则。”我的回答是：“那真是太好了，你的工商管理硕士学位是在哪儿拿到的？”

“沃顿商学院。”他说。“我也是。”我说。

“还有，”他说，“我曾教过商业方面的课程。”“我也教过。”我说。

我一直没有做出正面回应，而是在不断了解有关对方的各种情况，通过这种方式，我们双方都获得了更多。他可以免费将自己的设备放在我们的物业那儿，我们可以免费使用他的设备。而且，在接下来的几个月里，他通过自己的客户给我们带来了10万美元的货物仓储生意，我们也给出了较为低廉的价格。我们成了朋友。

你可能会说，我们比较走运而已，因为这种方式并非永远奏效。确实，这种方式不会永远奏效！但重要的是其过程——尽量从每一笔交易中争取更多。我敢说，几乎没有人在这种时候用这种方式去争取更多，他们都太忙于保护自己、指责对方或争论辩驳。记住，你要做的只是在每 9 局比赛中额外击出那一记安打。

我认识的经理们会对他们的竞争对手说："当我们双方都有利可图的时候，为什么要彼此争斗不休呢？"

多考虑积极正面的因素

上述那句话与转变态度有关，这意味着要多考虑积极正面因素，而不是消极负面因素。转变态度与人们看待问题的方式有很大关系。

转变态度的思维过程如下：在生活中，某些问题会让你焦头烂额，你必须花时间处理这些问题。这时，你需要做的就是调整态度，既然非要解决这些问题，那么，能否利用这些问题创造出一些机会呢？人生岁月无多，为什么不更有效地利用这些时间呢？

从问题当中找出各种隐藏的机会并不需要花很多时间。你只需寻找机会即可。不要把问题当成一个有待卸下的沉重负担，而要将其看作一个机会，正等着你去发现和开发。

每当你和对方出现问题的时候，想想：怎样才能利用这个问题赚钱呢？有没有办法利用无形之物进行交易呢？整体利益的蛋糕怎样才能做得更大呢？毫无疑问，慢慢地你会开始争取更多。

这一过程并非意味着你要刻意去讨好对方，而是除非谈判过程极其艰难，否则你必须放弃一些想法：向对方"耍手段"、占对方便宜或向对方动用权力。向对方施加压力只会让对方尽力保护自己或伤害你，而不会去寻找更多的机会。

这让我想起一个笑话。一个家伙到商店买了一盏灯，回到家，他开始擦拭这盏灯，从灯里出来一个妖怪。妖怪说："我可以给你想要的任何东西，但你的邻居一定会得到两倍于你的东西。”

这个家伙心想：“我想要一座房子——可我的邻居却会有两座房子！我想要100万美元——可我的邻居却会有200万美元。”最后，他想出了一个主意。“我知道我想要什么了，”他对妖怪说，“把我的一只眼睛变瞎吧。”

的确，这种行为让人厌恶。然而，这难道不是很多人（即使不是大部分人）在谈判时所采取的方式吗？“这对你的伤害比对我的伤害更大。”“你会比我失去更多。”不要去计算谁的杀伤力最大（整个冷战和许多法律谈判似乎都是以此为基础），为什么不谈谈所有相关人员的机会呢？如果有人威胁说要退出会谈，我通常会努力让每个人事先都同意：任何人都可以退出会谈，这没关系。“尽管如此，”我说，“在这个房间里，我们还能达成一笔利益更大的交易吗？”

正如对准则和其他谈判技巧所起的作用一样，在利用价值不等之物进行交易时，运用合理得体的表达方式对说服对方也起着极为重要的作用。尽量将对方的需求理清，以便实现你的目标。第2章所提到的那位管理顾问道恩·麦克拉伦，她66岁的老父亲患有听力障碍。两年多来，她父亲一直拒绝使用助听器——他是一个固执己见的人。

道恩有一天下午去看望父亲，她对父亲（用很大的声音）说：“爸爸，你难道不想听听你的孩子们说话的声音吗？”就在当天，她父亲开始使用助听器。道恩实现了自己的目标：让父亲使用助听器；而且她父亲的需求也得到了满足：可以听到自己孩子们说话的声音。

如果你想开展一个你认为大有前景的特殊项目，当你和老板商量的时候有一个好办法，那就是对他说：“老板，我有一个有关如何增加本部门今年利润的想法。”我敢保证，你的老板很想增加利润（需求），而你想开展的就是一个能增加利润的特殊项目（目标）。

有关谈判更有趣的假设之一是，在谈判中，摆在桌面上公开的内容越多，谈判就越艰难、越复杂。实际上，摆在桌面上公开的内容越多，谈判就越容易。因为这会让你找出更多隐藏着的价值不等之物用来交易。我喜欢将尽可能多的议题和内容都公开摆在桌面上。

很多人认为，要让对方透露其需求信息很困难。打个比方，就像打扑克一样，人们出牌的时候常常将自己的牌紧紧捂住。我的看法却与此相反。如果你一开始想努力搞清楚对方的需求，并让对方知道你正在努力满足他们的需求，那么，如何让他们开口说话就不成问题了，问题是要如何让他们住嘴。

沃顿商学院有一名正在攻读高级管理人员工商管理硕士（EMBA）学位的学生，他曾让我帮忙解决一起历时 6 年之久的商业纠纷。一家软件产品公司的所有权人是一对正在闹离婚的夫妻，男方拥有 60% 的股权，女方拥有 40% 的股权。

这个公司没有钱，但是，一家上市公司有意并购该公司。该上市公司的股票价格非常喜人，但公司没有产品。如果夫妻将股权分开，两人都无法成功经营下去；如果将股权合并，他们就能获得价值超过 300 万美元的收益。

但并购方案不太可能得以实施，因为妻子拒绝拿出那 40% 的股份，这极大地阻碍了并购方案的实施。两家公司正处于诉讼的边缘。如果不实施并购，公司即将面临破产。

我去见这位妻子。她没有钱，所有的积蓄几乎已经花光，而且她丈夫承诺要付给她的费用也没有按时给付。我问她想要什么，她说她需要一些钱生活下去，她说她希望得到孩子的单独监护权。她还说她不想让她丈夫得到的比她多——她想让她丈夫感受比她更多的痛苦。

我告诉她，过去那些美好的时光已经一去不复返了，她永远无法按照自己所想的方式在未来给她丈夫带来伤害。我问她，她的孩子在不久的将来就要离开家去上大学，在这种情况下，单独监护权为何对她如此重要？彼此争斗不休、浪费生命中更多的大好时光为何对她如此重要？我还特地问她，让她丈夫也感到痛苦为何如此重要，是因为她自己无法摆脱痛苦吗？所有这一切是因为，如果不实施并购，所有人都会面临破产。

最后，这位妻子看到，她的行为无助于她实现自己的真正目标、满足自己的真正需求。她同意了离婚，也同意了并购方案。我告诉她，我还要和她丈夫也谈一谈。毕竟，并购需要双方的同意：这是必要的程序。这位妻子对此非常紧张，这是可以理解的。不过她最终还是同意让我与她丈夫谈一谈。

于是，我对她丈夫使用了相同的方法。他也有自己的一些问题，不过我们都轻松加以解决了。他也终于意识到，除非他给妻子足够多的钱让她能安享余生，否则他将永远无法实现自己的人生目标，也永远无法满足自己的需求。而且，不让母亲见自己的孩子（他也想要单独监护权）是不合情理的。他同意了离婚协议。

接着，他们两人想让我代表他们与那家上市公司商谈并购事宜。我答应了，将用于这对夫妻的方法再次用于这次并购谈判。我向双方讲明了彼此的需求、目标、看法、困扰他们的问题等。并购方案获得通过。

关于这件事最有趣的是，所有这一切并非火箭科学那么神秘莫测。这只是询问了对方一些问题，了解了他们的需求和目标，找出了与他们有关的那些无形之物，将焦点放在积极向上的一面，而不是消极向下的一面。此处还有一点也很有趣，即除非你知道如何运用这种方法，否则这种方法你看不见也摸不着。

下面这个用以结束本章内容的故事让我永生难忘。这个故事说明，甚至在生死攸关的情况下，这些谈判技巧也能发挥巨大的作用。

2001 年 1 月，我的心脏病发作了两次。我躺在费城一家医院里等待病情稳定后，准备接受开胸心脏搭桥手术。但是，这家医院不停地给我服用一些副作用很大的药物，所以我想换一家医院动手术。

我四处查找我能找到的最好的心脏外科医生。我看到了一个名字，韦恩 · O. 艾瑟姆（Wayne O. Isom）医生，他是世界上顶级的心脏搭桥外科医生之一，曾为戴维·麦克尔·莱特曼[①]、拉里·金[②]以及沃尔特·克朗凯特[③]做过心脏搭桥手术。

当然，我无法接近艾瑟姆医生。他的手术时间表已经排到了几个月之后，他不认识我，我和他没有任何方面的关系。而且，我能联系他的唯一方式是电子邮件，众所周知，作为说服他人的一种手段，电子邮件不是最理想的。

我怎样才能通过电子邮件与他建立一种联系呢？这封电子邮件的意义也许足以让他为我做手术。于是，在费城医院的病床上，我开始研究艾瑟姆医生。我查找有关他的各种信息：他是谁、他的兴趣是什么、他的时间是怎样度过的、他是什么样的人，我正在寻找某种联系。

当时，艾瑟姆医生的主要研究课题之一是小动脉胆固醇的积聚。我有小动脉，所以我对他的研究做了一番研究，然后给他写了一封电子邮件。我告诉他我是谁（一名曾经当过记者的教授），给他提供了一些我的心脏病史，然后问他能否为我做手术。我对他也许太忙而无法为我做手术表示理解，我知道他有一份长长的病人名单。

我在邮件中说，即使他无法为我做手术，我们之间也实实在在有某种联系，我对这种联系做了一番描述。他能为我会诊吗？我根据自己的研究问了几个很具体的问题。我想向他传达这样一个意思，我并非随意仓促地给他写了封信，而是真真切切地对他的工作进行了一些研究，而且还花了一番时间、不辞辛苦地去努力了解他的工作。

---

① 戴维·麦克尔·莱特曼（David Michael Letterman），美国当代脱口秀主持人、喜剧演员、电视节目制作人。——译者注

② 拉里·金（Larry King），美国当代著名主持人，有“世界最负盛名的王牌主持人”之称，是第一个在世界范围内享有盛誉的脱口秀节目主持人，他主持的《拉里·金现场》（*Larry King Live*）是美国有线新闻网（CNN）收视率最高的节目。——译者注

③ 沃尔特·克朗凯特（Walter Cronkite，1916—2009年），记者、冷战时期美国最负盛名的电视新闻节目主持人、美国哥伦比亚广播公司的明星主持人。——译者注

我的家人和我还联系了我们在纽约所认识的所有曾接受过心脏手术的人，我们问他们是否认识和艾瑟姆医生同在一家医院工作的医生。我们找到了一位心脏病专家，迈克尔·沃尔克（Michael Wolk）医生，他给艾瑟姆医生的办公室打了电话。

长话短说，艾瑟姆医生提前一天结束休假，他返回纽约为我做了手术，手术结果非常理想。

我问艾瑟姆医生，为什么提前结束假期为我做手术，像他这种地位的医生完全不必这么做。在他办公室进行的一次令人愉快的会谈中，我再次问了这个问题，当时我正在写作本书。他回答说，沃尔克医生——我通过第三方找到的那位德高望重的心脏病专家——给他办公室打了电话，这的确起了一些作用。但是，他说原因不仅于此：我是曾关心他研究的为数不多的患者之一。我已经和他建立了一种“私人关系”。

想象一下吧！本章所讨论的这些谈判技巧发挥作用了：了解对方是谁，了解他关心什么，有什么看法，有什么需求，以及各种与他有关的无形之物。要利用价值不等之物进行交易。实际上，我当时是在为我的生命进行谈判。

后来，我读到一则新闻报道说，美国前总统比尔·克林顿也想找艾瑟姆医生为他做手术，但克林顿的工作人员甚至连这位“大人物”患者是谁都没有告诉艾瑟姆医生，结果艾瑟姆医生建议他们去找别人做这个手术。如果他们之间建立起一种私人关系的话，情形也许就大不相同了。

艾瑟姆医生说，虽然在医学手术方面他的技艺已经非常娴熟，但他发现，人脉关系至少同样重要。他说，他曾为穷人做过手术，无论他们能否负担得起手术费，因为这些人努力和他建立起了私人关系。有一位来自布鲁克林的妇女生活很贫困，她在接受完手术之后，给他捐了 50 美元用于他的研究。与他所收到的 500 万美元的捐款相比，这 50 美元以她的收入而言算得上很大一笔数额了，艾瑟姆医生说。

对谈判而言，这个事例的意义在于：只要确保建立起某种私人关系，任何一件产品或任何一项服务都不再只是一件“商品”，它是你的神经元、你的经历、你的时间、你的努力、你对必须与其进行交易的对方的兴趣。这会让你所提供的东西与众不同。这些无形之物可以充实他人的生活，可以让交易更加成功，可以让每一个人都争取更多。

但是，难道这就结束了吗？我将本章所介绍的这些谈判技巧在医院里找到了用武之地。我知道，即使在纽约长老会医院这样的大医院里，护理病人也是因人而异。在手术检验结果出来之前，我需要在医院里住几天，而且因为我是从费城医院转过来的，所以还需要再次等病情稳定。

于是，我让碰巧进入我病房的每一位护士、护士助理和护理师都知道我是教授谈判课的，而且我全天 24 小时、一周 7 天随时可以为他们提供免费的咨询服务，比如，在医院里如何得到一份更好的工作，在医院里如何才能加薪，事实上，凡是他们希望获得谈判建议的任何主题都行。

来到我的病房的护士、护士助理和护理师们络绎不绝，我做手术前和手术后都是如此。我得到了非常细致精心的护理。医院的工作人员不停地问我需要什么（“想再加点吗啡吗？没问题！”“我们立刻叫医生来！”）。他们还把我从位于大厅一侧的那间双人病房搬到了一间贵宾级单人病房，这间病房有三个大窗户正对着伊斯特河。

利用事物不同的价值进行交易，这很管用。

第6章 情感

在哥伦比亚大学商学院我的班上，有一位名叫丽萨·斯蒂芬斯（Lisa Stephens）的女士，她有一个5岁的女儿。一个星期六的早上，她女儿在厨房里摔了一跤，额头被餐桌的尖角划了一道深深的伤口。这个名叫奥布丽的孩子情绪激动，暴躁不安。孩子的外公——丽萨的父亲——也情绪激动，暴躁不安。

显然，奥布丽必须去医院缝几针，但她就是不肯去，她拼命抱住桌子不放，没人能将她的小手指从餐桌上掰开。

丽萨也快情绪失控了，这时，她突然停了下来。她对自己说："等等，我正在学习谈判课程，我要用谈判来解决这个问题。"

于是丽萨走到女儿身边，轻轻地摸了一下女儿的手臂。"妈妈爱你吗？"丽萨问。"爱。"她女儿抽了抽鼻子，平静了下来。

"妈妈会做任何伤害你的事吗？"丽萨问。"不会。"女儿说。

"在我们长成大人的过程中，有时候我们是不是必须做一些我们不喜欢做的事呢？"丽萨问。"是。"奥布丽说。

“妈妈就接受过手术，”丽萨说，她让女儿看自己的伤疤，“外公也接受过手术。”丽萨的父亲也让奥布丽看了看自己的伤疤。不到5分钟，丽萨的女儿就松开了桌子，自己朝汽车走去。

在这个事例中，有几点情况很清楚。首先，奥布丽拒绝去医院完全是一种不理智的行为。她应该去医院，而且应该迅速去医院，这是为她好。但是，正如每天都在进行的无数谈判中的情形一样，她表现得不理智。

这个事例说明的第二点是，开始谈判时，我们必须仔细思考对方脑海中的画面。丽萨的目的是让奥布丽去医院，但不会对奥布丽造成进一步的伤害。妈妈意识到奥布丽脑海中的画面是：“我很疼，我是一个人，我需要爱。”

于是，丽萨经过一番考虑，明白了自己的目标是什么。丽萨想，有什么办法可以说服奥布丽呢？于是，丽萨问：“妈妈爱你吗？”这个问题让女儿看到，妈妈明白女儿需要爱。丽萨引导女儿回答了这个问题。

接着，丽萨意识到女儿也许在想：“好吧，妈妈是爱我的，但我还是很疼。”于是，妈妈又问：“妈妈会做任何伤害你的事吗？”奥布丽意识到妈妈也知道自己此时很疼。

整个过程是循序渐进的，从妈妈思考孩子脑海中的画面开始，一直到实现妈妈的目标。这个过程并不需要很长时间——它是一步一步进行的。最后，还不到5分钟，奥布丽就心甘情愿地朝汽车走去，而不是一边乱踢一边尖叫着被拖向汽车——这种方式更常见，也更容易伤害到孩子。

总之，丽萨给了奥布丽一系列的情感补偿，这些情感补偿直接消除了奥布丽的恐惧，让她看到妈妈完全理解她。在其他情况下，情感补偿可以是一个道歉、几句同情抚慰的话，或一个让步，也可能只是听某个心情烦闷的人把话说完。

情感补偿可以让对方平静下来，让对方去倾听，让对方愿意更多地思考自己的利益。情感补偿可以使对方从一开始的非理性状态，一点一点地，向一个更理想的（可能不是理性的）结果靠拢。

情绪与谈判

对成功的谈判和谈判者而言，情绪是其大敌。情绪化的人无法很好地倾听，他们常常难以捉摸，很难专注于自己的目标。因此，他们往往会伤害自己，以致无法实现自己的目标。电影中常常出现一些慷慨陈词的场景，似乎在暗示这种讲话方式效果极佳。然而，事实是否如此取决于讲话者，要看其情绪是否激动到令他/她无法清晰思考的地步。

此处所指的情绪会使人完全受制于自己的感受而无法倾听，且往往导致自我毁灭，无法继续专注于自己的目标和需求。与之形成对照的是同理心，同理心会令一个人专注于对方的感受，它意味着富有同情心、关怀体谅。换句话说，情绪关乎你自身，同理心关乎对方。同理心高度有效，情绪则不然。

情绪的真正表现（爱、悲伤、喜悦）当然是生活的一部分。但是你要认识到这些情绪（尽管是真实的）会妨碍人们倾听，因此，在以处理信息为主的谈判中情绪难以奏效，了解这一点很重要。对上述情绪有着强烈感受的人通常容易沉浸于眼前，渴望得到安慰或满足，其目标不一定是要达到最佳结果，往往将长远利益和更广阔的天地置于其次。这种情绪是人们所需要的，也很重要，但是它无助于人们获得令人满意的结果。事实的确如此，情绪常常促使人们去做一些事后后悔的事情，包括极其危险的生理极限运动，因为情绪化的人更容易对自我伤害漠然无视。

与上述相反的是，本书中的情绪策略其目的是用来加强人际关系和业务关系。本章的前提是在具有同情心的同时也应平心静气。

"通过控制情绪，我懂得了谈判并非感情测试，而是一个有条理地规划成功之路的机会。"翁贝尔·艾哈迈德（Umber Ahmad）说。她是高盛投资公司前任副总裁，一部有关女性在华尔街金融领域崭露头角的纪录片曾对她做过介绍。她还补充说，在向很多女性说明怎样才能做到平心静气方面，本书所介绍的谈判技巧尤其有用。

以下是一些在谈判中一方的行为会导致另一方情绪激动的情况。

- 歪曲事实：谎报他们自己的情况，诬告对方。
- 违背承诺、协议，或拒不履行协议。
- 通过侮辱、威胁、敌视、让对方丢脸、越过对方、质疑对方的权威或可信度、指责对方等方式贬低对方。
- 贪婪或以自我为中心：提出过高的要求、蔑视对方的权威、对善意毫无回报（对你送的礼物毫无谢意）。
- 举止散漫：未做充分准备、自相矛盾、缺乏自制力、自以为是或以行家自居。
- 令对方失望：会议失约、对待他人不公正。

如果人们变得情绪化，就会发生这样的情况。情绪化的人无法专注于目标、利益和需求，也无法进行有效的沟通，相反，他们会将注意力放在惩罚、雪耻和报复上。其结果是，交易失败，目标无法实现，判断无法做出，需求无法满足。激动的情绪会毁掉谈判，抑制创造性，失去重点，导致决策不力，还往往招致报复。

自 1990 年以来，谈判中的情绪问题已引起了越来越多的关注。研究人员、教师以及谈判者们开始意识到，谈判者必须要面对人们情绪化的一面，而不仅仅是理性的一面。人们对情绪问题的研究结果通常混杂不一，而且也并非始终可靠。

一直以来存在着一种趋势，即利用伪装的情绪（如假装生气或假装赞同）让对方按照你的意愿行事，这显然是一种欺诈行为，而且是在利用操纵他人。使用这一方法的目的是让对方的情绪变得激动，将他们吓得心惊胆战或哄得心花怒放，从而去做一些在理性时他们不会做的事情，而且这些事情往往不符合他们的最佳利益。

这种方法被称为“策略性情绪”“假阳性反馈”“为获取让步而进行的愤怒表演”“根据需要而进行的情绪表演”“战术型情绪”“印象管理”“策略性地生气”以及“情绪操控”。这些名称相当于“红脸白脸”的另外一些说法，它们会让谈判形势变得极不稳定并难以捉摸，其目的通常是让对方犯错，例如，套取对方的信息来对付他们。

这就是为什么在比赛期间，有人会大声辱骂运动员或向运动员挥舞写有令人反感字眼的标语，其目的就是要激怒运动员，使他们分心，从而无法专注于自己的目标——即努力发挥去赢得比赛。

利用情绪去操控谈判没有考虑到其对人际关系的长远影响，通常，一旦这种操控手段被对方识破，双方的关系也就随之结束，可信度和诚信度会大打折扣。如果你发现对方对你虚情假意，其目的只是要操纵你的行为，我建议你，如果可以的话，永远不要再和他们打交道。

任何人只要虚情假意地想从你那里获取利益，他就是骗子。最极端的例子是，恐怖分子头目会说服其追随者去做人体炸弹，以满足其报复或置人于死地的情感需求。从中受益的究竟是谁呢？不是成为受害者的无辜者，也不是炸死自己的人，而是恐怖分子头目，他们毫发无损地增强了自己的政治影响力，还能从其他同样情绪化的人们那里额外捞到一大笔钱。

有人指出利用情绪作为谈判手段也有取得成功的时候。但问题是，这样做充满风险，结果也难以预料，而且这种不认真的态度很难取信于人，最终会导致双方关系破裂。研究表明，这种“不容讨价还价”的态度会增加对方拒绝你的概率。对方会认为交易不公平，即使交易利益大为可观，但出于赌气的目的，对方有时也会拒绝交易。带有负面情绪所开出的条件只有半数会被对方接受。

这种情况在商业领域非常明显。由于价格上涨，理查德·霍兰的一位客户威胁说要改投其他供应商。可是，即使价格上涨了，理查德的价格也还是低于其他供应商。“对方向你发脾气的时候，也许只是存心刁难。”理查德说，他是一位产业客户经理。

因此，针对客户的成本有所增加这一情况，理查德决定给予更多理解和体谅。他问客户，他的公司需要怎样做才能增加产品价值，使他们接受涨价。这个方法奏效了。同理心和协商都是一种情感的付出。

让我们更具体地来看看，情绪化通常会对谈判造成什么影响。首先，情绪化会让谈判形势变得不稳定。你会越来越无法确定对方会做出怎样的反应。如果谈判各方情绪激动，谈判结果就会更加难以预料。

情绪化会减弱人们的信息处理能力。这意味着他们不会花时间去寻找创造性的解决方案，不会去了解所有事实和所有情况，不会想方设法去扩大整体利益。因此，他们无法获得更多。事实上，研究表明，情绪化的人更关心的是如何给对方造成伤害，而不是达成协议和满足自己的需求。

积极情绪已被证明能增强创造力和增加达成协议的可能性，这是真的。但是，这种谈判往往会掺杂一种危险的激情。你也许曾见过这样的情况，一群激情澎湃的人会冷不丁地开始攻击他们以前一直喜爱着的某人或某事。这种不稳定性颇令人担忧，所以要尽量开展平静而且稳定的谈判。谈判也许需要亲切的感觉，但一定要辅以冷静的判断。如果想实现自己的目标并解决棘手的问题，那就要给炙热激动的情绪降降温。

红脸白脸的策略怎么样呢？谈判课程的学员们说这是他们最喜欢的一种策略。警察使用这种策略的目的是：设法刺激嫌疑人使其情绪变得不稳定。他们希望犯罪嫌疑人出错从而认罪（违背嫌疑人的目标和利益）。所以，没错，当你想设法伤害对方，让对方犯错的时候，愤怒和情绪就会起作用。除非你的目标如此，否则你也许并不想将愤怒的情绪作为一种谈判技巧。

有意利用情绪的另一个问题是，你利用它的频率越高，效果就越差。如果你提高嗓门或大声喊叫的频率是一年一次，这会非常有效。如果你这样做的频率是每月一次，你就会被看作是一个“咋咋呼呼的家伙”，你的可信度也会随之丧失。这个道理同样适用于中途威胁说要退出谈判的情况。

偶尔变化一下语气会很有效。如果你一向安静少语，也许偶尔可以提高你的嗓门。如果你一向喜欢大声嚷嚷，也许偶尔可以变得特别安静或在说话时变得轻声细语。不过，在运用这种策略时必须经过深思熟虑，而且要把握好尺度。

谈判只有在稳定和可预测的情况下才会更有效。

威胁是无效的谈判策略

听了很多谈判事例，有人会认为威胁是可供选择的一种方法。但事实上，威胁是无效的谈判策略之一。威胁会让人变得情绪化，更无法看清形势，以至于无法按照你的意愿行事。由于情绪化更容易使人们进行自我伤害，因此，你的谈判对象可能并不像你所想的那么惧怕你的威胁。

研究表明，在事实完全相同的情况下，与不使用威胁手段的人相比，使用威胁手段的人达成协议的可能性要降低一半。那么，人们为什么要使用威胁手段呢？因为缺乏谈判经验或谈判技巧。当人们企图逼迫你去做事的时候，你就会丢面子。在一些文化中，丢面子会驱使人们采取暴力行为，包括谋杀和自杀。反过来，丢面子与自尊以及自我价值紧密相关。而威胁会让人丢面子，其结果就是招致对方的抵抗。

与威胁有关的是另一种常见但无效的谈判策略是“要不要随便你。”这一策略会惹怒对方，降低达成协议的可能性。

这里有一项对“要不要随便你”这一策略进行的研究。研究人员让受试者将得到的10美元去和另外一个人分——但对方必须同意分配方案。如果对方拒绝接受分配方案，双方将一分钱也得不到。

当分给对方1美元的时候——这意味着分配人将得到9美元，75%的人会拒绝接受。就理性而言，这毫无意义。把1美元拿回家去要比一无所得好得多。可是，由于绝大部分钱为他人所得，这种不公平的分配方案使得他们感情用事，从而违背了自己的目标和利益。

如果对半分钱，有95%的人会接受。但是，如果分给对方3美元，有2/3的人都会拒绝接受。

因此，在思考如何与对方建立关系的时候，必须将非理性因素考虑在内。如果对方有可能不按理性行事，你就要进行情感补偿，做出调整。

调整的一个范例是“协作性威胁”。在一般性威胁中，你会冲对方说：“你如果不降价，我就去买别人的！”对方通常会因此变得情绪化，并这样回答：“那就滚开！”虽然从对方的角度出发，降价留住你这个客户会更有利，但你的要挟会令对方感情用事。

表达意愿的另一种方法是告诉对方：“我真的很喜欢你们，这么久以来我一直都从你们这里买入。可是，现在有几家你们的竞争对手给我提供了更优惠的价格。但我仍然想和你们合作，我该怎么办呢？”这里同样包含了你想向对方施加的威胁，表现方式却是在向对方寻求帮助：我们要怎样才能共同发展呢？这种表达方式考虑了双方的关系，为更多创造性的解决方案开辟了道路。

通过调整表达方式，也就是将问题抛给对方的方式，你使对方的情绪得以缓和，得到了更令人满意的结果。你把这种情况变成了一个需要双方共同解决的问题，你给予了对方更多尊重。

控制情绪

那么，在谈判中应如何控制情绪呢？这需要对你和对方都进行认真思考。有关对方的情绪问题我已谈过一些。稍后，我们会重拾这个话题，不过现在让我们谈谈你自己的情绪问题吧。

如果你是个容易情绪化的人，那么，在谈判中对你对其他人都没有好处。如果你开始变得情绪化，那就快停下来，稍事休息，让自己镇定下来。如果你做不到，你也许就不适合参与谈判，至少此刻不适合。多休息一会儿，直到你能平静下来，或找别人来帮助你。如果你企图在心烦意乱、怒气冲冲或其他负面情绪的状态下进行谈判，那你就无法看到自己的目标和需求，而且还会使自己成为问题的焦点。

你可以试着通过这样的说法将问题化解："我现在情绪不太好，所以我说的一些话也许并非出于我的本意。"精心的准备可以使你有效避免忽略自己的目标。如果你开始心烦意乱，将你准备的材料再重温一遍也许会让你镇定下来。

要降低你的期望值。在开始谈判的时候，如果你认为对方会态度强硬、处事不公、粗鲁无礼或有欺骗你的企图，那你的期望值可能就不会很高——而且你也不容易情绪化。在谈判中，如果降低期望值，失望的可能性就会降低——说不定还会有惊喜。让自己从心理上做好准备十分重要。

你可能会觉得："嘿，我原本不应该那样做。"好吧，也许确实不应该。但是，我们生活在现实世界中，而不是一个"理应如此"的世界。运用这些技巧，你就会逐渐使谈判更成功，令对方更友好，谈判结果更令人满意。慢慢地，整个世界也会变得更加美好。几千年来，人类一直以一种特定的方式生活着，不要指望它在一夜之间发生改变。

记住这句精辟的话："君子报仇，十年不晚。"当你周围的每一个人都怒火中烧的时候，加入他们的阵营根本于事无补。不要让你的情绪受到他们的影响。一位同事曾经说过："你在精神病院并不意味着你想找疯子医生看病。"

对自己说："他们正在企图将我的注意力从我的目标上转移开。"不要受对方的操纵，使自己的利益受损或一无所获。向对方发脾气会毁掉你的目标，这就像在说："我对你很生气，我想我要自杀。"不要因为对方的原因而伤害自己。

有一次，我看见两名律师和他们的客户在一家法院外面。一名律师正朝另一名律师及其客户大喊大叫，而听者一方的律师和其客户只是站在那里，静静地听着。

最后，首当其冲遭受指责的那名律师看着对方，轻声说道："做得不错！"这句话将对方嚣张的气焰彻底消解于无形。

所以，你完全可以控制自己的情绪，而对方的情绪可以用更巧妙的方法加以处理。

如何处理情绪问题以及如何对待情绪化的人

- 识别何时对方行事与他们的目标或需求相悖。
- 设法了解对方的情绪状况和看法。
- 找出对方情绪、需求和目标形成的原因。
- 仔细思考你的谈判风格是否对形势有益。
- 进行情感补偿：让步、道歉、同情。
- 设法建立信任。
- 避免极端言论——极端言论只会让对方更容易情绪化。
- 让第三方及对方委托人助你一臂之力。
- 利用对方的准则。
- 纠正错误的事实。

要想有效处理对方的情绪化问题，第一步是要识别对方何时处于情绪化状态。这往往不容易识别。例如，从文化角度而言，英国人和瑞典人没有巴西人和意大利人那么容易情绪化，但并不意味着在这些文化背景下，任何个体会更容易情绪化或不那么容易情绪化。有些人外表平静可内心火热，反之亦然。

关键是，对方的行为是否与其利益、需求和目标相悖。你也许看到过有些人行事完全与自己的利益相悖。你问问自己："他们是怎么回事？他们难道看不出这样做对他们无益吗？"

他们看不出来。他们已经不再关注自己的目标和需求，他们正在感情用事，他们无法清楚地倾听。

要说服他们，必须从提高他们的倾听能力开始。这意味着你必须冷静下来，你必须成为他们情感上的知己。要设法了解他们的情绪，造成这种情绪的原因是什么？怎样才能让他们冷静下来？

你和朋友、合作伙伴或配偶进行了激烈的讨论。你越是要求他们冷静，他们就越暴躁易怒。这是因为，让他们冷静下来的要求忽视了他们情绪的正常发泄。当人们感到自己不受重视的时候，他们就会变得更加情绪化。

因此，要体会对方的感受，设法了解造成对方这种情绪的原因。只是简单地告诉对方"要理性"或"要讲道理"是不管用的。如果对方想讲道理或理性行事，他们会的。他们想要发泄一下情绪，因此要对他们表示理解。这通常会令他们冷静下来，和你进行交谈。你听对方诉说的越多，对方就会变得越冷静。

必须搞清楚对方需要什么样的情感补偿。这是女性对男性经常提出的一个要求："我不想让你来解决我的问题，我只是想让你听听她们的意见。"对许多女性而言，倾听她们说话就是对她们的情感补偿。你通过某种方式对她们的情感表示重视的任何行为都是一种情感补偿。可以是一句赞美的话，可以是轻轻地碰触一下手臂，也可以只是倾听她们说话，这要因人而异。所以，首先，你必须设法了解对方脑海中的想法。

我第一次发现情感补偿具有极大的影响力是在大约 20 年前，当时我参与了哈佛大学谈判项目。在谈判行业，无论是哈佛还是其他地方，人们在谈论谈判策略的时候针对的都是"讲道理的人""理性行为者"和

“明智的谈判者”。然而，在我周围，我看到的实际情况却是很多决定都是在非理性的驱使下做出的：从儿童到商业领域，再到政府。

学生、专业人士和其他人不断询问该如何对待缺乏理性和容易情绪化的人。我那时才意识到，几乎所有的研究针对的都是理应如此的世界，而不是现实世界。于是我开始制订一些谈判技巧和策略来解决有关情绪的问题。

不久以后，我在纽约调解了一起上流社会的离婚案。丈夫高价聘请了多名男律师，妻子聘请的是无偿提供服务的女律师，分文未花。高额的律师费和股市亏损导致他们最初颇为可观的资产已大幅缩水。

夫妻俩找我协助的时候，他们的资产大约还剩下 40 万美元。丈夫基本上已准备将所有的钱都给妻子以达成离婚协议。这场离婚案在源源不断地抽干他的生意。可是，妻子拒绝接受这一条件。她对丈夫心怀怨恨，一心想将丈夫推上法庭接受严厉审判，让他难堪，让所有人都一无所有。

妻子显然是在闹情绪，她的行为违反了自己的利益。所以，我在想，我是否可以给她点能让她将之视为一种情感补偿的东西，这样她也许就会接受这笔钱。

一天，我和她坐在一起，我说：“你看，假如你接受离婚协议里的这笔钱，这可是他所有的钱。”她想了一会儿，说：“你的意思是说，如果我接受这笔钱，那个坏蛋就一无所有了，是吗？”我说：“是的。”她说：“那我同意接受。”她在心理上想让丈夫感到痛苦——这种方式是对她的一种情感补偿。

对方有可能将什么视为一种情感补偿呢？要想找出答案，必须密切注意对方脑海中的想法。他们的世界观是什么？他们的需求和看法是什么？什么样的表达方式会令他们愿意倾听？他们需要我们做出让步吗？如果需要，是什么样的让步呢？是一个简单的道歉吗？是一个需要花心思的道歉吗？如果不道歉，送花行吗？换句话说，无论对人还是对形势，情感补偿一定要具体明确。

斯潘塞·罗姆尼（Spencer Romney）是宾夕法尼亚大学法学院的一名学生，他正和当牙医的妻子丽萨通电话，丽萨想和他讲讲自己在这一天压力有多大。“我当时和朋友在一起，有些心不在焉。”斯潘塞说，“她很生气，挂断了电话，我打电话也不接。”斯潘塞一回到家，什么都没说，马上开始给妻子做足部按摩，之后，他才开口询问妻子这一天过得怎么样。危机解除了。

只有当对方愿意倾听的时候，你才有办法将他们从负面情绪中拉回来。对方以前使用了哪些准则——这些准则现在对他们还有用吗？当对方处于情绪化的时候，一开始就对其使用准则会增加他们处理自己情绪问题的难度。首先，他们必须随时准备处理可能出现的矛盾冲突；其次，你必须避免说一些包括威胁在内的极端言论，这些都会导致对方情绪化。

一个办法是让对方谈谈自己的情况，这样他们的情绪就可以得到发泄或表达。试着猜一猜哪些事情正困扰着对方，对方往往会告诉你猜得是否对。给对方提一些问题，只要一思考问题，对方闹情绪的精力就会转移，就像本章开头对待那个孩子的情况一样。如果你认为你知道造成对方痛苦的原因，那就明确地把它说出来，即使你说的是错的，也会得到令对方镇定的效果，即使他们审视自己内心的目的只是为了验证你的说法是否正确。

吉姆·奥图尔（Jim O’Toole）和妻子安妮正在就吉姆没时间陪安妮和他们的两个孩子一事争吵。吉姆做着一份全职工作，而且还在攻读高等学位。“这一次，我决定花些时间，只是让她将她那一头的事情全部讲给我听。”吉姆说。当安妮说话的时候，她慢慢变得冷静下来，吉姆也冷静下来了。

显然，他们都想花更多时间在一起。“接着，我将自己当前的各项工作任务讲给她听，给她分析这些事情如何能为我们大家带来长远利益，”吉姆说，他现在是芝加哥一家纸产品经销公司的总裁，“她比之前更体谅我了。”争吵结束后，他们已经为未来开启了新一轮的沟通。

医生们现在开始看到，由于失误或护理不周而向患者道歉是一种避免诉讼纠纷的有效方式。一直以来，律师和保险公司认为，任何道歉都是承认负有责任的表现，而事实并非如此。任何情况都有可能发生，只有事后才知道是错误的。即使负有责任，你也大可放心，因为如果得到医疗专业人士的同情谅解，患者或患者家属找你算账的可能性就会降低。

在沙特阿拉伯首都利雅得，齐亚德·艾尔·萨利赫（Ziyad Al Saleh）正在收购一家食品工业公司。该公司业主不太愿意出售公司，尽管他知道这个报价很优厚。“他害怕自己失去权力，所以有些情绪。”齐亚德说。解决的办法是，首先就业主担心的问题和他谈一谈；其次，在公司给他安排一个关键职位，让他有种职业安全感；再次，让他了解公司要进行全球扩张的愿景规划；最后，向业主承诺，如果他愿意帮助公司将愿景规划变为现实，他将额外得到一定补偿。

这位业主看到，过去由于规模不够、缺乏资源，有些理想靠自己的力量一直无法实现，现在有了更多人手，这些理想就可以实现。于是，他同意了这笔交易。

马克·鲁宾逊（Mark Robinson）是南加州大学工商管理学院的一名学员，他开车带着妻子去一家珠宝店取她的订婚戒指，这枚戒指已修改完毕。这家珠宝店位于洛杉矶一个繁华拥挤的街区，很难找到一个靠珠宝店比较近的停车位。马克看到有人正向一辆停着的车走去，于是他就在那辆车的前面停了下来，耐心地等这辆车离开。

似乎等了一个世纪那么漫长，那辆停着的汽车终于发动了，从正等着倒进车位的马克身边开走了。当马克正准备倒进车位的时候，另一辆车从后面插上来停进了那个车位，车里坐着两个看起来不好惹的家伙。马克决定对此交涉一下，他妻子吓坏了。“我妻子想让我就此罢休，”马克说，“而我，却将注意力放在了那位司机身上，也许他刚才没看见我，也许还有商量的余地。”

马克镇定地下了车，朝那两个看起来不好惹的家伙走去。他来到驾驶员一侧的车窗，面带笑容，挥了挥手，“嗨！”他说。过了一会儿，那位司机摇下车窗，“什么事？”司机问。

“我对他说话的态度就像我们很熟一样，我说：‘你可能没看到我一直在等这个车位。但我确实已在这儿等了很久。您能让我停进这个车位吗？’”马克说着朝妻子的方向指了一下。“我不想在我妻子面前显得很无能，”他说，“您做主吧，不过无论您做什么，我都非常感激。”

那两个家伙互相看了一眼，然后又看了看马克。显然，马克没有威胁他们，也没有对他们进行任何指责，反而给了他们一个显示自己宽宏大量的机会。

“好吧，哥儿们，我们没问题。”一个家伙说。马克同司机握了握手，司机发动汽车开走了。吃惊吗？看到了吧，马克给了他们一个很大的情感补偿，这个情感补偿让那两个家伙有了在朋友面前夸耀的资本——他们是如何帮助了某个家伙，从而使他在他妻子面前没有丢脸。“看到这一谈判过程威力如此巨大，我妻子很长一段时间都没从震惊中回过神来。”马克后来告诉我说。

如果这种做法让你觉得不舒服或有危险，那就不要这样做。不过，这名学员表达他意愿的方式几乎没有什么风险。他牢牢抓住了对方的心理。因此，如果你觉得这种方法在特定情况下不起作用，那就问问自己，你使用的方法是否正确。

沃顿商学院的一名学生在费城西部遭遇持枪抢劫。他一边把自己的钱包交给抢劫者，一边说：“我可能不值得你开枪，开枪会发出太大的声音，我都听你的。”最后，抢劫者将这名学生的驾照和学生证还给了他，这两样东西对抢劫者来说没用。于是这名学生说：“我们都知道，官僚机构那帮坏蛋们利用这些东西把我们大家都折磨得够呛。”（同仇敌忾）这名学生为什么这么说呢？你认为这名抢劫者上一次听别人对他说“我都听你的”这句话是在什么时候呢？

在谈判中，情感的另一个作用是将人们团结在一起。已经通过情感严峻考验的人们往往能团结在一起。这话一点没错，无论这种考验是一段令人痛苦的经历，例如战争、意外事故、危险，还是一段令人愉快的经历，如赢得一场重大体育比赛。虽然可以利用这种考验作为团队建设的基础，可一旦利用不当，就有可能留下永久的伤痕。这是在玩火。

你在努力去接近对方，却失败了，这时该怎么办呢？想想第三方。如果你办不到，还有谁可以令对方信任到言听计从的地步？在对方的朋友、同事或客户之中，有没有谁能令他冷静下来？在以对付共同敌人为名努力团结对方的时候，有没有可令你们对准矛头的第三方？

如果所有这些方法都不管用，对方那边有没有更理性一些的人能向你提供帮助？如果你正在和一家公司或一个团队进行谈判，而不是在和个人进行谈判，找到比较愿意合作的人要更容易一些。让情绪化的人改变想法有一定的风险，这有可能招致他/她的报复，而且有可能使双方关系破裂。在私人情形中，这种做法并不可取，但在商业环境中，有时却很有必要。

在商业谈判中，如果对方有一个成员非常情绪化，而且极端偏激，那就问对方其他成员，他们彼此之间是否意见一致，对刚才所说的每一个字，无论是语气还是内容，是否完全认同。你的语气要让对方觉得你是在努力了解情况，而不是在指责对方。如果对方有任何犹豫，那就要求稍事休息（提出稍事休息会显得你咄咄逼人）。在休息期间，对方成员很可能会让闹情绪的人冷静下来，或不让其再参与谈判。

你还要能识别这样一种情况，即对方利用情感操纵谈判并耍手段。我对泛泛的赞扬之词往往并不相信。在我看来，“你是个很棒的老师”仅仅是随口说的一句话。“在哪方面很棒呢？”这是我想知道的。“你学到什么具体有价值的东西了吗？”我想看看他们这么说是否只是为了争取更好的名次（或一个好成绩）。他们是在企图操纵我，还是在真诚地表达赞赏？

如果你看到对方在对你玩红脸白脸的把戏，就直接问他们：“你是在跟我玩红脸白脸的把戏吗？”对恶劣行径要毫不客气地予以指出。也许你想这么说：“我看到你们对待我的方式很不一样，一个对我笑脸相向，一个却对我横眉冷对。你们是否需要休息一下，把你们的态度先搞清楚？”这也说明了为什么操纵会有风险。出色的谈判者会毫不客气地指出这一行径，令操纵者丧失可信度。

截止日期和时间限制经常被用来破坏对方的情绪。随着截止日期的临近，人们处理信息的能力会降低，对扩大整体利益的兴趣会减弱，创造力也会减弱。如果有人强加给你一个截止日期，应该问他们是否想让负面情况发生。不过，如果必须有截止日期，最好还是在一开始就确定时间，这样你就能管理好自己的时间，不至于勉强接受利益有所减少的交易。从本质上说，用充足的时间让自己变得富有创造性就相当于用充足的时间去争取更多。

一些谈判者建议，一开始先提出一个极端的要求，为后面的让步留有余地。当你提出极端要求的时候，对方通常会拒绝。这一观点的意思是，你可以接下来再提一个较为温和的要求，它看起来就比较合理、比较容易令人接受。

这只不过是另一种操纵伎俩。如果有人对你使用这种伎俩，你可以这样说：“那么，你们两次报价为什么差别这么大呢？”他们企图操纵你，就让他们尝尝如坐针毡的滋味。尽管如此，使用这种回应方法的最终结果是，双方的信任度降低，达成交易的机会大大减少。所以，在指出对方恶劣行径的时候，切记不要太咄咄逼人。

接下来还有食物和礼品——饼干、小饰品或其他东西。比如在一家高档餐厅共进午餐可以打动对方，让对方感觉欠你人情。为了打破谈判中的僵局，这样做无可厚非。为了达成交易项目，这样做也无可厚非。但是，你必须对请客一方进行估量。如果对方是真心诚意，那就没问题，但要确保他们稍后不会逼你做出让步作为回报。

问问自己，对方的行为看起来是否是真心实意。如果你认为对方是虚情假意，问问自己，如果他们以这样的方式行事，你打算和他们建立一种什么样的关系。

强硬的谈判者往往喜欢使用这种操控策略。

我去阿肯色州的斯普林代尔和食品公司巨头泰森食品公司进行谈判。我代表的是一位俄罗斯客户，该客户欠了泰森公司数百万美元。泰森公司一方并不打算用亲切友好的方式让我受宠若惊，相反，他们打着带我四处逛逛的幌子，让我参观了鸡肉加工厂。

参观之前，我听到一位高管悄悄地问另一位高管："我们要不要让他看看屠宰场？"对方说："当然要。"

参观屠宰场的细节就不多说了。随后，他们把我领进了屠宰场的一间会议室，在这间会议室里，他们吃了一顿午餐，没错——吃的是南方炸鸡。我确定我已磨炼得无比坚强，我对他们请我吃午餐表现得很高兴。我还确定自己吃的南方炸鸡比房间里其他任何人都多。

这种操纵策略的用意是利用经验不足的谈判者，对经验老到的谈判者却不起作用。如果谈判者拥有凌驾于对方之上的强大力量，以下这些表现有可能侥幸成功：态度粗鲁、虚情假意、暴跳如雷以及采取暴力等各种恶劣行径。记住，并非所有的谈判都是用来解决问题的。

对付这种情绪暴力，首先可以尝试使用本书所介绍的方法：找出对方的需求、利用准则、争取建立某种关系、利用能对其施以影响的第三方、进行情感补偿、了解对方的观点等。对方也许没有意识到自己的行为，也许愿意倾听你的意见。对方也可能是不择手段，对自己的行为持无所谓的态度。

如果所有这些方法都不管用，试着让自己脱身，不要当受气包。他们正企图伤害你，对你毫无怜惜之心。操纵策略的危险性在于它会让局势变得不稳定。当被操纵的人回过神来的时候，他们就会知道自己被操纵了。这种短期策略最后只会引火烧身。

即使对方的行为极端偏激，只要保持冷静就会有更多的解决办法。有时候，一点小幽默或几个提问就能让整个局势发生扭转。

斯图尔特·梅洛伊（Stuart Meloy）是我以前的一个学生，他给我讲了一则趣事。"几年前，"他说，"我妻子的一匹马跑了。我们县有个最招人嫌的乡下人，他正在举办生日聚会，聚会进行到一半的时候，那匹马跑进了他的农场。当我找上门的时候，他来到院子里，喝得醉醺醺的，要我赔偿损失，他说我的马损坏了他的卡车。”

“很快，他的家人和朋友围了上来，大部分人都喝了不少酒。说实话，我有些担心自己的安危。但接下来，我想到了您教给我的方法，于是我镇定地要求他让我看一看损坏的部分。他指向卡车驾驶员一侧车门的一个凹痕。这个人是一名伐木工，他的卡车上布满了凹痕。”

“于是，我开始问一些问题，不带任何主观判断或情绪，”斯图尔特回忆道，“你肯定是这个凹痕，不是那个凹痕吗？那其他凹痕呢？如果这个凹痕是马造成的，为什么这么快就生锈了？我的话音刚落，人群中就爆发出一阵大笑，他退却了。我们顺利地牵回了马。”斯图尔特补充了一句：“我一直在使用这些方法。”

个人风格对谈判风格的影响

令人愉快的风格有助于开启沟通，而且基本上不会引起情绪化问题。对那些讨我们喜欢的人，我们一般都慷慨大方。仔细想想个人风格在谈判中的运用及其所发挥的作用，这非常有用。

风格的重要性在于它会通过影响对方意愿的方式来实现你的目标。想象这样一种情景，你这一方有一个为人随和的人，这个人也许会和对方某个为人同样随和的人产生共鸣，反之亦然。在你的企业团队中，资历最浅的成员也许是最合适的谈判代表。他们的风格会给对方带来舒适感和信心。所以，真正要问的问题应该是：“在我的团队中，哪个人最有可能令对方帮助我实现目标？”

研究表明，在谈判中，谈判者的力量越强大，就越少注意到对方的需求。这意味着他们扩大整体利益的成功率也越低。这真够讽刺的。大多数公司都会挑选资历最老的人去谈判，然而有时候，资历最浅的人也许是最佳人选。

我曾和他人在佛罗里达州合伙开办了一家医疗服务公司。我们筹集了数百万美元，这些钱大部分来自南方腹地的投资者。对于谈判，我比该公司任何一个人都更了如指掌。但是，我并没有参与和投资者进行的谈判。我们都清楚，无论我说什么，那些潜在的投资者都会把我当成那个咄咄逼人的纽约佬。

我不喜欢这样的成见，但我必须承认这种成见是存在的。本书谈论的是现实，不是理想中的白日梦。所以，实际参加这次谈判的是公司里的其他人，他们同样来自南方腹地。他们向我咨询了谈判技巧和策略事宜，我本人并没有出现在谈判现场。

当然，如果有机会改变投资者们对我和纽约人的看法，我会很乐意。但是，这场谈判的重点不是我，我们的目标是筹集资金（我们成功了）。

提高谈判能力的一个方法是找出接近对方的方式。评估对方风格的方法各种各样，可随意选用。但我发现，这些方法运用得越频繁，就越不起作用。一个人全部的性格特点怎么能被缩减成一个分值或一个数字呢？一个人可以有多种风格，当在不同的情况下面对不同的人时，其行事风格会随之发生变化。

此外，人们还可以根据形势的需要改变自己的风格。无论你是多么坚定自信，当有人拿枪指着你的时候，你也许立刻就会变得乖巧温顺。

尽管如此，我们还是可以给个人风格下一些结论。我让学生对他们自己和他人在各种情形下的表现进行了定性评价。这给我们提供了充足的信息，让我们可以为谈判风格给出建议。

有些人更善于应对危机。有些人喜欢面对压力，有些人讨厌面对压力，或者一面对压力就惊慌失措。有些人的第一反应是向对方妥协。有些人遇到冲突就落荒而逃，有些人则勇往直前。

我尽量不去夸大这种个人差异，因为这只是谈判的一部分。不过，这种评价大有帮助。我曾见过有人在学习谈判技巧之后发生了改变，例如，减少了大喊大叫和情绪化的频率。这种改变并没有使他们变成另外一个人，他们只是拥有了更善于运用技巧的能力而已。

对一位高管的评价表明，他不愿与人合作，容易与人产生对抗。当他看到这个结果时，他站在全班同学面前朝我大吼大叫："你在胡说八道些什么！我可是个愿意与人合作的人！"大家哈哈大笑。他的行为暴露了他的思想。但愿他已接受了这个建设性批评。

个人评价的用意不是要打击你，而是要给你提供更多有关你的信息，从而使你成为一个更成功的谈判者。对有关自己的信息掌握得越多，对谈判过程就越有把握，就越有能力做出有效调整以实现自己的目标。

我曾在强生公司（国际知名制药公司）总部对大约 160 人进行了风格测评。有一个人因为具有极强的对抗性而特别突出。我们通过叫名字的方式将测评结果公布给每一个人。这个人正好是一位在该公司地位很高的律师。他把我叫来并严厉地指责我，说我毁了他在公司的声誉，而且那份测评结果包含机密信息。

于是，我找到该公司这项活动的主办者一起重新核查了一遍。我已获准公布每个人的名字和测评结果，以使参与测评的人能交换意见，互相帮助，共同提高。当我提到那名律师的情况时，他们嘿嘿地笑了。"我们就知道他会那样反应，"其中一个人说，"现在，他已经滚蛋了。让他看到这个测评结果对他来说是件好事。"事实上，主办者们想让那位律师明白，他对公司里其他人太咄咄逼人了。

一名美国妇女在离婚案中赢得了两个年幼孩子的监护权。她的前夫，一个巴西人，立刻绑架了孩子并把他们带到了巴西。这名妇女既没有资金也没有经验，无法求助于巴西的法律制度。她想打电话给前夫，找到解决办法。我让她先评价自己的谈判风格，再评价她前夫的谈判风格。她认为自己非常容易通融，而她前夫喜欢争强好胜。

我建议这名妇女不要直接和她前夫进行交涉，那样她前夫会把她当午餐吃掉。我的建议是，她应该和前夫的家人进行交涉以要回孩子，因为她对前夫的家人很了解。标准理由应该是：①年幼的孩子应该和母亲在一起；②必须尊重法律；③绑架是不道德的行为。她前夫的家人同意了她的要求，大家集体劝说她前夫，让其将孩子送回了美国。因此，在决定以何种方式展开一场艰难的谈判方面，了解个人的相对风格是一个十分关键的方法。

了解企业风格（如果有的话）和了解个人风格一样重要。1997 年，我在韩国首尔大宇公司总部为第二和第三级管理人员开授了一个谈判讲习班。大宇当时是世界上最大的公司之一，是一个市值高达 600 多亿美元的企业集团，其产品无所不及，从汽车到船舶，再到家电。

在教学中，我发现，大宇公司的经理们，几乎每一个人都是如此，特别容易通融，而且还经常将重要利益拱手相让。我向大宇公司董事长金宇中提到过，他和其他人对创立和发展公司所怀有的满腔热情似乎并没有传递给那些追随公司的人。实际上，我教的那些经理们正在散布言论说，越南人和巴西人正在争先恐后地要把他们当早餐吃掉。

金宇中对此深感震惊。他发起了一个战略计划，目的是让管理者们学习谈判技巧，将他们训练得更坚定自信，更善于实现目标。但为时已晚，大宇基本上破产了。公司要由人来管理，如果管理者不懂得谈判技巧，公司就会处境堪忧。

在谈判中，即使有文化规范在前，也还是要和个人打交道。规范是一个很好的起点，就像在这句话中一样，“这些律师像其所在公司或行业的声誉一样咄咄逼人吗？”不过，这是一个问题，而非一个答案。你还是要将焦点放在个人身上。对大宇公司而言，正如事实所示，个体之间几乎没有什么差异——这是一种不正常的情况。

顺便说一下，我发现，在美国企业中，男性和女性在风格上只有一些细微的差别。我们有这方面的统计数据，尽管畅销书都在强调性别之间存在重大差异。一般而言，企业中的女性稍微容易合作一些，而男性稍微有些喜欢回避问题。

我从各类研究和经验中还发现，对抗性强的人达成的交易更少，除非他们的对手非常容易通融（在这种情况下，通融的一方迟早会心生怨恨）。

公司可以根据小组成员的风格有效选择一个强有力的谈判小组。积极进取、目标明确的人是结束谈判的理想人选，他们会确保交易的达成。容易通融的人往往更善于倾听，他们适合开启谈判，在和对方建立关系方面大有帮助。容易妥协的人适合处理紧急情况：他们能迅速做出决定。具有合作精神的人是出色的服务者：他们会考虑各方的需求。当你在看下面这些描述的时候，把你的风格和他人的风格分别当成低、中、高三个层次来加以思考。

常见的谈判风格都有哪些？

坚定自信型

你越是咄咄逼人，就越会以牺牲他人的目标为代价去努力实现自己的目标——你在谈判中获得的就会更少，因为对方会认为你不关心他们。“强硬派”的人就属于这一类。如果每场战斗你都争强好胜，你也属于这一类。这一类的人需要稍稍退后一步：关键是既要实现自己的目标，还要考虑并满足对方的需求，倾听对方的意见，承认对方的价值。

合作型

具有高度合作精神的人往往更具有创造性，他们会寻找共同利益，想方设法扩大整体利益。他们会寻找价值不等之物进行交易，会积极解决问题。每个问题都会被他们视为一个潜在的机会。但是，在与那些可信度不确定的人打交道时，他们需要采取循序渐进的方式。

妥协型

容易妥协的人得到的更少。他们往往追求速度，而不是质量。他们采取“折中”方案。事务繁忙的人往往属于这一类型。只要第一个选择方案合理，他们就会采纳并将其向前推进。但是，他们不能获得更多。

这并不是说我们永远不应妥协。在运用了本书所介绍的所有谈判方法、尽你所能跨越了每一道鸿沟、利用了所有可用的无形之物之后，如果离目标仍有一步之遥，那就可以采取折中方案，让自己感觉已经尽力做到最好。但是，对出色的谈判者而言，折中只有在迫不得已的情况下才使用。

回避问题型

一般而言，善于回避问题的人无助于任何人实现目标。他们不会参与进来，总是避免冲突。因此，他们不仅无法争取更多，而且还往往一无所获。在一些极端情况下，也许需要积极地回避问题——比如避免和持枪的疯子顶嘴。但在日常生活中，你通常会想与他人交往，这会让你争取更多。要试着通过循序渐进的方式开始参与其中，提出的要求应比较委婉。例如，不要直接要求打折，而是问一下店里是否有优惠活动。

容易通融型

容易通融型的人往往善于倾听。但在努力达成交易的过程中，他们有可能过于通融而牺牲自己的目标。要谨守公平标准，获取对方的承诺，并利用第三方。相比之下，如果你不太容易通融，你也许就不太善于倾听。你需要收集更多必要的基本信息，才能在谈判中获得成功。如果你没有收集足够多的有关对方和形势的信息，你的目标就会更难实现。在发表声明之前先多问一些问题。尽量不要打断他人说话。做到这些并不难。

从本书中学到的方法越多，并将这些方法运用于实践的频率越高，变得像上述所有类型那样极端的可能性就越小。和以往一样，首要问题是：我的目标是什么？对方是谁？要说服他们应该采用什么方法？你在显示出强大说服力的同时，态度要亲切随和。不要让你的谈判风格成为你的绊脚石。

道德观

道德观（或者更确切地说，是对缺乏道德所持的观念），是一个与情感有关的话题。就像谈判中的许多情况一样，道德通常具有情境性。虽然有一些纯粹道德观，但其数量比你想的要少得多。

让我们给道德观下个定义：它是一个行为系统，在这个行为系统中人们应该公平地对待彼此。“公平”包括审判，但显然不包括故意伤害他人，除非作为社会公认的司法程序的一部分。“公平”还包括人们认为公平的行事方式。

在不同的文化和观念中，“道德观”有所不同。尽管法律具有指导作用，但大部分道德问题都还达不到需要法律干预的程度。由道德观所产生的问题是，当人们认为其他人行事不公的时候，他们就会变得情绪化，处理信息的能力就会减弱。因此，他们往往看不到形势比他们最初所想的更复杂、更微妙。在这种情况下，无论多理想的交易都会流于失败。在本书中，我的建议是：在简单地给出某事是不道德的结论之前，多问几个问题。

以色列驻哈萨克斯坦的经济顾问抱怨哈萨克斯坦人不讲道德。他举例说，以色列政府在20世纪90年代初取消了对哈萨克斯坦一家工厂投资5 000万美元的项目，因为当地的12名督察员想索取贿赂。“我们绝不会行贿。”他断然说道。

对一个像哈萨克斯坦这样刚刚独立的发展中国家而言，5 000万美元是一笔巨额资金。“给我讲讲督察员的事，”我说，“他们是决策者吗？他们在政府部门任职并负责审核工厂吗？”

经济顾问说，那些督察员并不在负责审核工厂的政府部门任职。但是，他说，他们在另一相关部门任职，而该部门对政府决策部门有重大影响力。

那些督察员索取的贿赂为 6 个月“600 美元”，这个数额只是该投资项目的百万分之一。顾问说这是他们的惯例。

我接着问顾问，每个督察员每月的薪水是多少。“12 美元。”他回答说。也就是说，这 12 名督察员每人每月想多拿 8 美元，共持续 6 个月，这会令他们的薪金一下子增加 2/3。最后，我让顾问描述一下这些督察员的生活方式：生活富裕、中产阶级、生活贫困等。他说，那些督察员和家人连肚子都填不饱。

我提醒顾问说，在纽约和其他城市，政府职员有时会被民营企业聘请担任兼职“督导员”，帮助公司周旋于官僚机构之间，以便让项目顺利获得审批。这完全是公开、合法的，在大力吸引国外投资的国家中，这种做法尤其普遍。

“所以，”我对他说，“你知道督察员们为什么要索取贿赂吗？因为他们不知道怎样寻找一份工作。”

这位以色列经济顾问很尴尬。他说，他和自己国家的政府犯了一个错误。这是一个容易犯的错误。这又回到了那个术语“基本归因错误”。我们总认为，其他人和我们一样有着相同的思维过程、相同的一系列经历以及相同的感知结构。

因此，在这个例子中，这并不一定是个道德问题。如果能减少习惯性情绪，每个人都将从中受益。

贿赂通常被定义为支付给某人一定财物，这个人通常是政府官员，以便让他们去做一些政府已向他们支付报酬的事情。（勒索——贿赂的姊妹行为——是一种通过威胁要伤害某人的方式索取财物的行为。）你可能会说，贿赂就是贿赂，无论其数额多小。但事实并非如此，不是吗？如果你请他人出去吃午饭或者送给他们一件小饰品，这都不会被当作贿赂。有时候，关键在于要用更具有创造性的方式进行思考——即为各方找到更加理想的选择方案。

讲一个和美国本土情况更为接近的例子。一位面试官问你是否还得到了其他公司提供的工作机会，而你实际上并没有。由于害怕得不到工作，很多人都想撒谎。不要以这种方式来思考这个问题。首先，面试官其实是想了解市场对你的重视程度。如果你有可能得到其他工作机会，你可以说："我还有其他工作机会，那是我积极争取得来的。"这是事实，你没必要撒谎。

如果对方提的问题更为具体："去年夏天，你在摩根士丹利公司实习的时候得到工作机会了吗？"如果你没有，那么，在接受另一家公司面试之前，你需要对这个问题做好准备。对方想了解些什么呢？如果你没有得到这个工作机会，那说明你也许有问题，因为人们普遍认为摩根士丹利公司在用人方面有着良好的判断力。

鉴于这些可能存在的看法，你需要考虑一下表达方式。你在摩根士丹利没有得到工作机会是因为你不够优秀吗？是否有其他原因？例如，也许职位不适合你。然后，你应该解释这家公司的职位为什么更适合你。也就是说，你在说话的时候要实事求是并遵守职业道德。或者，你可以建议说，该公司应该使用自己的判断标准，而不是其他公司的判断标准。

我们正在努力改善你在谈判中的处境。我们正在努力采取循序渐进的方式引导对方朝着成本更低、风险更小、道德冒犯被降至最小化的方向前进。对延续了数千年之久的人性或文化规范，我们并不打算在一夜之间使其发生改变。在我们生活的现实世界中，任何改善都是有益的。

妈妈爱你吗？一幕重新上演的故事

十几年后的今天，丽萨·斯蒂芬斯和奥布丽仍然津津乐道于她们那天在厨房里那段令人难忘的经历，也就是本章开头所讲述的那个小故事。

“我们看到奥布丽额头上的小疤痕，就会想起她拒绝缝 12 针的样子，以及我们是怎样一起解决了问题。”丽萨说，她现在是华盛顿特区一家大型会计师事务所的高级经理，“我们没有一天不使用谈判方法来改善我们的生活。”

为避免你仍然认为本章中的这些逸闻趣事只是例外情况，我再讲一段克雷格 · 西尔弗曼（Craig Silverman）的亲身经历。克雷格 · 西尔弗曼是一位高管，他在长岛当财务顾问，曾在沃顿商学院修读我开设的一门系列课程。一天，克雷格去当地一家医疗化验室做血常规检测。隔壁房间有一个 5 岁左右的小姑娘正在拼命地尖叫着。“仿佛有人正在对她用刑一般。”克雷格说。这个小姑娘也要做 血液检测，可她就是不让护士用针扎她的胳膊。她妈妈连同负责给克雷格做血液检测的护士正一起使劲将这个小姑娘压住，而另一个护士正试图将针扎入小姑娘的手臂。这一幕实在令人不忍目睹。

克雷格想起了丽萨和奥布丽的故事，他决定上前帮个忙。他来到小姑娘所在的房间，请她妈妈允许他和小姑娘谈一谈，小姑娘的妈妈同意了。“看着我。”他满怀同情地对小姑娘说。其他人对所发生的情况都很好奇。小姑娘看着他。“你觉得你妈妈爱你吗？”克雷格语气和蔼地问道。“爱。”小姑娘说。“你觉得你妈妈会做任何伤害你的事吗？”克雷格问。“不会。”小姑娘说。

克雷格将我在本章开头所描述的那个长长的过程全部经历了一遍，个别问题稍稍做了些变动，例如，“你难道不想让身体变得更棒吗？”之后当小姑娘平静一点的时候，克雷格说：“医生和妈妈无法让你的身体变得更棒，除非她们给你做这个检测。”还不到两分钟，那个小姑娘就平静了下来，并愿意扎针。

“她妈妈和护士都看着我，好像我会变戏法儿似的。”克雷格说。“你从哪儿学到的这种方法？”她们问。让我高兴的是，克雷格回答说他是从这本书中学到的。

第 7 章 整理问题：谈判工具清单

埃里克·霍尔克（Eric Holck）是一名律师，他在加利福尼亚山景城谷歌总部工作。他说，他们公司的销售团队和律师团队的看法不一致。“在公司应该提供什么样的产品、需要承担多大的风险、是否需要做出让步、谈判应如何开展等问题上，大家的意见都存在分歧。”埃里克说。

这是一个在许多组织都很常见的问题。法律部门要规避风险，销售部门志在赢利。因此，律师给出了苛刻的条款来保护知识产权和公司的其他资产，销售部门则想快速达成交易拿到付款，完善的法律条款可稍后再制定。争论随之而起。这种情况会持续很长时间，有时还会招致客户的投诉。

但是，谷歌——这个世界上重要的品牌公司之一，其态度是以解决问题为主。因此，对于参加我的谈判讲习班的谷歌公司学员来说，以解决问题为主的观点大受欢迎。在我的讲习班的一节课上，埃里克决定在角色互换练习中扮演一名销售代表。他运用的就是本章稍后将会谈到的以解决问题为主的谈判模式。埃里克发现，律师团队和销售团队之间的基本问题是：缺乏足够的信任、缺乏足够的沟通、对准则的理解有分歧、在准备工作方面缺乏充分的合作。

“这太让我震惊了，我深信不疑的那些观点刹那间被颠覆了。”埃里克说。在做这个练习之前，他能轻松自如地为律师一方进行辩护。但很快，他就发现自己正和扮演他的律师们展开激烈的争辩。他说他处理销售问题的能力以及理解销售团队观点的能力在那次练习之后得到了极大的提升。他向其他律师们谈了他的发现。现在，对某些事为什么有必要这样做的问题，埃里克和其他律师会一起提前向销售人员进行更详细的解释，而且，在整个谈判过程中律师们也比以往更努力地去团结销售人员，甚至在处理客户电话方面也进行了合作。

“这并不意味着你必须多退让几步，”埃里克说，“不过，现在局面好转了很多。”

最出色的谈判者都善于解决问题。他们会找到新的、有创造性的、更好的方法来解决自己和对方的问题。与大多数人相比，他们会更经常性地把问题变成机会，而这正是令谈判走向成功的关键。因为，除非找出并解决那些阻碍你成功的具体问题，否则你根本无法实现自己的目标。

20 多年来，我已经制订出一种全面的问题解决模式。我成千上万的学生和客户在世界各地已经使用过这种模式。这种模式有助于将谈判结构化，并能提供一份方法清单。本章会对这一模式进行介绍，我已将其保存在文件夹中，可以从网站 www.gettingmore.com 下载。这个模式整理出了 12 条策略和辅助方法，所有问题都被集中在一起，以帮助你在生活中更好地实现自己的目标。

争取更多模式（我在谈判课上称其为“四象限模式”）在想要争取更多时是非常必要的。它可以提供一个组织性原则，使谈判的准备工作更加有效。你既可以独立运用这一模式，也可以和团队成员一起运用这一模式。

“四象限模式是我在谈判中所见过的最强有力的方法，”肯尼思·奥多武（Kenneth Odogwu）说，他是一名高管，修过我的一门课程，“它在各种情况下都非常有效。”

肯尼思说，他曾运用这一模式成功达成了一场谈判，该谈判涉及瑞士、以色列和尼日利亚三方公司，议题是化妆品在非洲的生产和分配问题。“在为谈判做好准备方面，这个模式给我们带来了巨大的帮助，它还提供了一个令各方都能接受的、无懈可击的解决方案。”

首先，让我们来看看这一模式的运用过程。

实现利益最大化的模式：四象限谈判模型

第一象限——问题和目标	第二象限——形势分析
1. 目标：短期 / 长期 2. 问题：妨碍目标实现的问题有哪些？ 3. 谈判各方：决策者、对方、第三方 4. 交易失败怎么办？最糟糕的情况是什么？ 5. 准备工作：时间、相关准备、谁掌握了更多信息	6. 需求 / 无形资产：双方的；理性的、情感上的、共同的、相互冲突的、价值不等的 7. 观念：谈判各方脑海中的想法、角色转换、文化、矛盾冲突、信任 8. 沟通：风格、关系？ 9. 准则：对方的准则、谈判规范 10. 再次检查目标：就双方而言，为什么同意，为什么拒绝？
第三象限——选择方案 / 降低风险	**第四象限——采取行动**
11. 集思广益：可以实现目标、满足需求的选择方案有哪些？交易条件是什么？有何关联？ 12. 循序渐进策略：降低风险的具体步骤 13. 第三方：共同的敌人且有影响力的人 14. 表达方式：为对方勾画蓝图、抛出问题 15. 备选方案：如有必要对谈判进行适当调整或施加影响	16. 最佳方案 / 优先方案：破坏谈判协议的因素、谈判中的欺诈因素 17. 谈判发言人：发言方式和发言对象 18. 谈判过程：议程、截止日期、时间管理 19. 承诺 / 动机：主要针对对方 20. 下一步：谁会采取行动？他会做什么？

争取更多模式的基础——12 条策略：

目标至上	利用对方的标准
谈判重点是对方	坦诚相对 / 谨守道德
情感补偿	沟通和表达
情况各不相同	找到真正的问题所在
循序渐进	对分歧持包容态度
用不等价之物进行交易	列一份清单

这 12 条策略是争取更多模式的基石。每次谈判不必运用所有的策略和整个模式。根据当前的形势，立足自己的目标和对方的情况，看看基本原则，找出要运用的条目。对一场大型谈判而言，也许要不厌其烦地将每一步骤都浏览一遍。

最好对每一步骤进行概括。在好莱坞有一句经常被引用的格言："如果你无法把自己的想法写在我名片背面的方寸之间，你就不清楚自己想说什么。"

让我们一步一步地来看一下这一模式。

步骤 1 和步骤 2 包含了大约一半的重要内容：找出你的目标和阻碍你实现目标的真正问题。目标是你在谈判结束时想得到而现在尚未得到的东西。问题是阻止你实现目标的东西。

你想实现目标的第一个尝试也许是"我想去芝加哥参加求职面试"。你的问题或障碍也许是"由于下大雪，航班已经取消"。然而，当你从头到尾看完这一模式之后，你也许会意识到，你真正的、潜在的目标并不是你想去芝加哥参加求职面试，而是"我想在某公司找到一份工作"。因此，真正的问题应该是："他们需要更多有关我的信息来决定是否录用我。"

这样做将为你打开一个全新的视野，让你看到其他各种可供选择的问题解决方案，使你能够从中找到创造性的方法去应对航班被取消这一事实。也许一通电话面试就可以解决问题，或者一份内容更详尽的个人简历，或者为对方而准备的其他信息也可以解决问题。是否还有其他方法能让对方看到你是个富有创造性的、善于解决问题的人?

很早以前，我被哥伦比亚大学新闻学院录用，这是全美国最好的新闻学院，进入这个学院工作是我的长期目标。第二天，他们让我到纽约日报社工作，纽约日报社是全美国最好的新闻报社之一。我打电话给哥伦比亚大学的招生院长，问他我应该怎么办。他说："你真是个白痴！你进哥伦比亚大学不就是为了在纽约日报社得到一份工作吗？"于是，我去了纽约日报社。在院长看来，我把目标搞错了。

可以先从你的目标开始分析。或者，如果你不知道自己的目标是什么，也可以从你认为是问题的地方开始分析。但是，无论在哪种情况下，你都要找到问题的根本。其方法是不断问自己"为什么"，直到把所有的答案都找出来。

例如，你有两辆车，"我的车坏了"本身就不是一个问题。因此，陈述问题更有效的方式应该是，"我今天没办法去上班"或者"我今天上班会迟到，因为我唯一的一辆车坏了"。

之所以要将根本问题说清楚，是因为在这一特殊情形下，你的目标并不是要"修好自己的车"，而是去上班。以这种方式将问题陈述出来可以让你看到其他的解决方案：坐公交车、打车、打电话找朋友帮忙、请一天假等。将问题清楚地陈述出来将有助于你找到解决问题的明确方法。

步骤 3 是找出在谈判中起关键作用的谈判方。你必须找出决策者以及对决策者有直接影响的人。如果你遗漏了必不可少的任何一方，他们也许就会因为你没有征询他们的意见而不高兴。是否存在也许与此次谈判有关的隐藏的第三方呢?

当你无法达成交易的时候，步骤 4 有助于你搞清楚状况。有些人喜欢使用首字母缩写词 BATNA，意为"达成谈判协议的最佳选择方案"。但是，这个词往往会误导人们，使他们不达目的誓不罢休，因为他们把焦点放在了最佳选择方案上。如果你想选择中途放弃的方案，那就用这个词 WATNA，意为"达成谈判协议的最差选择方案"。这个词可以让你看到无法达成协议所带来的风险。尽管如此，你最好还是仔细想想其他所有的选择方案，从最佳方案到最差方案，以及选用每种方案的可能性。你应该做一个现实的人。

另一个使用较少的术语是“讨价还价的范围”，它指的是买方愿意支付的最高价格和卖方愿意接受的最低价格之间的价格。出色的谈判者能够改变讨价还价的范围——例如，通过利用不等价之物进行交易。他们会关注无形之物、想出创造性的表达方式、利用本书所介绍的其他一些创造性方法使形势发生改变。大多数人认为，讨价还价的范围固定不变，是以金钱为中心的。事实并非如此，这只是一个起点而已。

比方说，一个买家要买一套房子，他愿意为此支付的最高金额为 32.5 万美元，卖家能够接受的最低价格为 30 万美元，那么最初的讨价还价范围就是 30 万 ~32.5 万美元。如果卖方同意在价格方面延期付款，或主动帮买方筹集贷款，或额外奉送家具，那么这个最初的范围就会发生改变。

步骤 5 是准备工作，这一点如何强调都不为过。如果你准备不充分，你就会像一名业余赛车手去参加印第安纳波利斯 500 汽车赛，你会遭遇更多的碰撞事故。如果对方准备不充分，他们也许就会出现过于情绪化、注意力无法集中在目标上、创造力降低等情况。你也许不得不帮助他们做好准备，以便使他们冷静下来。

这看起来可能有违常理，但这一模式本来的意图就是要使其自身成为一个透明的过程，而不是一个操纵的过程。你甚至可以将这一模式的复印本发给对方。如果双方都了解利用不等价之物进行交易的概念，双方都能争取更多。帮助对方做好充分准备可能要花更多的时间，使得你不得不改变自己的计划，但是，这往往就是能否达成协议的关键所在。

这并不意味着你应该将自己的利益拱手相让。但是，你必须留给对方一些能令他们现在和将来都感到满意的利益。否则，他们就会以某种方式进行报复。如果他们是雇员，他们就不会再像以前那样努力工作或好好表现。如果他们是其他公司或个人，他们也许会设法篡改协议或拒不履行承诺。

如果对方谈判的时候态度强硬，而且不把你的需求放在心上，你就不必去帮助他们。在这种情况下，了解对方的准备情况将有助于你决定采取何种准备方式和策略来胜过对方。能否胜过对方大多取决于你愿意花多少时间和精力去搜集有关对方和形势的信息。

这里有一个简单的例子：你想获得某个航班的折扣，于是打电话给航空公司代理机构，他们却粗鲁地把你晾到一边。你应该意识到，他们整天都在进行这样的谈判。所以，如果你要和那样的人进行谈判，靠旁敲侧击和恳求央告是远远不够的，你必须做好更充分的准备。

第一象限可以帮你做好谈判准备，它有助于你了解更多基本信息。不过，模式中很重要的一个组成部分与第二象限分析形势有关，即对方脑海中的画面。

步骤 6 中的“需求 / 无形资产”包括所有的交易筹码：理性的和非理性的（或情感上的）需求、长期的和短期的需求、共同的和相互冲突的需求等里里外外的事物。在谈判中，这是挖掘和扩大真实价值的基础，正如第 5 章所指出的。要追求创新，寻找双方不同的价值所在。越是了解对方，你能交易的筹码也就越多。正如人体中连接各神经元的数十亿突触一样，人与人之间也存在着多种多样的互动方式，表达尊敬、商谈会面地点、确定洗碗和引荐对象，这些都是可以用来交易的筹码，但常常被我们忽视。

换句话说，你的“目标”就是在谈判结束时得到你想要的东西。你的“需求”对于达成目标来说至关重要。发现的需求越多，实现目标的方式也就越多，目标的内容也更丰富。例如，你想和家人一起度假，你的问题是公务缠身，你的需求是让孩子快乐、送给他们一些礼物、和家人共度高质量的美好时光、和爱人做一顿特别的晚餐。一旦你明确了这些需求，你就会发现度假并不是唯一的目标，你甚至开始怀疑它的正确性。也许你可以将庆祝活动推迟几天，等自己不那么忙的时候再去计划。总之，明确需求可以让方式更灵活，让结果更愉悦。

步骤 7、8、9 提供了更多的信息，帮助你更加精确地找到问题和出路。步骤 7“观念”让争取更多模式变得尤为强大，是一个重要的部分。它涉及的是谈判双方，尤其是对方看待世界的方式。运用角色互换法——站在对方的角度考虑——可以更细致地了解对方。对方此刻的想法和感受是什么？他们脑海中有些什么样的画面？他们如何看待关系？他们容易激动，容易发火吗？你们之间的文化背景有何差别？他们在纠结什么问题？他们是否会觉得对方不尊重自己，被轻视了呢？

步骤 8“交流”指的是谈判双方提供信息的方式。谈判风格是否阻碍了信息交流？交流太多还是太少？你是倾向于亲自会面交谈，还是喜欢通过邮件和电话沟通？你的交流方式是否让对方真正聆听并理解了你的观念和需求？

步骤 9“准则”与对方做决定时采取的标准有关。对方所说的准则是什么？他们还会接受其他准则吗？谈判中是否存在有质有量的准则？利益相关人之间的准则有差别吗？

步骤 6、7、8、9 中的信息收集过程是流动的。也许你在步骤 7 中的发现会让你改变步骤 6 中的内容。步骤 8 也许会启发你去处理之前未考虑过的某些观念或需求。但是，一定要确保将正确的信息归到正确的类别当中；这个结构将会帮助你更好地把握局势。

完成这个过程之后，进入步骤 10“再次检查目标”。暂停并观察你在步骤 1~9 中学到的东西。你制定的初始目标仍然现实吗？如果不现实的话，你就需要做些改变。

完成第二象限的所有步骤后，你就会得出一份有待解决的问题清单。要找出解决这些问题的备选方案，将所有事情进行优先级排序。接下来就到了第三象限，步骤 11 是集思广益，寻求选择方案，你既可以单独进行，也可以和同事一起完成。不要让对方不屑一顾地否定他们不喜欢的选择方案，这会扼杀创意。

研究表明，一些最好的、最具有创新性的想法是受一些最愚蠢的建议启发而来。即使一个想法很拙劣，它也有可能在某人身上激发出一个绝妙的想法。因此，在所有人都将自己的想法表达出来之前，不要对他人的想法横加指责。将所有的想法写在纸上、白板上或黑板上，并仔细检查——聪明的、愚蠢的、自相矛盾的或逻辑严密的。正如诺贝尔奖得主莱纳斯·波林（Linus Pauling）所说："得到一个好主意的最佳方法是先得到一大堆主意。"可以从与其他交易或人际关系相关的细目开始，你越是这样做，解决问题的备选方案就越可靠。

英国在2006年开展了一项"为什么糟糕的主意就是绝妙的主意"的研究，该研究通过经验性证据证明，糟糕的主意可以激发创造力，由此产生出绝妙的主意。这项研究说明"糟糕的主意是绝妙主意的起点"，尤其是在技术方面。这与很多人的想法正好相反。与众不同的或次优的想法经常会招致批评，然而有时候，它们也许是获得更好解决方案的重要养分。

接下来的3个步骤（步骤12、步骤13和步骤14）将有助于你提高制定决策的效率，让你能迅速选出最佳方案，找出解决问题的最佳方法。通过循序渐进的提议方式，即建议采取一系列比较小的步骤，你能降低对方感知到的风险吗？在帮助达成交易或避免达成交易方面，哪些第三方会起到重要作用呢？

你能用更具有说服力的方式来表达或加工信息吗？你能让对方看到光明的未来吗？例如，"6+6方案"，即在6个月内实现6个百分点的利润增长；或者"优等生派对"，如果孩子学习成绩好，就能享受更多的派对时间。

步骤15是第三象限的最后一项，它可以完善你的备选方案，帮你达成协议或改变权力平衡。如果有一个强有力的第三方加入或支持你这一方，你和对方之间的权力平衡就会发生改变。

正如本书所强调的，在谈判中利用权力会冒很大的风险。想通过谈判获取凌驾于对方之上的权力会导致矛盾冲突。如果对方认为你在企图攫取权力以凌驾于他们之上，他们也许就会做出情绪化的反应——比如，"我不在乎我的行为是否会破坏谈判，我就是要和你平起平坐。"一旦打出权力这张牌，双方之间的关系通常会破裂。

这一点无论怎么强调都不为过：虽然本书所介绍的各种谈判方法和

技巧会赋予你更强大的力量，但要有选择和建设性地运用它们，以免产生极端反应。自始至终都要考虑到每一个人的需求。

在采取行动的第四象限，最后这些步骤可以帮你挑选出最佳行动方案，并将其变成各方都能接受的协议。

步骤 16 是挑选出最佳方案。最佳方案具有如下特点：对方最有可能接受、看起来风险最小、让你更靠近自己的目标、会得到第三方的支持、能创建一个美好的未来。

确定采取何种方式展示你的提案十分重要，步骤 17 即与此有关。这一点在很大程度上取决于你的听众。对有些人，你只需在电子邮件中用三言两语写明即可，而对有些人，也许要一大本文件夹的内容才够。有些人喜欢通过面对面的会谈方式将提案表述出来，而有些人则喜欢用电子文档的方式加以呈现。如果对方对你展示提案的格式不熟悉，他们的精力就无法集中在提案上，而且很快就会失去阅读兴趣。他们会驳回你的提案，其理由也许与提案内容本身毫无关系。

我曾写过一份长达 109 页的关于财产转让中的环境责任的备忘录，并将其提交给一家律师事务所的一位合伙人，我曾在该律师事务所做过暑期实习律师。这位合伙人的评价是：备忘录太短，里面的参考案例太少。

还是那年夏天，我后来在一家投资银行找到一份工作。我提交了一份仅有两页的关于两家公用事业公司之间的并购的战略备忘录，该并购涉及金额高达 8 亿美元。总经理说两页太多了，超过一页的东西老总们是不会看的。所以，你必须了解自己的受众。在说服对方的过程中，提案的展示方式比大多数人所认为的重要得多。

接下来，要搞清楚对方对你的提案进行考虑的过程，这就是步骤 18。如果需要制定标准以衡量成功与否，务必要让自己参与制定过程。使用错误的标准会妨害你实现自己的目标。

步骤 19 的重点是让对方做出承诺。如前所述，要让对方按他们所认可的方式做出承诺，否则你就会白白浪费时间。在这一方面有必要花些时间。你肯定每一个人都会做出承诺吗？你怎么知道呢？是否有什么激励和惩罚措施呢？

很多堪称完美的谈判最终并未取得预期效果，其原因是后续工作没有做到位。这是步骤 20 要解决的问题。下一步是什么？截止日期是什么时候？谁还要做什么？不了解这些情况，人们就会敷衍塞责，许多选择方案就会被抛诸脑后。

在谈判开始前，你越是从心理上和战略上全身心投入谈判，那么在谈判中以及在谈判后，你的处境就会越有利。事实上，这正是整个模式的核心内容：在成功达成协议之前，要尽可能多地了解与谈判有关的所有信息。我会在第 16 章详述如何开展谈判。

有些客户和学生发现，争取更多模式能有力地揭开假象。在运用这一模式的时候，至少有 3 种情况可能发生。首先，你会发现，你一开始发现的问题通常并不是真正的问题，一些问题往往潜伏在一些明显问题的背后。只有真正的问题浮出水面，你才能更好地找到解决方案。

例如，朗达 · 库克（Rhonda Cook）在美国信怡泰投资公司工作，这是一家大型金融管理公司。朗达的问题是：有一位客户不断让公司去做一些合同中没有规定的工作。仔细检查了争取更多模式之后，朗达发现了真正的问题："公司的合同过于含混不清。"这才是造成公司与其客户在理解上出现分歧的原因。解决办法是起草一份更清晰明确的合同。

极有可能发生的第二种情况是，你会找到比你预想的更多的选择方案。即使是某个领域的专家运用这一模式，也会使他们对目标、问题和解决方案产生更多新的思路。

有一位技术项目经理在一家大型技术公司工作，他不想接受一位主要供应商开出的高价，但他所在的公司正在削减与该供应商交易的业务量。这位经理运用了争取更多模式并进行了角色互换，他发现，如果将该供应商介绍给公司其他一些部门，该供应商就不会提高价格。

"对供应商而言，将业务渗透进大型技术公司十分困难。"这名经理说，“通过主动将其介绍给其他部门，我们极大地拓展了交易。”该供应商其实是以保持价格不变为条件，换取了被介绍给公司其他部门的回报。这是一种无形的回报：未来有可能和技术巨头公司开展更广阔的业务合作。

第三种有可能发生的情况是，你对以下内容会更加了如指掌：所有相关方脑海中的想法、这些想法之间的差别以及处理这些差别的办法。

在我所开设的高管培训班中有一位女士，她无法将深夜不归的女儿叫回家。她女儿甚至拒绝与她讨论此事。这位母亲认为女儿没有责任感。于是，我们运用了争取更多模式，让母亲扮演女儿的角色。母亲意识到，在她女儿看来，唯一的问题是妈妈的做法不合理。现在，这位母亲知道了应该如何与女儿进行讨论：“那么，告诉我为什么你认为我的做法不合理？”

你还会得到很多其他新思路，包括如何使用更清晰准确的表达方式、如何让对方做出承诺以及如何采取循序渐进的方式。总体而言，这一模式可以让你获得非常广阔而意义深刻的新见解。

1993 年，在一次重要的海外任务中，我对立陶宛科学界运用的首选方法之一就是这一模式，当时立陶宛刚脱离苏联获得独立。我和一些同事正协助立陶宛科学界努力使苏联科学在西方实现商业化。我们所在的会议室里坐满了人，有工业部部长、科学界领袖以及数十名科学家和政府官员。

会议的目的是让各相关组织努力找出有效的解决方案，而问题早已被分派下去。早上 10 点左右，我刚刚看完题为“问题和目标”的材料，突然，立陶宛首席科学家站了起来，用手指着我并用带有浓重俄罗斯口音的英语责骂道：“这又不是学校课堂！我们是不会做这些的！”会议室里的很多人也随声附和道：“就是，就是。”

现在，当着一位部长的面，立陶宛 100 位各界领袖公然反对我们的方法。这对我们在这个国家的所有工作将会产生长期的影响（我们的工作由联合国提供赞助）。至少，我要说服他们留在会议室里，将我们这一模式的所有步骤走完，即使这一天所剩时间已经无多。因为这项工作会让立陶宛获益良多。

可是，这个会议室里最值得信赖的那个人受到了侮辱。他觉得自己被当成了一名小学生，这是对他的侮辱，他需要一种情感补偿。“好吧，”我说，“你说得很有道理。”我听到身后来自联合国的一位同事松了一口气。

接下来，我要让他们花足够长的时间去体验运用这一模式的过程，让他们看到这一模式的强大力量。于是，我放慢节奏，采用了循序渐进的策略。我说：“让我们喝点咖啡休息一下吧，干吗不和你所在的小组成员们一起喝点咖啡、吃点点心，顺便开始讨论一下第二象限形势分析中的开头部分内容？如果休息时间结束，你还是不喜欢我们运用的这个方法，你可以离开，就不用回来了。”

喝咖啡、吃点心只是很小的一步，人们都愿意配合。对喝杯咖啡休息一下的提议，那位首席科学家怎么会表示反对呢？我让他们去做的是如此简单轻松的事情，如果他们不去做，就会显得很失礼。

到那天晚上 6 点，将近 8 个小时之后，我们已无法让他们离开会议室。最后，清洁工将我们所有人轰了出去。只用了一天的时间，这群人想出了许许多多的有效方案和绝妙点子，其数量之多足足需要立陶宛花 3 年时间才能将其全部实现。

然而，在谈判期间，将争取更多模式的所有步骤全部走完只是发挥了这一模式的一半潜能，要想发挥出另一半的巨大潜能，就需要运用这一模式预先开展模拟谈判。

这样做的目的是让你体验并模拟当你稍后真正和对方坐下来的时候，谈判会是什么样的。在谈判开始之前，对方基本上不可能说：“我知道你们正在积极准备与我展开谈判。那么，为什么不让我过来帮你们一起准备呢？”

运用争取更多模式是近乎完美的选择。按照谈判可能呈现的面貌，和另一个人或另一团队从头到尾演练一遍。这会让你对可能发生的情况了然于心，你会惊讶于自己能满载各种消息而归。问题的“主人”可以通过扮演对方的角色对如何说服对方产生更深刻的认识。

对谈判进行模拟的关键不是非要获得一个结果——尽管结果和额外选

择方案都大有用处，重点是要了解谈判的整个过程。理想的开场和糟糕的开场会是怎样的？应该说什么？以什么方式说？有什么是不应该说的？

例如，我们曾开展过一次模拟谈判，其中有人提出一项建议，对方有人随口说了句："去你的吧。"每个人都意识到，如果这一建议在真正的谈判中被提出来，这笔交易很可能就会落空。因此，我们要确保这一建议不会在真正的谈判中被提出来。

珍妮弗·莫里尔（Jennifer Morrill）是旧金山的一名律师，她说她在雅虎公司工作的时候，曾与一位广告客户发生了一些纠纷。"他们不满足于我们打算授予他们的权力，而是想争取更多权力去控制他们在雅虎网站上发布的广告的外观和效果。"珍妮弗说。于是，在一次模拟谈判中，珍妮弗扮演了那位客户的角色，结果却发现，真正的问题与网页上的广告内容毫无关系。"真正的问题是，双方自建立关系开始到现在一直缺乏信任。"珍妮弗说。

该客户害怕雅虎会悄悄挖走他们的顾客。所以，当真正的谈判开始后，珍妮弗清楚地指出了该客户担忧的问题，该客户认为珍妮弗能洞悉他们的内心。珍妮弗就这样减轻了客户的担忧，从而使他们愿意展开讨论并解决问题。

进行模拟谈判的时候，至少需要两个人对问题的两面展开谈判，否则很难做到集思广益。（每一方可增至4人，也就是说共8人，人数再多，谈判阵容就会显得有些臃肿。）

请记住，这是一个双方谈判。所以，每一方必须有一个指定的人出来谈判。另外，虽然每一方都有一名发言人，但应该允许每一个人发言。在真正的谈判中，这样做并非最佳选择方案，但是，在以集思广益为主的模拟谈判中，其关键是让大家群策群力，拿出尽可能多的想法和点子来。

你还可以模拟有多方参加的谈判。但不要轻易进行这种尝试，除非你已将争取更多模式运用得炉火纯青，否则其中变数太多。双方谈判或一系列的双方谈判最适合进行模拟。

在模拟谈判时，问题的"主人"必须扮演对方的角色。也就是说，在模拟谈判中问题的"主人"必须尽可能地去反驳自己。这种角色互换会将问题的“主人”置于对方的角度，使他们能真正设身处地地去理解对方的观点和看法。

换言之，问题的“主人”要按对方准备的方式进行准备，还要在至少一个人的协助之下，按对方谈判的方式进行谈判。与此同时，对方也要做好扮演问题“主人”的准备。这样问题的“主人”就能看到自己进行谈判的情况。莎伦·沃克（Sharon Walker）对即将死于癌症的母亲就是这样做的，正如第1章中所述。

通常，你会更深刻地认识到问题的“主人”的辩论对对方产生的影响，更清楚哪些论据用起来也许更有效。

要确保每个人手里的事实材料相同，并事先给所有人做一个简要的背景介绍。然后，双方分组而坐（以听不到对方说话的距离为宜），将争取更多模式的步骤从头至尾进行一遍，在回答每一个问题时，要从自己所扮演的角色的角度出发。将列表内容全部进行完并回答完所有问题，这个过程需要45~90分钟。

对一些问题的“主人”而言，做到这点很难。但是，正如在那部有关棒球的电影《红粉联盟》（*A league of Their Own*）中，当吉娜·戴维斯（Geena Davis）所扮演的角色想临阵退缩的时候，汤姆·汉克斯（Tom Hanks）所扮演的角色对她所说的一句话：“这的确很难！但正是因为难才让它魅力无限！”

准备完毕之后，双方要再坐回到一起，就他们刚才所准备的角色展开讨论。不要置身事外，也不要陷入空谈，要牢记自己的角色，尽自己所能让自己一方具有最大说服力，这样，你会感受到只有在真正的谈判中才有可能出现的动态感。这一过程至少需要45分钟，不过如果你愿意，也可以进行几个小时。

谈判结束后，要对谈判中所发生的情况进行反思，把谈判中所发生的情况告诉对方，互相展示准备的要点，问一下哪些方法有效、哪些方法无效，你增长了哪些见识，其中又有哪些方法可以在真正的谈判中使用。

最后，要将这一切转化成一个如何开展真正谈判的计划。将所有要点统一整理到这一模式中，交给问题的“主人”。现在，就对方的观点而言，你得到的不是匆匆几分钟思考而来的仓促结果，而是众人集思广益的丰硕成果：好几个人在这一问题上花了 90 分钟，他们对双方的需求、需要用到的各种准则、可供选择的方案等一系列问题进行了极其深入的思考，你的准备工作将因此变得更加充分、更加细致。

记住，问题的“主人”需要的不是专家，而是一个新鲜独特的视角。因为在大多数谈判中起主导作用的是人和过程，并非专业知识。

我曾帮一个由 6 人组成的企业谈判小组要进行一场涉及金额达 3 亿美元的谈判做过准备工作。我们找来 30 名不参与此次谈判的人员，将他们分成 6 个小组，每组之中安排一名真正的谈判小组成员，这样每组就是 6 人。

接下来，我们用同一套事实材料开展了 6 场模拟谈判，这花了我们一整天时间，结果令人极其满意。真正的谈判小组成员们极大地开阔了视野，获得了更多、更好的想法，发现了很多之前没有发现的问题。他们的准备工作因此变得更充分、更有把握。

你可以根据自己的意愿决定这种模拟谈判的时间长度：15 分钟或者一周，你在其中所花的每一分钟都会让你的准备更加充分。1993 年，就在苏联刚刚解体之后，刚独立的拉脱维亚要组建他们自 1918 年俄国革命以来的首届民选政府，我负责协助总理和 28 位部长完成这项工作。

政府官员们已要求召开一个为期 3 天的会议，会议地点设在首都里加郊外的一处隐蔽之所。当我在星期五上午 9 点左右到达主会场时，就已经听到里面的人们在大呼小叫。

引起争论的主要内容与政府补贴有关。农业部长认为，应该将大量可用资金用于小麦种植。因为小麦可制成面包养活民众，而且还能出口创造外汇。

但国防部长认为，大量可用资金应该被用来购买军火。苏联解体后，拉脱维亚的局势有些不稳定。没有强大的国防，政府就有可能被推翻，国防部长争辩道。

我对这群人说，这一争论是个非常好的讨论话题，这句话给了每个人很大的情绪补偿，他们平静了下来。然后我说，我有一个极好的办法来解决这一争端，不过，我需要每个人包括国防部长和农业部长在内向我保证，由我做主解决争端。

他们虽然完全不清楚我说这番话的目的，但是，他们对我很尊重，这也是他们聘请我在周末协助他们的原因，所以，所有人都向我做了承诺。

“好的，”我说，“我们将有请农业部长和国防部长在大家面前展开一场辩论。”大家发出了欢呼声。“辩题是政府补贴，此外，还包括你们有争议的任何其他议题。”

农业部长和国防部长大步流星地来到房间前面，都以为即将与对方展开一番激烈的唇枪舌剑之争，因而满脸涨得通红。

“这场辩论只有一条规则，”我说，“你们每一个人必须站在对方的立场进行辩论。”

话音刚落，房间里立时闹哄哄乱成一片。“不！你不能这么做！我是不会这样做的！”两位部长先后抗议道。其余部长中有一半被逗得哈哈大笑，另一半分成了两派，各支持一方。

“你们刚才不是同意由我做主来解决争端吗？”我说，“这个房间里的每一个人刚才所做的难道不是一个庄严的承诺吗？”（准则和承诺！）

“可是，可是……”国防部长说，“我做不到！”

“你一定能做到，”我说，“你完全清楚双方的立场，你只是不了解对方的看法，你必须去感受并深入了解对方的看法，这样才能与对方达成一致意见。”

我向他们保证这样做是值得的。我提醒他们，他们聘请我就是因为我是处理这种问题的专家。我告诉他们，这个过程不一定需要一个多小时，也许不到一小时就能完成。虽然极其不情愿，但他们还是同意了。

我让他俩分头准备，他们可以从愿意帮助他们的其他部长那里获得帮助，然后我给了他们一个更简单版本的争取更多模式。我们从 5 分钟的开场陈述开始辩论。我将他们所陈述的各种观点详细地写在了活页纸板上。各部门的其他部长大声喊出各种观点为两位辩手助阵打气。

大约一小时后，辩论结束。我将写下来的他们所提出的各种观点仔细检查了一遍。短暂的休息之后，我说，双方要进行一次会谈，根据他们在辩论期间得出的结果找出他们各自的提议。

于是，两位部长在大家面前再次进行了会谈，这一次他们恢复了自己的本来角色。我让他们根据自己刚才的体验制订出一个合理的协议。正如你想象到的，他们制订出了分步骤实现的各种目标，提议将政府补贴用于实现每一个阶段性目标，他们一致认为应该经常检查核对目标，并制订出了应优先实现的目标。

两位部长告诉我和大家，自他们担任政府官员以来，这是他们在解决问题方面感觉最棒的一次体验。正如贯穿本书始终的观点，这并非火箭科学那么高深莫测。

通用运用这一模式，无论是专业方面还是个人方面的问题，在我的课堂中或课堂后都得到了解决。哥伦比亚商学院的一名女士强调说，她所在的学习小组运用这一模式帮她解决了她和丈夫之间就节育方法这个问题而产生的争端。

海迪·万哈姆（Heidi Vanhamme）是一位投资银行家，她的一位潜在客户拒绝接受银行委托书中的收费标准。通过站在该客户的立场上，海迪意识到，这并不是收费标准的问题，而是银行的服务问题。该客户希望银行能保证提供与其收费相符的服务。

“我们制定了一份基于服务质量并带有增值性质的收费标准。”海迪说。这降低了该客户所感知的风险。由于客户所享受到的服务价值有了增长，海迪所在咨询公司的咨询业务百分比也随之直线上升。“我们能够理解他们的真正原因。”海迪说。所有这些都是在谈判前通过角色转换了解到的。

实现利益最大化模式还能让人看到自己一方的弱点。“我们发现，我们所承担的风险并没有原先所想的那么多，”海迪说，“客户希望我们能承担更多风险。”她补充说：“我们发现了自身存在的一些漏洞。”

有了这些信息，开始谈判的时候就可以更具体地询问一些问题，如对方的观点和看法、有可能困扰对方的难题以及一些对方也许认为更重要的讨论主题。

争取更多模式特别适合找出产生问题的根源。如果你解决了问题，但没有修复产生问题的根源，那么原来的这个根源就会在下一个月又为你制造出另一个问题。

如果我的航空公司有一架飞机上的无线电出现了故障，我知道维修部门会将故障清除，这并不是我所关心的。我想知道的是，无线电为什么会在飞行中出现故障。我想搞清楚的是，是否有一些导致故障发生的程序需要修复。如果不对它进行修复，下个月很可能就会出现轮胎漏气的问题，再下个月可能出现螺旋桨的问题，然后又出现气缸的问题。我必须找到导致问题产生的原因。

争取更多模式还有助于你找出合适的谈判对象。例如，史赛克公司和辛迪思公司都是高品质髋关节和其他关节置换品生产商，其高质量的产品受到许多医生的青睐。但是，医院采购部门不想多花钱，转而向产品质量较差的生产商购买产品，所以，史赛克和辛迪思两家公司的利润都有所下滑。

运用了争取更多模式后，两家公司发现，他们应该让医生替他们出面和医院的采购部门进行谈判。医生们应该谈论产品的性能和使用寿命，而不是髋关节组件的价格。

“现在，我们打算一直运用这个方法。”本·皮彻（Ben Pitcher）说，他是史赛克公司医疗保健部主任。

约翰·马罗塔（John Marotta）曾上过我的谈判课，多年以后，他写信跟我说他的钱包被偷了。他让我火速再给他寄一套争取更多模式的清单卡，说那是他钱包中最宝贵的东西。“我是用十分虔诚的态度来运用这一模式的，”约翰说，他现在是丹佛一家医疗器械公司的首席执行官，“它比我的信用卡更重要。”

沃顿商学院最受欢迎的谈判课

Getting More:

How You Can Negotiate To Succeed In Work And Life

第 8 章 正确处理文化差异

在旧金山，一名8岁的中国男孩来到学校，他的两条胳膊在流血。他被带到学校护士那里，护士说这是一起虐待儿童案。她通知了有关当局，说应该将孩子从他父母身边带走。

然而结果表明，这名男孩和他的父母刚从中国一个偏远地区来到此地。在他们家乡，治疗普通感冒的方法之一是通过刮痧祛除邪气。

这是一起虐待儿童案吗？从传统意义上说，这并不是。应该将这个孩子从他父母身边带走吗？当然不应该。那么，应该由谁去和他的父母谈一下呢？应该传达什么样的信息呢？答案是，应该由一位在华人社区广受尊敬并通晓两种文化的人去做这项工作，这个人也许是一位已在美国生活了一段时间的中国医生。他不应该对孩子的父母这样说："你这种方法太可怕了。"而应该说："你这种方法在你们家乡也许没问题，不过，我有其他一些更好、更有效的治疗方法，这些方法不会让你的孩子哭得这么厉害。"

这个例子既显示出在与文化背景不同的人打交道的时候，可能会出现什么样的问题，也给出了解决问题的办法。

正确对待来自其他文化背景的人（与自己不同的人），是21世纪人们取得成功的关键因素之一。众所周知，世界正变得越来越小，生长于不同背景下的人们的交往正越来越频繁。

然而，很多人对“差异”的真正含义并不清楚，对怎样对待差异更是毫无头绪。因此，堪称完美的交易会流于失败，战争会无情地爆发，以及人与人之间或国与国之间的各种冲突似乎每天都在上演。

事实的确如此，自古以来，我们无法有效处理人们之间的差异几乎是造成所有人类冲突的根源。要取得进展，首先要明白“差异”、“多样性”以及“文化”这几个词的真正含义。

什么是多样性？

下列哪一组之间的差异更大：①在你的公司一起工作的一位黑人经理和一位白人经理；②在纳什维尔分属两个相互对立的摩托车团伙的两个南方白人少年，这两个白人少年只要一见面就有可能杀死对方。从这个意义上来说，两个白人少年之间的差异，很可能比黑人经理和白人经理之间的差异大得多。换句话说，“差异”也许未必如很多人所想的与种族有很大的关系。

下列哪一组之间的差异更大：①生活在特拉维夫的一个犹太中产阶级家庭和生活在开罗的一个阿拉伯中产阶级家庭；②生活在特拉维夫的一个犹太中产阶级家庭和与他们毗邻而居的一群犹太极端分子，这些极端分子杀害了以色列总理。显然，与毗邻而居的两个犹太人团体相比，犹太人家庭和阿拉伯人家庭可能在情感上更加接近。因此，“差异”也许未必如人们所想的与宗教有很大的关系。

“多样性”与其说与很多外在因素有一定关系，如种族、宗教、语言、饮食、服饰、音乐、性别、国籍、年龄、职业等，还不如说与人们认为能让自己获得身份认同的东西关系更密切——他们脑海中的观念图景。人们也许能从一些外在因素中获得身份认同，但越来越多的时候，外在因素并不能让他们获得身份认同。

有关多样性的文章数不胜数，但对多样性的论述错误百出。也就是说，那些文章所表达的观点并没有得到人们思维方式和生活方式的印证。在努力说服对方的谈判中，人们所展现出的能为对方所感知的心理从属感，比他们的外表或他们参加礼拜的教堂更重要。

所以，我所指的文化就是个人认为能让其获得身份认同的从属感。在同一家公司，生产部门和营销部门也许有着两种完全不同的文化。这种情况同样适用于以下范围：纽约人和洛杉矶人、石油倡导者和太阳能倡导者、会计师和机械师、俱乐部成员和非成员。他们之间的各种文化差异，会影响他们对彼此的看法以及相互之间的交流方式。

因此，你首先要搞清楚对方认为自己属于哪种文化。如果不清楚这一点，你甚至不知道该从哪里入手去说服他们。在两次世界大战之间，欧洲的资产阶级，尽管讲着不同的语言（法语、德语、意大利语、西班牙语、英语），也许比今天纽约住在同一街区的两个人有着更多的共同点。

美国一家主要报纸曾经登过这样一个标题："美国拉美裔人游说团仍然软弱无力"，该标题大有问题。首先，它意图将美国数千万名拉美裔人当成一个有着相同文化的整体，这是不正确的。拉美裔人中有医生、律师、会计师、机械师、讲西班牙语者、讲法语者、民主党人、共和党人，他们分别来自西班牙、海地、古巴、墨西哥、多米尼加共和国以及其他许多国家。该报道将这些人看作一个整体，实际上这个整体并不存在。正是这种行为导致了偏见和歧视。

其次，所谓拉美裔人游说团不可能代表多样性如此明显的一个群体，他们的利益也许只是在某些时候的某些问题上恰巧一致。

认为所有的"穆斯林"都来自相同的文化同样不准确。伊斯兰教派众多，民族众多，有时他们之间还战火不断，正如伊拉克的什叶派和逊尼派之间经常发生冲突一样。在某些教派中，有些人热爱美国，有些人则不热爱。

在努力找出差异并解决差异的过程中，如果只处理表面差异，特别是身体上的差异，就像蒙上眼睛投掷飞镖，虽然有时能正中靶心，但在处理人们之间真正的差异问题方面，这并非一种精确和完全有效的方式。

我将跨文化差异定义为：在谈判中，因对方脑海中明显不同的观点和看法而产生的各种差异。谈判双方之间的差异也许和种族、宗教或性别有很大关系，也许没有关系，但一定和对方的信念有关——他们所受到的影响、他们的世界观、他们的希望、他们的梦想和恐惧等。除非我们知道对方脑海中的观念图景，或努力去了解对方，否则我们就无法确定我们的谈判对手是否真的和我们有所不同。

在莫斯科为各行业俄罗斯经理们所开设的一个讲习班上，学员们要将自己所面临的问题用俄语提交上来，然后再将其翻译成英语。许多学员都不会说英语。有一位学员名叫塔蒂亚娜·波利耶夫科多娃（Tatiana Polievktova），她是一位顾问，她写的问题是她很难说服她儿子做功课。

“我们找到了激励和奖励措施让孩子做好功课，”塔蒂亚娜说，“双方都感到很自豪：父母和开心的儿子。我知道了他想要什么。我把大的步骤分解成了较小的步骤。”

塔蒂亚娜在此说的是一种通用语言：教育孩子的问题。她处理这一问题的方式和世界各国的很多父母完全一样，例如美国、伊朗、阿根廷、中国或日本。不能仅仅因为她持有俄罗斯护照就说她对这类问题有着不同的体验。也许现在在生活中她所感受到的最强有力的文化纽带，就存在于她和世界各地“有孩子的父母们”之间。从和她的谈判中可以得知，在她用来思考自己或确认自己身份的前 3 种方式中，她是俄罗斯人这一事实根本就未被列入其中。这些都是你应该不断思考的问题。

学会有效处理人们之间的差异，会让人们在谈判中拥有巨大的竞争优势：他们会达成更多协议，建立起更友好的关系，更准确、更快速地了解对方，提出更好的问题，在许多方面都会更加成功。

另一方面，有些人也许并不认识对方或并未询问任何有关对方的情况，却称对方为“兄弟”、“姊妹”或“自己人”。这是想表明双方有共同点，但双方也许并没有任何共同点。你不能只看外部因素，事实上，你必须设法搞清楚他们之间是否真的有联系。否则，这也许又是一个操纵策略，就像这句话所说：“我们是一样的，所以请为我做些事吧。”

拓展你对“文化”的定义，能让你在生活的这个多样化的世界中更加成功地处理所有问题。例如，当塞巴斯蒂安·鲁宾斯·罗霍（Sebastian Rubensy Rojo）举行聚会的时候，他的一个邻居曾就此事两次向房东提出抱怨。在塞巴斯蒂安看来，他举办聚会的时候声音并不是特别大，所以，他去找那位邻居直接就此事进行交涉。

“我告诉他说，我们来自两种不同的文化，”来自阿根廷的塞巴斯蒂安说，“他来自‘工作狂’文化，我对他说我非常尊重他们的文化，但我来自学生文化，这栋大楼中还有很多人跟我一样。”他强调说，学生们经常会在周末举办一些聚会，就像这位邻居年轻时必定也举办过聚会一样。

塞巴斯蒂安现在为阿布扎比教育部工作，当时他告诉这位邻居和房东，学生们可以做出调整，但是，各方也要做出相应调整。最后他们制定出了一套富有建设性并适用于所有人的基本规则。“他对留学生非常感兴趣，”塞巴斯蒂安说，“他甚至允许我们在我的公寓里跳探戈。”

世界各地的一些人声称自己痛恨美国人。所有 3 亿美国人都为他们所痛恨吗？我们所有人不可能都一样。事实上，有些人虽然生活在美国，但他们也许并不把美国人作为自己的首要身份，而是把素食主义者作为自己的首要身份。

对真正的文化差异缺乏了解曾引发了许多历史问题。外交史上最有名的例子之一是，1960 年，赫鲁晓夫在联合国拿他的鞋子用力敲打桌子，对西方国家进行威胁。虽然对这一事件的报道众说纷纭，但许多研究性文章指出，赫鲁晓夫在联合国用鞋敲打桌子不过是虚张声势而已。

这是一位失控领导人在随意发泄情绪吗？此人真有可能引发一场核战争。或者，这是某人所采取的一种沉着冷静的谈判策略吗？此人很清楚应该如何激怒西方人。当然，如果西方国家当时对俄罗斯人的谈判方式有更多了解的话，那么在 1960 年，也就是冷战初期，西方国家也许就会搞清楚赫鲁晓夫究竟是不是虚张声势了。

将性别、种族以及类似一些因素进行过分渲染，令对方大败而回，这样做轻而易举。大批的律师、记者和政府官员们都十分精于此道。但是，更好的做法是：运用谈判技巧确定目标，找到问题的真正原因，让所有一切回到正轨。

通常，这是一种文化误解：谈判各方有着各不相同的观点和沟通方式。人们经常需要一位文化中介，也就是文化调解者，来帮助各方进行解释说明，就像本章开头谈到的那位中国医生一样。有时候，每一方都需要有一位自己的文化中介去解释双方的行为，这个人应该是他们所信任的人。

文化中的一些现象是很有趣的出发点，但是，在任何个人谈判中，它们并不提供关于该怎么做的答案，你还是要深入对方的大脑或思维中去。如果不首先找出对方脑海中的观念图景，就不能想当然地认为某种文化特征在你的案例中是有效的——当然，除非你想错上加错（或想把形势搞得更糟）。

我时不时地会做一些政治立场不正确的调查，以下是其中一项调查结果。这项调查是在“9 · 11”事件不久后做的，调查对象是在沃顿商学院参加某个培训项目的 17 位高管。

这些说法是否正确有效？	是	否
有些种族比其他种族更擅长体育运动	9	8
某些种族的人带有某种气味	5	12
某些文化中的人更善于跳舞	4	13
某些文化中的情人更令人满意	4	13
某些文化不如其他文化值得信赖	7	10
正统派犹太人的洗澡次数比其他人少	1	16
大多数穆斯林支持对美国展开报复	2	15

正如你所看到的，我们在每一个问题上都有分歧。显然，这些高管们有很多成见和偏见。

接下来，对这些带有成见的说法选择“是”的高管，我都让他站起来，要求他向全班证明他凭什么说这一成见是正确的。我从“某些文化中的情人更令人满意”开始，我问他们：“什么？你和你最喜欢的多情文化中的 1 200 万人都上过床了吗？”

我想让他们拿出证据证明他们的成见是正确的。“现在，”我说，“我所做的实验表明，不同种族之间并不存在基于智力或行为的基因差异。你们所做的实验说明了什么呢？”我不断要求他们拿出证据，当然，通常他们拿不出任何证据。

我曾和一些白人种族主义者有过一次谈话。我问他们，在白人和他们不喜欢的黑人之间是否存在真正的文化差异。“或者，”我说，“这是否只是一个皮肤色素的问题？”这是一个涉及准则的问题：他们要么走向极端，要么接近我的观点。如果他们回答说：“没差异，我们这帮人就是要在皮肤色素上做文章。”就好比在说：“嘿，我就是个浑蛋。”

“噢，不，”他们说，“他们之间存在真正的文化差异。”

于是我说：“告诉我，你们喜欢爵士乐吗？”“喜欢。”他们不约而同地点头说。

“很好，”我说，“爵士乐来自黑人文化，”我的身体微微前倾，“所以，你们身上是否有一部分黑人特征呢？”“什么？”他们反驳道，一副不服气的样子。

“抱歉，”我说，“那么，这是否只是一个皮肤色素的问题呢？”他们无法反驳，咕哝地说这只是一个例子而已。

“好的，”我说，“告诉我，你们喜欢吃玉米糊吗？”他们有点儿不自在了，说：“当然，我们很爱吃。”

“很好，”我说，“玉米糊是过去奴隶们所吃的食物，”我停顿了一下，“这是否让你们具有了大部分的黑人特征呢？”我又停顿了一下，“或者说，这是否只是一个皮肤色素的问题呢？”我最后补充道：“以我之见，你们这帮家伙和黑人文化有着很多共同点，难道不是吗？”

成见的根源

这样的文化成见从何而来呢？也许是因为无知，也许是因为恐惧。当然，成见和人类历史一样古老。人类在诞生之初，其生存和自身安全完全靠其家庭和部落提供保障。在各方面相同的人们就会有安全保障，而与之不同的陌生人就会面临危险，这些陌生人会被当作“敌人”，往往只是因为他们在长相、所使用的语言或行为方式上与众不同。

然而，这些陌生人在心理上也许与他们并无不同，这才是最重要的。另一方面，那些有着相同血脉的人也许差别极大。在《圣经》中，该隐就杀死了他的弟弟亚伯。因此，我们需要问更多的问题来找出哪些人是真正相同的，哪些人是真正不同的。

人们的成见是如何形成的呢？是因为无知，仅仅一次令人不快的糟糕经历，还是受他人的影响呢？在谈判中，你必须搞清楚这一点。通常，消除成见的关键是向对方提供有关个体特性的一些信息。可以从如下原则开始：没有他们，只有一些有着个体看法和观点的人。你要在充满不同看法和观点的海洋中努力实现自己的目标。

克服成见可以很简单，就如同要求人们穿着对方的鞋生活一周、一天甚至一小时。在商界，营销部门的人应该和生产部门的人交换几天工作，或者至少进行一下角色互换。管理者和员工也应该互换几天工作。一些聪明的公司就是这样做的。这样做会大大减少不信任和沟通问题，增强团队意识，提高生产力。成见主要因为一种文化的人与另一种文化的人缺乏接触。

正确处理文化差异

可悲的是，理解不同文化并非很多美国人的强项。部分原因是美国的法律制度。

美国的法律制度通常十分有效。一般而言，与其他国家的法律制度相比，美国的法律制度比较公平，它面向所有人，腐败现象较少，从其所占收入百分比来看费用也更低。用于法律服务的费用只占国民生产总值的 0.5%，而且从百分比来看，还一直呈缓慢下降趋势。而在印度，仅办理延迟审理一项服务的费用据估计就占国民生产总值的 2%。

美国法律制度存在的问题是，你不必和对方建立任何人际关系。你只需签署合同，如果对方违反合同条款，你就可以起诉他们，一大帮律师会代表你打官司来赚取微薄的服务费或胜诉费。美国的法律制度因此具有高度事务性的特点，人际关系的重要性被降到了最低。

在世界其他大部分国家，人们都享受不到这种待遇。这些国家的法律制度比较难以接近，缺乏公平，腐败现象时有发生，而且费用高昂。这意味着，对世界上大多数人而言，彼此之间的关系就是他们的全部，这极大地改变了人们彼此之间的交往方式。

在玻利维亚、也门或蒙古，如果你被自己的商业合作伙伴所欺骗，这些国家的法律制度不可能向你施以援手。他们没有失业保险、食品救济券或社会福利制度，你和家人也许真的会饿死。在许多发展中国家，腐败仅被看作是一种商业支出。“在许多发展中国家，法院的作用往往不是根除腐败现象，而是惩治和消除任何对政府不利的威胁。”美国艾奥瓦大学国际金融和发展中心如是说。

就此而论，在美国，人际关系是一个很好的主题。人们就此著书立说，在电视上津津乐道。

然而，对于世界上其他大部分国家而言，人际关系不仅是个很好的主题，而且往往是一个生死攸关的问题。因此，关注对方至关重要。

比方说，一位美国高管和一位秘鲁高管一起在利马用餐，这应该是一顿长达一个小时的商务午餐。在长达 55 分钟的时间里，这位秘鲁高管向这位美国高管所提的都是一些有关朋友、家庭和兴趣爱好方面的问题。这位美国高管心想：“这个人怎么回事儿？我来吃午餐可是为了谈正事。”

这位秘鲁高管认为他们正在谈正事吗？当然。这位秘鲁高管正在问自己这样的问题：“我相信这个人吗？在无追索权的情况下，在我把自己的命运和家人的命运交到他们手上之前，他们究竟是谁？”

在世界上其他大部分国家，这是人们普遍会问的问题，但在美国，大多数人似乎不会问这些问题。美国更重视的是如何惩治对方、遵守合约，而不是建立人际关系。这成了妨碍美国及其公民与世界其他国家及人民成功开展谈判的障碍。与此有关的研究还有很多。“让我们直接进入正题吧！”这是美国人经常挂在嘴边的一句商业用语。但是，在一个各种文化相互碰撞日益频繁的世界里，这句话不仅无助于你实现自己的目标，而且常常会冒犯对方。

即使在有些社会中撒谎被视为一种普遍现象，但还是有那么一些人，人们不愿对其撒谎，除非是在思考再三迫不得已的情况下。他们都是谁呢？是那些与你有密切关系的人，比如，你的家人、你亲密的朋友、你已经或将要长期与其打交道的商业合伙人。

马拉松石油公司的迈克·芬奇（Mike Finch）和一位国外供应商之间发生了一些纠纷。“他们迟迟不给答复，擅自改变职权范围，不遵守制定好的合约条款，”迈克说，“他们所提供的信息量经常不够充分。”

我们做了一个角色互换练习，在这个练习中，迈克扮演对方的角色。他很快搞清楚了真正的问题所在，“马拉松公司关注的焦点是实质性交易内容，该供应商关注的焦点却是人际关系，”迈克说，“马拉松公司需要重新审视与该供应商开展合作的方式。”

实际上，该供应商对马拉松公司还不够信任，因此不愿向其提供所需要的可用以改进各种石油加工程序的信息。这样一来，节约成本的目的也就不可能达成。显然，对双方之间的关系重视不够使得成本在不断增加。

马拉松公司在墨西哥和亚洲也看到了类似的问题。马拉松公司想讨论一些交易的细节，对方公司却想讨论双方的关系。美国马拉松公司的人不止一次谈起国外的对方公司时都说他们只是“在等待”。马拉松公司的经理们想知道，他们怎样才能给其国外的合作公司“制造出一种紧迫感”。

起初，马拉松公司的人认为亚洲人和墨西哥人是在等待更低的价格。最后，他们才搞清楚，对方是在等待他们做出长期承诺：人际关系承诺和商业承诺。

美国大都会人寿保险公司（MetLife）在其韩国的子公司也发现了同样的情况。韩国人干脆拒绝接受一个新的公司级平台——该平台可用于处理各种各样的业务流程。约翰·拉奥（John Rao）是美国大都会人寿保险公司的一名经理，他发现，韩国人对节约成本或商业效率并不十分看重。

“重要的是信任，”约翰说，“韩国人希望在此事上有话语权，他们想要一些掌控权。”此外，韩国人还希望技术支持使用韩语，而不是英语。

即使在发达国家之间，也有可能存在巨大的文化差异。迈克·加拉格尔（Mike Gallagher）是总部设在美国的巴斯夫公司的一名经理，他陷入了一起很大的争端中。起因是公司设在德国的一家工厂延迟了 4 天才发送黄色颜料，结果顾客走了，德国的工厂却不愿将颜料再收回去。

“我们不懂他们的文化。”迈克说，这可是在他自己的公司里。最后才搞清楚，原来美国分公司只是简单下令让德国工厂按照德国人称之为“没有预见性的订单”交货，这打乱了德国人精心制订的计划，在他们看来，美国人这么做简直是毫无章法。

至于德国人，他们紧急叫停了原来的计划，开始着手完成订单任务。虽然延迟了 4 天发货，但这已是他们所能达到的最快速度了。美国人却对他们横加指责，对德国人而言，美国人的这种反应就相当于在说：好了，你们见鬼去吧！德国人与美国人的对抗其实是一种有秩序文化和一种无秩序文化之间的对抗。“这不仅是一个我们必须解决的问题，”迈克说，“这是整个过程的问题，完全是沟通的问题。”

“由于世界正以极快的速度变得越来越小，几乎每一个谈判都是一个跨文化谈判。”伊戈尔·奥赫尔利夫（Igor Ojereliv）说，他曾是我在纽约大学谈判课上的一名学生，现在是伦敦新兴市场一名对冲基金经理。“不同的文化对公平和关系的概念有着不同的标准，记住这一点很重要。”伊戈尔说他是在中国进行谈判的时候发现这一点的，在中国，大多数（并非全部！）街头小贩都要激烈地讨价还价，所以，他在谈判开始时通常不讨论价值问题。在埃及的机场，伊戈尔说：“如果大多数出租车司机（并非全部）认为你不赶时间，他们就会降低价格，真正起作用的是他们脑海中的想法。”

改善关系的步骤

改善关系的第一步是与对方进行有效沟通：了解他们所发出的信号，尤其是当他们来自另一种文化时。如果对方开始发出“关系信号”，这说明他们有兴趣了解你是否值得他们信任。关系信号包括谈论一些非商业性话题，如娱乐、体育运动、饮食以及音乐。这意味着对方正努力将你当成一个人来加以了解。

太多人在谈论这些话题时都是有口无心、随意敷衍——他们会问上几个问题，却无意去听对方的回答，然后就迅速将话题转移到商业上。可是，你对对方是否真的感兴趣，他们是能够感受到的。因此，你必须态度端正，不能口是心非。

克里斯蒂娜·法纳（Christine Farner）是华纳兰伯特制药公司的一名经理。克里斯蒂娜到爱尔兰的科克郡去协商在那里建造一个价值2.75亿美元工厂的相关事宜。当地的规划委员会起初态度冷淡。克里斯蒂娜想起了她在哥伦比亚大学商学院所学的有关文化的知识，“于是，我们请他们共进晚餐增进彼此的了解。”晚餐结束的时候，所有人都站在了同一战线，克里斯蒂娜说，他们制订出了统一的议程和一份规划流程。

接下来，你要公开承认双方存在差异。如果你和对方之间存在差异，或至少被认为与对方之间存在差异，那么，你对此越是坦诚，就越会赢得对方的信任。即使对方指出你对他们的了解还不够充分，你也可以向他们表示歉意，并表示你愿意从现在开始做起。人们首先看重的就是坦诚。

之后，找一个出发点。接受对方的任何安排，无论事情多么微小琐碎，如座次的安排、应该点什么饮料等。如果对方或其文化中有令你产生好感的东西，不妨大方予以肯定或赞扬。如果你曾观察过对方的文化，或读过与对方文化有关的一些内容，你可以将此作为谈论话题，并询问对方你所说的是否正确。如果不正确，怎样才正确呢？始终对对方充满好奇心。

唐娜·法雷尔（Donna Farrell）曾是安达信公司的一名顾问，她发现客户总是将她看成一名年轻的女子，因而质疑她的能力，他们有时甚至要求换一名岁数大一些、更有经验的人来。唐娜想，也许他们是想和男性打交道。虽然他们无法正当提出这一要求，但对唐娜而言，这种感觉就像房间里有一只800磅重的大猩猩。

于是，唐娜直接挑明了这一话题。“我直接说出了他们对年龄和性别的看法，即使我不喜欢他们的看法，”唐娜说，“我运用了幽默。我找出并打消了他们的疑虑。所有这一切使我们建立起了和谐融洽的关系。”

这个事例引出了我的下一个要点，该要点虽有违常理，但对正确处理差异极其重要。

- 对方期望你变得和他们一样吗？
- 入乡是否一定要随俗？

上述两个问题的正确答案都是否定的。如果对方和你存在差异，他们并不期望你变得和他们一样。他们知道你和他们不同。他们真正期待的是你能重视和尊重他们，这是一个微妙却很重要的差别。

此外，我对饮食有特殊要求。我不会等到达之后才把我的饮食要求告诉招待我的主人，因为此时他们已为我破费备好了一桌丰盛的筵席。我会提前打电话告诉他们我的饮食要求，他们也很高兴能按我的要求为我准备饮食。毕竟，准备饮食的重点是为了取悦我。

有趣的是，文化疲劳不仅是一个社会学术语，它还是一个医学术语。如果在另一种文化中，你每天不断做出调整，努力使自己与周围的人保持一致，这时就会出现文化疲劳。半年之后，你就会精疲力竭。一些外国高管及其家人之所以无法适应一种新的文化，文化疲劳是其中最大的原因。所以，关键是不必去适应某种文化，而是做你自己。你可以学习其中的一些语言，顺从你喜欢的一些风俗。

但是，不要想着和他们一样，这也是本书的要点之一：保持差异自有其价值，而且价值还会增长。

自第二次世界大战结束以来，美国国民生产总值之所以一直保持增长，其中一个最大的原因就是新技术。新技术在很大程度上是由创新者们发明出来的，他们都是一些与众不同的人。他们代表着变化，他们代表着新事物被尝试与创建时的不适感。

很多人痛恨变化，痛恨差异。一些公司声称他们热爱多样性和差异。但是，在很多公司里，努力倡导变革就像一张单程车票，前途未卜。然而，正是差异带来了价值的增长，差异当中蕴含了无穷的力量。

因此，如果有人有些沮丧地对我说："我们彼此之间存在差异。"那我会高兴地拍着桌子说："太棒了！我们就要赚大钱了！"保持一致可没什么钱赚，保持差异才更有利可图。我喜欢这样说："我们必须把和我们意见不一致的人弄到这里来，这样我们就可以坐地赚钱了！"

尝试新事物、由于意见分歧而导致关系紧张、将各种绝妙主意进行综合整理，正是这纷繁芜杂的过程赋予了差异极高的价值。通常，错误在所难免，有时候，感情还会受到伤害，但结果是得到更多。

因此，你需要的是有着不同看法和解决方案的人。一定要关注讨论的过程。比如，你如何制定自己的目标，你对彼此做了什么承诺，你对发现彼此价值的兴趣。如果关注到了这些，你就能争取更多。

上述结论已被研究证明。有一项研究的着眼点是美国城市的多样性。美国 3 个经济最发达的城市（纽约、洛杉矶和旧金山）其多样化特征最突出。多样化程度每增加 10%，在美国本土出生人口的净收入就增长 15%。观点的多样化（对差异的容忍程度）在高科技领域尤为重要。硅谷在旧金山郊外发展壮大并非巧合，研究显示，与美国任何一个面积与其相当的地方相比，这里所能容忍的多样化程度最高。

要强调的一点是：这有一个前提，即环境必须容忍差异。在卢旺达，多样性会导致种族屠杀，因为人们无法容忍差异。对差异越宽容（事实上，是越欢迎），经济增长就越快。即使在一些国家，人们对差异的容忍与否不那么绝对，但无法利用差异也会付出经济代价。研究表明，如果一家公司无法对相互冲突的观点和看法加以利用，就会导致生产力下降、利润减少、人事变动更加频繁。

研究显示，就一家拥有 2 000 名员工的公司而言，如果它对差异持不欢迎态度，仅额外的人事变动一项，其成本每年就高达 500 万美元，这还不算因失去更好的主意而产生的机会成本。这真是一笔巨额的经济惩罚。

研究表明，不同观点和经验的相互碰撞会产生更多创造性成果。最具创造力的人是那些具有大量不同经验和技能的人，他们的创造力来自这些千差万别的经验和技能。事实上，与非多样化群体相比，多样化群体在解决问题时所提出高质量解决方案的数量是前者的 3 倍。

但是，容忍差异不要只是空口说说而已。与众不同的人就是经常与其意见不合的那个人。据我所见，大多群体都会挑选某个身体特征与众不同的人加入团队，然后自豪地说自己拥有了“多样性”特征。事实上，除非他们在观点看法方面存在差异，否则他们其实完全一样，上述那些益处也不会出现。

下面的这个例子说明了差异可以产生巨大的力量。这个例子是我一生中受益最大的经历之一。在 20 世纪 90 年代中后期，我和我的同事说服了玻利维亚丛林地带的 3 000 名农民停止种植用于生产可卡因的古柯，开始改种香蕉。这些香蕉连续多年被成功出口到阿根廷，直到阿根廷比索贬值、我们在这次商业冒险中已不再有利可图才告结束。种植者们则继续独自开展香蕉种植及出口业务。

这一项目始于唐娜·赫里纳克（Donna Hrinak）的一个请求，唐娜当时是美国驻玻利维亚大使，她请求我们在反毒品运动中提供协助。她想让查帕雷丛林地区的农民戒掉可卡因。唐娜是我通过工作关系认识的，当时我在当地开展有关经济发展的工作。

我们对各种各样的农产品市场进行研究之后，认为高品质香蕉市场供应不足，与农民种植古柯所卖得的价格相比，香蕉能卖到更高的价格。在毒品交易中，真正赚到钱的是加工商和经销商，而不是农民。与此同时，政府不断地用燃烧弹焚烧古柯种植地，所以，对农民而言，种植古柯风险很大。

我们从 100 名种植者开始入手。我们和他们的第一次交谈是在 1 月的一个闷热的夜晚（南半球正值夏季）。我们在丛林中的一小块空地上见面，天非常黑，只有我那用电池供电的计算机发出些许亮光，人和动物的轮廓都影影绰绰的，耳边是丛林里特有的声音。除了我和一名口译员，没有人会讲英语。种植者们讲的是盖丘亚语，一种印第安方言。那名口译员负责在英语和盖丘亚语之间进行翻译。

种植者们（男女老少）几乎都穿得破破烂烂，很多人看起来营养不良。穿着破衣烂衫、赤着脚的孩子从两层的木棚屋中使劲探出身子，这些木棚屋没有窗户，只有敞开的大大的口子。很多人的皮肤沾满了泥土，一副黑乎乎的样子。

我特意穿了一身三件套西装，打了领带，系了吊裤带。

“看看我，”我通过口译员开始向这群人说话，“我和你们之间的差异大得不可能再大了，我穿的和你们不一样，说的和你们不一样，长得和你们也不一样。”我又补充说，“我到这儿来的飞机票所花的钱也许比你们一年挣的还多。”

“但是，”我说，“我认为我们有一些共同之处，我们都希望自己和孩子过上更好的生活。如果我们共同努力，我们也许能一起做一些事情。”

我强调说，种植者们有的是土地、廉价的劳动力以及因为病虫害而导致产量下降的香蕉树，而我们有的是资本、技术和市场。

我们谈论了他们所过的生活，他们赚钱的门路，他们对政府的抱怨，他们对享受更好医疗服务的渴望。虽然没有几个人能读会写，但他们对教育很感兴趣，尤其想让自己的孩子接受教育。我告诉他们，我需要他们每一个人做出承诺，承诺他们愿意冒险尝试香蕉种植。

那天晚上，我们花了好几个小时达成了一份十分冗长的合约。我用英语将合约内容输入电脑，那名口译员接着又用西班牙语将合约内容输入电脑。虽然几乎所有的种植者都没有读过书，但他们并不傻。他们问了一些非常好的问题，也提出了所有人在这样一份合约中期望的所有条件。这份合约受纽约州法律的保护。我们以互相尊重的态度对合约中的每一条款进行了慎重的商谈。我将投入资金购置设备、用卡车运送香蕉、进行市场销售、提供技术以及用于防治香蕉病虫害的化学药品，我们还保证向种植者提供一个合理的收购价格。种植者要保证达到一定的香蕉产量，而且还要保证学习世界一流的香蕉种植方法，我承诺会派人来教他们。

我告诉他们，种植香蕉在一段时间内可能没有种植古柯赚钱。但是，我们会形成一个品牌，这个品牌将会具有极大的价值，从长远来看，他们会获得更多。我向他们强调，根据玻利维亚法律，人们比较容易逃避合约中的各种专业术语，但根据纽约州法律，如果人们意见一致，就会订立一个协议。“所以，”我说，“一旦你们在这份合约上签下自己的名字，或在自己名字旁画个‘×’，就表示永远不能反悔。这是一个承诺。你们必须说话算话。”

我们谈完的时候天都快亮了。由于没有电，我们没有地方打印这份合约。因此，两个还算能读会写、讲西班牙语的种植者驱车 350 公里带着我们回到圣克鲁斯——玻利维亚的商业中心，在那里我们打印出合同并在上面签了字。

在接下来的几年里，这份与玻利维亚人签署的合约经受住了时间和距离的考验。这是因为我们曾就我们之间的差异和我们能够开展合作的方式，进行了开诚布公的讨论。我们来自两种差异悬殊的文化，但我们有着相似的目标，我们的协议建立在人类情感的基础上。

这是一个良好的开端，但我认为这还不足以形成一种我所追求的长期的密切关系。因此，我们经常回去，参观整个丛林地区。我想了解他们的习俗和生活方式。突然，我们有了一个想法。

美国和玻利维亚政府都支持我们这个项目，两国政府想让种植者开立银行账户，让银行来替他们保管钱。两国政府认为，现金经济容易导致毒品经济。于是，相关机构为种植者们联系了圣克鲁斯银行——一家位于圣克鲁斯的地方银行，让他们在这里开立账户。

但是，我想让种植者们享受到更多尊重。

在玻利维亚，全国最好的银行是位于圣克鲁斯的花旗银行，而该银行最好的部门是公司业务部。像梅赛德斯这样的大公司都在这里办理银行业务。这里环境优雅安静，地上铺着厚厚的蓝色地毯，你能听见空调发出的轻柔的嗡嗡声。这里对客户和公司的经济能力有着严格的要求，而种植者们手里几乎连两张比索都没有。

虽然如此，我们还是请求花旗银行的公司业务部为种植者们破例。“绝对不行。”公司业务部负责人说，就连我们提这个要求他都觉得对他是一种侮辱。于是，我们动用了包括政治上的一些关系，劝说花旗银行接受种植者作为其储户。这是一个能够提高知名度的项目，而且大家要求作为一家大型美国银行的花旗银行为玻利维亚做些贡献，所以花旗银行最后同意了。

想象一下这种情景吧：一群衣衫褴褛的种植者们走进装修得富丽堂皇的银行，来到指定的公司业务部，而这里的其他人都是衣冠楚楚，身着考究的职业套装。想象一下这些种植者们拿到了自己的花旗银行卡，这可是他们的第一张银行卡和存折啊。再想象一下种植者们回到了他们丛林中的木棚屋，高举着自己的花旗银行卡互相说着：“我们享受到了和梅赛德斯公司一样的贵宾待遇！”

我们签完合约两三年后，那里发生了一次交通行业大罢工。穿越查帕雷地区（丛林地区）的公路是玻利维亚的主要交通运输通道之一。只有一种卡车允许通行——我们运送香蕉的卡车。

我们还请带头的种植者们到圣克鲁斯最好的餐厅之一用餐，让他们见识了白色桌布之类的考究环境。他们坐着巴士从丛林中来，我们让他们把这些美味佳肴也带回去给家人尝一尝。餐厅里的其他人都对他们侧目而视，可是他们和我们在一起，所以餐厅也不敢造次。

加入我们这个项目的种植者人数呈稳步增长趋势。半年后，整个丛林已有 3 000 名种植者加入了我们。这个项目在玻利维亚已经众所周知，人们纷纷转向香蕉种植，一些古柯种植者们发起的抗议活动被淹没于这股浪潮之中。

然而，变化最大的莫过于香蕉本身。这个项目之前之所以没有开展起来，原因是丛林中有一部分香蕉树染上了病害，它们感染了一种被称为黑叶斑病的真菌，这种真菌会导致香蕉树叶打蔫。由于每天暴露于阳光之下，香蕉在树上很快成熟，并变成黑色，从而无法食用。

香蕉树在整个生长周期中需要每天喷洒数次杀菌剂以消灭真菌。但是，如果从圣克鲁斯驾驶飞机每天来回数次、每次飞行 350 公里给香蕉树喷洒药剂，成本太高。所以，香蕉产业之前从未兴旺发达过。

然而，在查帕雷中部有一个小型军用机场，如果小型作物喷洒飞机能停在该机场，并将其作为一个基地，那么化学药品和燃料就可以用卡车从圣克鲁斯运送至此。

这个机场由美国全国航空协会所有，是在美国和玻利维亚军方的共同努力下建造的。20 多年来，种植者们一直请求向除古柯种植以外的农业项目开放机场，可是都被拒绝了。因此，我们决定运用本书所介绍的谈判技巧来达到我们的目的：准则、表达方式、第三方和目标。

我给美国国务院、司法部和财政部写了一封信，这 3 个部门的职责都是打击非法毒品贸易。这封信实际上是问他们，他们的行为是否与他们的目标相符。这是利用他们的准则。

信中写道，如果机场仍然关闭，这说明美国政府支持非法毒品贸易。但是，如果机场向种植者开放，这将表明，美国政府不仅在言论上而且在行动上反对非法毒品贸易。我们再一次从玻利维亚政府和美国政府那里获得了帮助，两国政府将我们的要求传达至相关人员。

与此同时，亚历克萨·桑德博格（Alexa Sundberg）和安德烈斯·朱达（Andres Judah）在美国协助我的工作，前者是一名美国营销顾问，后者是一名玻利维亚经济学家。他们向政客们施加压力，让媒体得到相关信息，并团结飞行员协会一起向政客们施加压力。

机场终于开放了。美国和玻利维亚相关机构拨款 10 万美元，用于在香蕉种植园的中心地带、军用机场的旁边修建一条新的商业飞机跑道。我们从厄瓜多尔引进技术以提高香蕉质量，并引进了新的冷藏设备和清洗设备。我们在阿根廷发现了市场。我们的食品标签“安第斯金”成为阿根廷一些超市中的常驻商标。在阿根廷，香蕉居高不下的销售价格表明，查帕雷地区的印第安人正在与世界上最好的香蕉生产者展开竞争。

该项目启动几个月后，香蕉价格在短时间内出现了下跌。我确信我们那个月会出现亏损。可是，当我拿到会计报表的时候，报表显示我们仍在赢利，这个项目还在赚钱。我对此很不解，于是，我直接打电话给在玻利维亚负责处理财务的人员，问他们为什么我们这个月没有出现亏损。

“噢,”其中一人说，“种植者们看到市场价格下跌，他们不想让你赔钱，所以就决定降低收购价格，直到市场价格恢复。”

一般人认为我和他们没有任何共同之处。我不会说他们的语言，不懂他们的风俗习惯，但是，我们跨越了时间、空间和文化建立起了一种联系，并一直持续到现在。

这种情况会百分之百发生吗？当然不会。但是，如果你肯亲身经历这一过程，发生这种情况的概率会高得令你吃惊。

沟通、观点和文化

显然，如何与来自另一种文化的人们进行沟通、如何理解他们的行为、如何询问有关他们的看法，是关键所在。如果我们认为其他人看待世界的方式都和我们完全一样，就会导致各种冲突。

关于这点最有趣的研究之一与对微笑的误解有关。这项研究是在一所大学校园进行的。两个美国人在路上碰见的时候相视一笑，两人都感到很愉快。然后，一名美国人碰到了一名韩国学生，这名美国人向对方微笑，而这名韩国学生却没有回之以微笑。韩国学生心想："这些美国人太肤浅，只会朝别人微笑，甚至对陌生人也一样，这对对方毫无意义。"而美国学生的看法是："这些韩国人太不友好了。"

一名阿拉伯学生穿着传统服装行走在一条小路上，身上的白色长袍衣袂飘逸。人们赞许地朝他微笑，可他只觉得这是嘲笑——因为在某些阿拉伯文化中，这就是此种情景下微笑所代表的含义。他迅速跑进卫生间，检查自己的外表是否有什么异常。

然而，这项研究最有趣的部分是关于一名美国年轻女子和一名东南亚男子的。一天黄昏时分，这名女学生下课后正在等校外巴士回公寓，一名来自东南亚的男子正在照看他的两个小孩。

这名年轻的美国女子被感动了，她朝那名男子笑了笑。那名男子突然有些不知所措，回头看着她说："噢，稍后再见面行吗？你开价多少？"这名男子以为她是在招徕生意。

如果仅仅一个微笑就能产生这样的误解，想一想，在一场错综复杂或情绪激动的谈判中，人们所说出的无数话语将会隐藏多少陷阱啊。

解决跨文化问题的过程与解决其他谈判问题的过程相同，只不过前者在观念上的差异要更大一些，因此所花的时间通常要更多一些。当然，关键是要从对方脑海中的想法开始，无论这些想法看起来差异有多大。

此外，行动时要采取循序渐进的方式。跨越文化通常意味着要跨越巨大的鸿沟。将谈判分解成一个个的小步骤，一次前进一步。如果对方犹豫推诿，就将步子迈得再小些。

当你想带着某人努力跨越一个很大的鸿沟时，如果这一过程不为对方所见，你就很难成功。事实上，对方必须看到这一过程，无论是在他们的脑海中还是亲眼所见。缺乏实际经验，对方的观点就很难被改变。这就是本书对角色转换情有所钟的原因。对大多数人而言，你必须让他们做到感同身受。

如果对方认为他们痛恨某人，你就要让他们花时间和那个人相处。

如果对方讨厌某种文化，你就要设法让他们亲身体验那种文化中积极的方面。向对方提供资料、和对方争辩、增加可能无关紧要的更多好处（例如工资），这一切通通没有意义。要让对方看到一个画面，激发他们的想象力，拨动他们的那根心弦。

准则与文化

超越文化规范通常极其困难，但是，可以通过利用第三方、对准则重新表述以及了解对方的看法这些方式来做到这一点。卡特·梅菲尔德（Carter Mayfield）受邀在其女朋友希拉家留宿，希拉家里当时宾朋满座。希拉的父亲贾斯汀·阿里（Justin Ali）是一个波斯人，他准备睡在沙发上，把所有的床让给客人们。这是一种文化规范，如果不这样做就会丢面子。

在与希拉商议之后，卡特浏览了一下电视指南，发现了一档他非常想看的电视节目。卡特让希拉告诉父亲，他真的很想看那档电视节目，而看电视只能坐在沙发上。如果不让卡特看电视，这会很失礼。又是一个运用准则的例子。阿里先生睡在了自己的床上，卡特说。这件事微不足道，但又意义重大。卡特现在是得克萨斯州一个家族企业的高级主管，他顺利娶到了希拉。

在第 1 章我曾提到，许多来自印度的妇女通过运用在谈判课上所学到的技巧摆脱了包办婚姻，下面就是其中的一个故事。故事的主人公名叫德娜，她的父母想让她嫁给他们教派中的某个人。这是一个始于公元 4 世纪的传统，即使在今天，印度 90% 的婚姻也都是包办婚姻。

但是，德娜爱上了另一个教派的一位男子。德娜的父亲似乎比较容易通融，可是，在寒假的一次谈话中，德娜的母亲对她的想法感到怒不可遏。“那样我们就没脸见人了。”她母亲说。事实的确如此，几年前，德娜的一位表姐拒绝嫁给家人为其选定的对象，结果家人与其断绝了关系，多年来甚至没有一个人同她说话。

因此，在谈判课上，德娜和其他一些学员进行了一个角色互换练习，想要试着找出解决办法。“我意识到的第一件事是，我必须肯定我母亲的感受，而不能与她争辩，”德娜说，“毕竟她想让自己的孩子过得好。”这样一种情感补偿可以用来开启一场对话。

接下来，德娜会和自己的父亲交谈，只要符合这个家庭的宗教和传统，父亲就会容易通融些。德娜还会和她们家的一位朋友交谈，此人嫁给了一个非印度人，他们的婚姻很幸福。这些第三方的支持会进一步让德娜的母亲冷静下来，使其能够和德娜进行一场理智的谈话——这一切要循序渐进地进行，而且要经过很长一段时间。

德娜接下来会将自己的男友引见给父母——并非在正式场合下，目的只是让他们见到自己的男友。她父母会觉得她在征询他们的意见。德娜决定不把第一次见她父母的意义告诉男友，以便让他显得自然一些。她所爱的这个人是一名专业人士，德娜在这方面有着很好的眼光。德娜还意识到，只要她流露出任何情绪，所有一切就会付之东流，因为在谈话开始阶段场面极其紧张，母亲很容易一触即发。在课堂上，德娜的团队对此进行了演练并做了充分的准备，然后一遍又一遍地反复练习。

德娜回去见自己的母亲，她用了好几周的时间来逐步运用她的策略。她有时和母亲单独谈自己的想法，有时和父亲谈自己的想法，始终保持冷静和善解人意的态度。结果是：“我父母主动承担了婚礼的费用，他们感到很自豪。”德娜说。

“我们学到的最重要的一件事是，以一种有计划、有步骤的方式运用谈判策略会产生巨大的威力。”德娜说，“理论是一回事，将自己置于对方的位置进行实践完全是另一回事。充分准备是关键，保持冷静至关重要。”德娜说，整个实践过程从根本上改善了她和母亲之间的关系，现在她们形成了相互尊重的良好母女关系。

现在，德娜和她所爱的人在加州过着幸福的生活。她跨越了文化中的巨大差异。在全世界，包办婚姻的比例高达60%。德娜做了千百万女性想要去做却没能做成的事，因为她们缺乏技巧。德娜运用技巧成功地换来了一生的幸福。

让我们再来看一个比较艰难的例子——有一名年轻的以色列女子，她想嫁给一名年轻的伊拉克男子。假设这个故事发生在20世纪七八十年代。如果他们想在巴格达生活，那会如何？我想他们没法生活下去。如果他们想在耶路撒冷生活，那会如何？同样，我认为他们没法生活下去。但如果他们想在纽约生活，也许他们就能生活下去。因为纽约在文化方面更加多样化，而且，对待不同文化的态度更加宽容。

让我们想想这个故事会如何发展。那名年轻的以色列女子和她母亲谈了自己的想法，她母亲是怎么说的呢？“除非我死了！”这名年轻女子尽量冷静地问：“可是，为什么呢？”接下来，当然，我们所有人都知道母亲的回答：“这种婚姻是不会幸福的！”

好了，这正是我们想要听到的回答。为什么呢？好吧，从母亲的回答中，这名年轻女子能得到什么线索呢？一个大大的、绝佳的准则！所以，如果你是那名年轻女子，你应该问自己，是否存在这样的幸福婚姻？答案是肯定的！例如，我姐夫的妹妹来自一个虔诚的犹太家庭，这个家庭在大屠杀中幸免于难。她丈夫是一名伊拉克人，在世界银行工作。他们在纽约生活了很多年，有两个孩子，还养着5条狗，生活幸福美满。他们并非唯一的例子，事实上，仅仅在以色列，由阿拉伯人和犹太人缔结的婚姻至少有数百桩。

因此，在这种情况下，一定要冷静地利用各种准则去实现自己的目标。不过，让我们假设那名年轻女子的母亲非常聪明，她回答说：“但是，这种婚姻几乎不可能幸福，我敢打赌，其幸福的概率也不过是千分之一而已。”这一次，她母亲的回答又给了她什么线索呢？还是一个大大的、绝佳的准则！如果你是那名年轻女子，你就可以说：“可是，妈妈，您不是总说您的孩子是最优秀的吗？所以，如果有人能在这种婚姻中获得幸福，那个人难道就不能是您的孩子吗？”

当然，这是在以情动人，就问题本身而言，这还不够。她母亲还需要见见那个小伙子。这名年轻女子需要摆出一些事实：《旧约》中一直都有异族通婚的情况，换言之，嫁给非犹太人就其本身而言，并非违反传统。事实上，在《圣经》中，摩西、撒拉、伊什梅尔还有所罗门都曾与非犹太人通婚，而且，亚伯拉罕还和一个非犹太人育有一子。这些都是先例。

这个例子说明，要想克服看上去似乎极其巨大的文化差异，就必须找出对方脑海中的想法并予以正确对待。

文化与商业

让我们来看一个涉及商业情境的例子，该例子中所出现的情况在我的学员们身上时有发生。这个例子表明，要想跨越文化鸿沟，就必须进行换位思考，并采取循序渐进的步骤。

假设你是一位十分精明能干的女性，刚从一家商学院毕业。你接受了总部设在美国的一家大型国际咨询公司提供的一份工作，成为该公司驻东京办事处的一名助理。你要在东京工作两年。你曾多次去过日本旅行，而且通过学习和旅行说得一口流利的日语。

你的工作任务是负责与日本传统的制造公司进行联络。管理层和董事会成员都是清一色的男性，而且非常保守。作为一名顾问，你与他们没有任何工作上的直接关系。他们经常绕过你去找你的男性上司。或者，他们将你当成一名秘书看待。2010 年世界经济论坛发表的一份报告中说，在对 27 个主要国家进行研究后发现，在日本，女性的就业比例为 24%，排名倒数第二，倒数第一的是印度，为 23%。而且，只有极少数的女性可以升到企业高层。在日本的劳动力大军中，许多女性从事的主要是一些办公室文员之类的工作，如端茶倒水，她们被称为“白领丽人”。

你要么在办公室里消磨两年时光，然后事业无成地返回美国；要么积极采取行动，让自己脱颖而出。如果你能运用正确的谈判技巧，大概只需半年时间，你就可以成为一名成熟干练的顾问，令日本公司的同事对你刮目相看。

让我们首先考虑一下，一个传统的、清一色为男性的日本管理层会怎样看待一名年轻聪明的外国女性呢？而且，这名女性是以一名顾问的身份被安排进入公司，其地位甚至也与他们不相上下。跃入他们脑海中的应该是这个词：威胁。让我们将这个词拼读出来。这是对既定秩序的一个威胁，是对千年历史的一个威胁，是对社会凝聚力的一个威胁，是对传统的一个威胁。对他们而言，这很容易导致家庭破裂（“如果所有女性都这样做，那该怎么办呢？”）。

因此，搞清楚他们的想法至关重要。你也许不喜欢这种咄咄逼人的询问方式，因为这会让一些日本男性畏缩不前。但是，这就是现实世界，我们在此的目的就是解决现实问题。

当然，他们的看法和他们的情感正是我们解决问题的出发点，我们可以以此为起点去改变他们的看法，使整个过程朝着我们的目标推进。正如我已经提到的，问题是分析的起点，而不是终点。

这里有两个关键的谈判技巧需要引起你的注意，一个是关注他们的需求（利益），另一个是找出对他们有影响力的第三方。

让我们先将他们的部分需求（利益）列一份清单：获取利润、吸引最优秀的人才、树立创新形象、具有社会意识、实现国际化、充满竞争力、关注长远利益以及富有协作精神。

接下来是三方：股东、员工、客户、政府、美国合作伙伴、公众、竞争对手、董事会、媒体以及同事。

完成这项工作之后，我们就能找到方法重构形势。这名年轻女性根本就不会对他们造成任何威胁，而是高额利润、美好未来和竞争力增强的象征：她是最聪明的、新一代年轻商务精英中的一员。她是美国人，可以满足公司想实现国际化的需求。在日本，越来越多的女性高管正在成为楷模，她们增强了公司积极正面的公众形象，并由此推动了销售业绩的增长。

正如你所见，我们只是简单利用了该公司管理层所看重的一些东西：业务需求和人才。我们让他们看到，他们排斥美国女顾问的行为不符合他们公司所陈述的需求。如果该公司说，其需求也包括保持传统，你可以指出，许多传统的日本公司也正在朝着这个方向发展，传统并非停滞不前，现代士兵已取代了武士，汽车已取代了马匹。

现在，这名美国女性并不适合自己出面与这个传统的日本管理层就这个观点进行争论，一名同在该咨询公司工作且与该日本公司有工作往来的美国男性顾问，将会是更好的人选。此外，这位美国女性还必须从专业角度证明自己的能力。慢慢地，她就能赢得日本公司管理层的信任。在他们眼里，她已经从一个年轻的外国女性变成了一名精明能干的商业顾问。

该咨询公司那名美国男性经理所扮演的角色在这一情境中非常关键，他的作用相当于一个跨文化中介，即对双方的文化都很了解，并受到双方信任的人。如果来自不同文化的人们无法跨越双方之间的巨大差距，跨文化中介能够帮助双方更快地缩小差距。

跨文化中介的职责不是去解决问题，而是去帮助双方进行沟通。其目的是帮助双方理解彼此的看法，发送信号并增进了解。

记住，此处的差异不仅仅涉及语言差异。事实上，如果你已经很流利地掌握了对方的语言，这也许对你并不利，因为对方文化中的人们往往会误以为你在其他文化事项方面同样“流利”。换句话说，他们对你犯错误的宽容程度实际上会因此而降低。

我曾为联合国处理一项涉及古巴贸易的交易，于是我和日本一家大型制药公司的执行副总裁约好开会。当时，我对日本文化和制药企业文化都一无所知。该制药公司的执行副总裁可以讲一口漂亮的英语，但我需要的不是一名能在日语和英语之间进行转换的翻译。相反，我需要有人帮我处理与文化有关的问题，这甚至更重要。

我找到了一名日本制药方面的顾问，此人曾在美国生活过一段时间，而且还在沃顿商学院参加过一个培训项目。我聘请他做我的文化中介，帮助我处理这次会议的相关事宜。

我们来到制药公司，被带到一间会议室。那位执行副总裁尚未到来，我立刻在靠门的那张椅子上坐了下来。在美国，在我对面、正对门的那张椅子是上座，我想把上座留给主人。

我刚一坐下，我的顾问就轻轻地把我拉起来，带着我绕过桌子来到对面，让我刚好坐在正对门的那张椅子上。“在美国，”他说，“主人坐上座；但在日本，上座是留给客人的。”

当我们的主人进来后，他立刻看到了三件事：第一，我坐在了合适的位置；第二，对我应该坐在哪个位置，我是下了一番功夫的；第三，我带了一名文化译者，以确保减少我们在会议开场和过程中的沟通失误。

我并没有努力使自己与主人保持一致，讲他的语言或完全顺从他的风俗习惯。我是在努力发送一个小小的信号，即我知道我们之间存在文化差异，但我希望找到一种能进行有效沟通的方式。这次会议进行得非常顺利。

在各种各样的情形下、在许多不同的文化背景中，这种策略都很奏效。当我第一次打算去乌克兰的时候，有人告诉我，那里的谈判标准是每人在每次谈判会议上都要喝一瓶伏特加。他们喝的那种伏特加与美国商店里出售的还不一样，这是一种可以用来做燃料的烈酒。我这个人滴酒不沾，不喝伏特加，当然更不喝可以替代燃料的那种伏特加。可是，我必须进行谈判。

因此，我随行带了一名体重达 350 磅的爱尔兰投资银行家，他告诉我说没人能把他喝翻到桌子下面去（这个例子可能让人觉得带有偏见，请读者包涵一下，但这是真的）。我向我们的乌克兰谈判方介绍他的时候，说他是我的“指定喝酒人”，对方反应很平静。我一生当中从来没有见过这么多的伏特加居然被两个人给喝光了。我们成功达成了交易。我们找到了跨越文化差异的桥梁。

对方真实的文化内涵

通常，人们对另一种文化的构成会有一种误解。某人是中国人并不意味着他就属于中国文化。他也许在美国长大，假如你以为他会遵循中国的风俗习惯和传统，说不定会遭到他的误解。

我曾经写过一篇文章，谈到了纽约州立大学石溪分校的一名教授。这名教授叫哈南·赛尔万（Hanan Selvan），他患上了色素性视网膜炎，这是一种退化性眼病，会使视野逐渐变窄，直至失明。这位杰出的独立思想家，其眼病已经到了晚期，但是，他过着一种积极向上的生活，独自一人坐火车旅行，随身只带着自己的伸缩拐杖。在许多学术性社团中，他都是一名活跃分子，包括门萨协会（Mensa），该协会的会员都是拥有天才智商的人。

我问赛尔万博士，他是否也是色素性视网膜炎患者协会的成员，他听到后反应很激烈。“他们在很大程度上根本就不是学者，”他说，“我和他们之间唯一的共同之处，就是我们都患了同样的眼病。”这些话令我十分震撼。在这里，大部分旁观者认为他身上最明显、最典型的属性甚至完全没有被他看在眼里。所以，人们的确需要深入调查，以搞清楚在对方心中，他们究竟属于哪种文化。

下面是一张清单，它告诉我们，要想和那些与自己有差异的人进行有效沟通，应该考虑哪些因素。该清单归纳整理了本书中的许多谈判方法，以帮助所有人从彼此之间似乎存在差异的情境中（至少在一开始）争取更多。

和那些与你有差异的人达成一致

1. 制定目标，找到共同的目标。找到共同的敌人以激起同仇敌忾之心。

2. 运用逻辑将极端情况用画面展示出来：继续当前进程所招致的风险。

3. 进行角色互换，对方是谁？对你的假设提出质疑，找出对方的梦想或恐惧。

4. 听取信号：言语的和非言语的。

5. 找出会掩盖相同点的“噪声”（身体上的、语言上的、风格上的）。

6. 明确指出并尊重真正的差异。

7. 找出准则：对方的规范以及合理的规范。

8. 对不当行为当面予以指出，找出自己的弱点。

9. 坚持用证据证明所有观点。

10. 要循序渐进地提出建议。只关注可控制因素。

11. 做决策之前先咨询：让对方参与决策制定过程，并征询对方的建议。

12. 找出所提建议生效的先例。

13. 坚持找出具有创造性的选择方案。“这是唯一的办法吗？”

14. 寻找隐藏着的动机。制订激励措施改变对方。

15. 找出对方的支持者。借助对方的价值观。

16. 描绘一个美好未来的蓝图。与对方进行讨论。

17. 为那些想要做出改变的人创建一种新的“文化”。

第一件事当然是要确定你的目标。你计划采取的行动能实现你的目标吗？与你打交道的人能帮你实现你的目标吗？

运用逻辑将极端情况用画面的方式展示出来是关键。这能让双方清楚地看到：如果继续沿这条路走下去，将会发生什么情况。破产？持续多年的官司？核战争？有一次，我与以色列和约旦的商人们在一起。我说："用这种方法来解决中东问题怎么样？获胜的一方将另一方的所有生物全部杀死，包括男人、妇女、儿童、狗、猫、羊、鸡、蛇、鱼、虫、蝴蝶……"

他们认为这很荒谬。我说："可是，你们必须这样做，对吗？你们必须杀死所有人。因为如果只要还有一个活口，你们还是会发动战争。有人还是会因为昨天所发生的事企图杀死另一方的人。"他们可以看到，这的确是根据逻辑思维而描绘出的极端情况，这种极端情况不会实现任何人的目标。我想让他们仔细思考更理想的选择方案。

此外，我希望在提出建议的时候采取循序渐进的方式，一次只前进一小步。有没有一些小小的例子能证明你所提的建议确实有效？将这些例子找出来并加以运用。

让人们团结起来。先团结那些想改变做事方式的人，让越来越多的人参与其中。征询对方的意见，制订激励措施去改变那些难以改变的事情。

2007 年 5 月，我在沙特阿拉伯的利雅得开展了一个为期两天的讲习班，讲习的对象是高管、教育家和政府官员。利雅得是一个非常保守的城市。我们将关注焦点放在了连接我们的共同纽带上：通过谈判提高效率、改善结果。从这个意义上说，我们大家都属于同一文化，是一些想努力做到更好的、受过良好教育的人。这次讲习班开展得非常成功，我们向大约 45 个人讲授了本书中的谈判技巧和方法，其中许多人身穿传统的阿拉伯长袍。

在第三天结束的时候，我自在地说："并不是每一个以色列人都是你的敌人，也并不是每一个沙特人都是你的朋友。有些以色列人会帮助你发家致富，有些沙特人却会不知不觉地让你倾家荡产。"

他们明白了我的意思，在沙特王子大学的这间教室里，很多人都点头不已。令这所大学得名并对其进行捐助的沙特王子是该国的王位继承人。讲习班的小组成员包括利雅得商会负责人、沙特阿拉伯一些最大公司的总裁以及沙特王子大学校长。

人们完全有可能冷静有效地处理两个群体或个体之间的巨大差异，并能够创造出持久的价值。你必须去大胆尝试。

第 9 章　如何在工作中争取更多

哈佛商学院有一名优秀毕业生受聘于加利福尼亚一家大型公司。在她被聘用的3年内，当初3个聘用她的人——首席执行官、总裁和执行副总裁——先后都走了：一个退休，一个遭到解雇，一个离职了。新的管理团队打算像对待老团队中的剩余的人一样将她解雇。

但是，事实证明，她所做的工作是不可或缺的。这是因为，她在被聘用之初就意识到，她在职业生涯中可能会遭遇坎坷。聘用她的3个人每一个都比她年长25岁，她知道，还没等到自己在事业上站稳脚跟，他们就会消失不见。

因此，3年来，她一直主动地给公司其他各部门的人帮忙，而这些部门完全在她的工作范围之外。她是利用如下时间完成这些额外工作的：下班之后、周末、午休时间，有时把它作为自己工作的一部分顺便完成。她在整个公司广交朋友。因此，当新的管理团队到来的时候，公司上下呼声一片："公司离不开这个女人！你们不能赶走她！"她的工作保住了。

这位女经理其实是和公司其他人展开了一场长达3年的谈判，而那些人甚至没有察觉到他们参与了这场谈判。你是否认为这是在耍手段操纵别人？那好，有谁在其中受到伤害了吗？没有。事实上，她为该公司免费做了 3 年贡献，该公司管理层也发现了她的价值和重要性。

雇主与雇员之间的关系正在变得越来越紧张。传统的劳动关系是：雇员用自己的忠诚、技能和时间换取工作的稳定性和赖以为生的工资。工会的宗旨就是尽量将这一关系制度化。然而，近些年来，在大多数地区，力量的天平已经开始明显向雇主一方倾斜。

在这种环境中，巧妙地运用谈判技巧至关重要。我的一些学员在求职面试中觉得未来的雇主很难相处，我告诉他们说："这种态度已经是他们将来会给你的最好的态度。"所以，如果现在就觉得这是个难以接受的问题，就一定要慎重！

市场上充斥着各种各样的求职建议：要这样说，要穿成那样，要问这些，要那样准备。很多类似建议的问题在于，它们似乎是放之四海而皆准，适用于任何情况。但是，正如本书贯穿始终所强调的，一把钥匙开不了所有的锁。有效谈判要视情境而定。因此，对求职而言最重要的就是要了解对方，还要了解对对方有影响力的人。只有这样，你才能找到适用于特定情境的谈判策略。

这意味着，即使是和同一家公司的不同的人进行谈判，也要采用不同的谈判策略。这会多费些工夫，却更精确、更有效，其目的是让你在公司中变得更有分量。对方认为你的分量越重，你在职业生涯中就上升得越快，而且在经济不景气时期就越难将你赶走。

让我们从本章开头谈到的那位从哈佛商学院毕业的女性开始。首先，她认真思考了她的目标——在公司长期发展。接下来，她想到了她在实现目标的过程中可能遇到的所有问题：她的指导者在她实现目标之前就会离开公司。然后，她找出了可以帮助她的第三方：公司其他部门的人。她认真思考了他们的需求，包括策划活动、做广告、提供营销咨询。她进行了充分准备，采取了循序渐进的方式，精心培养人际关系。

拓展关系在几乎所有的职业情境中都很关键。在很多公司，甚至在一些很小的公司，争权夺利现象十分严重。你越能分辨出谁能帮助你并与其联合，就越能立于不败之地。当局势不妙的时候，这些人就会像预警器一样提醒你。他们会给你提供信息，帮你抓住公司里的各种机会。如果你处境堪忧，他们会赶来相助，他们会优先考虑你的项目。他们会在紧要关头帮助你摆脱困境。

下面这些关键类型的人可以在工作方面给你提供帮助。首先，有些人可以帮你得到工作；去接近他们，和他们喝杯咖啡或共进午餐。

- **公司的老员工**。他们已在公司工作了很长时间，现在受到排挤无事可干，而且往往为他人所忽视。这种人知道公司所有的秘密。与他们交谈并尊重他们。每一家公司或多或少都有些这样的人。他们对所有的阴谋诡计看得一清二楚。他们会给你提供关键信息，以便让你实现自己的目标并保护自己。
- **离职者**。在这一类人当中，许多人曾目睹过公司最糟糕的一面。他们知道公司无法满足员工们的哪些需求。对他们所说的话，你也许要持保留意见，因为他们说这些话时有可能心情不好，或者有不为人知的动机。不过，你通常都会从中得到一些最真实的信息。如果你正在找工作，而他们是在皆大欢喜的情况下离开公司的，他们也许会打电话把你推荐给公司。
- **掌握信息技术的人**。许多人似乎很讨厌信息技术部门。要学着喜欢信息技术部门，或者至少在这个部门中找到一两个好友。不懂信息技术，大多数人都无法有效做好本职工作。如果保证你工作正常运转的信息技术出现了问题，你需要有人立即为你解决问题，即使是在周末。
- **图书管理员**。并非所有公司都有图书管理员。但是，这些人比公司任何人都更善于钻研学习，他们会让你的工作（和你自己）都变得更出色。
- **保洁人员**。大多数经理们对这些人视而不见，但他们能通过耳听八方和眼观六路知道很多事情。

- **安保人员**。当你忘记带出入证的时候，当你需要让客户快速进入公司的时候，当你想要进入一间上锁的办公室去取忘掉的一些文件的时候，一名已与你建立起良好关系的安保人员就能帮上你的忙。每天向某个安保人员打声招呼，每逢节假日给他些小费，主动和他聊聊体育运动之类的话题。

- **行政人员**。他们也被称为长期员工。管理人员和经理常常会换来换去，可很多行政人员为了事业发展长期留守公司。他们既可以制造流言蜚语，也可以进行积极正面的宣传。将他们拉入你的团队，逢年过节给他们带些小点心。

- **其他员工**。如果你在截止日期前必须借助某些东西来完成你的工作，或者当你需要某些信息的时候，复印室和传真室里的职员、餐厅里的工作人员、差旅部门员工、维修人员——所有这些人都能给你提供帮助。

- **人力资源部门的人**。人力资源部门的人通常最容易对别人说“不”，其主要职责是维护公司。但他们也并非铁板一块。多和他们交朋友，先从职位较低的人开始。对他们的工作表现出兴趣，他们会高兴地向你解释他们的工作。通常，一说起人事和个人问题，他们总会滔滔不绝。

- **你和你的部门所倚重的人**。你所在的部门有没有可以倚重的人，比如外部供应商、餐厅工作人员、印刷厂职员。这些人越了解并越喜欢你，你就越能帮你的部门争取到他们的支持和帮助。你有他们的手机号码吗？比如，你能从差旅部门获得一些内部消息并将其提供给外部供应商吗？

我在此谈论的是如何建立自己的“联盟”。这需要花费很多时间，付出很多努力，还要开动脑筋。但是，与重新找一份工作相比，或者与完全靠一己之力实现升职加薪相比，其所花的时间和工夫还是要少得多。

建立自己的联盟要采取循序渐进的步骤。询问有关他们工作的一些情况，找出他们的梦想和恐惧，就自己能力所及给他们提供一些信息，主动给他们提出一些建议或不断向他们伸出援手。先从一两个人开始。你所做的这一切都是在尽可能多地收集与你所在公司或你想去的公司所有有关的信息。

是否有令这个公司担心的事呢？他们在某种外语方面需要帮助吗？需要一个可靠的另一种文化的中间人吗？在某一地区是否需增派人手或某人正在休假？你能给他们提供一些他们需要花费巨大代价才能得到的信息吗？

埃伦·沃尔什（Ellen Walsh）是一家公关公司的新人，他与另外两个人一起共事。没有人知道她的能力。当她发现有一个很受器重的雇员即将离开公司时，“没有人想接替他的工作，”埃伦说，“他的工作是招聘实习生。”埃伦意识到，如果她自告奋勇去接这份工作，不仅会让公司对她心存感激，而且还能让她接触到更多的人。其中的一些人最终会成为公司的员工，这将有助于她建立起自己的人脉。

根据对方的具体需求获取成功

在本书前面的章节我曾提及一名学员，在上个学期面试被拒绝 18 次以后，由于运用了谈判课程中所介绍的技巧，连续 12 次成功获得了最后一轮面试的机会。他是怎么做到的呢？首先，这名叫梅于尔·特里维迪（Mehul Trivedi）的学员摸清了他要求职的每一家公司和部门的需求。他运用了本书第 7 章所介绍的谈判准备模式，对每一场面试进行了充分准备。他找出了关键的决策者，收集了有关面试官的具体信息。通过沃顿商学院校友网，他找到了一些最近离开该公司或了解该公司情况的人。他打电话给曾经关系很好的同事，以及在该公司工作的沃顿商学院毕业生。他对公司尚有哪些需求没有得到满足也进行了调查。

他意识到，他以前所写的通用简历只是部分地适用于他所求职的公司。这些公司都各有其不同的特定需求：技能、经验、工作场所、工作时间和条件。即使在同一家公司内部，部门不同，其需求也不相同。

做完这些研究之后，他重新写了简历，以使其符合每一家公司和部门的具体要求，然后将其递交给人员需求最迫切的那个人：部门主管、团队领导、人力资源部负责人。他和妻子进行了完整的角色互换练习，他妻子还给他录了下来，两人研究了录像，并做了一些风格上的调整。梅于尔在后来面试时被问及的问题中，至少有 2/3 在他的预料之中。在每一次面试中，他都展现出他是如何达到或超过了该公司（或部门）的要求标准，而且，他还在每一次面试中努力与对方建立良好的人际关系。

"效果令人吃惊。"梅于尔说。在很多次面试中，首轮面试甚至还没结束，他就已经受邀参加最后一轮面试。

梅于尔说，最初他对谈判课程中所提出的模式持怀疑态度，他认为促使一家公司同意录用与否的原因之中，人的因素至少占 50%，而"实质性内容"最多占 10%。但是，他的经历证明了该模式的有效性。梅于尔最后选定的工作是当一名股票分析师，所有的面试还没结束，他就选定了自己想去的公司。他说，他所学到的这些技巧适用于任何情况。在此后的 13 年里，他一直在运用它们。

梅于尔将方法进行了具体调整，以使其适用于每一个具体情况，好工作就是这样获得的。我每年要看数百份简历，然而，几乎所有人写的简历都反映不出他们曾对我们公司做过任何有意义的研究。梅于尔的经历在我的学员们身上屡屡再现。

当高拉夫·特瓦里（Gaurav Tewari）向位于硅谷的一家大型技术公司求职的时候，他十分清楚地知道哪两个部门会令他受益最大，并且知道为什么。他让自己认识的人给面试官发送一封推荐信。他对该公司的招聘标准熟记于心，包括该公司宗旨声明中的引用文字。果不其然，他得到了那份工作。现在，他是波士顿高原资本合作伙伴公司的一名负责人。

即使在经济不景气时期，还是有很多方法能让你敲开对方的大门。张易没能在硅谷的一家风险投资公司找到工作，因为他没有基本经验。但他了解到，该公司对互联网电话技术非常感兴趣，而他正好具有这方面的专业知识。

“因此，我主动向该公司提供免费咨询服务。”张易说。一旦进入公司，你就进入了信息流，就可以了解到各种各样的机会，志愿者们往往就这样成了正式员工。在该公司一直关注的一项投资项目中，张易对技术和市场分析进行的研究工作被该公司所采用。当该公司决定投资的时候，他准确为自己进行了定位。无论如何，他以行动书写了自己的简历。

几个月后，该公司开始向张易支付报酬，这与他在自己的家乡上海所干的工作类似。“即使对方的门已经关闭，不妨再试上两三次。”张易说，“给他们提供一个具体的解决方案，这需要花些时间，但效果非常好。”

如果没有报酬，有些人花不起时间做这些事；那么，也许你可以将它作为你的第二份工作或利用周末时间来做。关键是要持之以恒，不断寻找创造性的方法去敲开对方的大门。

马克·索雷尔（Mark Sorel）向国际金融公司申请到开罗工作遭到拒绝，该公司是世界银行的投资银行分部。被拒后，他问国际金融公司为什么拒绝他的求职申请，结果被告知是因为公司一名高级主管认为他不具备所需要的专业技能。于是，他给他在该公司的联系人写了一封信，将自己在沃顿两年的工作重新描述为：进行有关私募股权投资和新兴市场的培训工作。

“我知道您的团队已经对我的候选资格做出了决定，但是，如果该职位或其他职位有空缺，我希望您能给我一个机会。”马克写道，态度委婉而谦虚。不过，马克更进了一步，而这正是关键的一步：他主动要求国际金融公司对他进行一次测试，以展示他的专业技能。换句话说，他态度坚决，但并不莽撞。

两个月内，另一位候选人出了问题，国际金融公司根据马克的要求对他进行测试。马克的成绩十分理想，而且超出了那位对他持怀疑态度的高级主管的预期。马克得到了自己梦寐以求的工作，成为开罗联营公司的一名投资官。“我学到的谈判技巧改变了我看待谈判过程的方式，”马克说，“现在我有一套准备模式，它既能使我坚持立场，又不会破坏双方的关系。”

在职场的很多情形中，问题都非常棘手，一不小心就会危害到双方的关系。许多人在谈判中不愿冒险尝试，因此得到的较少。事实上，如果能运用本书所介绍的策略，谈判中的风险就会大大降低。除了找出双方共同的利益，还可以找出双方共同的敌人。如果能找到双方共同反对的东西，双方之间的关系也可以得到增强，整个局势可以实现重构。

亚历山大·赫罗姆桑科（Aleksandr Hromcenco）在一家制药企业担任临床信息主管，他想将自己的年度业绩考核结果从“达标”改为“优秀”。他刚刚获得公司颁发的年度临床创新奖，这个奖是体现他的价值的一个重要标志。可是，这个奖是在考核结束之后才宣布的，所以没被计算在考核成绩之内。

要让人们改变自己已经做出的决定十分困难。在这种情况下，亚历山大认为，他的上司也许会轻飘飘地说一句：“没关系，我们明年会把它算进去的。”因此，亚历山大重新塑造了情境：他问经理，为什么年度考核非要在所有的资料数据出来之前提交，这对所有人似乎都不公平，包括经理在内。在他的部门，只有两个人曾荣获临床创新奖。亚历山大说，如果经理早知此事，他的考核成绩肯定会更高。亚历山大让他的老板看到，这一考核制度对他们两人都很不利。最后，他的老板重新进行了考核，亚历山大的年薪因此而增加了 13.5 万美元。

要想在工作中获得更多，另一种策略是降低对方可感知的风险。一位美国空军能源经理不想继续开展一项价值 1 400 万美元的太阳能项目，该项目是霍尼韦尔公司针对位于亚利桑那州的卢克空军基地提出来的。

空军能源经理告诉霍尼韦尔公司的兰吉特·博帕尔（Ranjit Bhosale）说，她和能源服务公司曾有过一段非常不愉快的经历。兰吉特立即说道："如果我是您，我也会有同样的感受。"这个回答既肯定了能源经理的看法，给了她一个情感补偿，也使她更有兴趣倾听下去。

接着，兰吉特通过引用相关资料和证据的方式，说明这一项目不同于能源经理以往所经历的项目。他采用循序渐进的策略建议她先从较低起点开始：从 1 400 万美元项目中的可再生能源部分开始，该部分价值 20 万美元。这进一步降低了可感知的风险。此外，兰吉特还说，霍尼韦尔公司会派一名高级官员出席项目启动仪式，以对她的努力表示敬意。能源经理同意了。可再生能源实验获得了成功，现在，整个项目正在开展中。这次谈判之所以成功，在于其计划周详，运用了多种谈判技巧，并充分考虑到了对方的感受和需求。

仅仅通过询问去了解对方的恐惧，通常就能获得可用于说服对方的必要信息。本·休斯（Ben Hughes）住的地方离律师资格考前培训课程的上课地点很远，所以他想在家自学。自学的费用更加昂贵，而且他所在的律师事务所反对自学课程。本被告知，以前一些自学培训课程的新同事都没有通过律师资格考试。

但是，本决定降低律师事务所的可感知风险，无论这种风险是否有事实根据。因此，他向律师事务所的经理强调说，他已在该事务所工作了两个夏天。"您对我已经相当了解，"本说，"难道您不觉得我自己有能力学得很好吗？"本还强调，该律师事务所对员工采取的是灵活政策（准则）。该律师事务所最后同意让本自学，而且还额外承担了他 600 美元的学习费用。

至此，大家很清楚的一点应该是，有一种谈判技巧十分关键，那就是问问题：找出对方脑海中的想法和观念，深入了解具体情况。

达克·拉马克（Dark LaMarque）认为，自己对其新雇主的价值即使在经济不景气时期，也要高于自己过去所拿的 8.5 万美元的薪水。

这种事需要和新雇主亲自交谈。于是，达克去了俄勒冈州的波特兰和公司老板面谈。“我开始并没有提及工资，”达克说，“我先从他对公司的远景规划开始，我问他如何看待我在其远景规划中的作用。”

公司首席执行官一边回答问题，一边越来越清楚地看到达克是实现其远景规划的合适人选，达克对这位首席执行官的可感知价值开始上升。最后，这位首席执行官终于问起达克的薪资问题，“我问他他认为我的薪水标准应该是多少。”达克说。这位首席执行官说，他愿意支付的薪水以能让达克和他妻子维持他们的生活方式为准。

这是一个非常理想的标准。达克告诉首席执行官，这个标准是 12 万美元，首席执行官同意了。

达克接着又问，如果他“能为公司做出重大贡献”，是否有可能获得公司股权。首席执行官都喜欢听到这样的话。达克和首席执行官议定先从 3%~5% 的股权开始，如果达克表现出众，2~3 年内再向上调整。因此，达克的工资增长了 41%，而且还获得了公司的股权，这一切都是通过询问首席执行官获取更多信息，并利用这些信息增加自己在首席执行官眼中的价值而实现的。虽然达克后来离开了该公司，去了一家私人股权投资公司，但他一直和这位首席执行官保持联系，并保留着自己在该公司的股权。

还有一名学员是来自巴西的一名律师，他在美国学习一年之后回到了自己所在的律师事务所，他想升职为高级律师。但是，由于巴西出现经济危机，他的工资和职位都冻结不变。这名律师和该律师事务所的高级合伙人在午餐时间进行了面谈。首先，他问了一些有关这位合伙人的孩子们的情况。然后又问了有关该事务所前景的问题。“这位合伙人谈了很多有关该事务所的情况以及他的期望。”这名律师说。每当这位合伙人提到一个期望时，这名律师就点头说他正致力于此。午餐结束的时候，这名律师已获准成为一名高级律师。

克里斯托弗 · 达姆（Christopher Damm）是一名医师，他正在努力向一家医疗产品公司申请营销顾问的职位。“该公司的项目负责人不认识我，也不了解我的技能。”克里斯托弗说，“他视我为一名医师，而不是一名营销顾问。”

克里斯托弗没有向这位项目负责人大力推销自己，而是问了许多问题。他问了对方一些有关对方的目标和所需技能的问题。他让这位项目负责人对其面临的问题、展望的前景以及所持的标准进行了描述。“直到谈话后期，我才让他看到我的资格与他的要求相符。”克里斯托弗说。他担任营销顾问的工作时间从 4 小时增加到了 6 天，有可能还会增加。他现在既是一名医师，也是一名营销顾问。

克里斯托弗通过如下方式实现了自己的目标：①找出对方的需求；②找出对方评估事物的方式；③让自己的技能明确符合对方的需求。

关于薪酬，在向对方提出具体要求之前，了解对方当时的想法尤为重要，否则，你也许只会得到对自己不利的结果。保罗·卡瓦诺（Paul Kavanagh）是纽约的一名银行家，在进行年终薪酬评估的时候，他和他的老板进行了一次谈话。“你对薪酬的期望值是多少？”老板问道。保罗说这是个“很有意思”的问题，但他无法明确回答，除非他知道工资和奖金的发放标准。于是，老板将薪酬的发放标准描述了一遍。

“根据这个标准，您认为我的工作表现大致符合哪个工资级别呢？”保罗问。令他吃惊的是，他老板说出的工资数额几乎是他所想的两倍。为了让他老板认为这个数额是准确合理的，保罗接着提出了一个略高于此的数额。因此，老板对坚持自己所报数额感觉良好。我往往将这看成是一种情感补偿，而不是操纵手段。保罗并非在走极端，他只是为了让老板感觉更舒服一些。其中最有趣的是，他说他此前并未对此次会谈做好充分的准备。通过提出问题，他能获得时间和信息来帮助他超越自己的目标。

闲聊通常会变成重要的会谈，即使是在工作场合。陈威尔在纽约一家投资银行工作，他想调到另一个小组工作。他申请了 3 次，结果都遭到了拒绝。于是，他找时间和人力资源经理进行了一次面谈，以获取一些有用的信息。他想和这位经理建立一种私人关系。在会谈中，他问这位经理最喜欢什么食物，对方回答说越南饮食。威尔对最好的越南餐馆、越南饮食网站、越南食谱以及越南厨师都一清二楚。他找到了关联，最后成功地调到了另一个小组。

面试

有关面试的各类书籍不胜枚举，因此我不想在此重复。但我确实想通过本书来提一些建议。

首先，如果对方问你问题，要迅速简洁地予以回答，或者让对方知道你需要什么信息才能做出回答。人们讨厌向对方提问而对方却不予回答的情况，难道不是吗？这是政客们惯用的一种糟糕策略：含糊其词，躲躲闪闪。这样做给出的信号是“我有些秘密不能说”。第二，除了某些文化以外（主要是美国以外的文化），直接进行对视大有好处，可是不要紧盯不放！微笑以及其他社交方面的小细节能显示出一个人的社交技巧。要始终将注意力放在对方身上。人们愿意与自己喜欢和信任的人一起共事。细微的小事也会被他们读出弦外之音。如果你来得早，对方会认为你积极上进；如果你迟到了，那么，当公司录用你之后，你上班是否也会迟到？是否会不按时完成工作任务？

与其通过提问去了解求职者以往最佳或最糟糕的工作经历，还不如让他们举例证明其可靠性更加有效。询问求职者有关最佳和最糟糕的工作经历往往是一种偷懒的表现。求职者的性格是何时被测试出来的呢？假如你是雇主，你想了解的是对方的各种品性。在什么时候，雇主曾克服巨大的困难录用求职者呢？

如果你是一位求职者，你想了解该公司在留住人才、员工培训以及职位晋升方面的各项举措。该公司的工作理念是什么？通过研究该公司，你应该形成一些经过深思熟虑的问题。如果你花了相当多的时间研究该公司，这表明你非常积极进取，是一个工作主动的人。你不需要问一大堆问题，只需三五个即可。你的简历应该与该公司的具体需求相符，因此，在面试中，你应该从该公司的需求出发，让对方看到你的哪些技能符合这些需求。

准则

对一个组织而言，准则就是规范。人们可以尝试利用政治手段绕过准则，就像人们在社会中违反法律制度一样。但是，准则始终是客观存在的，因此，每个人都应该意识到准则的存在。

在组织当中，准则相当于一把大大的保护伞（从法律角度和组织角度而言），用来避免遭受不公正的待遇。阅读所有员工手册，以该组织所公布的政策制度为依据，记下自己每一次受到的不公正待遇。在指出自己所受到的这些不公正待遇的时候，要保持心平气和：不要让自己成为争议的焦点。

有一名学生受雇于一家大型咨询公司，该公司同意为他报销工商管理硕士课程第二年的学费 3.5 万美元，可他的实际学费最后是 5.138 万美元，公司不愿就此事再次进行协商。这名学生做了一些调查研究，他发现，该公司的最高学费报销标准是参照另一所商学院比较便宜的学费标准制定出来的。

于是，这名学生研究了自己所在公司的规定：公司的规定说可以“报销第二年的学费”，但并没有说“第二年的学费”要以学费较低的学校的费用标准为上限。此外，咨询行业中的其他公司都是根据每一位学生所选择的学校报销其学费。

最后的结果是：这名学生得到了额外的 1.638 万美元。“表述问题的方式应该以公平为目的，而不是为了得到补偿，这一点十分重要。”这名学生说。这是一个对职场准则进行重新表述的成功案例。

在职场中，对准则进行重新表述是关键所在。通常，你必须带领对方一步一步走向你期望的目的地。唐·科代罗想进入巴西一家大型私人股权公司，可他在该领域没有任何经验，与此同时，一大批经验丰富的候选人也在向该公司申请工作。

然而，唐明白，该公司真正关注的并不是工作经验，而是工作技能。经验不过是技能的一个指标而已，而最好的指标当然是技能本身。所以，唐问招聘者该公司缺乏哪类人才；"善于与人打交道的人才，"对方回答说，"我们需要具有团队组建能力、创业能力以及适应性强的人才。"

这正是唐所需要的信息。唐将自己过去几年在各种非金融性创业企业中所掌握的技能罗列了出来：发展团队、营造良好的创业环境、设法消除组织中的各种分歧。"我随后提到我在金融或私人股权投资方面没有经验，"唐说，"我让他去思考我的背景与该行业之间的相关性。"面试还没结束，唐就得到了工作，虽然这只是一份在圣保罗从事管理咨询的工作，但他在该公司从籍籍无名一跃而成为最有竞争力的人。

希曼舒·巴胡古纳（Himanshu Bahuguna）从商学院毕业后到亚洲找了一份工作，但公司拒绝给他提供安置费。在美国的新员工却可以享受该公司提供的安置费。希曼舒问公司，为什么只花 90 分钟从费城搬到纽约的新员工可以享受到公司提供的 10 000 美元的安置费，而搬到地球另一端的新员工却分文没有。希曼舒得到了安置费。他补充说，他当时没有找人力资源部进行谈判，而是请了更器重他的小组成员们去为他争取安置费。

罗斯韦尔·奥斯本（Roswell Osborne）花了两个小时对电脑行业进行了研究，他发现，与 eBay（易贝）公司给他提供的薪水相比，微软公司给像他这样具有经验的人所提供的薪水要多出 25 000 美元。他将这一发现告诉了 eBay 公司，结果获得了一笔 10 000 美元的额外签约奖金。"这相当于我研究一小时赚 5 000 美元。"罗斯韦尔说。然而，一个月后，他所在的部门解散了。他指出，他应公司要求签了为期一年的工作合约，从而拒绝了其他工作机会，但是在他进入公司之前，公司一定已经知道他所在的部门要进行重组。

罗斯韦尔得到了 7 万美元的遣散费，这是他运用准则并精心准备得到的结果。他决定用这笔钱在圣安东尼奥开展自己的电子商务业务。“你不断准备和实践，”罗斯韦尔说，“然后，当你需要的时候，它就会随时为你所用，助你成功。”

下面这个例子相对有些棘手。由于经济衰退和预算有限，一家大型公司的一名经理的升职要求遭到了拒绝。之后，这名经理看到了公司的指导方针，该指导方针表明他的职位本应比现在高两级。他很客气地将这些指导方针拿给他的老板看，并补充说，更高的职衔会增强客户对他的信任感。通过利用准则、第三方和利益需求，他成功实现了升职和加薪。

如果老板对你提的要求恼怒不已，礼貌地问他为什么，你只不过是让公司遵守它自己的准则而已。难道公司想要的是言行不一的员工吗？

我教导我的学生不要接受模棱两可的回答。舍尔温·林伯特（Shervin Limbert）是黎巴嫩石油天然气公司的一名顾问，他被告知自己会得到一笔“酌情发放的奖金”。然而，对舍尔温而言，这个词几乎毫无意义。

于是，舍尔温问老板，他将如何衡量舍尔温对公司的价值，是否有什么衡量标准？接着，他列举了自己到目前为止为公司所创造的价值，包括在科威特签署的重要合约，这些合约为他所引进的一个合同提供了优惠条件。最后，老板承诺给舍尔温发放一笔 3 万美元的奖金。

一旦你能自如地利用这些准则，它们就可以不断地使你工作起来更出色。约翰·莫雷诺（John Moreno）说服福陆公司让提顿公司（格鲁吉亚一家工业建设公司）使用其高速网线，从而为他所在的提顿公司节省了 1.2 万美元。

起初，福陆公司的技术人员说出于安全考虑，禁止提顿公司共用福陆公司的高速网线。于是，约翰联系到了福陆公司他所认识的人，问他们福陆公司是否在与其他公司共用其高速网线，他们回答说是的！在这种情况下，如何保障安全呢？原来另一家公司购买了路由器和防火墙。约翰回去之后将这一信息传达给了福陆公司的信息技术人员，向他们提出提顿公司也愿意购买路由器和防火墙以保障安全。他还指出，福陆公司和提顿公司刚刚达成了一项战略合作协议。

“由于已经允许另一家公司与其共用网线，福陆公司相当于为自己设置了一个准则，一旦这个准则摆在面前，”约翰说，“福陆公司的信息技术人员就无法说出‘公司不允许这样做’的话来。”约翰对此感到很高兴，但他态度坚定，最后实现了自己的目标。之后，他被晋升为自己所在部门的负责人。

本书一直强调，重新塑造情境对合理得体的表达方式十分关键。拿出公司的准则，让他们以一种不同的方式来看待它，这往往会令他们更容易接受你的要求。

朱迪·谢尔（Judy Sher）于 12 月 4 日接受了富达投资公司提供给她的一份工作，13 天前是公司发放年终奖金支票的截止日期。在年底前拿到奖金支票可以为朱迪节省超过 1 万美元的奖金税。她打电话给人力资源部的决策者，先抱怨经济如何不景气（共同的敌人），然后说，由于她的丈夫在找工作的时候遇到了很多困难，所以导致她延迟了加入富达公司的时间。朱迪又接着补充说，现在距离刚刚过去的截止日期还不到两个星期，其实非常接近，难道公司就不能破例一次吗（准则）？

朱迪得到了那年的奖金支票。她首先和人力资源部的决策者建立了一种人际关系，接着帮人力资源部塑造了一种情境，让他们去说服公司破例。

通过重新塑造情境，亚当·凯恩（Adam Kane）帮助自己所在的埃里克森退休社区公司得到了一个价值 5 000 万美元的项目。埃里克森公司的主要业务是发展和经营高档退休社区，他们共有 3 万名社区居民，分布在美国 19 个州。亚当是一名高级副总裁，他想进军低收入市场。最初，公司对这个新市场毫无兴趣。于是，亚当联系了一位高管，这位高管刚被任命为一个新产品部的负责人。

“他们正在思考新产品的含义，比如，医疗保健产品。”亚当说。亚当给“低收入社区”重新换了一个词：“新产品”。那位新产品部负责人正在寻找具体实在的新产品，他看到了这个词所蕴含的意义，公司批准了亚当进军低收入市场的计划。

如果你非常善于运用谈判技巧，那么，即使是在别人眼中似乎无懈可击的形势中，你也能找到可以谈判的空间。

若干年前，我曾经教过一名学生，他在麦肯锡公司工作，他想转到另一个办事处工作，但不想接受耗时长久、令人紧张的审核。该审核过程与招聘新雇员的过程类似。麦肯锡说这是公司的政策。于是，该雇员利用了麦肯锡公司的另一条准则：“单一公司”政策，即遍布于全球各地的公司全都遵循统一的政策。

如果麦肯锡是一家统一的公司，该雇员问，为什么其员工转到另一个办事处还要接受正式的审查呢？难道最初雇用员工时所遵循的准则在公司上下不一致吗？麦肯锡公司本来可以坚持已见，但是，聪明的公司懂得，如果违反了自己的准则，他们新录用的员工将会很快流失。该雇员如愿转到了另一个办事处。这个例子表明，只要巧妙利用好对方的准则，即使对方是一个大型的、强有力的、全球性的公司，你一样可以实现自己的目标。

乔希·弗奇曼（Josh Furchtman）所在的新公司说，他们不会为他支付两次搬迁费，一次是搬到他父母那里过夏天，一次是搬到他现在工作的城市。乔希想知道的是：如果两次搬迁的总费用低于公司通常为一次搬迁所支付的费用，那会怎样？这难道不是一个真正的预算问题吗？乔希找到了更便宜的搬家公司，公司为他支付了两次搬家费。乔希将“只支付一次搬家费”这一政策准则重新表述成“以预算上限为准”。

安德斯·比约克（Anders Bjork）进入了一家公司，该公司给他提供的薪水与职位比他低的员工的薪水相当。他问自己的新经理，与那些职位较低的员工相比，他是否经验更丰富、责任感更强。“是的。”经理回答道。“那么，我的薪水应该与他们相同吗？”他问道。结果他获得了15% 的加薪。安德斯现在是纽约一名私募基金董事，他所运用的方法是：运用合理得体的表达方式、准则和提问方式。语气也很重要，因为这里涉及人际关系问题。安德斯在提出要求的时候很有礼貌。

我可以像这样一直讲下去，搜索一下我的数据库，你能看到数以百计这样的例子，它们也能为你所用。让我们再来看一个例子。艾伦·卡斯特罗（Allan Castro）被告知他的签约奖金有所削减，原因是经济状况不佳。艾伦找到了一本公司手册，上面说公司会“支付具有竞争力的薪水”。艾伦拿着这本手册去见人力资源经理，他同时还带去了行业标准，该行业标准显示，即使在经济不景气的状况下，公司提供给他的补偿也属于偏低水平。艾伦最后获得了 5 000 美元的额外补偿。

在利用准则的过程中，从对方那里找出先例十分重要。“你曾经这样做过吗？”和“你曾经破例过吗？”应该成为你日常用语中常用的两句话。

不等价交易

我们已经讨论过无形之物的概念。下面要讲的是如何实现与工作有关的目标，其方法就是找出对你而言价值不大却被对方奉若至宝的东西进行交易。

克里斯托弗·凯利（Christopher Kelly）是一家气象服务公司的老板，他只能给一位新进员工提供与其在过去公司相同的薪水，该新进员工对此无法接受。“我努力地去了解他的长远目标，”克里斯托弗说，“我想搞清楚他对目前的工作感到不满的原因。”

克里斯托弗发现，该求职者最终想获得一个工商管理硕士学位。克里斯托弗告诉他，公司可以为他支付学费。克里斯托弗问他还对什么感兴趣。“他表示，如果能给他一个‘经理’头衔，这对他将会非常重要。”克里斯托弗说。“这对我们而言不是问题。”克里斯托弗回答。这位求职者接受了克里斯托弗提供的薪水，成为公司一员。

你看到这种方法在具体实例中起了作用，看起来似乎很简单，但事实上，你必须系统、精确地将整个过程经历一遍。

维卡斯·邦萨尔（Vikas Bansal）是纽约一家大型金融服务公司的一名经理，他正试图让他的一名直接下属更加努力地工作。使用威胁手段通常会打击对方的积极性。维卡斯知道，由于经济不景气，工资下降和人员裁减已经导致员工们士气低落。因此，他没有使用威胁手段，而是让这名叫约翰的下属将自己的担忧和对未来职业生涯的期望讲给他听。“我耐心地听着，”维卡斯说，“我努力了解他的需求，然后我将他所说的话进行了总结，以确保我的理解是正确的。”

维卡斯发现，约翰的妻子将在夏天生产。给约翰安排弹性工作时间一定会令约翰感激不尽。于是，维卡斯列出了 5 项最重要的工作让约翰去做。作为回报，他允许约翰在那个夏天可以灵活掌控工作时间，包括可以在家里工作。“他听了非常兴奋。”维卡斯说。谈话结束后，约翰兴冲冲地走了，他的工作效率有了极大的提升。而且他在工作上的高效一直保持到现在，维卡斯说。

除非双方的想象力有限，否则吸引和留住员工的创造性方法是无限的。与克里斯·凯利（Chris Kelly）相似，约翰·莫雷诺正试图聘请一位雇员，而公司能为该雇员提供的薪水也无法高于其在过去公司所得的薪水。约翰——前面提到的那位提顿工业建筑公司经理——知道该求职者与他妻子以及 3 个孩子住在一个小公寓里。“他妻子想要一个属于他们自己的家。”约翰说。他们拥有一块土地，但买不起房子。“我们提出帮他们打好地基。”约翰说。结果呢？该求职者接受了这份工作。

让对方提供一份对公司而言价值不大的无形之物的清单，无论你是一位求职者、雇员或者经理。健身俱乐部的会员折扣或旅行折扣、搬迁费、利用该公司的信贷评级所获取的低息贷款、弹性工作时间等，这些都是很好的方法，可用来补偿其他谈判条件方面的差距。

阿拉汶·伊曼奈尼（Aravind Immaneni）还需要一名员工，他们公司的责任总监手下正好有一个未用的名额。可是，该责任总监刚任职于公司，不想让出这个名额。“他认为让出名额会降低他在公司的地位。”阿拉汶说。通过角色互换，阿拉汶意识到了这一点。

于是，阿拉汶将有可能用来交易的东西仔细检查了一遍，包括共用一名行政助理、给这位新来的责任总监在公司安排一间专用办公室。阿拉汶还发现，这名责任总监讨厌做审计工作。阿拉汶到这位责任总监的办公室（以便让他有种更受重视的感觉）和其进行商谈，他将各种无形条件全部摆了出来。那位总监从中挑选的条件是：帮忙做审计工作。最后审计工作由阿拉汶负责，这位总监痛快地让出了那个名额。“角色互换让谈判变得轻松容易。”阿拉汶说。

阿拉汶是一家大型金融服务公司的高级副总裁，他的职位比那位总监高。他原本可以用自己的职权强迫这位总监让出名额，但是，阿拉汶发现，用不等价之物进行交易可以维持良好的人际关系。“从他的角度看问题让我能更有效地进行谈判。”阿拉汶说。

要想使这样的交易获得成功，必须要有建设性。汤姆·格里尔（Tom Greer）是一家大型会计师事务所的媒体和娱乐部合伙人，他想将一名员工布赖恩从他负责的某位客户那里调到负责另一客户的另一个团队去，因为布赖恩恰好拥有该团队所需要的技能。布赖恩的同事抱怨汤姆办事不公，将他的人员调走了。

汤姆没有反驳。“我答应再找一个更有经验的高级助理来代替布赖恩。”汤姆说。这一做法实现了所有人的目标。

在职业中这样的谈判每一天都无处不在，如果不能成功地处理这些谈判，就会给工作造成麻烦。这里所介绍的技巧就是消除这些麻烦的有效良药。

苏珊·皮罗洛（Susan Pirollo）说，她的老板对她享有“特殊待遇”非常不满，因为她获准去上高级管理人员工商管理硕士班。老板取消了她“过多”的上课时间，尽管她的上课时间已征得公司同意。但苏珊意识到，这不是有关对错的问题。她仔细思考了老板的真实想法——老板觉得他自己的工作量太大。

因此，苏珊没有对老板的做法进行激烈反击，而是向老板建议说，也许她可以做更多的工作来帮助老板。她问老板，有哪些任务可以交由她来做。她主动提出会利用私人时间来完成这些工作。由于苏珊的冷静和令人愉快的态度，老板的不满情绪减轻了。“在任何谈判当中，要冷静下来，把自己置于对方的位置并从对方的角度来思考问题，这非常重要。”苏珊说。她现在是费城附近一家制药公司的一名高级经理。

与第三方结盟

在职场中与第三方结盟尤为重要。各机构组织都不敢小觑群体的力量，因为它们本身就具有群体性特点，一个机构组织就是一个由其成员组成的联盟。在下列情况下，你可以从第三方那里获得帮助：①没有足够的权力；②仅凭自己缺乏足够的说服力；③缺乏足够的可信度；④与决策者的关系不够亲近；⑤在情感上与情势之间保持的距离不够远。从本质上讲，以上这些都是建立统一联盟的技巧。

埃里克·拉默斯（Eric Lammers）想与诚信资源公司的首席财务官当面谈一笔交易。他从来没与这位首席财务官说过话，而这位首席财务官一般情况下不和不认识的人会谈，唐突地给他写一封信似乎无济于事。

可是，埃里克认识该公司的财务主管，而该财务主管认识首席财务官。埃里克亲自去见这名财务主管，将自己的动机告诉了对方，并举了一个更有说服力的例子。埃里克还为这名财务主管想出了一套说辞，让他用一个词去描述这项提议，即“流动性方案”，这正是该公司所急需的。这个办法如此有效，以至于首席财务官立刻邀请了埃里克、那名财务主管以及公司的财务副总裁一起开会进行商讨。

拉姆·维塔尔（Ram Vittal）利用第三方为他收集信息。拉姆进入一家银行工作，他希望马上得到绿卡，以防美国的签证政策发生变化而给他带来风险。但人力资源总监告诉他，该公司的“标准政策”是一年试用期满才能办理绿卡。“他们坚决不让步。”拉姆说。于是，拉姆去找该公司最有可能同情他的人。

拉姆去问雇用他的集团副总裁。当这位副总裁得知有些人自录用当天公司就开始为其办理绿卡之后，立刻命人为拉姆办理绿卡手续。“我过去常常认为，有关成功谈判的那些故事的结尾都像童话一样被理想化了。”拉姆说。拉姆后来进入高盛公司并成为高盛公司的副总裁。“但我发现，如果有意识地使用这些技巧，并把谈判过程考虑清楚，事实上，这些方法都非常实用。”拉姆说，最重要的是要确保所有各方都能从谈判过程中受益。

如上所述，第一选择（签证例子中的拉姆无法利用这个选择）应该是给对方提供一些东西以增进双方关系，而不是绕过对方。根据对方脑海中的观念图景调整建议是一个增进关系的好办法。任职于阿拉巴马出版公司的埃莉莎·艾格（Elisa Eiger）想当一名内部顾问，但人力资源部的政策规定不得设立新的工作岗位。

埃莉莎去见人力资源总监，问公司还需要哪些技能。当总监对公司所需的那些技能进行描述的时候，埃莉莎“极力使自己保持安静”。然后，埃莉莎根据自己所听到的内容概括出了双方明显的共同利益，并解释调整工作岗位有利于满足这些需求。埃莉莎早已将这一工作岗位的职责进行了调整，使其符合总监的要求。“总监主动提出要帮我写工作岗位建议书，为帮我得到这份工作对我大开方便之门。”埃莉莎说。

奥夫苏·泰特·库约杰（Ofotsu Tetteh Kujorjie）来自加纳，是我的一名学生，他想和公司的首席执行官就工作聘任条款进行讨论。而首席执行官没有时间：要么立刻接受工作，要么走人，这是奥夫苏得到的答复。于是，奥夫苏打电话给自己曾见过的首席执行官的行政助理，问他首席执行官是否有一些项目需要完成，对方回答说是的。

奥夫苏写信给首席执行官说，自己想加入该公司，但对某些聘任条款存有疑问。如果奥夫苏在返回加纳过圣诞假期的时候，首席执行官能亲自与他就此进行讨论，那么，作为回报，奥夫苏将帮助首席执行官完成一些项目，他还列出了这些项目的名称。首席执行官收到信后，打电话告诉奥夫苏，他可以推迟进入公司的时间。奥夫苏帮首席执行官完成了项目，然后回到了学校，在乔治城大学拿到了法律专业的高级文凭。“大门是敞开的，每次他来镇上的时候，还会给我打电话。”奥夫苏说。奥夫苏利用的是利益和第三方，而且对首席执行官采取了直截了当的方式。

采取循序渐进策略

在本章以及本书中，大多数谈判采取的是循序渐进的策略：并非一次提出所有的要求。这是人们最难学会的事情之一。一般情况下，谈判各方并不想冒险做出任何大的改变。在每次谈判中，要想办法将谈判过程分解成小步骤。这并不需要花更多的时间，因为不这么做往往无法达成协议。

卡米拉·秋（Camilla Cho）在华纳家庭娱乐公司实习了一个暑假，她刚一毕业，该公司就给她提供了一份全职工作。在此期间，她意识到，她更愿意在华纳公司的媒体及娱乐部门从事金融或战略性工作。但她知道，没有老板杰夫的批准，她就不能在公司内部调换工作。

然而，直接问杰夫可否调换工作有可能使卡米拉显得忘恩负义，因为在数百位求职者中，杰夫将大好的工作机会给了她。这样做可能会破坏他们的关系，毁掉她的事业。

“我将自己置于杰夫的位置上，”卡米拉说，“我意识到，我想立即调换工作的目标不现实，因此我将重点转移到了更小的步骤上：先接触工作，熟悉公司的情况。”

卡米拉问杰夫，她是否可以利用一些时间做点金融和战略方面的工作，因为这是她为了长远利益打算。杰夫说，只要卡米拉做好目前的本职工作，他不反对她为自己的长远利益打算。员工在关键领域学习更多技能，这对公司始终是有益的。

“你不可能总让自己的愿望立刻实现，”卡米拉说，她现在是一家电子新闻网络公司的副总裁，“但是，你应该能对过程进行规划，使你达到最终目的。”卡米拉进一步接近自己的目标，同时满足了老板现有的需求。成功在很大程度上取决于你对问题的表述方式。

采取循序渐进策略还意味着要向对方了解有关形势，而不是单枪匹马去解决所有的问题。萨拉·刘易斯在宾夕法尼亚大学法学院念书的时候，曾受聘于纽约首屈一指的一家律师事务所，每星期工作时间为 20 小时。但她的工作时间远远超过了 20 小时，因为该事务所有两名合伙人都在给她分配工作。

萨拉明智地认为这不是她的问题。她联系了那两位合伙人，将他们两人分别分配给她的工作类型和工作量的详细情况拿给他们看，让他们来决定应该怎么办，因为她一周只能工作 20 小时。

“那两位合作人进行了交谈，然后重新分配了我的时间。”萨拉说，她现在是纽约一家公司的法律顾问。她发起谈判的时候势单力薄，但她成功地重新掌控了自己的工作和生活，这是因为她一开始就用了一个小小的步骤将问题抛了出去。她没说她被繁重的工作压垮了，也没有说这是一个问题，而只是以一种实事求是的方式将问题呈现出来。

解雇

如果你被解雇，这也是一个谈判机会。很多人会因此发脾气或闹情绪，无法头脑清醒地思考问题。他们往往会陷入恐慌或者去威胁对方。不过，在大多数场合，情势通常都有利于雇主，因为他们拥有资源来应对。如果你能心平气和地进行谈判，雇主通常都愿意给你更多。他们会给你很多对他们而言成本不太高的东西。

第一，问对方你是否可以提出辞职。找出一个真实且巧妙的理由。

第二，要求对方签订一份保密协议，万一日后他们被问及你辞职的相关情况，该协议可限制他们透露你的隐私。例如："她于 3 月 23 日因业务原因而辞职。根据我们的隐私权政策，我们不便披露其他信息。"如果你不这样做，你的前任雇主就有可能告诉你未来的雇主，你"不够资格被重新雇用"。

第三，有些公司也许会让你做一段时间的顾问却不付给你报酬。还有些公司甚至有可能为你留有一间办公室，保留一条电话线，或让人将你的电话转接到你想要的地方。要求对方让你使用公司的（被解雇后）再就业辅导服务；有些公司会请招聘人员来帮助你。有些公司会给你一封介绍信。美国各大公司往往都提供补充医疗保险。有时你能得到免费的或便宜的笔记本电脑或其他设备。

大多数公司和企业都有标准的解雇补偿金规定，例如，工作满一年补偿一星期的劳务费。有时补偿费会更多——搞清楚在什么情况下会这样，例如当错不在你、而你所在的部门要解散的时候。仔细阅读员工手册了解细节。浏览互联网获取信息。不要仓促地在任何协议上签字，除非对方给予你的解雇补偿条件明确而具体。告诉对方你需要一两天时间进行思考。如果对方企图以某种理由解雇你，让对方拿出确切的证据——要据理力争。通常应要求对方提出明显的证据。如果你能提供证据证明自己一向表现良好，那么，如前所述，对方解雇你的理由就会很难站住脚。

如果你属于享受保护政策的某一特殊群体，要充分利用这一优势，你会因此获得更多，即使在没有律师的情况下，如 40 岁以上的女性、享受保护政策的某一种族或性别。不要咄咄逼人，只是把你的情况摆出来，问对方能提供什么条件，告诉对方你会在不起诉他们的情况下签署协议。再说一遍，保持冷静的同时立场要坚定，这样才会获得更多。

除非该公司仁慈慷慨，否则我始终建议被解雇的员工去向律师进行咨询。即使咨询清楚之后，你还是应该趁热打铁试着自己去和对方谈判。但是，如果对方蛮横顽固，你也许可以行使你所享有的特殊权利。在公司中（或公司以外）寻找与管理者有交情的第三方，他们可以为你美言几句，这会对雇主的慷慨与否起到很大的作用。只有感觉最迟钝的雇主才有胆量面对一个混乱不堪的局面。

最后，对方越是怒不可遏，你就越应该高兴。如果对方有违法行为或不当行为，你就有可能获得更多补偿。只需将对方的行为记录下来，并咨询第三方即可。保持头脑清醒，被解雇并非世界末日，你最终会获得更多。

所有这些建议同样适用于雇主。你对雇员越尊重、越公平，那么，即使你要解雇他们，他们报复并给你制造更多不必要麻烦的可能性就越小。

敏锐察觉情境中的信号

关注未来雇主发出的信号非常重要。例如，一家公司安排某个时间让劳拉·比奇（Laura Beech）在纽约接受面试，可这一时间劳拉已有安排，她要参加学校的一个试讲。劳拉不想因此而影响成绩，于是她将这个问题报告给了这家公司。第一个安排面试时间的人拒绝为劳拉更改时间，不过该公司为劳拉联系面试的人同意为劳拉更改时间。

第一个人实际上认为：在公司看来，影响劳拉的学业成绩、为了公司的方便而强迫劳拉违反自己的承诺都无可指责。显然，这并非整个公司的立场，但是，在接受这种公司所提供的工作机会之前，你应该对公司多进行一些了解。劳拉现在是纽约一家信用卡公司的高管。

即使你在公司的职位非常低，没有太多权力或影响力，你一样可以运用这些方法去推动你的事业。埃里克·戴尔布里奇（Eric Delbridge）正在与公司里的一些高层人士开会，他并没有陈述自己的观点，只是指出了客观事实和各项准则，问大家对此有什么看法。其他人发现了其中的矛盾之处，于是开始支持埃里克的个人观点。埃里克说，“即使你是职位最低的人，有效的谈判技巧也能以一种几乎看不见的方式帮你实现自己的目标。”埃里克现在是芝加哥一名对冲基金分析师。

我的学生们会运用这些技巧从错误中吸取经验教训，最终实现他们的目标。斯蒂芬·彼得兰克（Stephan Petranker）医生曾在纽约大学选修过我的课，他向一家医院申请担任麻醉师主任一职。在未对该医院首席执行官的目标进行充分研究的情况下，斯蒂芬与首席执行官进行了会谈。

斯蒂芬说，他会提高病患护理质量并专注于优质服务。但他最后才发现，该首席执行官更感兴趣的是削减成本和后勤工作。“我认为我们的共同点应该是为病患提供优质的护理服务，”史蒂芬说，“而首席执行官想通过裁员达到削减成本的目的。”史蒂芬没有得到这份工作。

在史蒂芬的下一次求职面试中，遴选委员会的 11 个成员分别轮流对他进行了 30 分钟的面试。“我问每一位面试官，下一位面试官可能会问我什么问题。”斯蒂芬说，“我有意识地努力将自己置于面试官的位置，想以此确定哪些条件会让他们相信我就是这份工作的合适人选。我问每个面试官，我要怎样展现自己才能从众多符合条件的求职者中脱颖而出——他们真的告诉了我。”史蒂芬得到了这份工作。

只要运用这些技巧，你得到工作、保住工作、把工作做得更出色——或者找到更优秀员工的机会都会增加。这其中最让人高兴的一点是这并不难做到。而且，它能给你提供你所需要的最重要的东西来创造一个更好的工作环境，即一套能让你自信、可靠地争取更多的结构化程序。

沃 顿 商 学 院 最 受 欢 迎 的 谈 判 课

Getting More:

How You Can Negotiate To Succeed In Work And Life

第 10 章　如何在交易中争取更多

我有一名学生是工商管理硕士，她去布鲁明戴尔百货公司买鞋。在鞋类专柜，有两双鞋摆放位置相近，样子看起来差不多，一双标价大约为130美元，另一双标价大约为250美元，标价贵的那双做工显然要好得多。

“这两双鞋样子差不多，只不过贵的那双做工要好一些。”这名学生对鞋类专柜的销售员说。“您说得没错。”销售员说。

“我敢说贵的这双肯定没有便宜的那双好卖，大多数人可能都会买便宜的。”这名学生说。“确实是这样。”销售员说。

这名学生问，贵的这双鞋是否会因为销路不好而很快停产，否则它们会占据销路更好的鞋子的空间。销售员明白了这名学生的意图，“我们的商品几乎从不打折。”他说。

这名学生听到了“几乎从不”这个词，他意识到这是一个信号，说明商品也有打折的时候。“我买不起那双比较贵的鞋子，”他说，“但我想知道，我能否以这样一个价格买下它，这个价格既能让你有利可图又可以帮助你销货。”“销货”是一个信号，说明这位学生懂得销售员的心理。

这名学生接着说，她知道百货公司的商品标价通常高出商品实际价值的一倍（她曾对此做过研究）。她想知道，她是否可以花150美元买下这双鞋。最后，她花了160美元买下了这双鞋：享受了90美元的优惠或36%的折扣。

从电话购物到一宗10亿美元的交易，世界各地的人们在交易的时候都会不断遇到障碍。世界似乎正在变得更加险恶：强硬的讨价还价者、幕后的决策者、背信弃义的行为、僵硬死板的政策，这一切都比以前更加常见。

通过运用本书所介绍的策略和技巧，成千上万的人们在商场中已经取得了非凡的成果：在从不打折的商店获得折扣，超长的手机免费通话时间，用看似不可能的条件成功购买或销售了一个产品、一项服务或是一家公司。本章旨在帮你将似乎不可能的事情变为可能。

我给学生布置的第一个课外作业是外出获得一个折扣。不管这个折扣是比萨还是一条蒂芙尼项链，我只是想让学生们尝试着去争取更多。他们发现，只要方法正确，各种交易都有协商的余地，即使是在最豪华的地方。在大多数情况下，你只需做好最基本的准备，鼓足勇气提出要求即可。

当人们第一次听到这种观点的时候，他们最常见的疑问是“这难道不是操纵吗？”你这是在剥削别人辛苦赚来的钱。我的回答与本书前面所提到的一样，那就是，“事实未必如此”。如果你从某商店获得了折扣，谁获益更大呢？你对这家商店会更有好感，有可能会再次光顾，给这家商店带来更多生意。如果你是因为对售货员态度和善而得到折扣，该售货员也许会在心理上大受鼓舞，因为刻薄的顾客实在太多了。他会因此而更有工作干劲儿。

在布鲁明戴尔百货公司的这个例子中，谁才是更大的受益者呢？不清楚，是吗？双方交易的其实是价值不等之物。布鲁明戴尔百货公司获得了利润，收回了成本，为销量更好的商品腾出了货架。而操纵是一种真正伤害他人的行为。你不必伤害他人就能实现自己的目标。

有关在市场中进行谈判的很多建议似乎放之四海而皆准，比如怎样卖房子、买车、出售公司。然而，到现在为止，你应该知道谈判与情境密切相关，在任何特定的情境中，起决定作用的是人和过程。在市场中，虽然有些方法的使用频率更高，但你的注意力仍然要集中于具体的情境、相关的人员以及你的目标上。

如上所述，无论是购买或销售一辆汽车，或是订购会计服务，或是购买一张机票，方法并非只有 1 种甚或 10 种，而是可以有无数种，这取决于你在某一情境中的目标、谈判对手以及所选择的谈判方式。

准则和表达方式

让我们从准则开始，这是购买和销售过程中最常用的技巧。其原因是，市场中的很多（并非全部）谈判一直以来都以价格和政策为基础。准则并非你所需要的唯一技巧，但你必须掌握这种技巧才能获得成功，这包括用适当的方式对情况加以表述，使其符合对方可以接受的准则。

让我们先来解决与消费者有关的一些简单问题。大多数人都知道向商家要求打折，有时他们可以如愿以偿。这种情况我们现在就不讨论了，我想让你看到的是，有些人在对方拒绝给予折扣之后，而且通常是多次遭拒之后，仍能成功获得折扣。我的学生不会因为遭拒而感到沮丧或失去冷静，他们只是坚持运用本书所介绍的谈判方法和技巧，直到实现自己的目标为止。

肯尼思 · 雷耶斯（Kenneth Reyes）多次打电话给威瑞森电信公司，要求更正自己的账单地址，对方却未更正，他的账单总被寄到错误的地址，他因此而被收取滞纳金。肯尼思没有恼火，而是打电话给对方的客服代表妮科尔。

“威瑞森公司有高质量的客户服务准则吗？”肯尼思问，他是洛杉矶一家人才机构的助理。"当然有。"妮科尔回答说。"客户打 4 次电话要求更新地址符合威瑞森公司的准则吗？"肯尼思问。"不符合。"尼科尔回答说。妮科尔当时就更改了地址，并取消了滞纳金。"我是一名老客户，"肯尼思说，"对你们给我造成的这些麻烦，我能得到一些补偿吗？"有此一问，肯尼思得到了两个月价值 120 美元的手机免费服务，该服务很快就开通了。

正如我在讨论准则的那一章中所提到的，这次谈判的一个关键是：绝不能使自己成为问题的焦点。对方蛮不讲理并不意味着你也要蛮不讲理。此外，这个问题不是妮科尔的错，为什么要怪罪于他呢？请注意，肯尼思是通过问问题的方式提出了自己的观点。

你也许会说，这又不是什么大笔交易，肯尼思这次不过得到了 120 美元而已。可是，试试看一天有这么一次，或者一周有这么一次。

在谈判中运用准则还意味着要求对方在准则之外破例。马克·佩里（Mark Perry）买了一部奔迈 750 手机，该手机用了 13 个月后坏了，已超出质保期 1 个月。马克询问店里的销售员，美国电话电报公司是否曾破例延长过商品质保期，销售员将他拉至一边，悄声说："是的。"马克是新加坡一名商品交易商，他用半价换了一部新手机，节省了 100 美元。

为什么这位销售员要将马克拉至一边呢？因为她不想让全世界都知道。因此，无论何时你想让对方为你破例的时候，一定不要当着很多人的面提出这种要求。这只会增加对方的成本，使对方更不可能答应你的要求。（如果你想让对方遵守他们的准则，你就要采取相反的行为，在这种情况下，你要揭露他们处事不公、言行不一，因此周围的人越多越好。）

准则在很大程度上是一种表达方式：问对方一个包含准则的问题。安德鲁·多尔蒂（Andrew Dougherty）要买一套新的卧室家具，他想获得更大的折扣，但对方只给他 15% 的折扣。他问商店经理帕姆是否有销售提成，对方说没有。他接着问帕姆公司对她们的销售是否有任何奖励，帕姆说有——如果"销售成绩斐然"就有奖金。卖掉一套价格不菲的卧室家具算不算是成绩斐然呢？安德鲁问。结果，他获得了40%的折扣，节省了1 800美元。安德鲁现在是纽约一名银行经理。

查尔斯·陈（Charles Chen）正在参加德国电信公司推出的手机换新活动，他家共有5位电信用户，都打算换新手机。可是，查尔斯被告知，德国电信公司规定家庭成员最多只能更换三部免费手机。查尔斯对德国电信公司的准则进行了研究，他发现，每一名新客户都能获得一部免费电话。

于是，查尔斯问销售代表："德国电信公司对新客户比对现有客户更优待吗？作为现有客户，我们在德国电信公司的已有消费难道不比新客户更多吗？"德国电信公司的宗旨当然不是亏待老客户。因此，查尔斯得到了5部免费电话，作为回报，他将与德国电信公司的合约延长了一年。查尔斯现在任职于中国台湾一家跨国咨询公司。

这是一个大问题：各类公司给新客户的待遇往往比现有客户的待遇更好。作为一名客户，你应该将重点放在建立良好的关系上。德国电信公司做出了同样的回应，要求查尔斯将合约延长一年，以此证明他对公司的支持，这一要求完全正当合理。

美国家庭影院电视台（HBO）对新客户实行优惠收费：每月仅收取6美元，为期6个月。克里斯·希巴德（Chris Hibbard）是美国家庭影院电视台的现有客户，他问客服代表，电视台能否给予他同样的优惠。他指出，如果电视台给他提供优惠，其销售成本为零，但给新客户提供优惠，其销售成本要高得多。该客服代表给了克里斯一个更大的优惠：6个月免费试用。

这位客服代表为什么给克里斯这么大的优惠呢？因为克里斯这位新泽西的供应链经理态度友善，提到自己是该电视台的忠实客户，而且并不贪心。许多消费者对某事不满或在其他人那里碰壁后，会抱怨碰巧当时接电话的客服代表。而客服代表一整天听到的都是这些抱怨。在可能产生敌意的情况下，要保持态度友善——即使是在利用准则的时候——这十分关键。

伊戈尔·赛尔克（Igor Cerc）来到一家商店想在一个时钟上刻字。这是他为参加一场婚礼准备的礼物，他会在婚礼当天来取时钟。可是，当他来到商店时，他发现技师在刻字过程中打破了时钟的玻璃。对方提出为伊戈尔更换一个新时钟，但要等到他们从保险公司拿到赔偿金之后。

可是，伊戈尔现在就需要时钟。他明白，生气发火无助于实现自己的目标。他冷静地说，他要在 30 分钟后去参加一场婚礼，这个时钟是他要送给新人的结婚礼物。他注意到商店里其他时钟有着类似的玻璃，商店难道不能拆开其中一个将他的时钟修好吗？他自始至终态度冷静、礼貌待人。“那个店员对我表示感谢，因为我没有像其他客户那样对她大吼大叫。”伊戈尔说，“我知道，只要我一直保持礼貌，她愿意尽她所能为我做任何事情。”这名店员拆开了另一个时钟，迅速更换了玻璃，伊戈尔顺利拿到了时钟。伊戈尔现在是西雅图一家金融服务公司的客户分析专家。

只要不使自己成为问题的焦点，你就能向公司提出一些有关其服务准则的尖锐问题。但要记住，要用提问的方式：提问比陈述更有力量。

康卡斯特公司给亚历山大·科斯塔比莱（Alexandre Costabile）的公寓装错了有线电视和互联网设备。亚历山大打电话问客服代表，这种行为是否符合康卡斯特公司的准则。对方回答说不符合。“康卡斯特怎样才能使我恢复对其公司的信心呢？”亚历山大问。结果呢？亚历山大第一年的服务费从每月 127 美元优惠到了每月 67 美元，而且他还可以享受 45 美元的设备折扣费，一共节省了 765 美元。这种事应该成为你日常生活的一部分。

亚历山大是费城的一名顾问，他还做了一件关键的事：他找对了进行谈判的人。亚历山大一直在寻找一个友好的声音。与大公司打交道时，对方的庞大规模可能对你有利。如果某个客服代表对你态度恶劣，接着再打电话，直到找到一个态度友好的客服代表为止。

你这是在操纵局势吗？是怎么做到的？事实上，你只是在通过电话为一家大型公司指引方向。你为什么不找其他人来支持你呢？此外，最后的结果是你对公司产生了更多好感，成为其回头客的可能性更大了。

通过利用对方的准则，肯尼思·齐格勒（Kenneth Ziegler）每年为他所在的电脑公司节省 10 万美元。肯尼思研究了一位供应商的广告语，该供应商与他所在的公司有生意往来，这句广告语是：“质量可靠、价格实惠的通信方式时时刻刻尽在你身边，它让生活更精彩。”肯尼思将其他供应商报价出示给该供应商看，并说目前的价格对他所在的公司而言并不“实惠”，他用了该供应商广告语中的一个关键词。

然后，肯尼思将问题抛给那家公司。他说：“请设法让你们的价格实惠一些，同时也满足我们的需求。”该公司重新调整了其服务并找到一个解决办法，这个办法既能为肯尼思所在的公司提供与此前相似的服务，又能令其每年少花 10 万美元。“只要有可能，我就会利用准则。”肯尼思说，他现在是自己所在公司的首席运营官。

在大多数成功的谈判中，对事物进行创造性表述（或重新表述）的能力是一种巨大的优势。这种能力不是一朝一夕就能学会的，这需要不断地实践和大量的准备。米兰达·萨洛蒙（Miranda Salomon）和她丈夫拉里是纽约健身和网球俱乐部的会员，他俩每人每月要交 124 美元的标准会员费。这样算下来每月要交 248 美元，一年要交大约 3 000 美元。

米兰达做了一些研究，她发现，健身俱乐部通常会有一个公司会员费，其价格是个人会员费的一半。于是，她对纽约俱乐部的销售代表说，虽然她和她丈夫不能算一个公司，但他俩都在公司工作。这是在对准则进行重新表述。公司会员制的目的是让公司会员们从自己公司拉来更多的人加入俱乐部。米兰达是纽约的一名律师，她说他们夫妻作为会员同样可以通过推介方式拉来很多人加入俱乐部。米兰达得到的结果是：每年节省了 1 500 美元。

德温·格里芬（Devin Griffin）和未婚妻莎拉即将举行婚礼，莎拉让德温为她的伴娘们购买几样礼物。德温挑选了几样礼物，商店想收取他 975 美元。“我问零售商，如果顾客的订单金额很高，他们是否会给该顾客一些折扣。”德温说。对方回答说会。于是，德温指出，购买总价为

975 美元的 10 件商品与购买总价为 975 美元的一件商品并没有区别，销售金额不变，对吗？对方接受了他的观点，德温得到了 20% 的折扣。德温现在在芝加哥白袜队的数字媒体部门工作。

一支主要的职业球队拒绝将赞助权出售给杰夫·贝达德（Jeff Bedard）的公司，因为他们认为报价太低。杰夫说，如果这是购买全部赞助权的报价，那他们的看法完全正确。"我们只想购买一部分赞助权，"他说，他们想购买的是国家级赛事赞助权，而不是地方级赛事赞助权，"以此而论，我们的报价比行业标准报价还高。"杰夫提供了信息来源证明了这一点。他成功地买下了赞助权。这就是重新表述的巨大威力。

乔希·波特（Josh Porter）无法以促销折扣价购买康卡斯特公司的有线电视服务，因为他以前曾享受过一次促销折扣价。于是，他问康卡斯特公司的客服代表，能否将其他折扣的名目告诉他。在提出这个要求之前，乔希先表达了自己希望该客服代表尽快恢复健康的愿望，对方显然患了流感。该客服代表让他申请"老客户优惠价"，乔希提出了申请并享受到了优惠价格。乔希现在是日本东京一家私人股本基金公司的董事。要与对方交朋友，这样对方就会想办法帮你实现你的目标。

一般情况下，消费者对所出售的商品或所提供的服务远远没有卖方知道的那么清楚。不要害怕，大胆地问对方他们过去曾给其他人提供过什么优惠，只要你肯花时间，他们就会告诉你，让你大大受益。

贾里德·韦纳（Jared Weiner）问斯普林特公司，如果其忠实客户受到了无礼的对待，公司会怎么办。结果，他得到了一年的手机短信免费发送服务（6 000 条以内），大约值 200 美元。"我接着要求他们让我的母亲和姐姐也享受这一优惠，我成功了。"贾里德说，他现在是费城附近一名资金经理，"所有家庭成员应该享有同等待遇。"（表达方式）

李嫣问费城一家珠宝店的店员是否有权给顾客规定之外的折扣。店员说有。结果，李嫣立刻享受到了 15% 的折扣。大多数人都不问。如果你肯问这样的问题，一年下来，你的钱袋里就会多出相当可观的一笔钱来。

很多人都会要求商家给予各类折扣：优惠券、季节性折扣、老主顾折扣、飞行常客折扣、年龄段折扣（年轻人折扣和老年人折扣）。但是，这些只是皮毛：折扣名目其实五花八门，非常有趣。比如，针对住宅的地理位置而设置的折扣、针对残疾人的折扣、针对吸烟者和非吸烟者的折扣、针对滞留旅客的折扣、针对专业群体的折扣，有些商店甚至为自己所喜爱的顾客设置了“亲友”折扣。

航空公司通常会对以下情况给予折扣：葬礼（失去亲人）、婚礼、学生、教师、现役军人及家属、退伍军人及家属、集会、大型会议等。任何一个人，哪怕他将商品一扫而光，但如果不向对方要求折扣，他只会浪费掉大把的钱。就连亿万富翁都说他们会要求折扣，你也应该这么做。可以利用网络获取一些有创意的点子。

与其他谈判一样，你要引导对方将其提议细节从头至尾了解一遍，对方对其了解得越详细，你得到的就越多。

贾森·韦德曼（Jason Weidman）从旧金山音乐学院请了一个乐团在自己即将举行的婚礼上演奏一小时。该乐团代理人马西娅的要价比贾森的出价高出了一倍（两个小时的价格），因为交通时间也被计算在内。婚礼地点设在金门大桥对面的蒂伯龙。

“我问，如果表演地点在旧金山，通常是否需要向演奏者支付交通费。”贾森说，他是美敦力医疗器械公司的营销副总裁。马西娅说不需要，但她补充说，婚礼地点在交通上确实给乐队造成了不便。于是，贾森向马西娅清楚地讲解交通有多么便利：“乐团乘坐渡轮，婚礼方会在轮渡站将他们接至婚礼现场。这有什么不方便的吗？”事实的确如此，虽然蒂伯龙位于旧金山郊区，但与旧金山其他地区相比，在地理位置上离音乐学院更近。结果，乐团代理人取消了交通费。

要不断问问题，直到找出真正的决策者：那个能帮你实现目标的人。马克斯·普里卢茨基需要将他的会务票时间从周五改为周六，特玛捷票务公司援引其“不得退款 / 不得改票”政策拒绝了他的要求。马克斯在费城从事研究工作，他在想：谁是这里真正的决策者呢？显然不是特玛捷票务公司，它只是个代理机构而已。真正的决策者应该是这次会议的组织者。于是，马克斯打电话给会议的一位组织者，引导对方一步一步了解相关的详细情况。最后，票务代理机构对马克斯的要求说："没问题。"

在谈判中，证明材料是利用准则的关键——书面材料或细节性描述均可。要求对方提供表明其观点的书面材料副本，或向对方提供书面材料副本说明你提出要求的理由。

劳拉·普罗斯佩蕾蒂（Laura Prosperetti）在费城道格拉斯化妆品商店买过很多商品，但她似乎从来没有像她朋友一样得到过免费样品。也许店员没有意识到她是一个忠实的顾客吧。劳拉想，这个小店不大可能有电脑记录证明这一点。于是，她拿来了前一年的信用卡消费账单。

"我得到了一份大礼。"劳拉说，她现在在自己家乡罗马的佳利律师事务所当律师。她说多年以后，她仍然保留着那个"大大的、亮闪闪的绿色化妆包"，那里面曾经装满了各种规格的样品。劳拉说，关键是要将人际关系和证据结合起来，提出这个证据的时候需要双方的配合，当然，这个证据还应该对谈判起着决定性作用。

人际关系

除了运用准则，还要尽可能建立广泛的人际关系，这样买方会付给你更多，而卖方会收取你更少。在一个金钱至上观念日益横行的世界里，人际关系成了一种可以替代金钱的精神付出。

鲁宾·穆尼奥斯（Ruben Munoz）想从赫兹公司获得汽车租赁折扣。柜台代理员乔凡娜说，公司既没有促销优惠也没有任何折扣。鲁宾身边带着两岁的女儿，他注意到乔凡娜怀有身孕。他问乔凡娜是否还有其他孩子，乔凡娜说她已有两个儿子，现在希望生个女儿。他俩又聊了一会儿，鲁宾给乔凡娜讲了一些抚养女孩的经验。

“你是某个专业团体的成员吗？”乔凡娜抬起头来问鲁宾。“是的，”鲁宾说，“我是美国律师协会会员，但我今天没带会员卡。”很遗憾，乔凡娜表示，鲁宾没有证件，她无法给鲁宾美国律师协会的专享折扣。他俩又聊了一会儿，鲁宾问，电脑是否可以在没有证件的情况下打折。“她没有回答，但是往电脑里输入了些什么。”片刻之后，鲁宾获得了两天租期 30% 的折扣。乔凡娜刚才重新制定了公司政策。

卡洛斯·巴斯克斯（Carlos Vazquez）只是将自己的名片给了商店经理简，并说自己是一名微软 Xbox 发烧友，他原本想得到 10% 的折扣，但实际得到了 40% 的折扣。“这都是人际关系的作用。”卡洛斯说，他是高盛公司的一名副总裁。

挑选几个你喜欢去的商店、餐厅或其他一些你去得比较频繁的地方，然后尽自己所能去结识那里的人，越多越好。和他们搭讪并不需要花费太多时间。根据我的经验，如果商店的工作人员和你相熟，他们会很乐意为你大开方便之门。

华金·加西亚（Joaquin Garcia）是苹蜂连锁餐厅的常客。所以，当他筹备一场生日聚会的时候，他打电话让女主人将生日聚会安排在苹蜂连锁餐厅。他要求餐厅给予折扣，却被告知苹蜂连锁餐厅对大型聚会不打折。于是，华金打电话给餐厅营销主管，他强调自己是该餐厅的常客，并表达了自己想举行这次生日聚会的强烈愿望，他还强调，很多餐厅经常会给大型聚会以优惠折扣。该营销主管在开胃菜和甜点上给了他 50% 的折扣。华金现在在智利打点家族生意，他利用了双方的联系，找出了决策者，并坚持了自己的立场。

丹尼尔·胡（Daniel Hu）经常光顾当地一家酒店。每当他买的酒不足一箱而向酒店要求折扣的时候，对方总是严词拒绝。于是，有一次丹尼尔找到了店主乔治和侍酒师杰茜卡，他问他们对各种酒的看法以及买酒的基本原则。他们带着他详细参观了酒店，高兴地把他们所知道的有关酒的知识讲给他听。他们说，几乎没有人问过这些问题。

丹尼尔强调，自己经常光顾这家酒店，虽然乔治和杰茜卡都不记得他。接着，丹尼尔又提到了自己曾买过的一些酒，这给他们留下了深刻的印象。丹尼尔让他们推荐一些酒，他们为他推荐了一些。丹尼尔说，他通常一次只购买 6 瓶酒，但他经常购买。最后，他们给了他整箱酒的折扣价 10%。丹尼尔现在是北京一名债务专家，他说，分享信息、建立人际关系是他在日常生活中经常运用的谈判技巧。

安妮·欣德利（Annie Hindley）问宾夕法尼亚大学休闲餐厅的收银员叫什么名字。这名收银员说学生们从来不问她的名字，她感觉自己在常春藤盟校就像一个仆人。安妮花了 1 美元得到了 3 美元的饮料。她现在是迪士尼公司的一名财务分析师。

"如果每个人都这样做，那会怎么样呢？"你也许会问。但事实上，并非每个人都会这样做。此外，如果每个人都开始以更友善的态度对待彼此，我们的世界就会变得更加美好。难道你不愿意看到这样的世界吗？

怎样和对方建立人际关系呢？通过问问题和寻找信号。希赫尔·苏里（Shikhil Suri）想让店方免掉其修好的笔记本电脑的次日运费，客服说不行。希赫尔问客服是哪里人，"新德里。"对方回答道。"我也是。"希赫尔说。他们聊了一些有关新德里的事情。"贵公司是否曾经免掉次日运费呢？"希赫尔问。客服回答说："一般不会。""一般不会"是一个被大多数人忽略的信号，这个信号的意思是免掉次日运费有时候是有可能的。

希赫尔现在是华盛顿特区莫林律师事务所的一名律师，他问客服能否将他列入免运费的客户名单当中。没问题。除此之外，该客服还给希赫尔的维修费优惠了 100 美元。

如果你有所准备，建立人际关系会更加容易。亚历山大·吉特尼克（Alexander Gitnik）的妻子希望在孩子出生时有助产师陪伴。亚历山大对助产师进行了研究，他发现，助产师的收费从500美元到800美元不等。他看中的一个助产师收费800美元，他未对这一收费做出回应，而是问了对方一些问题，对对方的背景和职业表现出尊重和赞赏。

“我明白相互信任和尊重的重要性，我的高素质显然给她留下了深刻印象。”亚历山大说，他现在是波士顿一名专业投资人士。这名助产师最后接受了500美元的收费。

你对自己周围的人给予了多少注意？这些人其实就是久而久之会对你所拥有的资源和你的经验产生影响的普通人。

“我在宾夕法尼亚书店买书的时候想让书店打个折，”利塔尔·赫尔曼（Lital Helman）说，他现在是哥伦比亚大学法学院的一名学者，“他们不给我打折，除非书上有标示。我注意到那名营业员，他看上去孤独而疲倦。于是，我和他聊了起来。我问他是否能给我打个折，他拿过我挑选的新书，以比二手书还低的价格把书卖给了我。”

有时候，人们问我这是否公平。我的看法是，书店的这名营业员因此更加开心，工作起来更加积极了。如果有10亿人能像这样与对方进行交谈，那会怎样呢？对整个社会而言，难道这产生的不是完全积极正面的影响吗？

弗朗索瓦·霍尔（François Holl）想在美国电话电报公司办理长途电话业务，对方有规定的收费标准。“我从未在他们公司办理过业务。”弗朗索瓦说，他是一名法国人，带有明显的法国口音。他问销售代表：“你去过法国吗？”那位销售代表去过法国，而且还很喜欢法国。他们攀谈起来。结果，弗朗索瓦每年节省了数百美元。

“我几乎没有使用任何手段。”弗朗索瓦说。他是摩托罗拉公司驻巴西的产品管理总监。“我只是无数客户中的一个，但我建立起了一种人际关系，这就值很多钱。”

有时候，对方想结交的不一定是你，有可能是你认识的某个人或你所在的某个组织。一年前，斯蒂芬妮·莱拉丝（Stephanie Lyras）从一家

J. Crew 品牌店买了一套女装，她想让店方给她 15% 的学生折扣，可该店的这一折扣活动早已停止。

斯蒂芬妮对店员提到了沃顿商界女性协会，她自己是其中一名成员，她说该协会最近要在 J. Crew 公司举办一个活动。这名店员对沃顿商界女性协会非常感兴趣，两人聊了起来。斯蒂芬妮问店员能否重新考虑她的折扣请求，该店员同意了，斯蒂芬妮享受到了折扣。“亲自谈判会令结果大不相同，”斯蒂芬妮说，“必须找到双方之间的连接点，态度也很重要。”

不过，这种方法并不总是奏效。有些卖方会拒绝谈判，无论你是否经常光顾。可是，与完全不尝试相比，试着运用这种方法总会让你有更多的机会得到折扣。

斯泰茜·布伦纳（Stacey Brenner）不着痕迹地建立起了一种人际关系。在一家名为史蒂夫·马登的时尚鞋店，斯泰茜看上了一双标价为 130 美元的鞋，她想让店方打个折。她就店里摆放的各款女鞋与售货员聊了起来，最后，售货员说店里的所有商品都给她优惠 25%。因为斯泰茜用自己的举动表达了对售货员的尊重。

“这太让人意外了！”斯泰茜说，她现在是旧金山的一名医师，“我从没想到对方会将所有商品给我优惠 25%。”

至此，有一点应该很清楚，与仅仅运用一种技巧相比，将各种谈判技巧结合起来的效果通常会更好，而且这很有必要。利用人际关系和准则可以给对方提供一个具体的理由，让他们在对你产生好感之后接受你的要求。

丽贝卡·考尔斯基（Rebecca Kolsky）想使用一张已过期的 20% 的折扣券从 J. Crew 网上买条瑜伽短裤。丽贝卡告诉客服代表桑迪，她想买条短裤练习瑜伽以保持身体健康。她问桑迪是否练过瑜伽。

桑迪没练过瑜伽，但她说自己成功减掉了 222 磅。丽贝卡当时还是一名医学系学生，她对此很感兴趣，她们就桑迪的减肥方法聊了几分钟：水中有氧运动、动感单车运动、一些医疗方法。丽贝卡问桑迪的职业目标是什么，桑迪说自己想从事儿科保健工作。于是，丽贝卡给她提供了一些建议。

之后，丽贝卡说自己错过了20%折扣券的最后期限，但她知道J. Crew公司的宗旨是为顾客提供优质服务。丽贝卡的要求对桑迪不过是举手之劳，事实上，桑迪还额外免掉了丽贝卡的运费。“与对方建立关系、让对方对自己有大致了解、多了解对方，这会对结果产生重大影响。”丽贝卡说，她现在在西雅图当儿科医生，“桑迪在我甚至没有要求的情况下给了我额外的优惠。”

交易和联系

在与桑迪的谈判中，丽贝卡至少还做了另外3件重要的事情：交换信息、提供职业建议、将本次谈判与其他许多谈判联系起来。换言之，丽贝卡给桑迪提供了一些极有价值的信息作为回馈——以一种既含蓄又明确的方式。

我们在前面已经见识过运用这种技巧的强大效果，这种技巧就是利用无形之物，将当前谈判与未必与本次交易有关的其他需求和利益联系起来。这会令整体利益变大，使各方更有可能达成协议。这种技巧尤其适用于各方对金钱问题存有争议的情况。下面介绍的一些方法可以告诉你如何在市场中运用这种技巧。

每次购物时，尽量将本次交易扩大化，不要仅着眼于眼前。一名回头客就是一个大客户，长此以往，其购买量不容小视。要将这点表述给对方。

埃娜·休伊特（Ena Hewitt）从费城的丽兹数码相机店购买了一台尼康数码相机。“与费城任何一家商店相比，丽兹商店在价格上都堪称便宜，其价格在我所找过的商店中是最低的。”埃娜说。另外，丽兹商店不对顾客打折。

埃娜告诉经理查德，她想学习更多有关摄影的知识，等她的摄影技术提高了，她会买更多的摄影设备。查德怎样才能帮埃娜实现愿望呢？查德免费赠送给埃娜价值200美元的一项摄影课程以及为期两年的全球联保服务（并非美国常规的一年保修服务）。埃娜不仅获得了折扣，还分文未付就得到了自己所需要的东西。埃娜现在生活在南非的比勒陀利亚。

即使只购买两个大件商品，也应该要求对方给予团购折扣。法律专业的迪安·克里希纳（Dean Krishna）是我的一名学生，他要在百思买商店购买两台平板电视，他决定用适当的表达方式使这次购买行为符合“团购折扣”的要求。首先，他找到了管理该部门的决策者贾斯汀，然后，他问对方是如何当上部门经理的。

“他对自己拥有硕士学位感到非常自豪。”迪安说，“交谈了几分钟之后，我问他，我今天购买两台电视，他能给我什么优惠。”贾斯汀让迪安享受了员工折扣价，即10%的额外折扣。迪安现在是艾奥瓦州的一名税务律师。

刚从德国电信公司成功获得免费手机之后，查尔斯·陈去了蒂芙尼首饰店为自己的未婚妻阿里莎购买一枚订婚戒指。他请推销员对几枚戒指进行品评。查尔斯说，他希望这第一次购买体验能使自己今后成为蒂芙尼的老主顾。他向推销员要了名片，说自己很高兴跟她学到了很多知识。最后，查尔斯所购买的戒指享受了7%的折扣，价值770美元。

很多公司都会给你折扣，目的是换取你的长期光顾。要将这看作是你日常生活的一部分。

维卡斯·邦萨尔（Vikas Bansal）想让自己3岁的女儿瓦妮参加小健身馆的一个健身班。“我应该找谁谈谈学费折扣事宜呢？”维卡斯问健身馆的助理，对方让他去找特许经营者约瑟夫。维卡斯想获得折扣，但他意识到，这个要求对对方不公平，除非自己能为约瑟夫做点什么。做点什么呢？最后，他发现，约瑟夫有一个健身班只招收了60%的学生。维卡斯说，自己所住的公寓大楼里还有3个有孩子的家庭，他会在这3个家庭中为约瑟夫进行宣传。维卡斯得到了 25% 的折扣和价值 40 美元的两节免费课。

你必须尽力去揣摩对方脑海中的想法，这样才能让对方看到其长远利益。几年前，马克·麦考特（Mark McCourt）想买一架四又三分之一八度音阶紫檀木马林巴琴，一种类似木琴的打击乐器，其标价为 3 200 美元。

店主丹只肯将价格降低一点点。马克想向商店经理表明自己将会是一个常客。通过研究，他发现批发价大约为 1 600 美元。因此，马克在出价时比批发价稍稍高了一点，不过，他还主动多给了店方 200 美元，表示自己将来会经常光顾。店主以 1 600 美元的价格将马林巴琴卖给了马克，这是在零售价基础上 50% 的折扣。

谁受益最大呢？这很难说。买了马林巴琴之后，马克又在这家商店为自己的孩子购买了单簧管课程和套鼓、吉他背带和琴弦以及其他一些乐器配件等。他的儿子练习演奏马林巴琴，在州立高中竞赛中成为一名首席打击乐演奏者，后来在亚利桑那州大学成为鼓乐队队长。“我们现在还保留着马林巴琴。”8 年后，马克说道。他现在是甲骨文公司的区域副总裁。

只要将谈判过程经历一遍，你就会常常惊讶于自己竟能获得如此多。沃顿商学院俱乐部想在一家新酒店租场地来举办活动，斯特凡·杜福尔向该酒店的销售经理询问房间价格，回答是 1 000 美元以上。斯特凡问，如果俱乐部在校园为酒店做推广宣传，酒店有可能提供什么样的优惠。最后对方说：完全免费。

这些技巧也适用于商业领域。伊戈尔·赛尔克，本章前面提到过的那位找人给时钟刻字的人，为自己所在的公司节省了 60 万美元，因为他将一名原料供应商 6 个月来一直上涨的价格压低到了原来的水平。那段时间，他一直大量购货，供应商的销售代表因此愿意降低价格，因为其奖金数额与销量直接挂钩，就像和价格直接挂钩一样。而且，该销售代表正处于奖金评估期。“我寻找的是对方的行为动机。”伊戈尔说。

作为一个企业供应商，你可以用自己的能力增加销量来留住客户。

拉里·鲍希尔（Larry Bowskill）的一位客户准备改投另一个要价更低的供应商。拉里联系了自己公司中与该客户也存在供应关系的其他部门，共同商议了一揽子交易条件，使价格在总体上与另一个供应商同样低廉。拉里以此增加了交易量。

一名客户向旧金山圣临软件公司（Advent Software）的帕特里克·坎农（Patrick Hennon）抱怨说该公司价格太高。通过深入调查，帕特里克发现，双方关系在过去曾出现过问题，包括在产品性能问题上没有遵守承诺。“真正的问题不是价格，而是信任问题。”帕特里克说，他现在是一名医疗保险顾问。帕特里克解决了信任问题之后，客户便不再抱怨，销量也开始逐渐上升。

在商界，工作保障和事业成功对人们的重要性通常与加薪或获得奖金不相上下，甚至有过之而无不及。丹·斯特雷特曼（Dan Streetman）在阿姆多克斯电信技术公司任经理，他在一起交易中遇到了麻烦。丹所销售的产品是三件套，一名客户只想要其中的两件，他没有看到第三件产品的价值。丹想将价格贵得多的第三件产品卖出去，以使整套产品保持完整，而且他认为这会给该客户带来真正的长远利益。

丹深入思考了这次谈判，他通过角色互换将自己置于该客户的位置。他发现，该客户很喜欢第三件产品，但心存顾虑，担心买下该产品后，该产品会为公司里的其他人所用并从中受益，从而在工作上超越他。

“于是，我们告诉他，我们会向他们公司的首席信息官推荐他担任该项目负责人。”丹说，他现在在旧金山一家名为 C3 的能源研究和管理公司任商业开发高级总监，“我们还向他保证，如果该项目获得成功，那么项目所有权归他；如果失败，责任由我们承担。”该客户购买了产品，最后该项目获得了巨大的成功。丹找到了真正的问题并提出了创造性的解决方案。

观点和风险

如果能降低对方的可感知风险，交易结果通常会更令人满意。吉恩·允（Gene Yoon）正打算聘请一家投资银行为其购买一家公司，该银行想让他先预交一大笔不退款的定金以降低风险。

吉恩提醒该银行，他所在的小组以前曾和银行达成过两笔交易，他和银行“已是老朋友”，因此与一般情况有所不同。该银行没有收取定金就签订了合约。“我们利用了双方的关系和准则。”吉恩说，他现在是纽约高盛投资公司的一名私募基金投资总监。

降低对方的可感知风险可以带来数百万美元的利益。这些技巧同样适用于各大企业。

在谈判中，无论何时，只要一感知到风险，就应该立刻想到，“要循序渐进”。采取循序渐进的步骤可以降低可感知风险，这意味着要将交易分解成不同的阶段，并对其进行测试和考验。

汽车

通过谈判方式购买或销售汽车不一定是件耗时费力的事，有很多技巧可供选择。你们中的大多数人已然知道该怎么做。但在谈判中还有一些注意事项。

首先，任何人，如果不上网查验经销商成本和汽车价值，并利用查验结果进行谈判，他很可能会花一大笔冤枉钱。无论新车还是二手车都是如此，所以查验是必要的准备工作。甚至我的助手都知道要查验车辆识别号码，以此判断一辆二手车的使用情况。在网上搜一下“买一辆新车”或“买一辆二手车”，各种好建议数不胜数。

亚拉文·伊马奈尼（Aravind Immaneni）是金融服务部的高级副总裁，他很擅长个人谈判（成功的谈判专家善于把握任何主题的谈判）。亚拉文想买一辆特殊型号的雷克萨斯二手车，在他所居住的城市里士满“只有一辆这样的车”，其标价为 24 500 美元。他说：“这个价格比我所能承受的价格贵了 2 000 美元。”

于是，亚拉文进行了研究。在车美仕网（carmax.com）他发现同一型号的汽车在亚特兰大售价为 21 200 美元，便宜 3 300 美元。他在《凯利蓝皮书》[①] 中看到该车价值为 23 000 美元。他将所有信息传真给他在里士满的经销商。结果呢？他甚至不必亲自谈判，经销商就主动打电话提出以 21 900 美元的价格将汽车卖给他，短短两三个小时的研究就节省了 2 600 美元。

亚拉文通过研究还发现，制造商提供了一项行程 16 万千米的 3 年保修服务，其价值为 1 500 美元，而经销商的成本大约只有一半。因此，亚拉文建议，自己按里士满经销商的要价支付 21 900 美元，但该价格要包括批发价所享受的延长保修服务。这样一来，经销商的报价就与车美仕网上的价格（21 200 美元）相差无几，而且还额外卖掉了 700 美元的保修服务。经销商同意了，“完全没有引起任何争议。”亚拉文说。

如果想买新车，看看有没有针对老客户的促销价、针对“亲友”的优惠价以及其他新推出的优惠活动。经销商有时会把这些优惠告诉你，尤其是如果你能做到以下两点：让他看到你们双方有可能建立关系，或你有可能为其推荐新客户。

要求对方解释发票上每一项条款的含义并对此进行核查。例如，“经销商预备工作”也许只有短短两三个小时的工作量，因此不值得花数百美元；运费和执照费通常会被抬高；展销的样品车往往一买回去就令人懊悔不已。对方也许会撒谎，因此要核实对方所说的每一句话。汽车租赁利率通常会被抬高，汽车租赁底价和“零利率贷款”底价也会被抬高。在互联网上一应俱全的各类信息会带给你惊人的发现，如果你事前没看

① 《凯利蓝皮书》，北美二手车行业的标杆性定价杂志，其杂志以对二手车评估科学准确、定价合理、严谨而成为美国人买卖二手车必参考的杂志。——译者注

过这些信息，你最终肯定会懊悔不迭。

无论你利用什么准则，首先要考虑的还是人。要建立关系，尽量扩大谈判范围。如果某一销售员令你感到不舒服，不要从他那里买车，另外再找一个销售员。无论何时，只要有人企图向你推销附加产品，要求按批发价购买，之后还要对此进行核查。

交易时要小心，比如有的买家会对卖方的汽车吹毛求疵，以此压低价格。这种方法只会贬低卖方，令他们对买家产生抵触心理。因此，可利用准则取代这种方法。

经销商也可使用这些方法来对待买主。要想建立信任关系，可向买主透露一些信息并利用公平的准则。如果有的买主还价过低，可要求他们给出合理的理由，提出要求时态度要友善。

拉斐尔 · 罗西略（Rafael Rosillo）从罗恩的二手车店买了一辆汽车，该车是按“现状”出售，即没有任何担保。不到一个月，这辆汽车就需要花 700 美元修理变速箱。拉斐尔回去找罗恩，解释说自己的家庭预算确实有限，想让罗恩承担一半的维修费。

“我问罗恩，如果汽车在出售之前就有隐患，按‘现状’出售后需要进行重大修理，他们是否曾有过承担部分修理费的先例。”拉斐尔说。“一般情况下没有。”罗恩回答。“一般情况下没有”是一个信号，这意味着偶尔并在适当情况下有这种先例。

拉斐尔告诉罗恩，他是宾夕法尼亚大学法学院的一名校友，本月正在带 80 名新生，他会很乐意向这些新生进行宣传，说罗恩只收取一半费用就修好了自己的二手车。拉斐尔现在是纽约的一名律师，他分别运用了 4 种谈判技巧——建立人际关系、保持冷静、不争辩谁是谁非、不提过分要求，结果，拉斐尔得到了自己要求的 350 美元。

这个例子又一次说明人际关系比合约中的条款更有分量。这两则事例让我们看到，本书所介绍的各种谈判技巧是如何将通常令人不愉快的交易变得更容易。

你的清单还应包括以下内容：

- 汽车租赁公司、银行和贷款公司也出售二手车。汽车拍卖通常由专业人士主持，你需要准备好现金并带一名汽修工到场。
- 国家公路交通安全管理局提供了免费电话号码，你可拨打该号码对汽车缺陷或召回情况进行查询。商业改进局和州总检察院通常会对没有解决的针对经销商的投诉案进行登记，可利用其中的信息争取更多的保证条款。
- 除非你本人是汽修工，否则购买二手车不经汽修专家检查是很愚蠢的行为。

如果看到自己不喜欢的东西，就停下来稍事休息，重新部署之后再开始。没有人强迫你非要在今天买车，要把握谈判过程以获取更多。最后，你做的最明智的一件事情应该是：聘请一名已经离职（或已经离开经销商）的汽车销售代表作为自己买车甚或卖车的“顾问”。只需支付一两个小时的服务费，他们就能为你节省数千美元。要找到这样一个人也许并不容易，需要四处打听，找到的话，最终你定会获得回报。

信用卡

人们每年额外支付的信用卡利息高达几十亿美元，因为消费者不懂如何进行有效谈判。下面这份清单会告诉你应该怎么做。要照着做，每月如此，直到你感到满意为止。将其作为一份兼职工作来做，它会让你受益匪浅。

- 要求对方提供针对客户的最优惠利率。对方在什么情况下才会提供最优惠利率呢？如果你一直按时还款会怎样呢？2010年的一项研究表明，对于按时还款的客户，不包括促销优惠利率在内，其信用卡利率可以下降4%到23%不等。

• 利用信用卡公司所重视的条件。肯尼思·雷耶斯告诉一名花旗卡销售代表："我已是10年以上的老客户了。"他的利率因此从22%降到了15%，即每年利息减少了500美元——仅仅5分钟的一通电话就带来了这样的效果。美国运通公司承诺对客户提供"世界一流的服务"和"诚信经营"。发现（Discover）信用卡公司的承诺是"为消费者和各类企业提供回报率最高的金融服务"。学会利用这些准则和对方进行谈判。

• 建立人际关系。在花旗银行，克利奥·扎格雷安（Cleo Zagrean）问工作人员马西是哪里人，马西说她是南达科他州人。克利奥最近曾去过南达科他州，于是她便和马西聊起了那个地方。最后马西给克利奥免掉了6个月的利率。从某种意义上说，这是马西对克利奥的回报，因为克利奥对待她就像朋友一样。

• 询问对方是否有针对你这一类客户所提供的优惠利率。如果与你通话的客服代表拒绝给你提供优惠利率，重新拨打电话，寻找其他客服代表进行协商。

• 与信用卡公司的留卡部谈判。约翰·旺（John Vang）在美国银行就是这么做的，他问："您能帮我继续成为美国银行客户吗？"他指出，其他银行给他提供了更优惠的利率。美国银行立刻将约翰的利率降低了3%，使他每年节省了数百美元。约翰现在是纽约的一名公益律师。

• 仔细阅读信用卡协议，确定协议条款与对方准则相符。阅读《公平信用结账法》和《公平信用报告法》，这两个法案可在网上找到。利用这两个法案进行谈判。如果你遇到麻烦，几乎所有的信用卡公司都允许降低还款额。

• 熟悉对信用卡公司或"信用报告机构"进行投诉的程序。在互联网搜索引擎中键入这些关键词或类似关键词进行查询。作为美国政府机构，货币监理署和美联储也受理消费者对信用卡发卡银行的投诉。

有时候，你在谈判初期并不知道哪种谈判技巧最有效：要持之以恒、循序渐进、建立人际关系或找到一个准则对其加以利用。尝试运用不同的方法。如果你要投诉信用卡公司，将所有投诉材料副本送交各相关机构，包括当地商业改进局、消费者服务部、联邦贸易委员会，如果你在英国，还包括金融申诉服务署。

当然，做这一切应该采取循序渐进的策略。每封投诉信发出之后，看看对方是否愿意与你谈判。此外，在投诉之前，向对方引述其服务准则。一开始，收集信息、整理文件和电话号码需要费些功夫，可一旦完成了这些工作，你对谈判就会胸有成竹，年底就能享受到更多：无论是在金钱方面还是满意度方面。

对信用卡公司及其账单收取部门的员工，这里有一些建议：如果你公平对待消费者，客服代表在接电话时通情达理，投诉数量就会大大减少，更多的客户会按时还款，也许连国会也会减少向你们施压。因此，本书所介绍的谈判技巧和方法同样适用于你们！

房地产

对大多数人而言，购买或出售家庭住宅通常是他们所进行的最大一笔交易，这也是为大多数人所痛恨的另一类谈判。购买或出售家庭住宅的人通常担心会上当受骗，如果用对了谈判技巧和方法，这种事就不会发生。

帕梅拉·贝茨－克里斯滕森（Pamela Bates-Christensen）在填写按揭申请的时候，按揭公司有人告诉她说，利率锁定期是 60 天。但是，当她的按揭申请获得批准的时候，利率锁定期只有 30 天。

“在问题尚未出现之前，我已将所有的电话通话、相关人员、电话号码做了记录。”帕梅拉说，她现在是美国国务院驻巴黎的一名高级顾问。接下来，她找到了该按揭公司的宗旨声明，其中列出了各项准则，包括为客户服务的重要性。该按揭公司的主管好几次都没回电话，帕梅拉对此进行了记录：日期、时间、留言等。她一边向银行的高级管理层进行申诉，一边继续记录该按揭公司的不当行为。没过几天，帕梅拉的利率锁定期就被延长了 30 天。

“一定要不辞辛苦才能让对方兑现对你的承诺吗？”遗憾的是，有时事实的确如此。随身带一支笔和一个笔记本，如果风险很高，你对对方是否会遵守承诺又没有把握，那就将细节记录下来。这样看起来也许多此一举，但是，当你第一次需要这些细节的时候，你就会明白，所有的辛苦和麻烦都是值得的。

在全美各地，房地产代理人的佣金从 1% 到 6% 不等。与代理人进行谈判可节省数千美元。大多数人认为，佣金超过 4% 即为过高，而很多人认为佣金超过 2% 即为过高。你难道不愿意把这些钱节省下来放入自己的口袋吗？以价值 30 万美元的一套房屋交易为例，按 2% 的较低佣金计算，其价值为 6 000 美元。这可不是一笔小数目！

陈杰伊请 21 世纪公司帮忙出售房子，对方提出要收取 3% 的佣金。杰伊在互联网上做了一些研究，他发现 ziprealty.com 公司仅收取 2% 的佣金。杰伊是费城附近的一名股票分析师，他更倾向于通过 21 世纪公司出售房子，因为该公司就在当地，交易起来更方便一些；不过，前提条件是对方必须降低佣金。21 世纪公司最后将佣金降到了 2.5%。这栋房屋价值 50 万美元，节省金额：2 500 美元；谈判时间：5 分钟；使用技巧：准则。

如果你担心自己的房地产代理人会因为所付佣金减少而不肯尽心办事，那就试试一些创造性的方法，例如提供奖励。比方说，你和你的代理人对一些房屋售价进行比较之后，一致同意将房子的售价定为 40 万美元。因此，只要他能将你的房子卖到 40 万美元，你就向其支付 2% 的佣金；如果超过 40 万美元，超出部分你会另向其支付 20% 的佣金。即如果该代理人将房子卖了 45 万美元，其佣金就分为 8 000 美元和 1 万美元两部分，前者是 40 万美元售价的 2%，后者是多卖的 5 万美元的 20%，两者相加共 1.8 万美元，佣金总体高达 4%。

你会因为要额外支付一笔佣金而感到烦恼吗？如果是这样，你必须跳出这种思维定式，你已在 40 万美元的基础上额外净赚了 4 万美元。你要思考的是如何实现自己的目标，而不是如何战胜对方。

你还可以采用其他创造性的方法，例如最后统一付费或按小时付费（通常从 75 美元到 150 美元不等），但都要设置上限。这两种方法都需要参考代理人的业绩标准，而且代理人必须能将房子卖掉。

越能与相关的每一个人建立人际关系，就越有可能实现自己的目标。尽量与对方面谈；随意闲聊几句，搞清楚对方是否有些无形的需求；将自己的孩子介绍给对方的孩子。这之所以也很重要，是因为如果在销售中一旦出现任何问题，人际关系可以起到一个缓冲作用，防止交易失败。

我的一名学员去旧金山看一所房子。那个地段非常拥堵，想买这所房子的还有其他几个人。当这名学员得空和屋主单独说话的时候，他没有议论价格，而是询问屋主为什么要卖掉这所房子、他打算搬到哪里，诸如此类的问题。大约 20 分钟以后，屋主打发走了其他买家，以低于最高报价的价格把房子卖给了这名学员。

为什么呢？因为这名学员获得了他的信任。很多人在进行买卖的时候喜欢捣鬼，还有些人不遵守承诺。在这种情况下，如果买家认真去了解卖家，那么对卖家而言，能与这样的买家达成交易会令他感到欣慰。

一般情况下，代理人不会让你接近卖家，因为他们认为你会绕过他们，取消佣金。可以询问代理人这是否是他们担忧的原因，然后主动签署一份明确的不规避协议，以确保如果交易达成，你会如约支付佣金。

即使代理人拒绝让你与卖家见面，你也可以不断向代理人打听有关卖家的各种情况。你打听到的情况越多，就越有可能与卖家建立一种联系，哪怕是通过第三方。记住，成功与失败只有一步之遥。

美国有很多州要求卖房者提供房屋披露声明，如果披露的房屋信息不完整，就有可能受到严厉处罚。先仔细阅读披露声明，然后一定要找一名检验员将房屋彻底检验一遍。如果卖房者拒绝检验，那就要警惕！质问他们，你怎么可能付一大笔钱去买未经检验的东西。你在检验房屋之前所报出的价格都应根据检验结果进行调整。如果检验员检验出房屋存在重大问题，你就可以通过谈判压低价格。

我在买房子的时候就碰到了这种情况，检验员查出了大量没有披露出来的问题。代理人说："这太糟糕了，但价格是不会变的。"我说："你怎么对下一个买家交代呢？"代理人说她不会更改房屋披露声明。我说，你既然已经知道了房屋的缺陷，如果不将其写入披露声明，你很可能会被吊销从业执照。

这是一次十分艰难的谈判，但是，为了获得成功，我们运用了准则并让对方看到未来前景。我没有直接威胁代理人，而是说我们此刻很有诚意购买房屋，何必从头再开始呢？最后，在房屋市场行情高涨的情况下，我们以低于要价 19% 的价格买下了房子。

如果你是卖方，不要隐瞒实情，事先将坏消息告诉对方。如果购房者对此不予计较，你就会卖得一个满意的价格，尤其是在他们信任你的情况下。对房屋的优点和缺点都要明确指出，给购房者提供一些解决房屋问题的建议，比如提供一份你认为可靠的当地承包商的名单，这会增加你的可信度。

家族企业

任何一篇论述买卖的文章如果不论及家族企业，那它就不够完整。全球超过 80% 的员工为家族企业工作。在美国财富 500 强中，1/3 的企业（大约 170 家企业）是家族企业。在美国，家族企业的生产总值占国民生产总值的 65% 以上。在国际上，这一比例甚至更高。

这是一些惊人的数字。大多数商学院和经济学家对有家族企业参与的交易动态研究不多。因此，许多商界领袖对此认识不足，无法处理好与大多数商业企业的关系。此外，家族企业中的大多数人也无法处理好所涉及的动态问题。

我对与家族企业有关的各类交易曾提出过一些建议，我本人也有自己的企业，我曾是家族企业的合伙人，我在课堂上分析过有关家族企业的案例，还写过一些有关家族企业的案例。因此，我不仅对家族企业做过研究，而且还亲身体验过其中的动态。在涉及家族企业（即全球大多数企业）的任何谈判中，以下相关动态十分重要。

家族企业的若干特征

- 具有自豪感，容易感情用事，自我主义感十分强烈。
- 人们为过去的利益纠葛依旧争斗不休。
- 很多人认为自己被低估了、不受重视。
- 以中央集权方式制定决策。
- 组织结构也许无法反映出其真正实力或影响力。
- 数十年辉煌的个人奋斗史会导致资产被高估。
- 股东影响力相对较弱。
- 个人资产可能影响公司资产。
- 不轻易解雇员工。
- 无形资产十分重要。
- 对外部专业技能的依赖性相对较小。
- 企业文化是其关键。
- 能力并非工作的必要条件。

显然，有效谈判的大敌——容易情绪化在家族企业中更加普遍。在家族企业中，很多人通常都从个人角度看待一切事物，他们认为自己的能力被人低估了，他们在过去的问题上争强好胜，制定决策的时候不讲逻辑，他们所做的许多事情无益于产生令人满意的交易结果，他们的目标往往不只是钱，因而更难以实现自己的目标。

在与家族企业打交道的时候，要格外注意以下几点：感情用事是否是驱使他们做出决策的原因，是否需要为他们提供无形之物，是否需要进行情感补偿。问问你自己，自我主义到什么程度就有可能影响价格。

无论是在南美购买手工雕像，还是在芝加哥购买整个公司；无论是在亚特兰大将一个点子卖给三兄弟公司，还是在非洲将某人的咖啡种植园卖掉，以上要点皆完全适用。容易情绪化的人不善于倾听，往往更容易分心并偏离自己的目标。

本书所介绍的谈判技巧可以帮助管理者们有效解决这样的问题。和跨文化谈判一样，首先要搞清楚对方的观念，并予以重视。

迈克尔·法利（Michael Farley）曾是安达信会计公司的投资银行合伙人，他在为一位客户购买一家成衣公司时遇到了麻烦。“那位公司业主的期望完全不切实际。”迈克尔说。

迈克尔和他的团队一点一点剥开了事实的真相。“他是在闹情绪。”迈克尔说，“通过角色互换，我们找到了答案。”迈克尔和他的团队发现，这位业主希望在未来 3 年继续留在公司，享受各种额外津贴；他希望拥有公司 0.5% 的股权（价值 200 万美元）；他希望使用公司的喷气式飞机，他尤其希望在自己每年 8 周的度假期间，能用这架飞机接送他；他希望他的员工们能继续留在该公司。迈克尔满足了他的这些条件，作为回报，迈克尔仅用 4 200 万美元现金加上大量股票买下了这家价值高达 4 亿美元的公司。迈克尔现在是总部设在迈阿密的一家房地产收购公司的董事。

一位买家在购买一家私人控股公司的时候，卖家的对抗情绪非常激烈。其中一位业主想卖掉公司，另一位业主却不想卖。当被问及为何不想卖的时候，该业主说：“我要一辈子在这里工作，直至咽气。”

这属于发自肺腑的问题，对此买家必须做好准备。为了推进交易，买家为这位他称之为“顽固派创始人”的业主创设了一个自主性很强的重要职位。作为回报，卖方降低了公司的价格。“情绪比金钱或其他任何事物都更重要。”这位买家说。

最后，各种交谈，无论庄重严肃，还是随意闲聊，几乎总会奏效。这会让你在一生的无数谈判之中更富有人情味、获得更多。

乔希·阿洛伊（Josh Alloy）周日去一家熟食店。他想要一份星期二特价餐：一份带薯条和饮料的土耳其三明治套餐，仅收半价。乔希没有如愿。他无论如何都要点这份套餐——哪怕全价也毫无怨言。“你觉得费城人队怎么样？”乔希问制作三明治的师傅。随后，他们聊起了棒球。乔希在罐子里放了一美元小费。他们一边聊天，那位师傅一边干活，制作好的三明治和薯条越来越多。然后，在这个周日，服务员为乔希提供了周二特价餐，还有许多其他食品。“关键是要建立一种人际关系。”乔希说，他现在是一名律师。对其他任何人而言，这只是发生在熟食店的一场普通谈话；对乔希而言，这却是能让他争取更多的一场谈判。

第 11 章 人际关系中的谈判

有一位经理是我的学员，她想让她母亲住进养老院，因为这更安全，她母亲会得到更好的健康护理，她也会有更多时间去交朋友。她母亲承认住养老院有如上好处，却拒绝前往。“我只是还没做好准备。”她母亲不停地说。

一开始，她母亲说舍不得离开她自己的东西——她所珍爱的那些生活物件。最后，她女儿终于道出了母亲的担心：“一旦扔掉了自己的东西，就等于放弃了自己的生活，之后就只能等死了。”她母亲失声痛哭，她说得没错。

因此，女儿建议让母亲带上她的所有物品，她们可以在养老院附近找一个地方存放这些物品。等母亲做好了准备，就对这些物品进行整理，将自己想要的留下来，其余的要么捐赠给他人，要么扔掉。最后这位母亲欣然去了养老院。

围绕着如何处理各种关系萌生出了一个价值高达数十亿美元的产业——精神科医生、婚姻顾问、调解员、商业顾问、家庭顾问。然而，从我的学员们的经历来看，大多数关系问题显然并不需要专业级人士的介入。人际关系问题，无论是商业性质还是个人性质，一般都是由于缺乏了解而造成的，随之而来的便是沟通不畅。通常，这种问题解决起来既迅速又简单。

如果处理手法和治疗方法不当，一个轻伤就有可能发展成需要专业医务人员才能治疗的重大疾病。人际关系问题也是同样的道理。在情况恶化之前，修复关系大多采用更直接的方式，为对方提供情感补偿，通过问问题的方式多了解对方，先倾听对方诉说，并考虑对方的感受与情感。

当然，有时人们也需要专业人士加以指点。不过，通过运用本书所介绍的方法和技巧，很多人不仅极大地改善了他们的人际关系，而且还挽救了他们的友谊、婚姻以及交易。此外，他们还找到了一种更好的方法来吸引他们所在意的人，并能与其始终维持良好的关系。

在上面的例子中，应当强调一下，那位母亲是位感情用事的人，女儿解决了这些有关情感的问题。她了解了母亲的想法，用适当的表达方式为母亲提供了一种情感补偿。

本章将对那些能有效解决人际关系问题的方法和技巧进行更详细、更具体的解说。只要运用这些方法和技巧去解决人际关系问题，人们不仅能为自己还能为自己的伙伴争取更多。

情感是人际关系的一个重要组成部分，在第 6 章中已有论述。然而，要想建立成功的人际关系，不仅要理智地处理情感问题，而且还需广泛运用本书前半部分所介绍的一系列谈判技巧和方法：利用准则、用不等价之物交易、解决问题、采用循序渐进策略等。因此，我们在此要讨论的重点不仅仅是一种技巧，而是如何运用多种技巧去改善人际关系。

首先，你心里应该十分肯定的是：你确实想建立或维持一种关系。

在商场中，很多人假装希望和你建立某种关系，然而，在太多情况下，他们的真正目的不过是利用你的知识或关系获取成功而已。

这种情况被人们称为“信任骗局”。有些人以朋友的姿态想获取你的信任，一旦得手，他们就会攫取自己所能攫取的所有利益。如前所述，在商场中，如果人们缺乏技巧或经验，无法以公平的方式实现自己的目标，他们撒谎、欺骗和进行操纵的可能性会更大。因此，任何一篇论述人际关系的文章必定以这样一个前提开篇，即应该只和那些值得信任的人建立人际关系。对不值得信任的人，你依然可以与他进行生意往来，但需要采取循序渐进的方法并获取对方的承诺。

在人际关系中，人们会对自己所信任的人根据信任程度不同袒露自己的想法，透露自己客户的信息，有时候甚至告知自己的银行账号。在这样做之前，经验法则第一条是：对双方的信任关系越没有把握，所透露的信息就应该越少。

经验法则第二条是：有可能发生的最糟糕的情况是什么——你对此已经做好防护准备了吗？我最喜欢的一句名言是："即使是偏执狂也有真正的敌人。"即使人们有着看似最保险的工作，他们也会发现自己成了谎言、讽刺或政治算计的对象，无论他们能力有多强。

在今天的各类组织机构中，人们的忠诚度大大降低。各类公司以各种理由解雇职员。虽然有些机构组织声称要维护"共同协作"和"职业道德"，但在日常生活中，并没有执行下去。

大多数公司公开表示欢迎多元化。而且，正如前面所提到的，数据资料显示，那些思想多元化的公司最终会变得更富有创造性，通常也会获得更加丰厚的利润。可是，一旦你试着让自己在公司中与众不同，你也许就会成为众人唾弃的对象。一项研究发现，总裁们会选择那些与自己具有相似观点的人担任公司董事，"暗示着思想统一"。另一项研究表明，一些公司承诺要实现多元化，但往往无法实现，因为这些公司真正重视的是整齐划一，他们认为多元化会导致分化。

在商业关系中，我建议将一切记录下来。这听起来似乎过于偏执，但我曾看过太多这样的例子。在这些例子中，人们不顾自己的事业和家庭安全，冒险与对方建立商业关系，最后却沦为政治或其他人攫取私利的牺牲品。需要记录的内容包括：重要的会议、你做了什么、对方做了什么和说了什么。将其视为一种对未来保障的投资。每天花 5~10 分钟将自己所做的工作写下来，提升自己对公司的价值。任何人所做的任何事，只要与你有关，都将其记录在案。

美国前总统罗纳德·里根有一句关于限制核武器的名言：“要信任，但也要核实。”这句话在商业关系中也不失为一条很好的建议。在商场中，不要毫无怀疑地奋勇向前，问问自己，这能为他们带来什么；问问自己，每一个人放弃了什么；问问自己，是否令自己陷入了一种容易受伤害的境地。

我此刻的目标是帮你做好准备，让你能在现实世界而非理想世界中进行成功的谈判。

关系中的情感补偿

就一段关系而言，最强有力的基础是一种基于情感的吸引力，这包括私人关系、信任感、相互需求、社会关系、共享经验以及共同的敌人。这些特征表现得越明显，人们彼此之间就越容易做出承诺。

人们很容易就能看到威胁是如何破坏上述情感的。威胁是一道预警，预示着发出威胁的人会以某种方式伤害某人。正如一位研究者所说，在建立关系的过程中将威胁作为一种策略会彻底破坏关系。然而，人们却经常如此，尤其是在商场中。威胁会令人们疏远而不是靠拢，威胁会制造恐惧，引发人们的报复欲望。

要想加强一段关系，最强有力的方法就是进行情感补偿。没有情感补偿，任何关系都无法维系。

情感补偿是某种能令对方感觉更舒服的行为：一个同情、一个道歉、一个让步。它还包括各种无形的东西，如尊重、给对方面子、对对方价值的肯定评价。

情感补偿几乎总能化解人们不合理的需求，它是日常生活的一部分。几乎每一个人都会在某个时刻感到紧张、心烦、恐慌、愤怒、沮丧、悲伤或失望。我们所有人都会在事后对自己的行为懊悔不已。在一段关系中，你的任务是去帮助对方消除这些消极负面的感受。

你也许不得不忍受对方对你说出刻薄、伤人的话，他们这样说并非出于本意，而是因为你是他们身边唯一的人，他们需要发泄。如果事实如此，你必须保持冷静，满足他们的需求。必须对情感补偿进行具体调整，以使其符合相关个体的需求，情感补偿可以是谈心开导，也可以是保持沉默。

此外，你必须全部接受他们的无礼言论或情绪，以此作为切入点。因为需要情感补偿的人几乎不会去倾听别人说话。只有借助一扇小小的窗口才能让他们去倾听：与他们的情绪感受有关的信息。你必须小心谨慎，不要让他们更加心烦意乱。一言不当就会令窗口关闭，伤害彼此的关系，因为你没有满足他们的情感需求。

前面提到过，达克·拉马克曾通过谈判使自己的薪水增长了41%，他也运用自己所学的技巧来解决家庭问题。达克一家要搬往加利福尼亚，因此他们要卖掉在费城的房子，一想到这次交易会令他们损失上万美元，达克的妻子埃米莉就会有一种“严重的恐慌感”。此外，将要离开自己的朋友和熟悉的环境也令埃米莉心烦意乱。

达克认为，自己的妻子并不需要别人提供建议来帮她解决问题或让她冷静下来。她需要的是情感补偿。

所以，达克问了妻子一些有关她的感受的问题。“在大约一个小时的时间里，我一句话都没有说。”达克回忆道。一直是他妻子在说话。整个过程持续了6个小时。情感补偿在很大程度上就是简单倾听她的诉说。渐渐地，他的妻子平静了下来。当他妻子完全平静下来后，他们才得以讨论起加利福尼亚的生活，达克才得以为今后的生活描绘一幅美好的蓝图。

重视对方也是一种情感补偿。重视他人有许多种方式。然而，大多数时候，由于缺乏技巧或不够用心，我们并不清楚应该以何种方式去重视对方。如果想争取更多，你需要为此付出努力。

在一场有关印度的会议中，会议主席阿尔琼·马登（Arjun Madan）试图说服一名行事高调的印度板球运动员发言。根据阿尔琼的说法，该板球运动员极其自我，他要求乘坐飞机头等舱，住豪华酒店套房。阿尔琼的会议筹备小组只能承担经济舱的费用，于是，阿尔琼和其他小组成员认真思索是否能用其他方式表示对该运动员的重视。通过角色互换，他们发现该运动员最看重其身份地位和曝光度。

因此，虽然保留了乘坐飞机经济舱这一条件，但阿尔琼他们承诺会安排 3 家最大的电视频道对该运动员进行采访，制作一本有关其发言的宣传手册，创建一个有关他此次来访的博客，专门安排他与“激情似火的印度板球迷们共进晚餐”，会议筹备小组还强调说，印度最成功的商界领袖们也将参加这次晚餐活动。（我听到“代言”了吗？）

这名板球运动员同意参加此次大会，同意乘坐经济舱前来，同意住标准客房。“这一切完全按计划实现了。”阿尔琼说，他是加利福尼亚的一名财务经理。

情感补偿还能减少对方的恐惧。恐惧会令人麻痹，使人无法清醒地思考。要想成功建立并巩固一段关系，就要在很大程度上通过谈判减少对方的恐惧。要做到这一点，首先必须搞清楚对方的恐惧是什么。

斯科特·怀尔德（Scott Wilder）提议和妻子劳拉到秘鲁的印加古道徒步旅行。劳拉阅读资料后得知印加古道上无法淋浴，也没有小木屋可以住宿。“绝对不行。”她说。但斯科特意识到，这可能并不是令劳拉却步的真正原因，她以前也有过一些冒险经历，也许这其中有更深层的原因。斯科特试着从劳拉的角度来考虑。“你害怕一个人待在安第斯山脉中吗？”斯科特问。“当然。”劳拉承认。

于是，斯科特针对小木屋、淋浴和火车的情况制订出了各项应急预案。他向妻子详细描述了这次旅行将会是什么情况，他还告诉妻子，许多像他们一样的人玩得有多么开心。他保证自己在整整 9 天的旅行中绝不离开她身边。劳拉同意和他一起去旅行。通过对症下药，斯科特减轻了劳拉内心的恐惧。“我们玩得非常开心。”斯科特说，他是达拉斯波士顿咨询公司的一名顾问。斯科特通过角色互换了解了妻子的想法，然后又通过向妻子提供具体细节降低了妻子的可感知风险。

即使对方的恐惧看上去荒谬可笑，但对对方而言是真实存在的。从令对方感到恐惧的原因入手，带领他们一步一步走出恐惧，到达安全的彼岸。

史蒂夫·绍科西（Steve Shokouhi）想为女儿布丽吉特买一条狗，但妻子一方面担心女儿的安全问题，另一方面认为养狗不卫生。史蒂夫告诉妻子德布拉，在很多情况下，她的担心和看法完全正确。这是一种情感补偿。接着，史蒂夫问妻子他们能否为女儿买一只较小的、更卫生的狗，这有益于教给女儿责任感。

史蒂夫带着德布拉去了一个朋友家，这位朋友从一位受人尊敬的饲养员那里买了一只可卡犬。德布拉也认为这是一只漂亮的小猎犬。“只需要找出引起她恐惧的确切原因，我就能让她更加放心。”史蒂夫说，他的家族在纽约开展房地产生意，他现在在其中担任主要负责人。史蒂夫还采取了循序渐进的方式，让妻子看到细节。史蒂夫家最后买了一只可卡犬，名叫班吉。

马克·西尔弗斯坦（Mark Silverstein）和妻子史蒂芬妮正计划到欧洲度过一个梦想中的假期。他妻子坚持要在意大利乘坐火车，不开汽车。“她害怕我在意大利开车。”马克说。可是，他的妻子不害怕他在美国开车，为什么呢？因为美国对限速有更多规定，带自动变速器的汽车更多，大汽车更多。所有这一切让马克的妻子更加认定在意大利开车缺乏安全性。

马克指出，意大利人的驾驶习惯与美国人的驾驶习惯几乎一致。这一点并未说服史蒂芬妮，因为她的恐惧是非理性的。真正能够说服史蒂芬妮的做法是更直接地消除她的恐惧。“我们可以租一辆更大的汽车，”

马克说，他是纽约的一名律师，“我们可以为汽车买一份更高的保险，我们可以在汽车上安装一个 GPS 导航系统，我们不在夜间开车，我们可以买张地图。而且，我还可以带你到普拉达精品店去买一个钱包或一双鞋。”

“普拉达？”他妻子说，“真的吗？”“当然，”马克说，“好吧，只要我们租一辆中型汽车并能开车经过托斯卡纳地区就行。”你问我的看法是什么？那就是你应该不断重新检查对方脑海中的想法，然后设法解决他们担心的问题。在这里，马克还利用不等价之物进行了交易：普拉达和托斯卡纳。

处在恋爱中的人们一直在追求“无条件的爱”。这并不意味着不能向对方提出建设性的批评意见，而是意味着对方想获得你的爱和无条件的支持。不管他们有何缺点，他们想让你爱他们、重视他们。与其形成鲜明对比的是不在情感上予以支持的行为，对一场“人际关系”谈判而言，这种行为破坏力更大。

情感补偿还包括“保全面子”这一概念。“保全面子”往往与亚洲文化联系密切，尽管其应用范围要广泛得多。“保全面子”的真正意义是帮助对方在所在意的人们面前维持其尊严或化解尴尬。

拉卢卡·巴内亚（Raluca Banea）送给她祖母一张借记卡，让祖母从她的账户中取钱买药。虽然祖母自己买不起药，但她拒绝使用这张借记卡。“我意识到她这是在努力保全面子。”拉卢卡说。于是，拉卢卡换了一种表达方式将情形重新解释给祖母。

“难道不是您抚养了我 7 年吗？”拉卢卡问，“我住院的时候难道不是您在照顾我吗？如果我生病了，您不会坚持要帮助我吗？”拉卢卡说，她想给祖母一件礼物，以感谢祖母多年来为自己所做的一切，并且保持身体健康是世界上最重要的事情之一。祖母能接受这份礼物吗？这种表达方式使她祖母既维持了自己的尊严，也接受了自己孙女所给的钱。

克制住冲动，不要取笑对方的观点和看法。如果你不认真对待对方的恐惧和感受，对方就会因此而生气并憎恨你。

艾伦·凯斯勒（Alan Kessler）的未婚妻是一位素食主义者。她打算在婚礼上不供应肉类饮食，以此表明自己的素食立场。“我的朋友们喜欢吃肉，”艾伦说，“他们可不是素食主义者，如果我们强迫他们吃麦芽草叶什么的，他们肯定会不高兴。”

“我提议在婚宴上提供自由放养的、经人道方法屠宰的牛肉，”艾伦说，“这样，我们的婚礼也不算是在鼓励人们吃肉。”艾伦还告诉未婚妻，如果他们的婚宴上没有肉类，宾客们有可能在招待会一结束就跑到快餐店去。他认为，快餐店里提供的牛肉是用最不人道的方法屠宰的。艾伦的未婚妻同意了在婚宴上提供“用人道方法屠宰的牛肉”。

“一般情况下，我不可能会说服她，”艾伦承认，“她对自己坚持的信念非常自豪。”艾伦从中得到了什么启示呢？那就是要重视她，无论她的观点是什么。“我会一直这样对她，直到有一天我老去。”艾伦说。没错，艾伦不像他未婚妻那样看重素食主义，但他满足了未婚妻的需求，而且他也不需要改变自己的个性。

处理人际关系问题要循序渐进

为了让对方放弃自己的观点并朝你的目标靠拢，你必须采取一系列的步骤，情感付出通常只是其中的第一步。很多人都试图让对方一下子转变过来，正如我们在本书中一再强调的，通常情况下，这个步子显然迈得太大了。首先，要肯定对方的感受；接下来，带领对方一步一步到达你期望他们到达的目的地。

阿尔琼·索马斯哈拉（Arjun Somasekhara）不想让他妻子拉娜辞去在美国电话电报公司的工作。像许多企业管理者一样，拉娜对许多大公司特有的官僚作风感到灰心失望。阿尔琼有一大堆理由可以劝说拉娜继续留在美国电话电报公司工作：工作时间灵活、培训机会多、公司配有专车、有优厚的产妇津贴，此外，该公司还承诺会将拉娜调往伦敦工作，而阿尔琼随后也将被派往伦敦工作。

然而，阿尔琼知道，如果他将所有这些理由一股脑儿地全说给拉娜听，拉娜会觉得他不在意她的感受。于是，阿尔琼先对拉娜的感受表示理解，说许多大公司都存在烦琐的官僚作风问题。他肯定拉娜有这样的感受是合理的。

接下来，阿尔琼告诉拉娜，即便如此，在美国电话电报公司工作仍然大有优势，因为该公司有各类培训和各种机会，而且，有两份收入也可令他们在伦敦过上更舒适的生活。与此同时，拉娜还可以根据自己的时间安排决定自己的未来。当阿尔琼以这种方式向拉娜解释的时候，拉娜明白了阿尔琼话里所蕴含的道理，她同意继续留在公司。最后，他们到伦敦工作以后，拉娜找到了在公司发挥其创造力的方法，成了一名工作高效、心情愉快的高级管理者。

以循序渐进的方式寻求解决方案在所有的谈判中都是十分重要的，但在处理关系问题时尤为重要。提建议的时候如果步子太大，很多人会有一种受到威胁的感觉。林甘将自己和父母之间的关系描述为难以相处："每次我回家都会与他们大吵一架。冬天的时候我家房子里特别冷，我讨厌回家。"

然而，学习了我们的谈判课程后，林甘将自己放在了父母的位置上，她意识到，自己抱怨家里房子太冷的行为令父母受到了伤害。通过与父母谈话，她还了解到，在他们所住的那一带供暖费用非常昂贵。

最后，林甘明白了，向自己的父母表达尊重是对父母的一种重要情感补偿，这与中国传统的文化价值观相符。因此，林甘不再指责父母让家里冷冰冰的，而是称赞他们节俭持家。之后，林甘建议父母只在家里的一个房间供暖——林甘睡觉和学习的房间。她父母同意了，大家都很高兴。林甘所采取的是一个步子较小、更循序渐进的解决方案。

当谈判主题涉及根深蒂固的信仰时，运用循序渐进的方式去说服对方是必不可少的。在卡拉巴略·加里森（Caraballo-Garrison）家里，谈判主题是孩子们的宗教信仰问题。菲尔对宗教信仰并不十分看重，但杰基正好相反。谈判一开始，菲尔提了一个聪明的建议：“首先，无论如何，我们都不能因为此事而使家庭关系破裂，好吗？”换言之，菲尔相当于在说，我们应该将重点放在我们的主要目标上。

其次，夫妻俩在谈判的一些基本原则上达成了一致意见：①在这样一场讨论中语气非常重要；②我们不打算一下子解决所有的问题；③没有人能一直得偿所愿；④“我是对的，你是错的”这类争辩于双方关系无益；⑤无论我们信仰什么，我们每个人都要尊重对方的信仰；⑥最后，如果双方关系变得越来越紧张，立刻停止讨论！休息片刻，稍后再继续商谈。

杰基想让孩子们有一个正式的宗教信仰（她自己的宗教信仰），但菲尔不同意。菲尔问杰基，孩子们最终是否有能力决定自己的宗教信仰，杰基回答说是的，可她想让孩子们都信仰上帝。就这样，他们了解了双方的初步想法，从而达成了他们的第一份协议：①不送孩子们去主日学校，因为主日学校只会强行灌输一种宗教信仰；②让杰基教给孩子们有关宗教信仰方面的知识——不只是一种宗教信仰，而是好几种宗教信仰的知识。

这是他们在那一周所取得的成果，但这只是一个开始。他们之间的关系依然像以往一样牢固。菲尔还注意运用了交易不等价之物的方法。“如果我非常强烈地想得到某个东西，杰基却对这个东西不感兴趣，我们可以交易什么呢？”菲尔说，他现在是纽约一名律师，“如果我得到了我现在想要的，她有什么特别想要的是我所能给的呢？”在处理民事案件和刑事案件的时候，这些谈判技巧也是他职业生活中“必不可少”的一部分。“生活就是给予和索取。”菲尔补充道。如果你要求得到一切，你和对方的关系就不可能维系下去。

利用共同敌人处理人际关系问题

处理人际关系的目的是加强人与人之间的联系。情感补偿会让人们倾听彼此的看法，重视对方会令对方做出积极的回馈。无论是新建立的关系还是已存在的关系，要想使人们更紧密地团结在一起，最迅速、最强有力的方法就是为大家找出共同的敌人。

在一段关系中，一个共同的敌人会使人们站在同一战线共同反对第三方（一个“敌人”）。这个“敌人”可以是一个人、一个团体或一个想法。被团结起来共同反对某人或某事的人在心理上会更加亲近。

人们会以抱怨天气开始一场谈话。在谈判中，有些人会半开玩笑地抱怨“律师”或“官僚主义”。还有些人会抱怨“交通延误”或“通信不畅”。所有人都在试着找出一个共同的敌人，以拉近双方的距离。

当然，利用共同的敌人也是居心叵测的煽动家们最喜欢运用的手段之一。最卑鄙的利用共同敌人的例子之一是阿道夫·希特勒（Adolf Hitler）企图将犹太人树立成德国人共同的敌人，这一阴谋的得逞导致了骇人听闻的反犹太大屠杀。各种形式的偏见会利用各种因素树立共同敌人，这些因素包括种族、社会阶层、民族、政治、年龄、宗教信仰以及文化。

在商业关系中，合理的共同敌人包括：损失利润、损失时间、无法留住人才、没能抓住机会。在个人生活中，合理的共同敌人包括：怀才不遇、孤独、身体健康状况不佳。

在一段关系中，大家所反对的共同敌人是否正当合理呢？当然，这有别于居心叵测的煽动行为，要想确定这一点，有一个好办法那就是搞清楚一个问题：这个“共同敌人”是一个统一的单个敌人吗？如果这个共同敌人具有多样化特点，那它就不是一个正当合理的共同敌人。例如，将宗教信仰作为一个共同敌人显然是不合理的，因为宗教信仰是由众多个体的宗教信仰所构成，而个体之间所存在的巨大差异使得所有人的宗教信仰不可能完全相同。这一点同样适用于“美国人民”，虽然美国政坛经常使用该词。显然，用以偏概全的方式指责医生、律师、会计师以及其他群体都是一种偏见。

另一方面，反酒驾母亲协会反对的正是一种具有相当一致性特点的行为：酒后驾车。一位老板有可能成为员工共同的敌人，至少就其某些行为而言。教练赫布·布鲁克斯（Herb Brooks）曾在1980年帮助美国奥运会曲棍球队的队员们团结一致赢取了金牌，他的做法就是故意使自己成为球队的共同敌人。事后，球队队员在接受采访时特意（并钦佩地）说，赫布对大家言过其实的批评和过分的工作要求使得大家像“家人”一样团结起来，从而夺取了冠军。

克里斯托弗·伊（Christopher Yee）想让一位朋友寄一份他们最近去厄瓜多尔的旅行费用账单给他。尽管克里斯托弗曾多次提醒，但几个月过去了，朋友一点回应都没有。克里斯托弗认为他的朋友太懒惰了，但他还不想疏远这位朋友。

于是，克里斯托弗给朋友写了封信，他以大家工作繁忙为由为朋友没有时间为他核算账单开脱。克里斯托弗，现在是旧金山的一名律师，问他的朋友什么时候有时间，自己怎样才能帮助他。这一做法也为他的朋友保全了颜面。他朋友寄来了账单，他们双方的关系得以继续维持下去。

有些人把这称为“圆滑”或“交际手段”。可以肯定的是，在直截了当（通常是很好的做法）和通过间接方式令某人保全颜面之间有那么一点矛盾。有效的沟通就是说服对方。因此，出发点应该是，用什么才能说服对方以实现我的目标呢？

黑石集团是一家大型投资公司。沃顿商学院的一个学生团体去伦敦旅行，接待这群学生不在该公司的计划之内。该学生团体的一名组织者弗洛朗·莫伊兹（Florent Moïse）给黑石公司打了很多通电话，但都没有得到回复。最后，弗洛朗给黑石公司的一名合伙人发了一封语音邮件，说沃顿商学院已和黑石公司的竞争对手——另外几家公司——落实了接待学生事宜。黑石公司曾花费大笔资金在沃顿商学院进行校园招聘，弗洛朗继续说。

“我真的很希望黑石公司能在伦敦接待沃顿商学院的这群学生，”弗洛朗说。“我们怎样确定你们已抵达伦敦了呢？”弗洛朗立刻接到了黑石公司的电话回复，他们承诺会接待这群学生。弗洛朗，现在是一家医疗保健咨询公司的合作伙伴，他没有责怪黑石公司，而是将矛头指向了一个共同的敌人：当时与黑石公司联系不上。

在宾夕法尼亚法学院，《宪法学刊》的薇薇安·冯（Vivian Fong）和其他几名编辑在编辑问题上产生了尖锐的分歧。大家用以交流的电子邮件变得简短而生硬，关系越来越紧张。于是，薇薇安建议进行一次面对面的会谈，她将问题归咎于电子邮件，说其冷冰冰的应用程序没有人情味。每一个人似乎都深有同感地叹了口气，15 分钟以后，争端被化解了。“找出一个共同的敌人帮助我们大家抛开了对立情绪，令我们团结一心。”薇薇安说，她现在是洛杉矶一名律师。

不等价交易

在某种程度上，所有成功的人际关系都取决于交换条件，即人们会为彼此做一些事。如果某人将自己的意志强加于对方身上，那么他们之间的关系就会受损。不等价交易可以解决日常生活中潜在的各种关系纠纷问题。

在橄榄球赛季，刘汤米想和自己的朋友们在星期天一起到费城观看橄榄球比赛。他的妻子晓玲想在星期天和汤米一起去纽约市看望她父母。夫妻两人认真思考了彼此的真正利益所在——汤米想看球赛，而他妻子想见父母——他们意识到和父母在哪里见面并不是真正的问题。于是，他们交换了条件。

“我们会为父母买两张火车票，让他们周末来费城。”汤米说，他经营着家族的投资生意，“只要哪一周巨人队没有比赛，我们就去纽约。”

这一方法之所以有效，是由于夫妇俩希望共同解决问题的态度，所以他们每个人都得到了他们想要的。

如果人们努力去寻找可用来交易的事物，许许多多的关系问题就会很容易解决。

罗里·康韦（Rory Conway）是微软公司的一名产品经理，他想和妻子皮娅一起去印度过元旦假期，但是皮娅不想去。她说："当然可以，但条件是圣诞节期间我们要在罗马停留几天，还要去看望我的朋友。"这个条件并不苛刻，他们利用价值不等之物达成了交易。

好了，下面这个交易要困难一点儿。亚历山大·赫罗姆桑科想购买 4 个达到博物馆收藏级别的微型玩具士兵来收藏，但其价格高达 600 美元。"你疯了吗？"他妻子说。于是，亚历山大开始寻找能用来换取妻子同意的事物。"下一次去杂货店购物的事交给我怎么样？""这个条件不够。""送你一张温泉水疗礼品券呢？"亚历山大问。条件还是不够。

于是，亚历山又提出了下列条件：①在接下来的两周，去杂货店购物的事他全包了；②让妻子自己选择去旅游一次；③负责女儿参加课余活动一个月的接送任务。成交！的确，寻找这样的事物进行交易可以缓解紧张关系。（在第 9 章中，亚历山大成功地使自己的年薪增加了 1.35 万美元，也许他可以从中抽出一点来购买玩具士兵。）

利用不等价之物进行交易的含义是：当对方已经开始倾听的时候，你应该做什么。也就是说，当所有必要的情感补偿已经给予对方之后，你应该怎么做。

亚洲一家数据库供应商为客户提供财务信息的收费报价是 3 999 美元，任何人都不例外，从不提供免费访问。沃顿商学院的阿图尔·库马尔（Atul Kumar）正在写一篇论文，他想使用一下数据库。他提到自己是一名学生，资金非常有限。该公司的回答是：不行。

阿图尔注意到，该公司正在努力进入美国市场。于是，他提出自己可以在沃顿商学院为该公司进行宣传，并将该公司推荐给自己以前的雇主。阿图尔现在已是硅谷一家公司的商业开发副总裁，还强调说自己只想看有关一个项目的一小部分数据资料。这家数据库公司最终改变了主意，同意了阿图尔的要求。

马修·迪尔玛尼（Matthew Dilmaghani）已邀请了女友共进晚餐，但后来一群哥们儿突然邀他晚上一起出游。

马修一个劲儿地向女友道歉，然后问女友他能否重新安排他俩共进晚餐的时间。女友看起来很不高兴。她是因为他俩在一起的时间不够多而生气吗？马修问。女友告诉马修说，她不相信马修会很快重新安排他们共进晚餐的时间。“我立刻掏出手机，为我们的晚餐重新预定了时间，以此作为我的承诺。”马修说，他现在是纽约一家投资公司的董事。他认为这通电话承诺挽救了他和女友的关系。

当然，在处理这样的敏感问题之前，做好准备工作尤为重要。如果没有准备好，你可以这样对你的伙伴说：“我还没准备好要讨论这个问题，在我们出现分歧之前，能让我先整理一下思路吗？然后我们就能共同努力解决这个问题。”

辛迪·王–扎朗（Cindy Wong-Zarahn）想和自己的一个朋友一起去参加周六晚上的一个聚会，但她朋友不想去。辛迪开始从朋友的角度认真思考这件事情，她想起自己的这个朋友讨厌在周末的时候孤身一人。于是，辛迪告诉她朋友，如果她愿意在周六晚上去参加聚会，那么周五晚上她想干什么辛迪都会奉陪到底。辛迪的朋友很快就答应了。“角色互换是我最喜欢的谈判技巧。”辛迪说，她是美国运通公司的一名高级经理。“这种技巧可以有效地将重点放在共同利益上，避免争吵。”在此，这一技巧帮助辛迪找到了可用以交易的事物。

有时候，家人会因为工作或上学而彼此分离，随着时间的推移，这种分离不可避免地会引起争吵。但是，这类家庭真正需要的通常并不是见面时间，而是相处的美好时光。例如，基思·安东尼夏恩（Keith Antonyshyn）的学校离家有两个小时的路程，他每天都要来回往返，他为此精疲力竭。

于是，基思问自己的爱人，他能否在学校附近找一间公寓，每周在那里住 3 个晚上。作为回报，他会调整自己的时间安排，使自己从周三至周日的晚上都在家里度过。这样一来，他和爱人就会比现在有更多的美好相处时光。他的爱人同意了基思的新安排。基思现在是纽约一名顾问。

丽贝卡 · 施维茨（Rebecca Schwietz）想让男友把公寓彻底打扫一遍，但男友毫无兴趣。两人的对话常常是这样的："这里太脏了。""噢，我看没那么脏啊。"

然后，丽贝卡想起了不等价交易的谈判方法。"如果你带你的朋友们过来打扫卫生 ，我就为你们做一顿几个月来你们所吃过的最好吃的饭菜。"丽贝卡说，她现在是一家健康保险公司的副总裁。丽贝卡所开出的这个条件正中她男友下怀。最后，丽贝卡的公寓被打扫得干干净净，她男友也得以在家和朋友们享受了一顿丰盛的晚餐。

在处理关系问题的时候，可以更有创造性地利用不等价交易，克雷格 · 特伦特（Craig Trent）的例子就是其中之一。特伦特家有一个两岁大的女儿卡罗琳，他们所在地区的托儿服务每小时收费 15 美元，而且服务质量并不是很好。于是，克雷格和妻子阿纳斯塔西娅与同样有小孩的朋友进行了交谈，克雷格夫妇提出两家轮换照看彼此的孩子，这样两对夫妇就可以周期性地在晚上轻松一下了。

克雷格夫妇节省了大笔费用，既让孩子享受到了更高质量的看护，而且还能为自己正蹒跚学步的孩子找到玩伴，此外，两家之间的关系也因此更加亲密了。"如果你正面临一个问题，那就找找和你有相同处境的人，一起解决你们的问题。"克雷格说，他是一名海军军官。

有些人已经知道借助邻里之力为自己解困，懂得有计划地运用这种方法的人却不够多。这与在公司里扩大关系网相似，也许你们购物的时候可以彼此代劳，可以帮彼此跑跑腿，或轮流开车负责接送任务。在生活中，时间是极有价值的一种商品。你总是要想方设法去获得更多时间。

了解对方

在一段人际关系中，把对方了解得越清楚，说服对方的可能性就越大。人们通常都会这样说，但鲜有人将其付诸实践。了解对方有助于你找到更好的方法去满足对方的需求。

乔丹·扎卢斯基（Jordan Zaluski）爱上了一位住在巴黎、名叫朱迪丝的年轻女子，他认定朱迪丝就是他的意中人，但朱迪丝对此尚存疑虑。朱迪丝信仰宗教，乔丹不信仰宗教。“我想说服她，让她相信我就是她要找的意中人。”乔丹说。于是，他阅读并学习了许多有关朱迪丝宗教价值观的知识。

“我与她周围的人接触，以此来了解更多她重视的东西。”乔丹说。乔丹让朱迪丝知道他正在做这些事情。他想让她知道，他是多么积极主动地去加深对她的了解、去满足她的需求。如果方法运用不当，乔丹的这种行为会令人反感；如果大大方方地公开去做，明明白白告知对方此乃善意之举，这种行为更有可能会显得温馨浪漫，并打动佳人的芳心。

朱迪丝最后打消了疑虑，飞往美国去找乔丹，两人喜结良缘。很多相似的恋人由于种种原因无法终成眷属。可是，乔丹，伦敦的一名律师，让我们清楚地看到了应如何去克服那些妨碍一段关系建立的障碍因素：尽量去满足对方的需求和自己的需求。

詹尼娜·扎内利（Giannina Zanelli）的母亲想让詹尼娜大学毕业后回到秘鲁。“在我看来，她让我回去是想控制我的生活，”詹尼娜说，“她认为我不像所有孝顺懂事的女儿那样爱她。”

于是，詹尼娜，现在是旧金山的一位营销总监，将自己置于母亲的位置上。她母亲独自一人在秘鲁生活。什么才是她母亲真正想要的呢？为了让她在秘鲁生活吗？也许吧。或者，也许她母亲只是想要离她近一些。于是，詹尼娜就此询问了母亲，得到的答案是后者：母亲想与女儿拉近距离，与地理位置无关。于是，詹尼娜提出了一个选择方案：她在美国找一套有两间卧室的公寓，母亲每年来这和她一起待上半年时间。

要点是：不要想当然地认为自己知道对方的想法，要多问些问题，对方的回答也许会令你大吃一惊。

“我是不会搬到纽约去的。”当约翰·埃克曼（John Eckman）在纽约找到了一份工作的时候，他妻子这样对他说。他妻子说她就是不喜欢纽约这个城市，除此之外，约翰从妻子口中再也问不出更多原因。“为什么你不能在其他地方找一份工作呢？”他妻子问。

约翰和自己的朋友尼克进行了一个角色互换练习，约翰扮演自己妻子的角色，尼克扮演约翰的角色。在练习过程中，约翰发现了妻子的真实想法。“她想要一个带院子的房子，她不喜欢成本高昂的生活，不喜欢粗鲁无礼的人，而且她不愿离住在南卡罗来纳州的家人太远。”

于是，约翰和尼克想出了打消约翰妻子顾虑的办法。办法之一是不住在纽约市区，而是住到一个人口较多、带有草坪的郊区社区。约翰答应妻子往返城区上班，除非工作上遇到紧急情况，否则周末不进城。他还答应每年到南卡罗来纳州和妻子的家人至少共度一个假期。“我把我和尼克提出的问题解决方案拿出来和妻子一起讨论，”约翰说，他现在是一家医疗器械公司的董事长，“她被说服了。”

太多的关系之所以受到损害，是因为一方不够了解另一方，只是想当然地做最坏的打算，随之而来的就是争论吵闹。

因此，在处理彼此关系问题的时候，要就处理问题的方式制定出一些基本原则，这很重要。人人都有感受到压力的时候，人们在心烦意乱的时候会自然而然地向身边的人发火，拿他们出气，可是这样做可能会破坏你与最支持你的人之间的关系。因此，与对方谈论一下具体情况：最好不要在争论最激烈的时候讨论。先休息一会儿。

就本书所介绍的许多谈判技巧而言，不要因为自己不得不向对方施以援手而感到惊讶，尤其是在对方闹情绪无法帮助他们自己的时候。

卡琳·哈特–汤普森（Karin Hart-Thompson）7岁的女儿早上穿衣服

时总是慢吞吞的，经常错过或差点错过校园巴士。威胁和惩罚这些方法都已用过，但毫不管用。于是，卡琳进行了一次角色转换，由自己来扮演女儿的角色。她发现，原来女儿早上需要帮助，女儿是因为做事缺乏条理性才不能按时出门的。

于是，卡琳给女儿买了一个亮闪闪的新闹钟放在卧室。在上学的前一天晚上，她会和女儿进行一场愉快的谈话，告诉女儿如何提前将衣服和东西准备好。（这也给了女儿更多与妈妈相处的时间。）最后，卡琳的女儿对如何掌控自己的生活变得更加自信。“我们减少了情绪化因素，找到了真正的问题所在。”卡琳说，她是加利福尼亚州一家卫星通信公司——美国卫讯公司的一名高级经理，负责差旅事宜。卡琳向女儿解释说，妈妈必须在很短的规定时间内出门上班，这样才能赚钱，让全家人去做所有令人开心愉快的事情。从此卡琳的女儿开始做好准备并按时出门。

准则

利用准则不仅是对付强硬谈判对手的最佳方法，而且在处理关系问题方面也十分有效。不过，你要小心利用准则，也许对方会觉得你来势汹汹、咄咄逼人。

我以前的一名学员做着一份高要求的工作，她想让丈夫多承担一些抚养孩子的责任，但她丈夫不愿转换角色。于是，这位妻子举例说，很多其他男性都承担了照料孩子的主要责任，而且这些例子中的男性都是她丈夫所尊敬的人。“你认为人们会因此看不起他们吗？”妻子问道。

从本质上讲，这位妻子所利用的准则是受她丈夫尊敬的第三方所树立的。她丈夫理解了她的观点，同意承担照顾孩子们的主要责任。这里关键的一点是，这一切是通过一种充满爱意、同心协力的方式而实现的。

首先，双方就利用的准则达成一致，这很重要。第一条准则不起作用并不意味着所有的准则都不起作用。朱莉娅想让自己认识的一名记者在当地报纸上写一篇有关自己舞蹈表演的报道，这样他们就能得到免费宣传。但是，这种做法是记者职业道德所不允许的——这样的推广宣传会有失偏颇。

不过，只要题材正当合理，记者们就可以报道，并在报道中提及事情的来源。因此，朱莉娅问那位记者朋友能否写一篇有关演出时间比较接近的几个舞蹈表演的报道，朋友回答说可以。经过进一步讨论，朱莉娅意识到自己正好有一个正当合理的新闻报道题材：非营利性艺术团体很难在费城找到价格合理的演出剧场。她所在的艺术团体就是其中之一。这位记者答应了写报道一事，并在其报道中提到了朱莉娅舞蹈表演的演出日期和地点。

“这充分说明表达方式多么重要，”朱莉娅说，她现在任职于纽约一家金融媒体公司，“虽说那篇文章的内容是正当合理的新闻报道，但它仍然达到了我宣传自己演出的目的。”她的朋友也没有因此而违背职业道德。

我们早先提到过杰森·韦德曼，他当时正在商议自己婚礼上的音乐费事宜，他的婚礼将在旧金山海湾对面举行。在此之前，他必须和母亲玛丽乔进行协商。杰森的母亲希望杰森和其未婚妻科琳在结婚礼物清单[①]上添加一些密歇根的商店。密歇根离旧金山大约 3 219 公里。杰森和科琳住在旧金山，而玛丽乔和其他一些参加婚礼的客人住在密歇根。婚礼之前常常会发生这种争执，它会令人们关系恶化、彼此仇视。

于是，杰森利用准则来向母亲表达自己的意见：“为了让某些客人更方便地购买礼物，我们要跑到远在异地的商店进行登记，而这些商店里的商品又不是我们所喜欢的，这样做是个好主意吗？”他母亲回答说不是。杰森接着问母亲，如果客人们在遥远的异地购买礼物，这是否会给

---

① 结婚礼物清单在欧美国家非常流行。新人们在结婚前会列一个清单，上书新人所需的礼物，然后发给所有将要参加婚礼的亲朋好友。亲朋好友会根据自己的喜好、方便或财力，购买其中的一项或几项，作为对新人的祝福。——译者注

他和科琳在退换货方面带来不便？他母亲回答说是的，这也许会带来不便。然后，杰森又问，是否有客人无法在网上购买礼物？他母亲说不出一个这样的客人来。

最后，杰森说，密歇根当地的马歇尔菲尔德百货商店现在为梅西百货公司所有，而梅西百货公司是他们指定的礼物认购商店之一。此外，在杰森和科琳住所的西面就有一个梅西百货公司。杰森的母亲最后听取了杰森的意见。

在和母亲谈判的过程中，杰森发现，选择礼品登记商店并非真正的问题所在。“我母亲想更多地参与婚礼细节的筹备工作，”杰森说，“为我们指定认购商店不过是她沮丧低落情绪的一种表现而已。”因此，杰森问母亲是否想更多地参与一些婚礼细节的筹备工作，母亲喜出望外地答应了。结果，剩余的婚礼筹备工作进展得非常顺利。

我已经能听到你们之中有人在说：“可是，如果她大喊大叫、牢骚不断怎么办？”“可是，如果她说：‘我是你妈妈，你必须尊重我的意见……’那该怎么办？”

记住，你手里有一整本书的谈判技巧可供使用。针对具体的谈判对象，选用正确的谈判技巧。如果你母亲大喊大叫并牢骚不断，那就试着给她一个情感补偿。和她谈谈有关共同敌人的话题——整个婚庆行业才是我们共同的敌人，妈妈。我之所以转述这些事例不是为了让你记住这些事例的细节，而是要让你看到，现实生活中的确有人通过正确的谈判技巧在各种情境中取得了非凡的成功。

我们要搞清楚一点：你不可能百分之百成功。再重复一遍，本书的主题是争取更多，而非“得到一切”。但是，本书所介绍的谈判技巧和模式可以帮你得到更多，并提高你的生活质量。

在利用准则处理关系问题的时候，语气非常重要。因为将对方的准则应用于他们身上往往会给他们带来压力。语气冰冷甚或不带任何感情色彩都有可能导致关系紧张。

谢里夫·阿塔（Sharif Atta）正打算与一位男性朋友出去吃晚饭。他的女友认为他的这位朋友“人品堪虞”，强烈劝说谢里夫不要去。而她没有任何具体的证据。

谢里夫，现在是一名对冲基金合伙人，并没有生气，而是问了一些与准则有关的问题。“对你不熟悉的人妄下评判，这合适吗？”谢里夫问道，语气中充满了关怀协商之意。他的女友开始思考起这个问题来。“你难道不相信我的判断力吗？”谢里夫问，语气中同样充满了温柔关怀之意。他的女友打消了对那位朋友的疑虑，谢里夫没有和女友发生争吵而如愿和朋友吃饭去了。

显然，谢里夫合理得体的表达方式令其女友看到自己的观点有失公允。而且，他的语气不仅传达出他十分关心女友的情意，而且还减少了对话中导致对方情绪化的因素。

许多人会对这种情况烦恼不已：有人因为一件小事而威胁到整个关系，无论是在商场上还是在个人生活中。你可以向对方指出这一点：“嘿，我们已经是多少年的老朋友了，你真的想因为不顺利的一天就毁掉一切吗？”这样说有助于对方正确看待问题。

目标和人际关系

目标是谈判中最重要、与最终结果关系最密切的因素，它在处理人际关系问题方面尤其难以把握。因为在大多数人际关系中，情感因素占据主导地位，而大多数情感因素会遮蔽目标，令其不再清晰可辨。“你的行为能实现你的目标吗？”这句话往往只是指出了目标和人际关系之间潜在的冲突，而且，如果一方正在闹情绪，这句话只会令事情变得更糟糕。

要想成功地处理关系问题，需要有强烈的同理心（关注对方的感受和看法），就像专注于自己的目标一样。

德温·格里芬的妻子萨拉（自上一章的例子后他们就结婚了）想要一只小狗。事实上，她已经把狗挑好了。德温认为现在还不适合养狗，因为他妻子正在准备博士考试，而德温自己工作繁重，没有精力和时间来照顾狗。这是一个很容易引发情绪化的情况。

德温决定不对妻子说现在不适合养狗之类的话，因为这只会导致妻子更加情绪化。所以，德温对妻子说，养一只小狗是个很棒的主意，他问她养狗之后的情况会是怎么样。

由谁来遛狗呢？谁来陪狗玩耍呢？谁来训练狗呢？谁来喂狗呢？如果我们两人都去上班或上学，谁来照顾狗呢？如果我们目前没有足够的时间来照料狗，这对它公平吗？如果我们的目标是拥有一只我们所喜爱的，也有时间悉心照料、精心训练的小狗，那我们的行为能实现我们的目标吗？

随着德温抛出的一连串问题，他妻子开始变得烦恼不安。于是，德温说："我们为什么不停下来休息一下，稍后再更详细地讨论这个问题呢？"他想给妻子一些时间来思考这些问题，然后冷静下来。此时的休息是一种情感补偿。

当他们重新开始谈论是否养狗的时候，德温重申他真的很想养只小狗。至于妻子已经挑好了狗这一问题，难道世界上只有这只狗才能让她非常开心吗？难道他俩不能等到准备好以后一起挑选一只狗吗？她肯定他们再也找不到一只更中意的狗了吗？

德温最后建议他们8个月以后养一只小狗，等妻子考试已经结束，她过生日的那一天开始养。得到了一个可以养狗的确切日期后，他妻子同意了暂缓养狗的意见。

这次谈判所运用的技巧包括：利用对方脑海中的想法、情感补偿、采取循序渐进的策略、利用准则、做出承诺以及问对方一些问题。最后，这些技巧加在一起帮助德温实现了他的目标，令他妻子很开心，终于可以养一只小狗了，虽然不是现在。

现在，让我们想想这个问题：这是一种操纵伎俩吗？好吧，那这种做法伤害到谁了吗？我们可以这样说，这样做实际上有助于帮德温的妻子避免了将来因他们无法照顾好小狗而必然会带来的压力。在我看来，操纵是一种在说服他人的过程中对他人造成伤害的行为，而成功的谈判则是让对方去做有益于他们的事。操纵和谈判都是让人们去做他们原本也许不会去做的事，这是所有形式的劝说所共有的特征。关键是你的行为动机是否正确合理，效果是否于对方有益。

你在劝说朋友的时候一定要小心谨慎，不要伤害他们。劳拉·巴加瑞拉（Laura Bagarella）现在是纽约的一名律师，她想劝说她的朋友在所有课程结束后一起去参加一个摇滚音乐会。她的朋友拒绝了，说自己必须复习功课准备考试。劳拉提醒朋友说，前一年，她们在课程结束的最后一天累得根本无心学习。

听了劳拉的话，朋友去参加了音乐会。而且，正如劳拉所预料的，朋友在考试中考得也很好。但是，如果你的朋友真的需要复习功课，那该怎样办呢？或者，他需要做的其他事情也与你的计划相冲突，那该怎么办呢？如果你的朋友因为听信了你的劝说而没能成功做好某事，你们的关系有可能会受到损害。这是需要加以考虑的一个问题，也是在第 2 章中，尼尔·塞西努力争取免掉啤酒费之后所反思的一个问题。

劳伦特·哈利米（Laurent Halimi）想让一位前来做访问学者的朋友住在自己的公寓里，劳伦特的公寓在宾夕法尼亚大学附近。而劳伦特的朋友想在费城中心城区、在劳伦特的公寓东边约 20 个街区之外的地方租一套公寓。这位朋友说，他想住在一个周围到处都是餐馆、公园和商店的地方，以此体验一下美国的真实生活。

劳伦特指出，20 个街区其实离费城中心城区很近，甚至步行就可以走到。如果是这样的话，还不如住在“市中心”。劳伦特还说，共享一套公寓可以为朋友省钱，他可以用省出来的钱在美国旅行。“我们已经是 10 年的朋友了，”劳伦特说，他现在是纽约一名律师，“我始终想为你做最好的打算。”

从本质上讲，劳伦特通过这种表达方式让朋友看到，只要换一种方式，他甚至可以更好地实现自己的目标。通过唤起他们之间的长期友谊，劳伦特进一步增强了自己的可信度。他的朋友最终同意了劳伦特的建议。

下面是一个商业领域的例子。一家大型科技公司有一名销售经理，他的客户不想将其下一年的预算（一份私人文件）拿给他看。这位客户情绪化的背后隐藏着他不愿为人所知的想法：他害怕其中有价值的信息遭到盗用。销售经理让这位客户描述一下公司的目标。目标之一是让销售经理和其所在团队为客户提供更具体详细的咨询服务，提高客户的投资回报率。销售经理说，他的宗旨是帮助客户，而且他还提起了他和这位客户之间的长期友好合作关系。接着，销售经理问客户，如果他不对预算进行检查，客户要怎样才能实现自己的目标。这位客户最后将预算拿给销售经理看。提及双方之间的友好关系是一种情感补偿，能令客户更专注于自己的目标。

细节和人际关系

要想让人们看到他们的行为无法令他们的目标得以实现，办法之一是让对方在脑海中设想他们正处于相应的情境中。大多数人的视觉感都不强，不足以真正“看到”这种情景。如果对方能敞开心扉或有足够的耐心让你为他们描绘出这种情景，那上述办法通常就是一种强有力的说服技巧，而且对处理某些特殊的人际关系问题非常有效。

梅利莎·菲姆斯特（Melissa Feemster）的母亲坚持要在梅利莎的婚礼上请一位摄像师。婚礼的费用由梅利莎的父母负责。梅利莎不想请摄像师。于是，梅利莎用语言为她母亲描绘了一幅在室内进行摄像将会出现的景象：刺眼、炙热的闪光灯、摄像机在人们脸上晃来晃去、婚礼本身的风头会被抢，而且与一流的摄影师相比，摄像师的摄像质量通常很差。

她母亲所说的“捕捉每一刻”，较少取决于相机类型，更多地取决于摄影师的眼光，难道不是吗？而且，除非有五六台摄像机，否则捕捉每一刻无论如何都无法实现。梅利莎的母亲最后同意了聘请一流摄影师而不是摄像师。“拍出来的照片效果棒极了。”梅利莎说，她是芝加哥一家网络营销公司的客户服务部副总裁。

细节意味着需要注意到谈判的方方面面。将谈判分解成几部分，让对方了解各部分的情况。与詹尼娜·扎内利（Giannina Zanelli）合住的一个室友不按约定做自己分内的公寓内的杂务。詹尼娜没有对她大加指责，而是引领着室友去了解整个状况。

“我们是否说过一起分担公寓内的杂务？”詹尼娜问道。“是的，”她的室友回答。“那你做过你该做的那份了吗？”“我没有时间。”

“你觉得我的时间是不是也很有限呢？”“是。”“那你觉得我做了我该做的那份了吗？”“做了。”

“如果我不再做我该做的杂务，你会怎样想呢？”詹尼娜问。

“那会不公平。”室友回答说。“那么，你不做你该做的杂务，这是不是也不公平呢？”“也许吧。”

这位室友答应了会做自己该做的那份杂务或雇别人来做。自始至终，詹尼娜都保持着冷静和尊重对方的态度。她说：“关键是要让对方将他们应用于他人身上的同一套原则应用于他们自己身上。”

在不会使自己成为问题焦点的情况下，需要仔细检查细节。越是驳斥对方的言论，就会有越多的证据证明对方行为不当，你就越需要小心谨慎地处理与对方的关系——如果你在意这段关系的话。

达娜·罗米塔·考克斯（Dana Romita-Cox）怀孕了。每当她和丈夫及母亲说起要购买家具或谈论可以和孩子共同观看的各类电视节目的时候，她母亲就说：“好了，你没有这些也长大了，我不是也很称职地把你抚养成人了吗？”当达娜为即将出生的宝宝购买一些新颖的益智玩具的时候，她母亲就说：“你不是照样好好地长大了嘛，我这个妈妈当得并不是不称职。”

达娜对此思考了片刻，“我是否曾经指责过您抚养我的方式？”达娜以一种善解人意的方式问母亲。“没有。”她母亲回答说。

“每次我与您做法不同的时候，您都要大声指责我吗？”达娜问。

"不,"她母亲说,"我只是在开玩笑,你难道开不得玩笑吗?"

自始至终达娜都没有生气或表现出任何烦恼,达娜现在是纽约一家日间水疗馆的业主。她只是深入了解情况、向母亲提问、让母亲告诉她详细情况。达娜的母亲意识到自己的控制欲过分强烈,这对自己的女儿是不公平的。达娜说,后来她和母亲的关系十分融洽,母亲一辈子都和她生活在一起。

将各项细节检查一遍尤其有助于解决金钱方面的纠纷。"我们买不起这个东西"是家庭中用以拒绝某项要求而惯用的一种借口。好吧,你们真的核算过各项金额并找出其他可行方案了吗?

琳恩·卡斯尔(Lynn Castle)的丈夫说,根据他们的预算,他们负担不起度假的费用。琳恩是亚特兰大一家咨询公司的经理,她做了一份电子数据表,该数据表详细显示出他们可以负担得起度假的费用。卡洛斯·巴斯克斯(Carlos Vazquez)的妻子说,他们现在的财力既可以让他们到非洲旅游一番,还可以让他们乘坐邮轮旅行。而卡洛斯制作的一份电子数据表详细显示出他们的财力还没有达到这样的水平。在这两个例子中,说服对方的是电子数据表。"细节具有举足轻重的作用。"卡洛斯说。在重新组织表达方式的过程中,细节起着关键作用。如果你的另一半说"我们的钱不够去度假",或者不够进行房屋装修、买汽车或支付会员费,你就问他(她)"不够"是什么意思。他们口中所说的数额究竟是多少,也许还有便宜些的方案可供选择。

我曾教过的一名工商管理硕士毕业生要求得到额外补偿,因为她负担不起在纽约的生活费用。在她的要求遭到拒绝之后,她准备了一份电子数据表,表上列出了她所有的开支项目,包括学生贷款。她把这份数据表交给了招聘单位的合作伙伴,结果她得到了一份额外的签约奖金、一份预付奖金以及其他一些资金。这是一种商业关系,作为一名学生必须非常谦虚并讲究技巧。

处理人际关系问题的环境

许多人问我谈判应该在何处进行，以及如何获取凌驾于他人之上的力量。这是一种很糟糕的思维方式，因为令对方不安会伤害到大多数关系（和交易）。总之，成功的谈判者会直接指出对方的不当行为。

一个更好的办法是利用令双方感觉更好的谈判场所来促使交易顺利达成。一场谈判看起来越像关系的一部分，对方就越有可能将其作为关系来对待。

例如，你不会隔着办公桌和自己所喜欢的人谈论敏感议题。另外，你也许并不情愿带一位同事到一家环境浪漫的餐厅去讨论预算问题。

在处理关系问题的时候，亲自和对方进行谈判始终是最佳做法。谈判议题越棘手或越容易导致情绪化，亲自就此进行谈判就显得愈加重要。当学生以电子邮件的方式要求我针对某事（工作或娱乐消遣方面）给予破例的时候，我会感到惊愕不已。破例是在要求对方给予特殊恩惠。因此，通过与对方直接接触，让对方产生同理心，这通常十分重要。

乔治·奇利（George Cheely）想参与一位朋友的生意时，就意识到了这一点。朋友对乔治做出重大金融决策的能力心存疑问，因为乔治缺乏经验。于是，乔治特意和这位朋友当面就此进行了讨论。当他讲述自己的情况时，他看到了朋友对自己所说一切的各种反应，包括点头或不确定的神情等非语言反应。

这一切使乔治更好地调整了自己的反应。结果，朋友发现乔治比她从前所认为的更有思想：她看到了乔治在他们的友谊中所不曾显露的另一面。于是，朋友同意了让乔治参与生意——当然是以循序渐进的方式开始。乔治现在是杜克大学医院部的一名住院部医师，他打算利用自己的综合经验在医疗管理领域干出一番事业来。

除非你企图伤害对方或损害双方的关系，否则你会尽量令双方都感到舒服自在。人们一旦感到不自在，就会变得脾气暴躁，而脾气暴躁极不利于谈判。

现在，让我们谈论一下心理环境。要想维持一段稳定、长期的关系，就要避免自己情绪失控。对方越是经常看到你发泄情绪，他们就越会认为你不可靠——包括那些爱你的人。同理心与激情似火的浪漫情感虽然令人着迷，然而，从长远来看，人们想要的却是一个风平浪静的安全港湾，而非狂风暴雨，无论当时多么令人兴奋。

在沃顿商学院，杰西卡·泰特（Jessica Tait）与另一名戏剧制作人在合作过程中产生了矛盾。杰西卡对这位制作人反复打断自己的行为十分愤怒。她毫不掩饰自己的愤怒，对方也同样与杰西卡愤怒相向，双方的关系急剧恶化。

杰西卡意识到，作为一名有技巧的谈判者，问题应该由她来解决。于是，杰西卡告诉那位制作人，自己之所以一直对他发火，是因为他总是打断自己。她还说，自己原本可以找到更有效的方法来解决问题，而不应该生气发怒。杰西卡现在是费城附近一家网络公司的一名助理。之后，他们两人经过考虑，一致同意今后应更好地相处。

紧张的环境会令整个关系变得紧张。不拘礼节、幽默、分享感和关怀感（保持良好关系的重要因素），能够创建出一个更加舒适的人际环境。安娜·拉尔森（Anna Larsson）觉得家里所有的家务和 60% 的做饭任务都是她在做，她想让丈夫彼得多分担一部分做饭任务。她没有大发牢骚，而是巧妙利用了夫妻间的亲密关系。

“我吃腻了自己做的饭，”安娜说，“你能试着做几顿饭吗？你想吃什么就做什么，我给你当帮手。”安娜提出可以和丈夫一起看有关烹饪的书、研究食谱，她提起了丈夫过去曾经做过的一些美味饭菜，她建议他们先尝试一周（循序渐进策略）。如果丈夫这周的时间表已经排得太满，那就从下周开始，这没什么关系，而且，丈夫不需要负责所有的晚餐，只负责其中一部分即可。

“他同意这周的晚餐由他来做，”安娜说，“他做的第一顿晚餐十分美味可口。”安娜说，在谈判前将自己置于丈夫的角度进行思考是关键所在。丈夫显然也想公平行事，但他不希望妻子拿这件事来压他。这一点适用于所有你想与之建立一段关系的人。很少有人喜欢高压手段，除非对方喜欢被施以高压，否则还是放低姿态更为明智。9 年过去了，“他依然负责做饭，”安娜说，“我们把这事告诉了朋友们，他们也开始效仿起来。”安娜现在是明尼阿波利斯市的一名顾问。

第三方和人际关系

与所有谈判一样，利用第三方大有帮助。但是，绝不能将利用第三方当作一种操纵手段，否则双方关系很有可能受到损害。如果你打算向第三方咨询他们的宝贵意见，一定要预先告知对方，只要告诉对方这是你收集信息流程的一部分即可。

贝尔纳黛特·芬尼肯（Bernadette Finnican）想在感恩节那天参加纽约的一项公路赛。但是她母亲帕特（贝尔纳黛特说她是“我那个控制欲极强的老妈”）想让我们所有人在感恩节那天在她的房子里待上一整天。贝尔纳黛特首先问了她姐夫的意见，他完全站在她这一边——根本没兴趣和大家围坐在一起吃上一整天。

贝尔纳黛特将这一情况传达给母亲，她说，她想听听家里其他人对她要在感恩节早上参加赛跑的事持什么看法，以确保家里所有人都能接受此事。这种方式不会让母亲感觉受到冒犯。

最后大家发现，在感恩节那天，贝尔纳黛特的父亲汤姆想去打高尔夫球；她姐姐凯瑟琳在自己家里有事要做；外孙克雷格和杰克倒是很乐意和外祖母（贝尔纳黛特的母亲）一起过感恩节。感恩节晚餐的时间不妨安排得晚一些，等所有人结束了他们各自的其他活动以后再开饭。

贝尔纳黛特是美国国际商用机器公司（IBM）的一名财务经理，她在不惹恼母亲的情况下实现了自己的目标——这是她破天荒第一次做到。

事实上，她母亲认为这个方法很了不起。“建立联盟、运用得体的表达方式、寻找不同兴趣点、做好准备，这一切都是关键。”贝尔纳黛特说。人们常常问我，如何将这些技巧运用于充满情绪的家庭状况中，以上就是一个很好的例子。

交易型关系

交易型关系是指那些明显不包含长远因素的关系。正如你所想，与以情感或共同利益为基础的关系相比，交易型关系要脆弱得多。显然，如果交易型关系能令价值实现增长，人们就应该努力扩大交易，延长这种关系的时间。目前，很多商业关系仍然属于交易型关系。因此，如何才能从这种关系中获取更多呢？搞清楚这一点十分重要。

通常情况下，交易型关系包括“公平交易”协议关系，指彼此不太了解的人们之间形成的协议关系，一般指市场中的买卖关系；还包括如下关系：在这种关系中，至少有一方不想表现出偏袒不公之意（例如政府或作为买方的一家大型公司）；还包括视金钱为唯一重要之物的关系，如商品销售关系、融资交易关系。

某些文化中的交易型关系氛围相比其他文化会更加浓厚。通常情况下，如果一个社会是借助法律手段而不是靠关系将人们联结在一起的，其交易型关系特点会更加明显。

在一段关系中，越是忽略人们的感受，人们就越不愿意投入其中。包括信任在内的各种感受，其约束作用远比合同契约强大得多。因此，在借助如合同契约或其他奖励形式的外在要素的时候，我会很小心谨慎，以确保有足够的把握用它们来维系关系。一切顺利的时候，人们会遵守合同契约，一旦不顺利，人们往往会违反合同契约。因此，如前所示，建立人际关系，才是最佳策略，哪怕只是一次交易，无论你是直接还是经由第三方建立关系。

沃尔特·林（Walter Lin）是费城一名急诊室医生。急诊室里的关系具有明显的交易型特点，医务人员关注的是如何施行有效的手术，因为这里的患者往往正处于生死关头。有一位不需要急救护理的老年患者“一直坚持要给大家讲讲他的人生经历”，林医生说，数小时之后，医务人员试图将其赶出急诊室，这位患者立刻变得不依不饶。

林医生知道，医务人员现在心情沮丧、情绪很大。于是，他建议大家先去休息一下，然后回去各司其职，由他来处理此事。之后，林医生在脑海中想象自己就是这位患者，他发现，这位患者只是想换一名能定期给他看病的新医生，因为他预约的就诊时间一直排到了 6 个月以后。于是，林医生当着这位患者的面叫来一位医生，为他预约了两周之后的就诊时间。

这位患者不到 30 分钟就离开了急诊室。“他不断地感谢我。”林医生说。他补充说，无论是医务人员还是病人自己都无法解决这个问题。林医生更加冷静地将重点放在了建立关系上，他明确指出了每一方的需求，然后快速找到了解决方案。

调解关系

在生活中你会不断发现，那些对你很重要的人往往无法解决他们自己的问题。如果在某一时期，不止一个人无法解决他们之间的问题，无论是工作问题还是个人问题，那该怎么办呢？在这种情况下，你也许不得不当一名调解人（介于他们之间的人）来帮助他们解决问题。

例如，其他两个部门就应由谁来负责你的项目一事发生分歧，或一个家庭就度假计划发生争执。

因此我认为，总结出一些重要的调解技巧将会大有用处。与很多人的想法相反，调解人绝对不能偏向任何一方。调解人不是法官，也不是裁判。哪怕只有一方认为你有偏袒倾向，你就会丧失可信度，当事一方会指责你处事不公。

调解人只是一名推动者，他没有任何决策权，其目标是帮助他人达成协议。即使你认为一方有理，你的角色也不允许你偏向这一方。你可以提问，可以询问有关准则的情况，但就是不能偏向任何一方。

作为调解人，你实际上是双方共同的密友。如果双方都信任你，他们就会在私下告诉你很多信息。你不能将这些信息告诉另一方，除非向你披露信息的一方希望你这样做。不过，你得到的这些额外信息也许有助于你找到导致问题的根源。也许双方是因为陈年旧事而不能善罢甘休。

要想获得这些秘密，你也许需要分别和每一方不止一次进行面谈。你需要引领他们详细了解解决问题的方式，询问有关他们利益和准则的问题。如果事情变得棘手，那就休息一下。如果你的方法得当，他们就会转而求助于你，请你帮他们解决问题。

塔蒂亚娜·图西（Tatiana Toussi）的父母正处于离婚的边缘。“他们不断纠缠于25年前所发生的那些陈年旧事，”塔蒂亚娜说，她是美国一家制药公司驻希腊的一名药品经理，“他们俩都十分生气，而且很固执。”塔蒂亚娜和父母分别进行了谈话，以了解他们的看法。然后，她分别让父母去想象一下对方的看法。“他们俩都希望从对方那里获得尊重和理解。”塔蒂亚娜的父母重新开始交谈，这场婚姻最终得以挽救。

如果有可能，将双方叫到一起进行一次简短的会谈（目的是制定一些基本原则），然后再分别和每一方进行会谈。如果有必要，可以通过抛硬币决定单独会见的次序。这样一来，双方就能私下将他们的观点和看法告诉你。总是要将双方分开，分开时间的长短取决于双方的关系状态，双方的关系越差，分开的时间就应越长。

双方在一起之后，一旦发现有问题，就要再次将他们分开。要对双方的不同看法进行讨论。如果达成协议是更好的解决办法，那就运用谈判技巧帮助他们达成协议。由于你会成为双方关系的中心，所以，即使双方已经达成协议，你依然不能置身事外，直到双方能独立处理彼此间的问题为止。你最后必须让他们脱离你的协助。

如果调解进展得不顺利或者你发现有一方行事不公，你依然不能偏向任何一方，否则就会有损你的声誉。如果双方不按你制定的方法行事，那就退出调解或威胁说要退出调解。你是调解过程中的监护人，因此，要确定你已制定出了明确的调解方法、调解准则等，你周围的人会因此感谢你。

结束关系

探讨关系的章节都应该谈到谈判无效的情况，至少要谈那种没有第三方就无法谈判的情况。

我的一名学生有一个朋友，这位朋友的男友经常殴打她，并不断保证会去接受情侣恳谈治疗。对受害人而言，这没什么可谈判的。在大多数国家，施行身体虐待都是违法行为，这往往会导致人身伤害甚至死亡。这名学生应敦促她的朋友搬离其男友的住所，并寻求专业帮助，例如，可从向一位家庭医生和网站寻求帮助。

之后，这位朋友应该给其男友一个机会，让其接受治疗。如果其男友再有任何殴打行为，那就彻底与其分手。根据双方协议中的一些准则，除非其男友痛改前非，否则她就不要搬回去。如果这种方法不起作用，受到虐待的一方必须立即向第三方寻求帮助。很多网站都能提供可以帮助她的第三方的相关信息。

在与我一直保持联系并曾经历过虐待关系的学生当中，几乎没有人愿意让自己的名字出现在这本书上，因为这似乎很容易令他们伤心，并有损于他们的名誉。不过，这里列出了他们所提供的处理这类关系的一些基本原则。

（1）在自己和问题的原因之间保持一定距离，无论是在家庭中还是在工作上；实际距离能令思维更加清晰。

（2）向专业的、客观冷静的第三方寻求咨询。

（3）对你所面临的问题进行研究。

（4）尊重对方并平复对方的情绪。

（5）提供一种情感补偿，例如，当酗酒者戒酒的时候，陪伴其左右。

（6）利用准则搞清楚公平意味着什么，尤其是在工作中。

（7）准备好各种要提的问题和议题，将它们写下来，然后与对方或第三方进行讨论。

（8）只要觉得情绪快要发作，立刻停下来休息。

人永远弥补不了以前的事。企图将痛苦强加于对方身上，只会遭到对方的奋力反击。如果对方企图这样对你，第三方需要就此向他们进行解释。我以前的一名学生，现在是新加坡一名高级主管，正与有时会对她使用暴力的丈夫闹离婚，她丈夫也想得到大部分财产。她邀请了丈夫的一位朋友参加调解会谈，以与丈夫达成协议，因为这位朋友为人公正，能令她丈夫的行为有所收敛。

只要保持冷静，制订好计划，就能找到更好的解决办法。这一原则甚至有助于解决不那么极端的恋爱分手问题。

杰夫·富尔曼（Jeff Fuhrman）是洛杉矶康卡斯特公司的一名商业和法律事务执行董事，他在法学院念书的时候，想和一名年轻女子结束恋爱关系，做普通朋友。他说，最令他感到自豪的是他既没有违背自己的真实情感，又尊重了那名女子。“如果他们情绪反应激烈，那就让他们发泄出来。”就像谈判课上教的一样，“感谢他们曾给予你的关心，与此同时，告诉他们你所能忍受的极限。”

现在，杰夫经常运用这些技巧寻找人才。至于那位年轻女子，杰夫和她一直保持着朋友关系。

信任和人际关系

信任是所有关系的基础。这意味着，向对方撒谎会危及整个关系。这也意味着，将坏消息直言相告会令彼此的关系得到加强。对很多人而言，这有悖常理。但事实上，人们知道这个世界并不完美。他们讨厌别人掩盖事实或满口谎言。

格雷丝·金（Grace Kim）是纽约一家投资银行的副总裁，她与她最好的大学同学们约好去旅行，她现在想更改旅行日期。这次旅行在 6 个月前就已经定好了。格雷丝首先找了这次旅行团队中自己最好的朋友进行商谈。“我说，她是我在这个世界上最要好的朋友，我真的非常想参加这次旅行。”格雷丝说，“但是，我现在发现这个旅行时间真的不能令我成行。”

请注意，格雷丝在告诉朋友坏消息的同时表达了对朋友的重视。她还承诺会在不久的将来另外组织一次旅行。此外，她还询问是否有其他选择方案能令所有人满意。她的朋友说，团队中的其他成员也开始对旅行日期表示犹豫。因此，他们所有人决定重新安排旅行日期。

格雷丝在旅行开始前 5 个月就进行了这场谈判。假如格雷丝一直等到旅行前一周才开始谈判，情况就会变得更加严重。不过，如果她能在刚一想到有可能会出现问题时就将其提出来的话，那就更好了。“我从中得到了一个很好的教训，即要立刻将自己所担忧的问题表达出来。”格雷丝说，“我从一开始就知道这个日期可能会出现问题，如果我早点儿说出来的话，这种情形就不会发生了。”

这是个很好的建议。如果有令你感到担忧的问题，要提前将其说出来。尤其是在处理关系问题的时候，隐瞒不说只会令事情变得更糟，问题是不会自行消失的。

在本章结束之际，我举两个难度很大的家庭谈判的例子。这两次家庭谈判都需要运用多种谈判技巧，需要对他人的感受保持高度敏感。如果处理不当，这两次谈判会很容易流于失败。为了做出艰难的选择而又不损害双方的关系，首先要确定谈判各方有可能使用的方法。自己所用的谈判方法对各方都应显得公平、简单明了。要在各种细节与冲突会使情况变得复杂之前展开谈判。

塔玛拉·卡拉吉克（Tamara Kraljic）是纽约的一名律师，她原本要去欧洲参加每年一次的家庭聚会，现在她想取消这趟行程。这次聚会是她已经承诺过的，而且全家人马上就要成行。可是，塔玛拉的工作已令她筋疲力尽，还有更多的工作等着她去完成。塔玛拉担心，包括工作在内的任何理由，都会授家人以柄，说自己将家庭放在次要位置。

塔玛拉所做的第一件事是在家人中找出一个最有可能支持自己的人。在这种情形下，这个人就是她大姐。她大姐曾缺席过好几次家庭活动，在这一方面经验最丰富。她大姐用她们父亲的座右铭“工作第一”提醒了塔玛拉，要不然，塔玛拉根本就没想到这个座右铭。多么理想绝妙的一条准则啊！

接下来，谁最有可能同情塔玛拉呢？塔玛拉的母亲。于是，塔玛拉打电话跟母亲说，她内心是多么纠结，因为自己虽然十分渴望参加聚会，但已精疲力竭。现在，塔玛拉的母亲的确有可能会说：“你还是过来吧，我们大家会让你开心起来的。”然而，塔玛拉说，自己也许会令所有人扫兴，原因如下：时差反应、精神压力、不间断的现场工作电话、疲惫至极、脾气暴躁。

塔玛拉问母亲，在这种情形下这趟行程对她而言是否真的值得。塔玛拉承诺会在家人团聚期间给大家打电话，她甚至已经定好会通过电话视频与大家见面。与此同时，塔玛拉表达了自己无法参加聚会的极度失望之情。塔玛拉的母亲接受了她的要求，同意她留在家里，让她有时间给大家打个电话，另外找时间来看望大家。

紧接着，塔玛拉给即将参加聚会的每一个人打了电话，对他们运用了相同的谈判方法。塔玛拉特意给每个人打电话令大家感觉受到重视，而每通电话只花了区区几分钟时间而已。塔玛拉针对每一个人运用了不同的技巧：和父亲讲准则，令母亲同情她，与姐姐结成同盟。

塔玛拉的家人开始用手机给她发短信说：“你做得很正确。”塔玛拉和家人的关系没有受到任何伤害。塔玛拉现在在巴黎工作，她说她本应更早一些开始谈判，不应等到离聚会只剩一周的时候才开始。她说她本来可以准备得更充分、步子迈得更小些。虽然如此，塔玛拉所运用的方法显然是正确的，这种方法是最出色的谈判者惯用的一种方法。

很多夫妻往往会因为家里添了一个新生儿而手忙脚乱、精疲力竭。争执吵闹在所难免。比什马·塔克尔（Bhishma Thakkar）是沃顿商学院的一名学员，他的孩子只有 8 个月大，每两小时就会醒来一次，他妻子为此已精疲力竭。为了有精神上课，比什马本周想到客房睡觉。他妻子对此很不高兴。

“我妻子不想家里只有她一个人睡不好觉。”比什马说。这种情况显然很容易引起情绪反应，所谓“夫妻应有难同当”。

首先，比什马对妻子说，他知道“她照顾孩子一直非常辛苦，完全有权利坚持让我继续和她们母子睡在同一个房间”。这句话是一种情感补偿，而且十分有必要，因为这能让他妻子愿意听他说话。

接下来，比什马强调了他们夫妻间的恩爱。“我问她，我们在生活中怎样才能保持理智。”比什马说。他建议道，与其两个人同时变得筋疲力尽，还不如两人分别来照顾孩子，这样两人都能节省一些精力。比什马说，如果他能在另一个房间睡个好觉，他下班回家后就不会那么疲倦，他就有精力照顾孩子几个小时，而妻子就会有一些空闲时间——去睡觉或是放松一下。妻子同意了比什马的要求。

你也许会说：“哎呀，这不是明摆着的道理嘛。”可是，无数的人们在为这类事情争吵不休的时候根本看不到。要点是，闹情绪或缺乏技巧几乎无法解决任何关系问题，只有有计划、有步骤地运用谈判技巧，才能成功解决任何关系问题。

记住，除了和自己家人的关系之外，生活中的所有关系都始于交易型关系。即使是交易型关系，你越是广泛地建立关系，其中的某些关系就越有可能变成长期关系，你会因此而获得更多。根据上述建议，环顾四周，广交朋友。如果时间和精力允许的话，主动和他人交谈，并看着他们的眼睛。你这一生会获得无穷回报。你也会得到更多。

第 12 章　父母如何与孩子进行谈判

与孩子谈判的技巧

有一位建筑师的女儿每天都赶不上校车。父亲不得不亲自去送女儿上学。送到学校需要 15 分钟，返回需要 15 分钟。每天需要 30 分钟，每周需要两个半小时。父亲不知怎样才能让女儿按时起床、穿衣、准备好出门。

我们在课堂上对这一问题进行讨论之后，开展了一个小型谈判，在谈判中，父亲扮演了自己快到青春期的女儿的角色。女儿为什么每天都赶不上校车呢？“为了和爸爸多待一会儿。”父亲明白了。

于是，我们商定了一个对策。首先，父亲对女儿说：“你看，因为每天送你上学，我每周要花两个半小时。所以，我必须在周六加班把这段时间补回来才能赚钱养家，才能有钱买食物、付房费、买我们所需要的其他物品。难道你愿意爸爸在周六去上班而不是在家陪你吗？我们可以在周六一起计划做点儿什么。不过，除非你能按时坐上校车给我们节省出时间，否则这个想法就无法实现。”

在与女儿的谈话中，这位建筑师运用了两种谈判技巧：一是不等价交换，二是将决定权交给女儿。

这个方法很好。不过，这位建筑师觉得这还不够。

于是，他与第三方结成了同盟。他女儿有几个要好的朋友，其中一个住得离他们家很近，只隔着几个门。这位建筑师给女儿好友的母亲打了个电话，两位家长经过商量，决定让女儿的这个朋友顺道来约女儿一起去上学。因为父亲认为，女儿肯定不会让自己最好的朋友站在门口等她，拖累好友也赶不上校车。

这位建筑师的女儿从此再也没有错过校车。

孩子要比成人更善于谈判，因为他们可以本能地运用本书所介绍的各种谈判技巧。孩子会非常认真地观察成人，判断成人的动机（成人脑海中的想法），然后和成人进行谈判，并投其所好。孩子会使用这样一些语句，例如，“只要多一点点就行了”（这不会花费你太多——他们实际上是在利用价值不等之物进行交换）；“我爱你，妈妈”（他们是在提供一种情感补偿）；“我会做个好孩子”（他们是在满足你的需求）。孩子不仅十分专注于自己的目标，而且还会专注于对方的目标。

因此，要想更成功地和孩子进行谈判，就必须以他们的思维方式进行思考，努力了解他们的感受，理解他们的观点。

就如何与儿童进行谈判这一主题，人们在各类书籍中所见到的大部分建议和传统观点用处都不大。这些建议往往无助于父母实现自己的目标，即让孩子成长为举止得体、关心他人、聪明睿智的人。在这些建议之中，有些只关注父母的想法，忽略了孩子脑海中的想法；还有一些建议企图操纵孩子，使其按照父母的意愿行事，这套伎俩是瞒不过孩子的。

因此，只有关注孩子的语言和观点，与他们谈判的时候才会更有说服力，更加成功。不过，这在很大程度上要取决于你对待孩子的态度。记住：你所采用的谈判方式在很大程度上决定了你的谈判结果。

因此，如果想让孩子听你的话，实现你的目标，你对待孩子的态度就是最大的决定性因素。就此而论，你对孩子做的一切都是谈判的一部分。例如，你如何对待他们，你说了什么、做了什么，所有这些都将决定你在孩子心目中是否值得信任。

本章所提出的观点和建议来自心理学和我数十年来对人们行为（包括儿童和成人）的观察结果。我的学生已将这些建议和技巧运用于各个年龄段的人身上，他们所写的数万篇相关日志也是本章所提技巧的重要来源之一。

本章中，对有效或无效的谈判技巧我都进行了讨论，并分析了其中的原因。我们曾评估过大量研究，有些与我们所观察到的行为完全一致，有些不一致。当出现矛盾时，我们会以实际观察到的行为为准。

要想在这一点上做得更好，必须不断实践和反思。孩子一直都在进行这方面的实践，与你谈判的时候，他们都是有备而来。要想对孩子更具说服力，光懂得这个道理是不够的，还必须将其付诸实践，从中学习经验，然后再次进行实践。记住，理论知识与实践知识截然不同。懂得原理固然很好，但是，能够将其运用于实践才是关键。

与孩子谈判并不需要特别的技巧。除了下面将要提到的一些特殊的“文化”差异以外，与孩子进行谈判其实与成人之间的谈判非常相似。与孩子进行谈判所需要的技巧包括：尊重他们、听他们倾诉、进行角色互换、表达清晰、专注于目标、不要感情用事。这意味着你可以改变孩子的行为，就像你能改变成人的行为一样。对成人而言，最好采取循序渐进的方式进行谈判。而对于孩子，最好是找出大量能与之进行交易的东西。

排除文化差异，每个孩子都是各不相同的。本书之所以专辟一章讨论如何与孩子进行谈判，并非因为区别对待孩子是正当的，而是因为这是大家的一种成见。实际上，一篇有关“如何与孩子进行谈判”的研究性文章与一篇有关“如何与日本人进行谈判”的研究性文章一样愚蠢透顶。日本人成千上万，孩子们也是成千上万。

同样，如果认为与男孩进行谈判的方法和与女孩进行谈判的方法有很大的不同，这种观点也不正确。实际上，选择何种谈判技巧取决于参与谈判的个体。文化平均值会让你知道问哪些一般性问题。可是，你还是必须以个体为出发点，因为每一个个体都有别于他人。

因此，你要做的第一件事就是去了解孩子脑海中的想法。对你而言，这比其他任何事都更重要。他们在想什么？他们的感受是什么？

为什么了解如何与孩子进行有效谈判如此重要？因为下面这一点被很多人所忽略，即孩子与父母之间的特殊亲情纽带是世界上独一无二的。从更深层意义上说，孩子是父母的一部分。领养的孩子也不例外，因为要获得领养权，父母必须克服重重障碍。

这意味着在这个世界上，孩子有可能是与你关系最密切的人，他们几乎是唯一会无条件爱你的人。在这个充满风险和危险、通常十分冷漠的世界里，孩子有可能是你最有力的支持者。对父母而言，他们在自己的一生当中有机会去抚养和培育他们最有力的支持者，这是无与伦比的事情。

不善于和孩子进行谈判的父母，会很容易错失这种能够永久持续下去的特殊亲情纽带。因此，懂得这一点能为父母提供一个令人惊叹的大好机会，然而，不幸的是，很多人都将这个机会白白浪费掉了。本章的目的就是减少这种情况的发生。而且，即使你已经犯了错，通常还有回旋的余地。

让我们首先讨论一下与孩子有关的三大“文化”差异。

第一，从很大程度上说，在离开家独立生活之前，孩子们会强烈地意识到自己与成人相比势力弱小。在进入青春期之前，孩子几乎都没有父母高大强壮。在离开家独立生活之前，孩子没有什么经济能力，他们的吃、穿、住、行以及几乎所有的物质需求都要靠父母来提供，这会让孩子没有安全感。也就是说，如果父母能增强孩子的权力感和安全感，他们就会心甘情愿地为此放弃很多东西。

当然，大部分家长的做法与此完全相反。太多的家长只会威胁孩子，让孩子更缺乏安全感。因此，无论是长期、中期还是短期的威胁，都非良策，这只会令孩子竭尽全力去寻找一种自我保护之法。

第二，与成人相比，孩子往往会更频繁地利用哭闹和发脾气的方法来达到自己的目的，不过并非始终如此，因为他们的沟通技巧尚不成熟。对成人而言，哭闹和发脾气的效果通常十分有限。但是对儿童而言，他们知道，哭闹往往能成功地帮助他们达成所愿，因为很多父母不忍心看着自己的孩子哭。对幼儿而言，当他们的需求无法得到满足或他们的想法无法被父母理解的时候，他们就会因产生挫折感而哭闹不止。

然而，聪明的父母知道，哭闹对孩子而言始终是“下策”，这会消耗孩子的精力。哭闹是一种不愉快的表现，是受到挫折的一个迹象，它还会令身体感到不适。因此，关键是要给孩子提供更多使用“上策”的机会：赋予他们更多权力、增强他们的控制感、给予他们情感补偿、帮助他们满足需求、理解他们当前的想法。

第三，孩子在生活中就是一心想追求更多。孩子的思维方式基本上分为两类：自己喜欢的东西和自己不喜欢的东西。因此，他们总是不断进行谈判，为自己争取更多所喜欢的东西：更多冰激凌、更多看电视的时间、更多玩具、更多和爸爸妈妈一起玩的时间、更多和朋友们一起玩的时间。为了获得这些东西，孩子通常都会愿意拿其他东西进行交换。这并非在收买孩子，而是在教给他们一种终身受益的生活技巧。

在 2002 年我儿子亚历山大出生之前，我对这些道理的理解都还只是停留在理论阶段。可是，从我儿子的婴儿时期开始，我就日复一日有意识地、非常专业地将这套理论付诸实践。我儿子现在已经成长为一名出色的谈判高手。

在我儿子大约 4 岁的时候，有一次我让他为我做件事，可他不愿意。我说：“难道爸爸上周没给你买冰激凌吗？”儿子点头承认。我又说：“如果爸爸上周给你买了冰激凌，你现在是不是应该帮爸爸做件事呢？”结果，他照我的话去做了。我不仅将眼前的谈判与过去的一次谈判联系了起来，而且还以暗示的方法将其与将来的谈判联系了起来。

大约一周以后，儿子想吃冰激凌，我以他那天已经吃了太多的甜食为由拒绝了他。儿子面不改色地说："我上周难道没有帮爸爸做事吗？"我只好承认这一点。虽然我们就他应该吃多少冰激凌的问题进行了谈判，但最后我还是给了他一些冰激凌。

现在让我们更详细地来看一看有哪些因素能让孩子按照你的意愿行事，同时也能满足他们的需求。

首先要明确你的目标。很多父母想到的都是短期目标：做家庭作业、不要尖叫、打扫自己的房间。有一个问题值得深思，即你对待自己孩子的行为是否有助于你实现自己的长期目标：让他们成长为事业有成、勇于承担责任、富有爱心的人。下面介绍的几种方法可以帮你实现这一目标。

随着更深入的了解，你会发现，在和孩子进行谈判的时候，你往往无法实现自己的目标，因为有某种更深层次的东西在起作用。琳达·考夫曼在加拿大一家名为 Comark 的服装经销公司担任销售代表，她说她经常要和自己尚未进入青春期的儿子就做家庭作业的问题进行谈判。我们在课堂上做了一个角色互换练习，由她扮演自己的儿子。

"做家庭作业并不是真正的问题所在，"琳达发现，"我没有必要花时间和他商定一个我俩都能接受的计划。"琳达说，真正的问题在于信任。经过商议，她和儿子达成了协议，儿子放学后先做作业，做完作业可以上网。他们对此还设立了一段实验期。"我儿子希望以后能继续上网，"琳达说，"事实证明，我们能互相恪守承诺。而且我意识到，我应该确保由我们两人共同解决问题。"

如果你对自己的目标已经很清楚，那么你最需要了解的就是孩子脑海中的想法，否则，你就无从下手。这意味着你要多问问题，不要想当然地认定某些事情。

弗朗兹·保罗（Franz Paul）4 岁的儿子亨利在吃饭的时候变得很挑食，而且还总是捣乱。仔细思考了亨利脑海中的想法之后，弗朗兹意识到，最近由于工作太忙，自己在晚饭前没有陪亨利一起玩；每次下班刚进家门，全家就开始吃饭了。当弗朗兹这位对冲基金公司的经理，晚饭前又开始陪亨利一起玩耍之后，一切又恢复了正常。

因此，如果你的孩子闹情绪，很多时候你的正确反应应该是询问孩子。如果你的孩子说："你太小气了！"你应该问："为什么呢？"或者"跟我好好说一说吧。"如果你的孩子说："罗伯特偷了我的玩具！"你应该问："为什么呢？"或"告诉我是怎么回事。"如果你的孩子说："我现在想吃一块饼干！"你应该问："你为什么想吃饼干呢？"或者"为什么现在想吃呢？"是的，你当然可以猜测孩子的想法，可是，这远没有直接问问题的效果好。

我曾见过有人建议家长这样说："如果孩子说想吃饼干，问问他们吃香蕉行不行。"什么？你的孩子知道饼干和香蕉的区别，如果他们想吃香蕉，他们就会要香蕉！因此，问他们这样一些问题效果会更好，如"你为什么想吃饼干呢？""你为什么要在快吃晚饭的时候吃饼干呢？""马上就要吃晚饭了，只吃半块饼干好吗？"

或者也可将常见的建议改为："你可以吃饼干，可是这对你的健康不好。如果你想吃甜食，我们改吃香蕉好吗？"这样说效果会大为不同，因为这里包含了尊重。

拉胡尔·颂提（Rahul Sondhi）3 岁的侄子非要在他父母的卧室里吃饭，拉胡尔没有直接说不行，而是让侄子告诉自己他想在卧室的哪个位置吃饭。于是，他侄子领着他来到卧室一角，那里有一个凳子，他侄子坐到了凳子上。

"我意识到他是想像大人一样吃饭，而不愿意坐在高高的儿童餐椅上，"拉胡尔说，"在哪个房间吃饭并不是真正的问题。我把凳子搬到餐厅，让他坐下来在餐厅里吃饭，他吃得非常开心。"拉胡尔的侄子只是想当"大人"而已，他想让别人把他当成成人对待。"从他的角度看问题帮我找到了解决办法。"拉胡尔说。他现在是纽约一家对冲基金公司的战略主管。

西泽·格鲁利翁（Cesar Grullon）9岁的儿子斯特凡不愿意在自己的床上睡觉。西泽是一名营销企业家，他在问过儿子几个问题之后，找到了根本原因：他儿子认为自己的床是张“小孩儿”床。于是，西泽提出和儿子一起去商店挑一张适合大男孩的床，条件是儿子同意在这张新床上睡觉。“如果权力向一方倾斜，”西泽说，“人们就会很容易运用权力单方面决定谈判结果，可是，这样的结果往往是昙花一现，因为人们没有找出、了解并解决问题的根本原因。”

换句话讲，你不仅要了解，而且还要理解孩子的想法。比尔·泰勒（Bill Taylor）是巴斯夫公司的一名销售代表，他说，他正在高中毕业班念书的儿子想在毕业后上音乐学院。“我想让他学一个就业前景好、赚钱比较多的专业。”泰勒对谈判课上的同学们说。他愿意掏学费让儿子去学教育、经济或工科专业，但音乐除外。

于是，我们做了一个角色互换练习，由比尔在其中扮演他儿子。“我意识到，”比尔说，“父亲不信任儿子的判断能力，儿子觉得父亲是个老古董。”

比尔和同学们通过这个角色互换练习提出了一个建议：既让儿子上公立大学修读一个普通学位，同时也送他去上专业的音乐学院。“我需要欣赏和重视他。”比尔说。

关键是要就孩子脑海中的想法和他进行真诚的交流和沟通。不要企图欺瞒他们。不要因为他们的表达能力不如你，就认为他们的观察能力很差。也许他们的观察能力比你更敏锐。观察孩子的时候要像孩子观察你那么敏锐，或者要更敏锐些。什么会让他们火冒三丈？ 什么能令他们冷静下来？他们喜欢什么、不喜欢什么？他们各种情绪变化的表征是什么？

其次，要倾听他们说话。研究表明，很多家长在这方面做得很不够，尽管他们自以为做得还不错。想一想，如果你用同样的方式对待一个成年人，他会作何感想。比如，你的孩子正在对你说话，可你还在继续忙手头的工作，没有对孩子做出认真的反馈和回应，或者，你甚至都没有转身看他们一眼，这对孩子而言是一种极大的不尊重！

更重要的是，你的这种行为会教会孩子以后也将用这种方式来对待你。如果你想知道孩子为什么不听你的话，那就想想你是否认真地听过他们说的话。你会说，约翰尼不过是个小孩而已。事实上，约翰尼也好，萨拉也好，他们都是有着记忆力的小大人。你的孩子终有一天会长大，他们不会忘记自己小时候你是怎么对待他们的。

也就是说，如果你想让自己的孩子停下来听你说话，你自己必须以身作则。当孩子叫你的时候，除非你的工作正处于紧要关头，否则一定要停下来听他说话。认真听他所说的一切细节。这里有一条十分重要的黄金法则：孩子总是看到什么就学什么，之后才会懂得其中的道理。

几年前，在英格兰和威尔士进行的一项研究当中，几乎 75% 的青少年认为，家长是否倾听他们说话、理解他们是影响他们和父母之间关系的关键。赞成这一观点的父母只有 41%。如果孩子能感受到父母愿意倾听他们说话并理解他们，那么即使在他们很小的时候，他们也会更有自信，他们的独立思考能力、社交能力和决策能力都会得到发展。

你也许需要运用创造性的方法。曾给女儿德布拉买过可卡犬的史蒂夫·绍科希（Steve Shokouhi）还面临一个问题，他女儿不肯自己一个人睡觉，她想让妈妈或爸爸在床边陪她，直到她睡着为止。但女儿不愿说出原因。于是，爸爸设计了一场木偶戏表演，让女儿给木偶配音。借助木偶之口，德布拉说自己怕黑，晚上开一盏灯不够亮。

于是，父母打开了女儿房间里所有的灯，德布拉自己睡着了。稍后，父母在她睡熟以后再将所有的灯都关掉，女儿对此并无异议。

如果你非常努力地倾听孩子说话，可是之后当你叫他们的时候，他们不来或者不听你说话，那该怎么办呢？要态度温和地提醒他们你是怎么对待他们的。这个方法总是有效吗？当然不是。可是，只要你运用本书所介绍的方法，你成功的概率就会增加。

相关的观点是，要和你的孩子进行商量。只要有可能，让他们和你一起做决定。这可以解决孩子缺乏安全感的问题，即他们没有权力的问题。他们会因此而更加信任你，会有参与感，会感觉到你对他的爱。例如，你可以这样问他们：“我们怎样才能在下次做得更好呢？”

罗德·帕尔默（Rod Palmer）是马拉松石油公司的一位经理，他似乎无法令自己9岁的女儿积极主动地做家庭作业和参加体育活动。罗德最后决定和女儿商量解决办法。他们商量出了一个很管用的计划。罗德让女儿参与了做决定的过程，包括制定奖惩政策。他们在实施计划的时候采取了循序渐进的方式。在这个过程中，罗德发现女儿看待这个世界的眼光与自己大不相同，女儿想要获得一种控制感。“让她拥有自主权，她可以把事情做得更好。”罗德说。

如果你想让自己的孩子养成刷牙的习惯，最好是在床上放5支牙刷和5管牙膏，而不要简单地命令他必须刷牙。告诉你的孩子，他有权选择使用哪支牙刷和哪管牙膏。与孩子讨论一下5支牙刷的优缺点——颜色、口感、外观等。与简单地大声吼叫让孩子去刷牙相比，这也许会花费你更多时间，但是，这种方式有效得多。

事实上，这么做也是在培养孩子的决策能力，让孩子学会与你合作。这种方法适用于各种情形。让你的孩子帮你选择餐厅，这往往会令他们获得更多控制感。

约翰·默里（John Murray）3岁的女儿凯莉每次刷牙前都免不了大闹一场。于是，他让女儿自己挑选牙膏，还答应为女儿读她喜欢的故事书。“这就像是按下了一个开关，”约翰说，“她变得愿意刷牙了，因为我让她有了一点控制感，她感到自己有了点权力，因此愿意实现我的目标。”父女俩都没有放弃什么，而是各自付出了一些东西。

在我看来，“大人说话时，小孩别插嘴”这一观点会给孩子传递一种不良信息。这一观点贬低了孩子的价值，基本上是在说孩子的观点无足轻重。这会让孩子不再听你的话，而是想方设法与你作对。

研究表明，如果孩子拥有更多决定权，他们长大后就会更有主动性、更有创造力、更健康聪明、更有自信。

如果你正在看你最喜欢的一档电视节目，有人走进房间没有问你就把电视关掉了，这时你会是什么感觉？你肯定会火冒三丈。可是，这正是很多父母对待自己孩子的方式。父母太多时候都会想当然地认为孩子的想法和需求并不重要，他们只会简单地用权力来解决问题。这样做的最终结果是，你的孩子会因此而怨恨你。

研究发现，不管哪个年龄段的人们，如果感觉自己毫无权力，他们出现心理问题、遭受生理疾病的风险就会更高。如果他们有机会去做他们认为有意义的选择，他们就会感到更幸福，就能更有效地应对压力。与他人谈判的时候，这样的人会更冷静、更成功——这样的人也包括儿童。

给对方提供信息同样有助于增强对方的强大感。例如，你的孩子即将做手术，可以提前带他参观一下医院，让他看看医院的情况。要允许孩子表达他们的观点。充分地回答孩子提出的问题。父母应该始终问这样的问题："我应该怎样才能让孩子拥有一种控制感呢？"你越是坚持这样做，和孩子的谈判就会越容易。

艾伦·斯威策（Alan Switzer）在迪士尼乐园给儿子布兰登买了一个新的玩具火车，在他们回家前一天晚上，布兰登非要玩这个玩具火车。艾伦想让儿子将玩具火车装起来。"你想把玩具火车带回家吗？"艾伦问，他是一家信息技术公司的董事，"如果玩具火车还没装好，我们应该怎么做呢？"获得了决定权的布兰登让爸爸将玩具火车装了起来。

如果孩子在家里获得了权力感，那么，他们进入青春期后对父母产生叛逆感的可能性就更小。因此，父母和处于青春期的孩子之间之所以产生很多问题，原因就在于父母早期对孩子使用了拙劣的谈判技巧。研究显示，当孩子进入青春期之后，家庭管教严厉的孩子往往随时想要摆脱父母的约束，因此，他们的同龄朋友会变得比家人更重要。其实，这种情况几乎完全可以避免。

安德鲁·詹森（Andrew Jensen）在主日学校教一帮10岁的孩子。“他们才10岁，所以非常好动，”安德鲁说，“有些孩子在家里缺乏管教，所以在学校里非常任性妄为。”

安德鲁回忆了自己10岁的时候在主日学校上学的经历。他想起了自己是如何对待那位十分严厉的老师的——违抗她的命令。于是，安德鲁决定对孩子们采取比较亲切的态度，制定更多的奖励措施，就做功课的时间和方式与孩子们进行协商。安德鲁在课堂上通过做游戏的方式向孩子们传授了尊重的概念。孩子们如果表现好就会得到奖品，之后还有比萨可以吃。

“孩子们来课堂开始带课本了，”安德鲁说，“没有人调皮捣蛋，很多孩子都会积极主动地回答问题。”安德鲁学着去思考学生行为背后的动机、他们在学习中遇到的障碍以及他们产生不同观点的原因。他意识到，自己既要关注自己的目标，还必须主动尝试新的方法。“这一方法适用于任何人！”安德鲁说，他现在是一家工业供给公司的财务经理。

这种方法甚至适用于两岁大的孩子。约翰·瓦洛维奇（John Valovic）两岁的儿子上床睡觉的时间太晚，因为他不肯早点儿睡。“我意识到，”约翰说，“我儿子想自己掌控时间。”于是，父子俩进行了一场谈话，共同决定该怎么办。比如，他们同意将儿子的午睡时间由3小时减为1小时。“让孩子参与制定决策很有效。”他说。

如果给孩子机会，你会吃惊地发现他们是多么善于利用不等价之物进行交易。布赖恩·麦克德维特（Brian McDevitt）是一家大型网络公司的销售部负责人，他想让5岁的儿子托马斯早上起床后和他聊一会儿，因为他认为这是个值得培养的好习惯。于是，布赖恩告诉儿子，如果早上和爸爸聊15分钟，他就可以多玩15分钟涂色游戏。托马斯立刻就跟爸爸聊了起来。

你们有些人也许认为这是一种收买行为，我不同意这种看法。收买是指付钱给某人让其去做下列事情：①他们分内之事；②对他人不公平的事，例如用现金贿赂某位政府官员，让其改变某一决策。本书所讨论的交易方式对所有人都更加公平，对双方都公道合理。

孩子们喜欢进行交易。菲利普·怀特（Philip White）3 岁的儿子伊桑不想从浴缸里出来，他想在里面继续玩他的玩具。爸爸匆匆忙忙地要赶时间。“我确定我理解我的儿子，而且我承认我的儿子有权待在浴缸里，”菲利普说，他是圣安东尼奥一家网络公司的主管，“我告诉儿子，如果他现在就从浴缸里出来，第二天我会在浴缸里放有颜色的水让他玩。”菲利普的儿子同意了，然后从浴缸里出来了。你瞧，即使 3 岁的孩子也愿意进行谈判。

金秀真 5 岁的女儿总是无法准时出门去上学。妈妈知道，女儿敏善喜欢妈妈为她编小辫。金秀真说：“我提议每天早上给她编小辫，条件是她晚上提前一小时上床睡觉、早上提前 30 分钟起床。”金秀真现在是韩国首尔三星电子集团公司的一名资深法律顾问。

请注意，以上这些谈判都很容易。如果你掌握了正确的方法，孩子们就会非常愿意与你谈判。

亚历山德拉·莱文（Alexandra Levin）的朋友带着自己两岁半的女儿悉妮来她家做客。该回家了，朋友的女儿却不想走，她想让亚历山德拉继续给她读《艾萝依》(*Eloise*)。孩子的妈妈感觉出女儿就要发脾气了。于是，亚历山德拉运用了谈判技巧。“我同意现在再给她多读两页，”亚历山德拉说，换句话说，她是在使用循序渐进策略，“然后我说，下次我会把整本书给她重新读一遍。”

悉妮平静了下来，她明白了“不要着急”的意思。这也给悉妮上了宝贵的一课，让她学着将愿望推迟到将来的某个恰当时间再加以实现。后来，住在费城的亚历山德拉有了 3 个孩子，同样的方法对这些孩子同样有效，亚历山德拉说。就此而言，并非自己有孩子才能掌握与孩子进行谈判的技巧。

早上 5点半，布赖恩·墨菲（Brian Murphy）起床，然后准备下楼去锻炼。他 3 岁的女儿伊夫琳早早就醒了，跑来找他。“爸爸，你能陪我吗？”她说。她想让爸爸睡在她房间的地板上陪她。谁能拒绝这样一个请求呢？布赖恩不想让女儿以为爸爸喜欢锻炼身体胜过喜欢她。与此同时，布赖恩知道自己真的需要锻炼，现在是他一天唯一能进行锻炼的时间。

布赖恩仔细思考着伊夫琳所喜欢的东西。其中一个是她的“小人”玩偶，不过爸爸妈妈不让她和这些小人玩偶一起睡觉。布赖恩问伊夫琳，能不能让小人玩偶陪她睡觉，而爸爸去锻炼身体。伊夫琳同意了，问题解决了。布赖恩后来创建了一家信托投资公司，2010 年秋，他作为共和党候选人还参加了马里兰州州长的竞选。他说，适用于政坛的谈判技巧同样适用于自己的女儿：确定每一个人对价值的看法，然后利用价值不等之物进行交易。

杰奎琳·斯特迪文特（Jacqueline Sturdivant）正在照看朋友 3 岁的儿子亚历山大，亚历山大想在她家刚换了丝质软垫的沙发上玩小汽车。杰奎琳想让亚历山大在地板上玩汽车，但是她没有采用命令的方式，而是告诉亚历山大，在地板上玩汽车更好，因为地板更光滑，而且地板可以放下 6 辆小汽车，而沙发上只能放一辆或两辆。“我们在地板上进行了一次赛车游戏，这样他就能看到我说得对。”杰奎琳说，“我们进行了 3 场比赛，他赢了两场。”

杰奎琳说：“告诉朋友的孩子在沙发上玩小汽车会损坏丝绸，这对孩子毫无意义，他并不在乎丝绸是否损坏。”她现在在纽约管理着一家翻译公司。“但是孩子肯定想让自己的小汽车跑得更快，坚硬平滑的地面就可以让车跑得更快。因此，简简单单的一招就令孩子改变了主意。”

也就是说，要根据孩子的需求来选择你的表达方式。

普尔卫·乔达尼（Poorvi Chothani）想让自己十几岁的女儿查德妮学习打字课程。“她讨厌打字。”普尔卫说。来自同伴们的压力加剧了女儿的抗拒心理。查德妮两个朋友的父母都认为学习打字没什么用，在黑莓手机上用两根手指照样可以打出字来。

于是，普尔卫将重点放在了女儿的需求上。“她想当一名新闻记者，”普尔卫说，“我给她看了一些研究资料，这些研究资料表明，运用盲打法会令写作速度变得飞快。”普尔卫还告诉女儿，提高打字速度能令即时通信效率更高。普尔卫说自己非常理解女儿的同伴们给女儿造成的压力，但这是为了女儿将来的职业发展考虑。普尔卫还补充说，女儿可以自己选择一周上几次打字课。

“角色互换让我对她的感受更加明确，”普尔卫说，她是印度孟买一家律师事务所的创办人和经营合伙人，“我对她的兴趣的关注令她感到我是站在她这一边的。将第三方的研究结果拿给她看减少了她对我的敌意。采取循序渐进的策略（利用业余时间上打字课）令她更容易开始。让她自己选择哪天去上课使得她更容易接受我的要求。”查德妮参加了打字课程的学习并成了一名作家，她母亲说。

如你所见，一场成功的谈判通常需要运用好几种技巧。只要你能做到倾听孩子说话并尊重他们，无论先用哪种技巧，关系都不大。你会在实践中找到自己最喜欢的技巧。

玛丽·格罗斯（Mary Gross）有个4岁的女儿埃莉诺，每次她要出差时，埃莉诺都要哭闹一场。“我认真思考了她的兴趣和需求。”玛丽回忆道。玛丽对女儿说的第一件事是如此显而易见，以至于大多数父母都认为没有必要说。但是，当你从孩子的视角来看世界的时候，这句话却意义重大。“妈妈不是每次都回来吗？”玛丽对女儿说，她想减轻女儿的恐惧感。

接下来，玛丽问，妈妈出差的时候，女儿能做哪些她喜欢的事情呢？母女俩一起列了一张清单。最后，妈妈答应出差回来送给女儿一个“惊喜”。“我走的时候，女儿没有像以前那样满脸泪水，扯着我的衣服不让我走，而是给了我一个大大的拥抱和亲吻，”玛丽说，她是沃顿商学院的一名职业咨询顾问，“我理解并肯定了她的感受。”而且，出差回来带给她一个“惊喜”也无可厚非。毕竟，许多夫妻出差回来都会给另一半带礼物，有多少父母出差回家时会给孩子买礼物呢？对孩子使用双重标准并不公平。

奖励

刘英不想让自己6岁的儿子刘小景看太多电视，他想鼓励儿子弹钢琴、多做数学题。刘英所做的第一件事是准备。他将儿子的兴趣爱好列了一张清单，除了看电视之外，儿子还喜欢玩乐高玩具、去动物园。

接着，刘英向儿子提议说，儿子可以用看电视的时间、弹钢琴的时间和学习时间交换玩乐高玩具和去动物园的机会。父子俩制订了一个记分制，儿子只要减少看电视的时间就能获得加分；只要学数学或者弹钢琴就能获得更多加分。父子俩一起监督记分过程。当刘小景获得加分的时候，他感到自己受到了重视，而且充满自豪感。他跟爸爸一起度过了愉快的时光。

刘英，现在是新泽西州麦肯锡公司的一位业务合伙人，他也利用了准则与儿子进行谈判。他指出，儿子的一个同学和他的一个表哥每天只能看30分钟电视，而刘小景每天要看好几个小时的电视。这3个孩子都说想上哈佛大学。刘英接下来就问儿子，他认为他们3个当中谁能考上哈佛以及为什么。刘小景告诉父亲，学习最努力的那个能考上哈佛大学。之后，这成了儿子的目标。刘英的方法奏效了。

有些父母也许反对以看电视的时间为交换条件让孩子做作业，可我认为这种方法没有问题。孩子无论如何都会看电视，父母应该对此加以利用！通常情况下，孩子们最终都会慢慢喜欢上你鼓励他们去做的那项活动，那时，不用交换条件他们也会去做。

有些专家宣称，奖惩制度从长远来看会削弱孩子的积极性。根据经验，恕我不能同意这一观点。奖惩制度可以达到很好的效果，只要：①孩子能参与制定奖惩制度；②奖惩过程对所有人都很公平；③奖惩制度能激发孩子积极向上的动力。做记录也是个很棒的主意：一张色彩鲜艳的电子表格，一份日志——父母与孩子可共享的任何东西都可以。父母和孩子可以讨论怎样才能不断取得进步。

朱莉·哈尼格（Julie Haniger）告诉我，她想让自己的几个孩子履行各自的家务职责，但从来都没有成功过。“有时我以为他们已经同意了，但之后他们不能坚持到底。”朱莉说。

于是，朱莉和孩子们进行了一次会谈。她问大家是否同意做出某个承诺来互相帮助，孩子们同意了。于是，大家提出了一个奖励办法（每周发放一次奖金）。他们制订了一份具有灵活性的家务劳动计划表。如果谁不履行职责，就要受到惩罚。他们还设计了一个表格，用画星星的方式记录每个人的表现。最后，大家还同意每月开一次会。“这个方法比我想象的有效得多。”朱莉说。

到现在为止，有一点应该很清楚，那就是孩子是否愿意配合父母以实现父母的目标与父母对待他们的方式有很大关系。你尊重孩子，孩子就会学着尊重你。这不意味着你必须赞同他们的一切行为，而是意味着，当你拒绝他们的时候要给他们讲明道理，就像你对待成人一样。

运用这种方法的时候要注意，不要令孩子丧失安全感。孩子最大的安全感来自父母给予他们的关爱。很多父母从不向孩子表达关爱之情，从而令孩子缺乏安全感、丧失自信心，或者父母以某种方式令孩子的安全感受到威胁，这让我十分诧异和不解。

父母与孩子之间的信任关系至关重要。如果失去或破坏了信任，其他一切都会受到影响。也就是说，如果你跟孩子产生了矛盾，你必须坐下来与孩子交流和沟通，谈一谈信任问题以及孩子脑海中的任何想法。

在孩子小的时候，信任是建立在面对面时间的基础之上：共同开展一些活动（艺术活动、剪报、玩乐高玩具），共同分享一些东西（游戏、体育运动、教育类电视节目、阅读、在高速公路上开车时一起数水塔或各州不同的车牌）。当你和孩子就一系列你们双方都很关心的事物展开谈判的时候，所有这些都会影响孩子与你谈判的态度。一切事物都是有联系的。

有些父母和孩子坐在一起吃饭，大家一起谈论当天发生在自己身上的最好的事和最糟糕的事。在我家，每个家庭成员都要讲 3 件不同的趣事。当孩子参与交流、父母认真听他们说话的时候，信任就这样建立起来了。因此，当我想让我的孩子为我做一件很重要的事情时，他通常都会非常情愿地照我的话去做。这种交流氛围影响了父母与子女的整个关系。

当你和孩子一起参加活动的时候，孩子一般都不会提很多要求。如果你的孩子不想让你把他留在托儿所，那请老师帮个忙，给孩子安排一个活动任务，让孩子在你下班来接他的时候表演给你看。上班期间，你还可以打电话询问孩子们开展活动的情况。

如果你问人们，他们最渴望从自己所爱的人那里得到什么，最常听到的答案是“无条件的爱”。这并不意味着对方不能批评你，而是说，尽管你有缺点或会犯错，但对方依然爱你。

如果你从情感上伤害了你的孩子，他们脑海中通常就会出现这样的想法：“妈妈不爱我了”或“爸爸不爱我了”。这还意味着，尽管你的孩子不知道“克扣”这个词，但他会认为你克扣了对他们的爱。如果你这样做，就别想他们也会爱你。

成人受到指责尚且会心门紧闭、不愿倾听，孩子就更是如此，因为他们缺乏安全感，凡事都要依赖于你。任何问题只要与我有关，我第一反应会认为这肯定是我的错。毕竟，我的自控力是其中最强的。如果我儿子打破了什么东西，我的第一想法是，为什么我没教他做事要更小心一些呢？

这并非意味着你整天都要表扬孩子。孩子也许比大人更能察觉到你是否在操纵他们。有研究表明，表扬要具体明确，这样效果才更好。与“你是个好孩子”相比，“你的钢琴弹得实在是太棒了”显然表扬效果更佳。

记住，你在这个世界上生活的时间更长些，经验和技巧也会更丰富些，而你的职责就是教自己的孩子——要教到他们学会为止。如果不听从这个建议，就无法实现自己的目标。我们能拿出数千篇日志和20年的研究对此进行证明。

因此，告诉你的孩子："我全心全意地爱着你，可是，当你整天跟我要冰激凌吃的时候，我还是有可能不答应你，因为……"他们要确定你的爱是无条件的。如果他们还是不明白，你可以说："我比你生活的时间长，看过的事比你多，这就是我所发现的一个道理。"这样一说，即使一个4岁的小孩儿，也能听懂你的意思。说这番话的时候，可以抚摸一下他们的胳膊。在批评孩子之前，你们当中有多少人会向孩子表达你对他的疼爱，将其作为批评的绝对前提？这其中有着天壤之别。

区分主次轻重也很关键，不要纠缠于琐碎的小事。如果事关安全、健康、法律、道德和礼仪，则不能有商量的余地。其他一切事情都可以通过循序渐进的方式加以学习，并将其与责任联系起来。幽默对孩子十分有效。如果你儿子把面粉撒得满地都是，你可以说："哎呀！你打算在地板上烤蛋糕吗？"然后你可以补充说："我想我们得把它清理干净。"

之后，你们就可以一起将地板清理干净。大人也会掉落东西，你的孩子已经对此感到很难受了。不要将此事与他的人品或自我价值扯到一起。这不公平，孩子对此很清楚。如果你这样做，他们只会学着同样以不公平的方式对待其他人。

要给孩子描绘一幅图景。"你必须刷牙；否则，我们很快就得去看牙医，没人觉得看牙医很好玩儿！"这种表达方式只适合大人说给自己听。

你对孩子（以及他人）所用的表达方式可以决定对方的反应。要引领他们了解整个事情的过程。和他们一起解决问题的时候，要温和有礼，尊重有加，让他们了解所有细节。玛丽安·万纳（Maryann Wanner）有个7岁的女儿，名叫埃米，埃米骑自行车的时候不想佩戴护膝和护肘，因为戴上护膝和护肘不"酷"。"于是，我们列举了女儿所发生过的很多次擦伤情况，然后我让她从中挑选出最酷的一次。"玛丽安说，"她做了个鬼脸，乖乖戴上了护具。"玛丽安是一名财务经理。

戴维·卢奇（David Luzzi）需要和他 11 岁的双胞胎儿子谈谈，让他们少玩电子游戏。戴维的目标是将儿子玩电子游戏的时间减少一半，而不是完全取消。

戴维做的第一件事是与妻子玛拉沟通。所有的父母都知道，孩子们经常会在父母之间使离间计。戴维和妻子要确定他们是站在同一条战线上的，而且要一起和孩子进行谈判。

戴维所做的第二件事是找一个适合谈判的环境，他可不希望两个儿子在谈判过程中跑去玩别的游戏。于是，他们在宾州高速公路驱车行驶了 40 分钟，行驶途中他们一起进行了讨论。

接下来，戴维要让儿子自己认识到电子游戏只是整个人生的一部分，如果玩太多电子游戏，他们就没有时间从事自己喜欢的其他活动。因此，戴维让两个儿子列出他们所喜欢的活动。他们说出了一长串活动的名称，妻子将这些活动名称写了下来。在这份写着众多活动的列表上，电子游戏只是其中之一。

接下来，妈妈提到了科学家们所做的研究。这些研究表明，儿童不宜玩太多电子游戏，将游戏时间均匀分配更加可取。这两个 11 岁的孩子，科林和马库斯，当然曾上过科学课，而且还总是拿自己在学校所学的那些知识“教育”妈妈和爸爸。在卢奇家，科学家们所做的权威研究一贯会受到尊重。

戴维的儿子科林并不笨，他能看出这次谈判的目的，他开始显得有点儿不高兴。戴维对此早有准备。通过在谈判课上对情绪问题的学习研究，戴维知道，很多谈判并非理性的，必须给予对方一定的情感补偿。于是，戴维问科林为什么不高兴。

科林说他喜欢玩电子游戏，而且“没什么机会玩电子游戏”。作为美国东北大学工程学院现任院长的戴维，没有与科林就此争论，谁对谁错在此毫无意义。与此相反，戴维和玛拉说，将玩电子游戏的时间减少一半似乎很公平，难道不是吗？剩下的一半时间可以用来从事儿子此前提到的那些有趣的活动。大家都很兴奋。通过这次讨论，两个孩子对责任感和家庭事务决策权有了新的理解。

父母需要适应的是放慢速度、循序渐进的方式。要了解孩子的梦想和恐惧，给予他们情感补偿。

在第 6 章开头，我们曾看过一个例子，例子中的母亲说服女儿乖乖地去医院给额头缝针。循序渐进和情感补偿是非常有效的方法。孩子的思维方式就是循序渐进的。如果他们向你要点心吃，你不给，他们就会只要一块点心。你难道就不能向他们学习吗？当他们要点心的时候，你说："只来一块怎么样？"或者说："你可以现在吃半块，稍后再吃半块。"

迈克尔·约翰逊（Michael Johnson）3 岁的女儿安妮在足球场上缩成一团，只哭不说话。这是她第一次参加足球赛。这很正常，但大多数父母都不知道怎样处理这种情况。迈克尔告诉安妮，她不需要做任何事，爸爸爱她，爸爸在这里支持她，安妮终于开口说话了。

安妮终于向爸爸说了实话，原来她害怕所有的家长观看她踢球并看见她的失误。迈克尔说，这完全没关系，爸爸建议去隔壁球场，那儿没有家长观看，而且"我们可以自己进行比赛"。安妮很喜欢这个主意。他们到隔壁球场踢了一会儿球，安妮渐渐变得自信了。最后，她主动提出要在比赛最后几分钟加入其他孩子当中，她甚至还踢进了一个球。"她玩得特别开心，现在变得非常自信。"迈克尔说。迈克尔是费城一家私募股本基金公司的经理。

鲍勃·埃文斯（Bob Evans）4 岁的儿子不肯去上游泳课，"我想玩滑板车。"他说。鲍勃意识到他儿子迈克尔也许是怕水。他告诉儿子，如果怕水，这没关系，自己小时候也很怕水。鲍勃是一位提供金融服务的高管。

于是，鲍勃和妻子经常给儿子洗澡。他们把儿子和儿子的小伙伴们带到游泳池一端的浅水区，在这里，儿子可以站起来，就像在澡盆里一样。稍后，鲍勃夫妇给儿子套上游泳圈，儿子试着在稍微深一点的水里游了游。接着，鲍勃夫妇带儿子和他的小伙伴们一起去上游泳课，游泳课结束后，他们一起吃了比萨。整个过程针对孩子的恐惧心理采取了循序渐进的策略，最终实现了父母的目标。当然，同龄伙伴和比萨饼在其中的功劳也不小。这个过程让迈克尔爱上了游泳，他后来还参加了加州马林县游泳锦标赛。

李郁聪要把女儿转到另一所学校上学，新学校离家、离她的工作单位更近。她女儿对此很难过，不肯转学。于是，李郁聪鼓励女儿将心中所有的顾虑都说出来。女儿说她会想念自己的朋友们，而且她害怕陌生的新环境。

于是，李郁聪给了女儿充足的时间去适应新学校。她们去见了新学校的老师，那里的老师们都很亲切。李郁聪帮女儿给她现在学校里所有的朋友们写了告别信，并确保她们每一个人都交换了电话号码。她们还制订了计划约女儿的朋友们一起玩儿。李郁聪和女儿第二次去新学校的时候，女儿变得比以前更有兴趣了。最后，女儿同意转学。

“谈判技巧在各种情况下都很有用，”李郁聪说，“要理解孩子的顾虑，不要着急，帮助孩子找到可行的解决方法。”

孩子非常善于观察大人，但他们不太懂得将自己放在大人的位置上进行思考。让孩子理解大人处理问题的方式十分重要。如果能让孩子配合，就尝试和孩子互换一下角色。因为孩子都很喜欢玩角色扮演游戏，所以和他们互换角色通常都不成问题。

宋威廉 5 岁的女儿索菲娅整天抱怨个不停，而且注意力不集中。宋威廉认为，这也许是因为父母对她 22 个月大的弟弟乔舒亚过于关注，从而让她产生嫉妒所致。于是，父亲和女儿索菲娅进行了一次 30 分钟的角色互换游戏。父亲扮演女儿，女儿扮演父亲。

在角色互换过程中，索菲娅拥有了权力，她企图让父亲关注她，和她一起做些事情；威廉，纽约市的一名律师，很夸张地不停发牢骚，一副心不在焉的样子。

从父亲的演示当中，索菲娅很快就看到自己的行为很不可爱，以及这种不可爱行为所带来的挫折和失落。通过角色互换练习，父女俩找到了困扰女儿的问题根源：认为自己没有受到父母足够的关注。于是，他们制定并实施了一些于所有人有益的原则。

迈克·维塔尔（Mike Vertal）和他5岁的儿子利亚姆之间也存在类似的问题。在几个月前，利亚姆变得越来越叛逆，对爸爸的要求置若罔闻，两人的交流经常会演变成大喊大叫。

于是，迈克让利亚姆玩角色扮演游戏，他来“扮演”儿子。我发现大部分孩子都无法拒绝这样的游戏。父亲在扮演儿子的时候说：“我不听你话的时候，你为什么对我发火？”这迫使利亚姆去思考为什么他应该好好听父亲的话。这对儿子而言是一个重大的启示。

迈克还需要一个承诺。于是他问利亚姆，如果今后他们之中有人不听对方的话，那该怎么办。这里，迈克将自己也列入了这个规则之中。他告诉利亚姆：“也许爸爸也应该多听你的话。”利亚姆说他们应该互相提醒今天所进行的谈话。后来，他们完全做到了自己现在所说的一切。迈克说，这种角色互换经历使儿子能更加透彻地思考问题，尤其是能更加理性地思考问题。

让孩子多承担一份责任是成功解决孩子问题的关键。事实上，承担责任是人类一切行为的基础，只是这在儿童身上体现得更明显而已。因为，一般而言，孩子对无权的感受和体会要深刻得多。简单地让孩子“扮演”自己的父母，就会让孩子有那么一会儿学会像（拥有权力的）大人一样思考问题。通过这种角色转换，孩子通常都会记住自己从中所学到的道理。

将自己放在孩子的位置上思考问题，也有助于父母找出孩子种种行为背后的原因和动机。你的孩子脾气坏吗？你想过吗，也许他们只是那天过得不开心而已，大人有时不是也脾气很坏吗？你认为你的孩子永远都不会感受到任何压力吗？那么，如果他们想吃法式炸薯条该怎么办？

或者，如果他们想玩一两个小时的电脑游戏该怎么办？难道大人也没有用过这样一些减压方式吗——辛苦了一天之后，看会儿电视或者喝杯东西？哪种行为更糟糕呢？

要对孩子的减压需求保持敏感，这很重要。如果你没注意到孩子的减压需求，他们之后也许会求助于你绝不会喜欢的方式——抽烟、喝酒、吸毒。有时候，我儿子想看电视只是为了"放松一下"。也许他那会儿是不想做作业，精神过于紧张。只要我们能一起讨论他做作业的时间以及看电视的原因，看会儿电视没什么关系。也许你的孩子只是想单独待会儿。

孩子所做的一切并不一定都与你有关。他们并不想招惹你，他们只是想按自己的方式生活。父母通常会发现，问题往往是在自己身上，而不是在孩子身上。

用幽默的方式解决孩子的问题相当奏效。从自己的一天当中抽出些时间来，陪孩子看一些生动有趣的漫画书。每次出差，我都会给儿子买一顶滑稽有趣的帽子。这样的帽子我给他买得实在太多了，直到有一天，他笑着让我别再给他买帽子了。于是，我开始给他买 T 恤衫。有时我会给他画一些搞笑的漫画。这就像我在本书前面提到的"闲聊"一样，当我们交谈的时候，或与他就任何东西谈判的时候，这会让他心情更加愉快。

我们再来看几个更棘手的案例。有些孩子爱尖叫哭闹，拒不合作。他们都属于强硬派谈判对象，就像成人一样。对待这样的孩子，利用准则是个不错的方法。但是，运用准则的时候必须谨慎巧妙，因为这事关双方的关系问题。

布赖恩·加里森（Brian Garrison）认为自己儿子的坏脾气令人难以接受。于是，他一直等到 3 岁的儿子康纳冷静下来才和他说话。等待儿子情绪平静下来，本身就是一种情感补偿。布赖恩问儿子，乱踢乱叫、在地板上打滚儿，这些行为对不对。这是一个"要么走极端，要么向我靠拢”的问题。他儿子很不情愿地承认他的行为不对。即使3岁的小孩儿也明白这个道理。

于是，布赖恩问儿子，如果发生这种情况，他们应该怎么办。征求意见也是一种情感补偿。父亲建议说，儿子也许需要一段“休息时间”，即一段能令他自己冷静下来的时间。他们一致认为，儿子去自己房间里待3分钟就可以冷静下来。这是一个经由儿子参与的决定。在“休息时间”开始之前，儿子会先得到一个警告。这个办法起作用了。康纳意识到，自己不能再使用“下策”了，即用恶劣的行为操纵局面。“他现在乖多了。”布赖恩说。布赖恩现在是一名海军司令员。

“虽然才3岁，”布赖恩说，“我儿子也明白他的行为会产生怎样的后果。我们之前曾尝试过以讲道理的方式与康纳进行商谈，但这种方法莫名其妙地给他造成了一个印象，即他可以通过胡闹来操纵局势。通过确立准则并贯彻实施，我们的日常商谈发生了改变。”

理想的做法是，你应该在真正状况发生之前就与孩子建立这一程序。这也许并非每一种情况都适用，但是，每当父母或孩子不喜欢的状况发生的时候，他们都应该对此进行讨论，防止下次再发生类似情况。这是在校正解决办法，而不仅仅是解决问题。而且，搞清楚孩子发脾气的真正原因十分重要。

查尔斯·加拉格尔（Charles Gallagher）在处理自己3岁女儿妮古拉的问题时，就采用了这种方法。女儿在朋友家闹得特别厉害，事情平息之后，妈妈、爸爸和女儿坐下来将整件事情彻底谈了一遍。女儿答应以后要做好孩子，稍后，她还和父母私下就自己的所有问题进行了讨论。

有一天，查尔斯在课间接到妻子的电话，原来他们的女儿在亲戚家又故伎重施了。查尔斯问自己能不能跟女儿在电话里说说。“我们对乱发脾气所制定的规则是大家一致同意了的，”查尔斯说，“而且，根据咱们家的准则，你的这种行为是不对的。”查尔斯现在是纽约一名财务官。

接着，父亲并没有明显地威胁女儿，他说乱发脾气对女儿不好。“你喜欢跟不同的人一起玩，如果你在他们面前表现得不好，他们就不欢迎你了。”查尔斯补充说：“她听了我讲的道理，立即决定去向母亲道歉，并表示会做一个好孩子。”

让孩子看到他们的行为无法实现目标是一种强有力的技巧，这种技巧可用来制止争吵。埃里克·施耐德（Eric Schneider）一天晚上给家里打电话，结果发现妻子和7岁的女儿起了争执。妻子和女儿曾达成一个协议。协议规定，只要女儿在晚饭前回家做作业，她就可以在放学后和自己的朋友在外面玩。

“可是，到了女儿做作业的时候，女儿却说那份协议不公平。”埃里克说，“我打来电话的时候，女儿和妻子正在争吵。”埃里克要求和女儿通话。

“我问她怎么了，”埃里克说，“她说她想继续在外面玩。我问她什么时候做作业，她说稍后看电视的时候做作业。”这是埃里克和妻子不允许的。他问女儿，是看着电视做作业快，还是不看电视做得快。“不看做得快。”她女儿说。

埃里克的女儿很快就看到，只要先做作业，她就会有更多的时间看电视。埃里克接着问女儿，如果爸爸和妈妈向她做出了承诺之后又违背承诺，这样可不可以。“不可以。”女儿答道。谈到这里的时候，埃里克结束了谈判。这一循序渐进的过程已经足够了。剩下的事可以当面解决。争执结束了，他女儿开始做作业，并通过这件事产生了更强烈的责任感。

与孩子谈判时，父母一定要保持冷静，不能发脾气，这一点十分重要，否则只会令孩子做出与你相同的举动。大声呵斥孩子对任何一方都没有好处。

记住，情绪化只会引起连锁反应，令情况恶化。情绪波动越大，就越不会去倾听，就越无法实现你的目标和利益。除了在危急情况下可以唤起他人的注意力之外，大喊大叫几乎毫无用处。只有你保持冷静，你的孩子才能冷静下来。

如果他们在房间里乱扔食物，你可以说："这真有趣。"你可以补充说："如果食物扔在墙上，就会留下印记，我们就得重新刷房子。这样，我们就没有那么多钱买玩具或者去度假了。而且，如果浪费还能吃的食物，我们就得额外花钱再买一些，这样我就必须更辛苦地工作。此外，这还意味着我就没那么多时间在家陪你们玩了。"

这样做可以让孩子明白行为与后果的关系。如果你确实发脾气了，那就要为你向他们发脾气或对他们态度粗鲁进行道歉，这也是一种情感补偿。但是你要明白，你是因为自己的不当行为而道歉，这种情况本来就不应该发生。反过来试一试设身处地地关注孩子的感受，想想自己应该怎样对待孩子。如果无法控制自己的情绪，这对所有人都很不利。

帕特里克·加拉格尔（Patrick Gallagher）发现，上大学的儿子在几次娱乐活动中未经自己同意擅自用自己的信用卡刷了156美元。这一行为违背了他们曾明确达成的协议，即信用卡只能用来买书和应急。帕特里克冷静地给儿子打电话，说他"很想帮忙，但尊重必须是相互的"。

帕特里克的儿子承认自己违反了协议。爸爸问儿子打算怎样还钱，儿子提出分两期还清，并答应今后会谨守协议。"要及时指出孩子的不当行为，"帕特里克说，"但是一定要保持冷静，这样他们会更尊重你，还能更好地学会如何处理冲突。我想让他看到，我不用对他进行人身攻击就可以解决他的不当行为问题。"帕特里克是一家制药企业的高管。所有问题都圆满解决了，帕特里克说。

很多孩子都喜欢列清单，就像很多成人一样。在一个无序的世界里，这体现了孩子的一种维持秩序感。通过和孩子一起列清单的方式来解决孩子的问题是一种很有效的方法，这可以增进感情，增强责任感。

阿比盖尔·安德鲁斯（Abigail Andrews）是我朋友11岁的女儿，她和妈妈希瑟就家里的一些责任义务问题争吵起来。最后，他们达成了一项协议，只要妈妈能履行协议中自己的那部分职责，阿比盖尔完全愿意承担自己的职责。

于是，阿比盖尔在电脑上拟好了一份“合约”并将之打印出来，她还给合约封面配了插图，具体条款写在里面。阿比盖尔在合约上签了字，然后将其放在餐桌上让母亲签字。

很多父母认为很难让自己的孩子遵守承诺。事实上，很多孩子对父母也抱有相同的看法。因此，就承诺事项进行明确的讨论十分关键。如果有人违背承诺，应该采取什么措施，这一点也应包括在讨论范围之内。

阿比盖尔所做的，你和你的孩子所能做的，就是对你为自己制定的准则清单不断进行补充和改进，让这些准则告诉你处理孩子问题的方法，你应该承担的责任。人们发现自己几乎不可能否认自己所制定的准则。因此，关键是让孩子和父母都制定一套自己的准则，这会增强彼此之间的责任感。

你也可以让孩子自己去发现事理，而不是强迫他们去做某事，或严禁他们做某事。如果我儿子想很晚睡觉，有时我们也会同意。我们会提醒他第二天会很疲倦，然后我们一定会准时叫他起床。第二天一整天他都很疲倦，很不舒服。

一次睡眠不足并不会妨碍他的成长。但是，他从中学到了人生宝贵的一课：任何行为都会让人承担后果。经过了几次教训他才懂得了这个道理。但现在，当我们说时候不早了，他就会想起如果不早点睡觉第二天会是什么感觉。这比大声呵斥他去睡觉效果好得多。

这种方法的适用范围有一定限制，利用准则或交换的方法可取而代之。不过，其方法原则完全相同：增强孩子的责任感。

我相信，你能想出很多办法让孩子学习经验事理。把自己当成一所学校里的班主任，管理着一名、两名或三名，甚至很多名学生。

你甚至可以更放开一些，让你的孩子反客为主。你的孩子能教给你什么呢？孩子通常比很多父母更精通电脑，他们通过手机就能建立起所有的社会关系。对很多成人而言，这简直太神奇了。要想增进你与孩子之间的关系，一个极好的办法就是让孩子把他们知道的东西教给你，这不是在检查他们的学习，而且也不应该以这种方式加以表现，这是为了与孩子分享所得。

这样的话，当孩子进入青春期，很自然地开始向同龄人寻求支持和建议时，他们就会把你也当作他们的同龄人看待。那么，几乎所有的谈判都会变得更轻松容易。请你的孩子帮助你，这一简单的举动给予了孩子尊重，作为回报，他们也会同样尊重你。

如果你和你的孩子很难开展谈判，第三方通常可以助你一臂之力，比如，爷爷奶奶、叔叔婶婶、兄弟姐妹，甚至孩子的朋友和孩子朋友的父母。父母与孩子之间的关系有时会变得紧张，这时你也许需要一个调解人来帮你解决问题。然而，父母总是想不起这一招儿。

为什么不和你的孩子或孩子们一起分享本章的内容呢？你们可以帮助彼此解决家里的争端，可以向彼此提供建议。也许你的孩子未必同意本章所说的一切，果真如此的话，这也是一种很好的见解。所有反馈都有利于建立一种良好的关系，这种良好的关系是保证任何谈判获得成功的必要条件。

乔恩·罗杰斯（Jon Rogers）有两个儿子，4 岁的帕特里克和两岁的安德鲁，这两个小家伙经常打架。乔恩让两个孩子坐下来，问他们为什么不是好哥俩。“我告诉他们，他们应该负责管好自己。互相向我告状可不是大小伙子应有的行为。”乔恩告诉他们，他们应该互相照顾。“从此以后，”乔恩说，“两个小家伙开始一起玩游戏了。他们开始互相照顾，而且 8 年以来一直如此。”乔恩是纽约花旗集团的一名总经理。

为了圆满地结束本章，此处还要就一个问题说上几句，即对孩子使用暴力——身体暴力和情感暴力。从某种意义上说，对孩子使用暴力其实就是仗势欺人，难道不是吗？如果父母依仗自己的身高优势和资源优势对一个没有自卫能力的孩子大打出手，孩子就会走向极端。

让我们正确地来看待这一问题。你听过“那孩子简直是个恶魔”这样的话吗？好吧，如果事实的确如此，你应该这样说才恰当：“那孩子简直是个恐怖分子。”是父母对孩子暴力相向才令他们做出了极端的行为。高压手段只会让孩子学到一个道理：强权即公理。

许多研究表明，殴打孩子会令孩子变得更具有攻击性，行为更加乖戾反常。有一项研究显示，在幼儿园里，那些经常挨妈妈打的孩子对其他孩子进行身体攻击的次数比一般孩子高出一倍。还有一项研究表明，很多男性动手打自己女朋友的行为与他们小时候受过体罚有关。

研究显示，殴打孩子会令孩子的智商降低 5 分之多。挨打的孩子总会想着自己挨打的事情，很难将注意力集中在学习上。他们的情绪会更低落，语言能力的发展也会变得更加迟缓。我们对体罚的常规认知，基本上是错误的。

你说你的父母也打过你，是吗？好吧，但你们大部分人想起这样的事来还是会对这种行为持厌恶情绪。为什么不结束这种施虐的恶性循环呢？即使在有些文化中，人们对打孩子持更加接受的态度，但是，我们真的想给孩子灌输这样的思想吗？或者，父母之所以打孩子，只是因为他们不懂得使用其他方法而已。

在美国，50% 以上的父母依然经常打孩子，90% 以上的父母每年至少有一次会殴打 4 岁以下的孩子。鉴于殴打孩子会造成极其恶劣的影响（包括丧失信任感），而且我们还有许多更好的教育方式可供选择，上面这几个数字实在让人震惊。有些人将殴打孩子比作吸烟：明知这种行为确实有害，但许多人依然故我。

你教什么，孩子就学什么，这样做还不够，还要让你的孩子积极主动地自己成长，本章所介绍的这些方法可以帮你实现这一目标。

但是，要想获得成功，你必须每天使用这些方法，必须和你的孩子一起进行准备。如果你方法得当，你的孩子就会把这些方法传给他们的孩子，一种更理想的教育孩子之道就会从此得以延续下去。

第13章 旅行中的谈判

在我的高管人员培训班里有一名学员，这名学员带妻子去圣迭戈最高级的酒店度周末。星期六早上，他被妻子的尖叫声吵醒。原来，浴室地板上到处都是蚂蚁。他没有简单地打电话向酒店管理部门或其他人投诉，而是决定运用自己从谈判课上学到的谈判技巧。

他下楼找到了经理，问："贵酒店是圣迭戈最高级的酒店吗？"经理当然回答说是。"贵酒店对自己最优质的服务水平引以为傲吗？"经理当然回答说是。"贵酒店的服务也包括浴室里的蚂蚁吗？"

这位高管学员说，他们的房间被迅速升级成了豪华套房，其速度之快你这辈子肯定没见过。除此之外，酒店还赠送他们一顿晚餐和一瓶香槟。这其中的关键就是，他有意识、有条理地运用了谈判技巧。与鲁莽行事相比，运用谈判技巧会让你争取更多。

关于旅行安排这一话题的言论及文章已有很多，其关注的焦点几乎都是价格。运用本书介绍的谈判技巧，人们显然能就价格问题进行更成功的谈判。但是，除价格以外，需要谈判的内容还有很多。单从住宿而言，就有推迟退房结账时间、升级、房间预订、个性化服务、房间朝向、额外服务、账单及设施使用问题等。

就旅行安排进行谈判时，你需要了解几件事。

首先，几乎所有的旅游从业人员对谈判都习以为常，如果你不将所有事情都谈得一清二楚，就像在集市上别人要价多少，你就给多少一样，你很有可能会当冤大头。

其次，会哭的孩子有奶吃。你不必得理不饶人，但是，如果一言不发，你将一无所获。正如本章各个案例所显示的，坚持不懈对争取更多极其重要。无论对方一次、两次还是五次对你说“不”，你都不应知难而退。

事实上，总体而言，大喊大叫、得理不饶人只会令你利益受损。航空公司和酒店的工作人员会将你的行为记录在他们的电脑里，并永久保存下来。随着时间的流逝，你所争取到的将会越来越少。你越尊重对方，对方就越尊重你，从而令你争取更多。

在旅游业中，每一层级的人在为游客提供服务方面都享有很大的自主权。你会享受到怎样的服务取决于他们对你的看法。如果他们喜欢你，他们就会帮你享受更多利益。

在旅游业中，有些人似乎永远一副坏脾气，不愿满足你的任何特殊要求，这也是事实。这也是为什么，除了要掌握处理人际关系和利益问题的技巧之外，你还要善于找出对方的准则并加以利用的原因。对方的政策是什么？对方的政策是否有例外情况？将对方的书面准则带在身上，向对方出示他们自己的标准。

但是，永远不要让自己成为争议的焦点。如果对方行为不当，你就可以利用这一点争取更多！

就像在大多数谈判中一样，你必须运用好几种技巧才能实现自己的目标。除了利用准则之外，与对方闲聊（建立关系）也十分重要。利用对方准则的时候，不要惹怒对方，否则对方不会为你做任何事情。为了达成协议，在利用对方的准则实现自己的目标之后，你也许还要关注对方的需求。要将这些技巧付诸实践，预先做好准备，事后进行反思。经过一段时间，你就会越来越善于运用这些技巧。

鉴于准则在旅游业中的重要性，对准则的表述方式十分重要。“贵酒店的服务也包括浴室里的蚂蚁吗”是一种有效的表述方式。“令顾客满意是贵酒店的目标吗”也是一种有效的表达方式。因为这两个提问当中都包含了准则。包含准则最有效的提问方式会着重强调对方的承诺与实际行为不符，这种提问方式会迫使对方进行选择，要么对你进行合理的补偿，要么不讲道理——这会招致一系列的风险，包括游客会向第三方投诉。

记住，没有放诸四海而皆准的谈判技巧。这种谈判与情境密切相关：问问自己的目标是什么，对方是谁，怎样才能说服他们。每一场谈判都有别于其他谈判，即使你的谈判对象是同一家航空公司，谈判时间在同一天，但谈判对象并不相同。在有关旅行安排的谈判当中，这是其中一大优势：谈判对象的选择范围很广。如果有人对你态度恶劣，直接去找决策者，不要把时间浪费在没有能力或不愿帮助你的人身上。

航空公司和准则

正如你所知，与若干年前相比，尤其是在 2001 年 9 月 11 日的恐怖袭击事件以后，很多事都变得更加棘手、更加难办了。不过，我们还是有无数机会可以进行谈判。

阿琼 · 马登（Arjun Madan）的父亲没赶上从伦敦飞往美国的航班。阿琼不想支付 200 美元的改签费。维珍航空公司的两位主管说，除非乘客当时在接受住院治疗，否则必须支付改签费。

“和两位铁石心肠的主管谈过之后，”阿琼说，“我又找到了第三位主管。我先对她进行了问候，然后给她讲了一些我在马尔代夫所经历的宜人的天气状况，因为我最近刚去过那里。讲着讲着我发现，她正在准备蜜月旅行，马尔代夫就是她计划中的目的地之一。于是，我花了 10 分钟给她提了一些有关蜜月旅行目的地的建议。”

然后，阿琼说他自己、父母、哥哥、姐姐以及他们的孩子一直都乘坐维珍航空公司的航班。“我们不会考虑乘坐其他航空公司的航班。”他说。接着，阿琼说自己的父亲错过了航班。“我父亲上了年纪，身体不好，”阿琼说，“你能帮我们一个忙吗？”

客服代表答应将阿琼的情况汇报给公司驻伦敦办事处。上了年纪，身体不好，几乎符合了住院治疗的条件，难道不是吗？况且，阿琼还是本公司的一名常旅客。阿琼将这些情况通过一种合理、恰当的方式表达了出来。航空公司破例为阿琼解决了问题，阿琼在维珍公司还交到了一个朋友。“关键在于坚持，”阿琼说，“永远不要放弃，要花时间去了解对方。”

这里，阿琼还用到了另一种重要的谈判技巧：提供详细信息增加可信度。你给对方提供的信息越详细，你的问题看起来就越真实，对方就越愿意帮助你。

很多学生说他们曾给航空公司的一名客服代表打电话，对方给他们报出了一个价格，按他们的姓名给他们办理了机票预订手续，甚至为他们免除了一项费用。到了第二天，学生却找不到任何机票预订记录，机票价格也大幅上涨，甚至连说好的费用免除项目也被取消了。我问：“你是和谁谈的？”学生说：“不知道。”这显然让我无法相信。

换种方式会怎样呢？如果你再打回去，对方还是矢口否认，你就说：“哦，让我想想，昨天接我电话的是来自塔尔萨的蒂娜，通话时间是中午12点以后，通话时长大约是3分钟。蒂娜说我不需要机票预订号，只要我提供姓名即可。她让我拼写了我的姓名，而且是两遍，以免她把我的名字写错。”

这听起来是否更有说服力呢？因为你提供的所有信息都非常具体。菲利普·康（Phillip Kang）现在供职于宾夕法尼亚州一家医疗仪器公司，他想获得从费城到纽约的大巴车票折扣。他上一次乘坐大巴车时，大巴车发生了机械故障，导致他约会迟到。

在大巴车公司的售票处，出纳员和主管的态度很不友好。于是，菲利普从兜里掏出一沓过去乘坐大巴车的车票存根，像洗牌一样飞快地翻了一遍票根。“我成为你们的乘客已经有一段时间了。”菲利普说。这些票根有力地证明了他是一位重要的长期乘客。菲利普获得了免费乘车去纽约的优待。

菲利普所提供的这些票根证据非常直观，操任何语言的人都能看懂。当然，你完全没必要费力地拖着一大包登机牌去机场。但是，你应该有意识地注意一些细节。仔细观察、认真倾听、运用创造性思维。可以聊一聊你所读过或听过的有关该航空公司的一些消息，戴一顶他们公司赠送的帽子。

艾莎·亨利（Aisha Henry）从底特律到华盛顿的航班因机械故障而被取消，西北航空公司因此向她提供了在底特律停留一晚的酒店食宿免费券。第二天，艾莎的航班又因天气恶劣而被取消，因此，她不得不再住一个晚上。然而，西北航空公司的规定是，对由于天气原因造成的航班延误公司不予提供酒店食宿免费券。

当航班被取消时，其他正打算登机的乘客都在登机口处等候。艾莎，华盛顿的一名律师，开始询问人们是否也因前一天的航班取消而领取了航空公司的免费券。有人说是的。于是，艾莎问这些人，他们得到的免费券可以使用几个晚上。有人说两个晚上。掌握了这个信息之后，艾莎就去找西北航空公司的客服代表，她成功得到了再停留一晚的酒店食宿免费券。

在旅行计划被打乱的时候，我们经常看到人们成为受害者。很多时候，人们都是被动地等待。你必须主动采取行动。由于全美航空公司的航班进港晚点，阿里·贝赫巴哈尼（Ali Behbahani）没能赶上从夏洛特飞往费城的最后一趟航班，可全美航空拒绝给他提供酒店住宿免费券。登机口处的工作人员说，航班的晚点是由于天气原因所致。

“天气是唯一的原因吗？”阿里问，“机组人员没有延误时间吗？没有发生机械故障吗？如果还有其他原因导致航班延误，全美航空能否为我提供免费住宿呢？”阿里得到了肯定的回答。阿里与航空公司进行了信息核实——机组人员也迟到了，这是导致航班晚点的一个原因。结果呢？阿里，华盛顿特区的一名医疗保健投资者，得到了在酒店住宿一晚的免费券。“你必须主动开口问对方问题。”阿里说。

塔尼娅·洛内瓦（Tanya Louneva）在填写租用汽车申请表时，无意间听到圣迭戈汽车租赁公司的分公司经理正向一位顾客解释客户服务对该公司的重要性。塔尼娅已经排了一个小时的队，于是，她非常礼貌地将自己的情况告诉了客服代表。结果，她所租用的汽车被升级成了高档汽车。

说到准则，航空公司和其他旅行机构都有名目繁多的折扣种类和优惠种类：①儿童；②青少年；③合作单位的客户；④公司；⑤老年人；⑥出发地或抵达地；⑦旅行人数；⑧团体组织；⑨生日；⑩特殊情况。你可以打电话给旅行社、航空公司、酒店或汽车租赁公司，了解所有的折扣种类。浏览这些折扣种类，你会发现，有些酒店还会向“滞留旅客”提供折扣价格。罗伯特·霍金（Robert Hodgen）是一家粮食公司的副总裁，他曾因航班被取消而享受到了这样的折扣：从159美元降到了59美元。他所做的仅仅是张口问一问而已。

要了解酒店在一年不同时期的入住率。如果入住率低，酒店价格就会相对便宜。有没有特殊的旅行促销活动？有没有买一赠一活动？除了优惠折扣外，酒店还有可能提供额外的服务：温泉水疗或跳水课程。他们有没有促销系列套餐？能不能提供升级服务？问问他们回头客能享受什么待遇。

即使有些酒店不打折，有些经理也可以为自己的会议组争取到一些无形的优惠：一场高尔夫球、优惠饮品、帆船课程等。他们说，最困难的部分其实是搞清楚自己团队成员的无形需求，这样他们才能与酒店进行谈判。

让对方在政策上向你破例——应该将其变成你的一种习惯。“你们在什么情况下会破例？”应该成为你最常问的一个问题。

你需要有很强的说服力，要充分利用这种能力，否则你就会沦为受害者。在美国，航空公司不得强迫旅客滞留在飞机跑道上超过 3 小时。要了解新的规章制度。有一次，我们在飞机跑道上等了两个半小时以后，我和几位乘客就是利用这条规定：向乘客提供的卫生间不得溢水，迫使全美航空公司将我们送回到登机口。2009 年，美国联合航空公司股票价格暴跌 1.8 亿美元，其原因就是有人在 YouTube 网站上以歌曲形式对其进行了巧妙的投诉。美联航空公司很可能就是在这次事件之后进行了一些改革。

建立人际关系

从事客服工作的人通常心情都不好，因此，不要对他们生气，做一些能让他们高兴的事，这样他们会对你心存感激并报答你。要从他们的角度来看待问题。

内森·斯莱克（Nathan Slack）想让辛辛那提市的威斯汀酒店给他免费升级到一个套房。“前台服务员告诉我说没有套房，”内森说，“她看起来心情很不好。”

于是，内森做了一个谈判高手应该做的事。他说：“我刚刚坐了很长很长时间的飞机。”接着，他问：“你今天过得怎么样？”对方说：“我刚才接待了一位令人头疼的客人。”内森向对方表示出同情，“你不需要为这种人生气。”他说。然后，内森问该酒店是否有很多回头客，因为他自己就是其中之一。这位服务员在自己的电脑上查了一下，发现内森的确是一名老顾客。内森又说自己真的很喜欢这家酒店，他问该酒店是否有可能为老顾客提供空闲套房。

“她免费给我升级到位于角落的一个套房。”内森说。内森是摩根大通公司驻新加坡一个投资团队的负责人。“她还在电脑上对我的要求进行了备注，以便将来有空闲套房时给我的房间升级。”

这么做通常花不了多少时间。约翰·邓肯森（John Duncanson）想让洛杉矶经济汽车租赁公司为他提供一周的免费升级服务。该公司的女店员很年轻，约翰说："于是，我问她是哪里人，在洛杉矶生活了多久，是否喜欢洛杉矶，在哪里上的学。后来，她主动问我是否想要升级。"

约翰说他特别想要一辆敞篷车，但买不起。没问题。约翰没有多掏一分钱就拥有了敞篷车。"保持态度友善，坦率地说出你的要求，这一简单举动比你想象中更加有效。"约翰说。他现在是纽约的一名律师。

关键是你必须表现出真诚，因为对方能够分辨出真诚与不真诚。如果做不到以诚相待，那就不要尝试。在有旅伴的情况下，可以让同行的旅伴去做这件事。态度是关键。预先问问自己是否想实现目标？

再说一遍，旅行社的客服代表有很大的自主权，他们可以为自己所喜欢的客户提供一些优惠便利。郭丹娜想通过候补登机人员名单登上西南航空公司飞往芝加哥的航班，这样就不必买全价票。她向登机口的工作人员表示了同情和理解，说他们在糟糕的天气状况下处理航班情况肯定压力很大。她说如果赶不上这趟航班，自己就会错过好友的生日晚会。

"在谈话期间，我告诉她，我理解他们必须遵守公司规定，但他们也有权根据具体情况对规定进行调整。"郭丹娜说。郭丹娜肯定了这名工作人员的权力，同时也向对方表明自己对该公司的规章制度非常了解。最后，郭丹娜没有多掏一分钱就顺利登上了飞机。

我的大多数学生的行为方式与其他人相比，最大的区别就是：我的学生会先为他人着想。先为他人着想并不是放弃更多利益的一种表现，而是争取更多利益的一种方式。遇到问题的时候，大多数人会去找客服代表谈论自己的问题。然而，更好的办法应该是谈论对方所面临的问题，这样对方会将你看作一个更值得帮助的人。

安妮·马丁内斯（Annie Martinez）在巴巴多斯度假时，住在迪维南风海滩度假村，她想换一个新房间或者获得房间免费的补偿，因为她现在所住的房间离一个非常吵的迪斯科舞厅很近。现在是凌晨两点，只有一位经理在值班。早些时候，安妮的一位朋友已被告知没有空房。

安妮亲自去前台找经理塔代亚。安妮提到了迪斯科音乐很吵的事，她说这肯定也吵到了塔代亚。安妮强调这不关塔代亚的事。然后，安妮巧妙地说起了该酒店的服务手册，说服务手册上明确提出了“令顾客满意”的要求。“你们通常会怎样处理这种情况呢，是为顾客更换房间还是给予补偿？”安妮温和地问道。

安妮告诉这位经理，自己知道经理不能这样做，但如果对方愿意，自己可以为她和自己打电话报警，投诉隔壁发出的巨大声响。安妮将自己的问题变成了两人的共同问题，而且，她做这一切的时候使用的是一种帮助对方的语气。安妮提出，如果塔代亚能帮助自己解决问题，她就会给塔代亚的主管上司写一封感谢信。

塔代亚为安妮，费城的一名劳工律师，换了顶楼的房间，没有收取任何额外费用。在同一晚上早些时候，安妮的朋友，所住房间离安妮很近，也曾去找过这位经理。安妮的朋友一开始就大喊大叫，指责这位经理和酒店，要求更换新房间，结果他一无所获。这种情况时有发生。运用本书所介绍的方法和技巧，你就会实现自己的目标；如果不用它，你就无法实现自己的目标。

越是从对方的角度来看问题，对方就越会认为你是在努力从他们的角度来理解问题，而不是在和他们无理取闹。在现实世界中，大部分人都把旅行客服代表当作达到自己目的的工具，如果你肯站在他们的角度看问题，他们就更容易对你心存感激。当你打电话预订航班时，航空公司客服必须遵守一系列的书面规定，包括日期、路线、时间、乘客人数、舱位等。妨碍他们工作或者大发脾气，只会令他们的态度变得不友好。他们的电脑屏幕要求他们必须按规定的方式输入规定的信息。如果你这样问：“您希望我以怎样的顺序向您提供信息呢？”他们就会明白，你是在帮助他们减轻工作负担。真正的关键在于这样的一些细枝末节。

大部分人都没想过要给客服代表写感谢信，为其人事档案增光添彩。

事实上，这样的感谢信对推销员或客服代表意义非常大。一封满是真情流露的感谢信是感谢工作人员的极好方式，一定会让他喜出望外——是否写感谢信完全取决于你。对旅游业的客服代表而言，这样的感谢信于他们不啻一大福音，尤其是在公司大幅裁员、经济低迷的不景气时期。对航空公司的员工而言，来自乘客的一封真情流露的感谢信，有可能决定他们是否能保住饭碗，或者是否能从临时员工转为正式员工。

赵大卫没能赶上飞往哥伦比亚州卡塔赫纳市的联运航班，原因是他所乘坐的美国大陆航空公司航班因机械故障而晚点。此时正值感恩节周末，还有 10 位乘客和大卫的情况一样。当大卫和航空公司客服代表弗罗伦斯谈话的时候，他以一种平静的、充满理解的态度对弗罗伦斯说，如果对方能帮他解决问题，他一定会写一封表扬信。

大卫，现在中国台湾担任顾问，成功获得了如下待遇：在波哥大停留一晚，酒店住宿免费，晚餐免费，早餐免费，此外，他还获得了飞往波哥大和卡塔赫纳的两张机票。有多少次你费尽唇舌却连上述优待中的一项都争取不来呢？

还记得阿莉扎·扎伊达吗？那个因为对登机口工作人员态度友善而在飞机上获得了一个位置更好的座位和一顿免费餐的学生。当我将这些事例在课堂上讲给学生听以后，大家纷纷进行了尝试。你猜结果怎样？他们都获得了成功！

阿莉扎还给她姑姑出谋划策。她姑姑为公司订票时，花了 2 000 美元从美国联航购买了不予退票的机票，因而被解雇。阿莉扎催促她姑姑给售票客服打电话，说说自己被解雇的事，讲一讲有多少人，包括航空公司员工在内，正在遭受失业带来的痛苦。最后，在那位售票客服的帮助下，美联航以现金方式给阿莉扎的姑姑退回了 2 000 美元。

处理问题的态度越积极，得到的帮助就越多。一名学生发现，在她和一位朋友购买了嘉年华邮轮旅行船票之后，票价降了 120 美元。大部分人都对这种不公平的现象大吵大闹，但她没有。通过了解，她知道该公司的客服代表爱莫能助，于是，她要求见一见主管。“主管整天都在和气势汹汹的顾客打交道，”这名学生说，“我可不想像那些顾客一样。”她从问题的积极方面入手，“我对票价下降感到特别高兴。”她对主管说。她问主管，对之前购买了邮轮旅行船票的顾客，该公司是否有退款或补偿举措。

这名学生处理问题的方式令这位主管欣喜异常，他向这名学生及其朋友赠送了 350 美元在船上使用的代金券——这比这名学生之前要求的补偿多出了一倍。

利用准则也有助于建立一种人际关系——或者有助于让对方看到双方有在未来建立一种人际关系的可能性。

理查德·阿德温弥（Richard Adewunmi）要去波多黎各的别克斯岛度假，他想让卡萨阿尔塔美景酒店将自己预订的房间改期 4 天，他预订的是春假期间的折扣房间。一位经理态度粗鲁地告诉他，任何变动都必须全价付款，而且还会取消预订房间。大多数人听到这种回答都会十分生气，但理查德将其看作一个机会。

对经理简单粗暴的回答，理查德没有直接予以回应，而是先祝贺这位经理荣升，“我 4 年前认识你的时候，你还是一名订票客服。”理查德提醒经理说。理查德是一家制药公司的律师。理查德说，2004 年他还在这家酒店主持了自己最好朋友的婚礼，而且在他的推荐下，他的哥哥和嫂子在度蜜月的时候也选择了这家酒店。

最后，理查德指出，该酒店的网站上说会提供“一定会让您再次光临我们海岛家园”的优质服务。现在，理查德开始发问了，“这是贵酒店对待老朋友的方式吗？”还有什么表达方式比这更能让理查德如愿以偿的吗？“我对待这位酒店经理的态度就像家人一样，既认真严肃又亲切随和。”理查德说。理查德还说，以酒店的准则相问，在确定我的态度方面十分关键。

最出色的谈判者看起来都态度平静，但他们能完全专注于自己的目标。他们在谈判的时候都有条有理，做好了充分的准备。

在交易型情境中，要寻找机会建立人际关系。肯·埃兹是一名工商管理硕士研究生，在参加地中海俱乐部组织的一次旅行中，他帮助了该俱乐部的一名员工理查德。此后他一直和理查德保持着联系。两年后，肯想和朋友一起参加特克斯俱乐部（西半球最负盛名的地中海俱乐部）组织的旅行活动。

地中海俱乐部预订处多次告知他：①特克斯俱乐部预订已经结束；②没有任何折扣。于是，肯，纽约一家贸易公司的副总裁，就给理查德打电话。理查德为肯争取到了：①一个预订名额；②折扣。最后，肯节省了 1 320 美元，并度过了一个开心的假期。

在年底的倒数第二天，约翰·伯克（John Burke）还差 322 千米的飞行里程就能获得一张美国航空公司的免费旅行券。找到一趟价格便宜的航班以凑够必要的里程数并不是一件容易的事。美国航空公司的客服告诉约翰，该公司对这一规定的要求十分严格。如果里程数不够，就别想得到免费旅行券。

约翰决定换一种表达方式。他找到了美航一位客服主管的姓名和电话号码，以便稍后打电话咨询自己应该怎么做，包括安排一次飞行。他打电话给主管，（诚实地）说自己是美航的一位老乘客，飞行里程累计已有 32 万千米。他问对方是否能本着美航为客户提供高标准服务的宗旨帮他想想办法。

“还有一天就是新年了，看在我是一位忠实老顾客的份儿上，我们何必为了 322 千米而争执不下呢？”约翰说。他现在是一家涉及能源领域的私募股本集团的高级副总裁。约翰说到了点子上，对方放弃了对飞行里程数的要求。“表达方式实在是太重要了。”约翰说。

恰当的表达方式

奥林匹克航空公司是希腊国有航空公司，该公司由于失误而取消了乔舒亚和安妮·莫里斯（Anne Morris）从克里特岛飞往雅典的蜜月旅行航班。夫妻俩决定改签其他航班，但奥林匹克航空公司拒绝给乔舒亚退还票款。乔舒亚问客服代表："贵航空公司的这种行为是希腊这个国家的待客之道吗？"他马上得到了退款。乔舒亚既运用了合理的表达方式，又利用了对方的准则。

如果你对表达技巧掌握得很熟练，一个很简单的句子就能使谈判结果有利于你。拉詹·阿明（Rajan Amin）想在不支付违约金的情况下改签美联航的航班机票。无论他说自己是忠实的老顾客还是利用对方的准则都不起作用。他想改签的原因之一是，短短两个小时之内，他的航班起飞时间就被更改了4次，他前后收到了4封美联航更改起飞时间的电子邮件。

联系到一名主管后，拉詹说，"美联航将我的航班时间更改了4次但对我毫无补偿，而我只改签一次机票就必须支付违约金，这公平吗？"说得好！拉詹的说法深深触动了美联航的客服代表，客服代表没有收取任何费用就帮拉詹办理了改签手续。拉詹紧紧抓住了对方显而易见的漏洞，用合理得体的方式将其表达了出来。这个方法值得尝试：找出对方的矛盾之处，然后想办法用清晰准确的表达方式将其指出来。

有时候，同一公司的两条不同准则之间本身就有矛盾。例如，西南航空公司一贯以其高水平的客服质量而自豪，但该公司还有这样一项规定，即改签航班要收取100美元。伊丽莎白·莱德曼（Elisabeth Leiderman）在要求客服免费给她改签更早的一趟航班时，发现了这一矛盾之处。当然，她的第一反应是要求见值班经理，即决策者，于是值班经理托马斯走了过来。

伊丽莎白说，天气状况看样子不妙，自己稍后即将乘坐的航班很有可能被取消。托马斯同意她的看法吗？他同意。"如果您能让我改签早一点的那趟航班，那趟航班还有很多空座位，稍后就会少一个人给您找麻烦了，"伊丽莎白说，"而且，您也做到了让顾客满意。"托马斯看到了伊丽莎白这番说辞的合理之处，他同意了伊丽莎白的改签。伊丽莎白在纽约医疗领域从事助理工作，就这次机票改签进行谈判的时候，其表达方式既考虑到了航空公司的利益，又利用了对方的准则，从而扭转了局势，成功获得改签。这都是她事先经过仔细思考的结果。

马德哈万·格帕兰（Madhavan Gopalan）发现，阿维斯出租汽车公司的广告语“我们会更加努力”与超时还车要加收费用的规定之间存在矛盾。他注意到，该公司柜台一角放有一个“有车出租”的标牌。他问对方，在可供出租的空闲车辆很多、公司并不产生任何成本的情况下，该公司是否曾取消过两小时的超时费呢？他还强调说去机场路上的交通极其拥堵，就是否取消超时费而言，这是否也是一个应予以考虑的因素呢？

对他这两个问题，对方都给予了肯定的回答。马德哈万的超时费就这样被免掉了。阿维斯出租汽车公司履行了其客户服务标准“我们会更加努力”。“这件事情之后，我又多次运用了这一方法。”马德哈万说。他是波士顿的一名顾问。

亚历山德拉·蒙泰亚努（Alexandra Munteanu）被告知，如果想改签从费城到堪萨斯州艾比利尼机票的日期，她必须支付 100 美元的违约金，而且，因票价上涨，她还要多付 40 美元。她的机票日期此前已经被延长了一年。

亚历山德拉给航空公司打电话，要求与办理机票日期改签事宜的负责人通话。与其他人一样，她也是先找到决策者。亚历山德拉以自己的机票获得一年延期为例，说该航空公司在过去对自己是多么优待，因为她是该航空公司极其忠实的一位老顾客。听完此话，航空公司主管并不会认为“我们已经优待过她一次了”，而是会想，“这不愧是我们忠实的老顾客啊。”

“我们公司政策规定必须支付这笔费用。”航空公司主管说。“贵公司对长期顾客是否有过例外呢？”亚历山德拉问。“是的，曾经有过几次例外。”航空公司主管回答说。结果，航空公司为亚历山德拉免费办理了机票日期改签手续。

“恰当的表达方式非常有帮助，但你必须注意使用方式。”亚历山德拉说，她现在是罗马尼亚一家美国律师事务所的律师，“有些客服代表明白我的意图后会十分生气。”关键是要尽快让对方知道你的意图所在。如果对方因此而生气，就问他们你哪里说得不对，让对方指出来。将当前的情况告诉对方，问对方你想节省一些钱有什么错。

当对方已经疲惫不堪的时候，用恰当的表达方式去改变对方的观点尤其重要。航空公司客服代表每周要接待数千名乘客，他们说，大部分人对他们的态度非常恶劣。因此，如果你言行礼貌和善，他们就会无条件信任你，这是很有道理的。你必须想办法引起对方的注意，表明你与众人不同。其中一个办法就是对他们友好和善，还有一个办法就是向对方提供具体详细的信息。这些做法可以改变他们对你的看法。

在过去大概一年时间里，金敏乘坐美国航空公司的航班次数并不是很多。美航寄信告诉她，除非她支付 258 美元，否则她的金卡会员资格将被取消。金敏问自己，“航空公司对我是什么看法呢？”在他们看来，她肯定不是一位忠实的顾客。

于是，金敏打电话给航空公司，与客服代表进行了交谈。“我这一年之所以乘坐贵公司航班次数不多，”她说，“是因为我一直在商学院上学，但我很快就会由于工作需要而经常乘坐贵公司的航班。”

通过这次谈话，金敏改变了航空公司对她的印象。不过，这只是让航空公司恢复了对她的正常印象而已。她还想进一步改变航空公司对她的印象。“我告诉她，我非常喜爱得克萨斯，毕业后我要搬到达拉斯去，”金敏说，“当然，达拉斯就是美航总部所在地。”金敏还反复强调她一直都是美航的忠实顾客。她问对方，美航以前是否曾破例将金卡会员资格延长几个月。

最后，金敏没有支付任何费用就保住了自己的金卡会员资格。但是请注意，所有这些信息都被输入了电脑。如果金敏第二年在美航的飞行次数不够，她的金卡会员资格就会被取消，要想重新获得这一资格，她将不得不从零开始积累里程数，航空公司会对此进行核查。这对金敏而言完全不是问题，身为波士顿咨询集团的一名项目主管，她出差的机会很多。

选择恰当的表达方式还包括为对方描绘未来图景。在迈阿密，25 人以下的团体顾客租车每天需交纳 25 美元，伊曼 · 洛德古依（Iman Lordgooei）

不想付这笔钱。他在电话中对租车预订员说："我这一生中，仅出差租车这一项，很可能就要花 5~10 万美元。我们能相互做一笔投资吗？"

说得好！这名租车预订员免除了伊曼每天 15 美元的费用。伊曼是硅谷的一名律师，如果伊曼和租车预订员当面进行谈判的话，我想他那 25 美元的费用就会被全部免除。想办法让谈判看起来更加有利可图，这样对方就会为你做更多事情。

充分做好准备

你能为自己所做的最好的事情是，将航空公司和各旅行公司以及旅行机构所制定的准则列一张清单，然后随身携带。这将有助于你选择恰当的表达方式。例如，美国联邦法律规定，如果航空公司取消你预订的座位，必须向你支付至少 200 美元的赔偿费。然而，很多人只拿到 50 美元就已经满足了。

要了解这一情况并不难。只要给客服打个电话，说你想了解一下航空公司制定的旅客守则即可。从理论上说，人们都知道该怎样去做，但极少有人肯花这个时间。只需花上一两个小时，你就可以节省更多的时间和金钱，同时避免了生气。查阅一下航空公司的准则和政府的相关规定，比如美国交通部的相关规定。

迈克尔·马格柯夫（Michael Magkov）是纽约的一名顾问，他希望航空公司能免去他 150 美元的机票改签费。"我们不可以免除改签费。"航空公司的客服代表朱厄妮塔说。"你们可以免除改签费。"迈克尔说，"如果我在购票当天办理改签，你们不就不收取改签费吗？"这种情况会让你变得多么有说服力啊！这只需花一点时间就能做到。

尼古拉斯·马克（Nichdas Mak）是中国香港的一名律师。他在旧金山国际机场安检时，不想将自己的胶卷放入安检器。交通安全局一位官员说他的胶卷感光度低于美国规范标准 800 度，因此必须放入安检器进行检查。“那名官员指了指一个安检标示牌，上面写着‘X光射线机对胶卷无害’的字样。”尼古拉斯说。那么，他就应该因此而让步吗？不！“我告诉他，交通安全局的网站上说，旅客可以要求人工手检，芝加哥和费城机场都毫无疑问地接受了我的要求。”尼古拉斯说。

事实上，尼古拉斯在说这番话时，那名官员正试图将胶卷放回到安检机里。“请住手。”尼古拉斯说。那名官员停了下来。

你害怕吗？在一个民主国家，了解自己的权利难道不是公民的一项基本责任吗？尼古拉斯的胶卷可是无价的。

当我的学生不使用这些方法时，问题就显现出来了。他们要么更加难以实现自己的目标，要么完全无法实现自己的目标。我的一名学生被一家航空公司的客服告知，他的票价已被锁定，不会再发生变化。可是到了第二天，当他要买票的时候，票价却涨了25美元。他认为这不公平。最后他找到了一位经理问道，该航空公司是否信守自己的承诺。最终，他拿回了25美元。“可是，这值得我花那么多时间吗？”他问道。

嗯，也许不值吧。不过，他其实并不需要花那么多时间。问题在于，他不知道告诉他票价已被锁定的那个客服的姓名，他不知道与那位客服通电话的时间和地点，他不知道任何相关的详细信息。因此，他只有更费力才能要回退款。这就是方法运用不当所付出的代价，有时候，你根本不会成功。如果方法得当，每9局比赛中你至少会额外击出一记安打。

酒店里的“冲突故事”

埃弗里·谢菲尔德（Avery Sheffield）是喜达屋酒店的白金会员。该酒店的一项规定是，如果客人对住宿不满意，酒店会赠送客人500积分，这些积分可抵酒店住宿费、机票费等。埃弗里实事求是地告诉经理，她的浴室里有别人的头发。她把发现的头发收了起来，以备酒店索要证据。登记入住时，埃弗里没能享受到酒店对她这样的白金会员所承诺的升级服务，还有其他一些事情也令她不太满意。

“我住这个房间花了 400 美元，”埃弗里对经理说，“我本来可以只花 200 美元住在其他酒店，但我一直以来都感受到了喜达屋酒店的一流服务，贵酒店的服务水准一向无可挑剔。”埃弗里的这番话毫无威胁之意。

这位经理给埃弗里赠送了两万积分，价值相当于美国国内的一张往返机票。埃弗里认为自己本来还可以做得更好。“我还可以问问她今天过得怎么样，”埃弗里说，“我还可以答应她给她的主管写一封感谢信，称赞她为顾客所提供的优质服务。”换言之，每一次谈判，即使是一次成功的谈判，都可以从中为下一次谈判积累经验。

与生活中大多数事情的道理一样，你对事情越认真，就越会争取到更多。绝不能以结束双方之间的关系来威胁对方，除非对方做了很多非常过分的事，这就好比你每次跟配偶起争执都以离婚来要挟对方一样，时间一久，对方就不会再相信你。因此，你应该努力付出以维持关系。

杰奎琳·斯特迪文特任何时候都会选择入住希尔顿酒店。她想去夏威夷，打算住在那里的希尔顿酒店。但是，当时正值酒店交易管制时期，不能使用积分入住，虽然杰奎琳的积分足够她住两个星期。“我只是想用我本可以住 14 天的积分住两天而已，”杰奎琳说，“剩余 12 天的积分可以由预订处客服收回。”杰奎琳告诉这位客服，她正在庆祝自己从商学院顺利毕业，几年的学习生涯实在太辛苦了。

那位客服想了想，同意让杰奎琳免费入住 6 晚。杰奎琳在这里使用了以下几种谈判技巧：采取了循序渐进策略、向对方提供了具体信息、点明了自己与酒店的长期合作关系、考虑到了预订处客服的利益。“而且，我还被升级到了‘阿罗哈’高级套房。”杰奎琳说。

即使你与酒店还没有建立起合作关系，酒店也愿意从现在开始与你展开合作，前提是对方要看到你会成为该酒店的忠实顾客。萨曼·阿尔安萨里（Salman Al-Ansari）在费城希尔顿酒店为他叔叔预订了 10 天的入住期。到了最后一刻，他叔叔生病了。酒店经理马克先生告诉萨曼，无论他叔叔是否入住，他都要付费。在线预订无法退款，从无例外。

萨曼问，他能否将预订期改到自己毕业那一周，然后让自己的家人和朋友入住，到时入住时间将会更长。这一说法表明了萨曼对该酒店的忠诚度，而且还为酒店提供了更多生意。萨曼这是在进行不等价交易，马克先生同意了他的要求。虽然所有的建议不得不由萨曼提出，但一般而言，这正是你必须做的工作。萨曼现在在卡塔尔自己家所开的律师事务所做律师。

每一个旅客都有若干“冲突故事”。本书的不同之处在于，它会让你非常清楚地意识到这样一个事实：你是在谈判。这一点会让你把事情看得更清楚、更专注，也更容易获得成功，因为你可以将自己在这次谈判中所运用的方法和技巧更轻松地运用于下一次谈判。我的一名毕业生想入住弗吉尼亚麦克林的一家酒店，该酒店就在他的工作单位 SAIC 公司隔壁。旅行代理人说该酒店预订已满，甚至不愿意帮他给酒店打个电话询问一下。该酒店预订中心给予的回复与旅行代理人的说法相同。

于是，这名毕业生亲自给酒店打电话。他告诉前台客服，自己在 SAIC 公司工作，SAIC 公司的客户经常入住该酒店。他还强调说，很多酒店都有“预留”房间，以备紧急情况下使用。“您能将其中一间预留房间让给我住吗？”他问。坚持不懈、利用准则、广泛联系，这些技巧最终令他如愿入住该酒店。“‘不行’并非始终意味着‘不行’。”这名学生说。

伊莱恩·博克瑟（Elaine Boxer）在拉斯韦加斯的火烈鸟酒店预订了房间。她想升级两个房间：一间给她朋友，一间给自己和伴侣。可是，当她打电话询问升级事宜时得知，酒店暂无升级房间。在登记入住之前，她又向前台预订客服询问了一遍，得到的回答还是一样：暂无升级房间。伊莱恩稍微思考了一下，再次拨通了电话与前台客服进行协商。

轮到伊莱恩说话的时候，她先叫出了对方的名字，问候了一声“您好”。她说，她们来拉斯韦加斯是为了祝贺自己的朋友完全康复了，朋友去年秋天在拉斯韦加斯受了伤。大家选择入住火烈鸟酒店进行庆祝。“这真是太好了。”前台客服说。伊莱恩问：“贵酒店是否曾因特殊情况提供过升级服务呢？我们肯定算特殊情况！”伊莱恩的两个房间获得了升级，升级后的房间里配有特大号床，房间位于高楼层，可以眺望远处玉带般的河流。房间价值为 280 美元。坚持不懈和表达方式在这里起了关键作用。

托马斯·格里尔（Thomas Greer）想免费取消他在费尔蒙特·科普利广场酒店预订的房间。预订处告诉他，自预订时间起，24 小时之内取消预订要收取费用。当时是星期天下午 4 点。“我一直都注意要让自己的预订时间超过 24 小时，”托马斯说，“我的计划是一直等到第二天晚上 6 点再办理入住手续。”

那名预订客服说，根据酒店的预订取消政策，客人登记入住时间从下午 3 点开始计算。“酒店规定的这个登记入住时间是否开始得太早了？”托马斯问。“有多少客人会在这么早的时间来办理入住手续呢？这难道不会让善意的顾客产生误解吗？”在说这番话的过程中，托马斯一直都彬彬有礼。最后，他的预订取消手续费被免除了。这个例子极好地说明了选择恰当表达方式的重要性。

这种表达方式通常效果很好。在旧金山喜达屋皇宫酒店，阿图尔·库玛尔（Atul Kumar）想在不支付超时费的情况下将自己的退房时间推迟至晚上 7 点。根据酒店规定，客人需在下午两点之前退房，阿图尔比酒店规定的时间晚了好几个小时。阿图尔是喜达屋酒店的常客，但这一点显然还不足以让对方免除他的超时费。

于是，阿图尔问酒店方，酒店的房间是否已全部被预订一空，对方回答说没有。也就是说，阿图尔所住的这个房间对于酒店而言并非急需。阿图尔说，自己是在前一天晚上 11点30 分入住酒店的，因此，即使自己在第二天晚上 7 点退房，自己在酒店的入住时间也不足 20 小时——连一天都不到。阿图尔问酒店的清洁工晚上是否还要工作，对方回答说是。“那么，如果再有一个很晚才来入住的客人，他刚好可以住我的房间。”阿图尔说。他还说，如果最后酒店确实需要使用这个房间，他可以在下午5点随时做好退房准备。

酒店同意了阿图尔的要求！阿图尔所运用的技巧是：选择恰当的表达方式对情境重新进行解释、强调了双方的合作关系、为自己争取利益的同时没有给酒店增加任何负担、主动提出自己会在对方需要的时候给予帮助。而且，他在整个过程中都显示出乐于助人、温和平静的态度。

如果你想推迟退房，可以问一下酒店打扫最后一个房间的时间。如果酒店没有安排夜间保洁，那么其保洁工作结束的时间通常是下午5点。你可以要求酒店最后打扫你的房间，或者至少迟些时候再打扫。如果你是老顾客，而且理由充足，通常都能如愿以偿。你还可以问："你们会在什么时间安排新客人入住这个房间？"

我知道，你肯定要问："如果每个人都这么做该怎么办？"好吧，事实上，并非人人都会如此。其次，这对酒店而言是个涉及高质量服务的问题，这有助于提高客服质量，使酒店能够更好地满足客人的需求，况且，并非每一位客人都需要推迟退房时间。

杰森·卡明斯（Jason Cummings）去马里兰州列克星敦帕克市参加铁人三项全能赛，结果他发现所有酒店的房间都已预订一空。他去了一家酒店，开始和前台客服交谈起来。

她是哪里人？在这个城市生活多久了？杰森说，他是来参加铁人三项全能赛的，但他没料到所有酒店都已预订一空。他告诉客服自己是军人，并且这也是他对铁人三项全能赛产生兴趣的原因。那位客服告诉杰森，附近有个海军驻地，而且她还主动给自己在海军驻地的熟人打电话，帮杰森找到了一个房间，房费每晚15美元。杰森从前是西点军校的一名教官，现在是一名陆军中校。

执法部门

当然，在各种旅行情境中，并非你有可能与之打交道的所有机构组织都以优质的客服质量为其宗旨。例如，警察局，或者再具体点，纽约市肯尼迪国际机场美国海关总署。玛莎·拉萨雷瓦（Marsha Lazareva）在接受入境安检时，一位海关高级官员发现她携带了未报关的物品——足以让玛莎面临 2 500 美元的罚款，天知道还有什么其他处罚。

"房间里有 4 个实习生，"玛莎说，"显然，这位海关官员打算以我的情况为例给他们做个警示。"

玛莎做的第一件事是道歉。当那位海关官员康诺利长官斥责她时，玛莎说："我不停地感谢她恪尽职守，感谢她让我了解了入境安检的各项规章制度，感谢她帮我避免在将来遇到更大的麻烦。"玛莎坦白承认"队伍排得太长"的理由的确不充分，她对康诺利长官说："我觉得我的行为实在太愚蠢了，再次感谢您检查出了我的问题。"

玛莎不断肯定这位海关官员有权"对我严惩不贷"。

最后，玛莎只被罚了 33 美元。"你是第一个感谢我、理解我的工作的人。"康诺利长官告诉她。

玛莎使用的谈判技巧包括：①确定自己正在谈判；②保持冷静；③关注对方；④认识到第三方的重要性；⑤坦率，诚实；⑥提供情感补偿，包括道歉、向对方表示尊重。

因此，玛莎避免了巨额罚款和可能的拘留处罚，得以顺利回家。多么成功的一次谈判啊！玛莎现在是 KGL 投资公司的副总裁和总经理，该投资公司是一家新兴市场私募股权基金公司。

我们再看一看玛莎的例子，玛莎似乎很擅长与官僚机构打交道。大多数官僚和司法界官员的工资都不高，有时需要加班，心情经常不太愉快，通常不为人理解。如果你发现自己不得不与他们进行谈判，这些都是你应知道的重要信息。

有一次，玛莎需要在 3 天内办好签证，因为她要赶着前往法国。办理签证的规定时间是 14 天。电话总是占线，很难联系到办理签证的官员。接电话的秘书态度冷淡，玛莎始终态度友好、亲切随和，她对那位秘书工作如此繁忙表示同情。不一会儿，这位秘书就帮玛莎接通了领事馆官员的电话。我们再一次看到，认同对方的权力是一种极其有效的谈判技巧。

签证官找到了玛莎的档案。“我和科林长官聊了起来，”玛莎说，“我把他逗笑了，我还为自己给他带来不便表示歉意。”20分钟的谈话后，这位签证官批准了玛莎的签证，玛莎3天后就可以领到签证。

好了，你可能认为玛莎过于武断自信。可是，她是不是让那位领事馆官员的心情在那天变得更愉快了呢？是的。而且，你知道，她如愿去了法国。我想，很多没有运用这些技巧的人也许就没有如愿去法国。玛莎做了大多数人都会忽略的事情：她始终将注意力放在对方身上。毕竟，你需要的东西几乎始终掌握在他们手中。

建立基本的人际关系

即使你有理，你也应该向对方表示尊重和理解，这很重要。很多人认为没必要费这个事，尤其是那些自我感觉良好、功成名就、财大气粗的人。但是，这个世界上的大多数人都还没有达到这个层次，而且我们生活在这个社会中，无论是好是坏，各种各样的人都需要相互依赖——无论他们喜欢与否。

因此，在你骂那个人是蠢货之前，你最好确定你真的不需要他们帮你的忙！正如我所认识的一个人曾经说过：“过河之前不要急着嘲笑鳄鱼。”

法提赫·厄兹吕蒂尔克（Fatih Ozluturk）将自己所租的汽车交还到了波士顿，而不是租车原地，租车公司要求他交纳470美元的异地还车费。法提赫是一位老顾客，租车公司以前从未向他收取过异地还车费。租车公司的网站上说，他可以在波士顿还车，而且不用交纳额外费用。“柜台处的店员拒绝考虑我的要求，”法提赫说，“他的态度非常粗鲁。”

在这种情况下，你的第一反应会是什么呢？怒不可遏吗？绝不能这样。那个店员并非决策者，不要在他身上浪费任何时间。法提赫要求见经理。

“经理出来的时候，我立刻肯定了他作为决策者所拥有的权力。”法提赫说。

法提赫说，该公司网站上的信息有误，他建议经理立即对其核查，经理依言进行了核查。“与其由我给总公司写信汇报此事，何不由您来写呢？”法提赫说，他是一家无线电公司的副总裁，“您可以因为此事而受到嘉奖。”法提赫向经理指出了这件事的严重性。经理向他表示感谢，“然后给我的账单至少打了五折，此外还免收了470美元的异地还车费。”法提赫说。他说，关键在于，要帮助对方解决问题，而不是一味指责对方。

如果对方心情很糟糕，那就主动为他们做些什么。阿杰伊·比茹尔（Ajay Bijoor）发现，赫兹租车公司经理在接待完前一位顾客后心情烦躁。阿杰伊一言不发地从前台退后了几步，给这位经理一点时间喘口气。这位经理注意到了他的举动，对他的行为表示了感谢。人们总是迫不及待地冲向旅行社的工作人员那里要求解决问题。其实，应该先给他们喘口气的机会。

当这位经理准备好接待阿杰伊时，阿杰伊先向她问了声“您好”，然后对她态度非常亲切友好。阿杰伊说希望升级自己的经济车。而且他还问对方自己是否能帮她做点什么。“我对赫兹公司的服务一向感到满意，”他说，“如果您这里有满意度调查表，我能填写一份吗？”

阿杰伊是纽约一名重组业务副总裁，他的汽车不止被升了一级，而是连升三级，升级成了一辆运动型多功能汽车。是他操纵局势了吗？他是怎么操纵的呢？是以让那名经理心情变得更愉快的方式吗？是以让对方喘口气的方式吗？是让她将他视为未来的忠实顾客吗？

你会说：“我生活的世界不是这样的！”不，你生活的世界就是这样的。只不过现在你还没有看清楚这个世界，等你开始使用这些技巧以后，你就会看得清清楚楚。有句谚语说：“越努力，越走运。”你越运用这些技巧，人们对你就会越友善，你就越容易实现自己的目标。

到现在为止，应该清楚的一点是，谈判对象不同，谈判方式就不同。在同一组织机构，围绕同一问题，某种谈判技巧对某一个人不起作用并不意味着对另一个人也不起作用。因为售票机故障，杰茜卡·韦斯

（Jessica Weiss）没赶上下午 5点05 分从纽约开往费城的火车。她在 5 点 17 分购买的火车票票价是 79 美元，而她本可以乘坐的 5 点 05 分那趟火车的票价仅为 60 美元。

售票员给她换了车票，但拒绝将两张车票的差价退还给她。杰茜卡说："由于工作人员的失误而向乘客收取费用是美铁[①]的政策吗？"售票员回答说："亲爱的，你要么和我在这里继续争执，要么赶紧上火车。"

杰茜卡说她有点儿动摇，想自认倒霉，这个世界本来就不公平。但是，不就是因为每周都在发生无数这样不公平的小事，我们的生活才变得不够美好吗？于是，杰茜卡给美铁客服打电话，接电话的是弗洛伊德。杰茜卡将情况讲了一遍，但弗洛伊德不愿对她进行补偿。于是，杰茜卡，现在是纽约的一名律师，再次问了对方这个问题："由于工作人员的失误而向乘客收取费用是美铁的政策吗？"弗洛伊德回答说："不，当然不是。"弗洛伊德赠送给杰茜卡一张 20 美元的火车票代金券。这就是利用准则并坚持不懈的重要性。

菲奥娜 · 考克斯（Fiona Cox）总是询问旅游行业的职员们是哪里人，并经常与他们建立持久的友好关系。有一次，按销售代表的说法，菲奥娜所能找到的从自己家到新西兰的最低机票价格是 1 900 美元。菲奥娜问销售代表是哪里人，对方说是新西兰人。这位销售代表特意花了一些时间为菲奥娜找到了一趟票价为 1 500 美元的航班。"我现在每天都在运用这种方法。"菲奥娜说。她现在是佛罗里达州一家国际银行的账务经理。

迈克 · 莱斯基宁（Mike Leskinen）要将一辆租用汽车从曼哈顿市中心运往纽瓦克，运送费加上通行费共 65 美元。迈克告诉司机，他经常需要运送汽车去机场。"如果有一位司机能随时联系就好了。"迈克说。这位司机对迈克说，如果迈克直接联系他，就能省下 30% 的费用，即 20 美元。于是，包括通行费和运送费在内，迈克只付给了司机 50 美元，而且他还

---

① 美铁（Amtrak），美国国营铁路客运公司的简称。——译者注

得到了司机的名片。

迈克学会了如何跳过中间商。这正是无数公司所学到的一个技巧：如果想得到更好的服务或令交易更加成功，要与卖主直接接洽。

下面是两个选择恰当表达方式的精彩谈判实例，一个与美铁有关，一个与安吉公司有关。这两个实例会让你看到，真正的谈判高手每天是怎样轻松自如地运用这些技巧的。第一个例子中，阿尔·尤格拉（Al Jurgela）经营着几家私募股权公司。阿尔买了一张从纽约到费城的火车票。因为他很早就到了火车站，所以想改乘更早发车的东北特快列车。但售票处的工作人员告诉他，车票已经售完，而且他前面还有 10 个人在排队。

于是，阿尔找到一位列车员问："'售完'是什么意思？"列车员告诉他，意思就是所有座位的票都已卖完。"买了票的人有时会不会不来坐车呢？"阿尔问。"会的，"列车员说，"车上几乎总有空座。""那我能不能买一张这样的空座票呢？"阿尔问。他获准上了火车，而且还省了 30 美元。他的同事在宾州车站又等了一个小时才坐上他后面的那趟火车。要利用准则、选择恰当的表达方式、搞清楚术语规定的准确含义。

第二个实例中，一名学生从新墨西哥州阿尔伯克基市的安吉公司租了一辆汽车，打算在春假期间使用。当他将车开到 160 千米外时，才意识到这辆车的级别比自己所付租车费对应的汽车级别低了一级。他没有开车返回租车公司，而是将这辆车开了一周，然后在还车时要求对方给予补偿。对方拒绝了他的要求。客服代表告诉他，按照合约规定，离开车行时，客户要按自己所签车款付费。客服将合同翻至背面，上面有相关规定和这名学生的亲笔签名。

你认为没戏了，是吗？再想想。其实还有可以进行谈判的余地。正如你所知道的，大部分租车合同都是用很小的浅灰色字体打印在淡粉色纸张上，因此阅读起来很不容易。于是，这名学生说："阅读这份合约并非我的责任。""为什么不是呢？"安吉公司的客服问。"您看看这份合同，"学生说，"字迹模糊得几乎看不清楚，如果阅读合同是我的责任，那么，贵公司的广告口号‘我们要更加努力’岂不是要变成‘你们要更加努力’了吗？”这名学生最后得到了补偿金。

旅行安排

显然，你为旅行所做的准备越充分，就越能避免发生不愉快事件。旅行费用通常都很高昂，因此你应该充分享受每一刻。

杰夫·斯坦利（Jeff Stanley）医生的目标，用他自己的话说，就是“解决大家暑期度假梦想之间的冲突问题”。杰夫年迈的父母住在弗吉尼亚，他姐姐一家住在加州。他父母觉得体力不支不愿出行，他弟弟因为学校组织的一次旅行而与暑期度假产生了冲突，他姐姐对不回家度假感到内疚不安。

于是，杰夫退了一步，他问自己，“现在究竟是怎样一种情况呢？”第一，几乎所有人都没有心情度假；第二，只有姐姐想要看望父母；第三，所有人都没有制订出任何实质性的度假计划；第四，想通过电话会议的方式将情况整理清楚只会让情况更复杂。

于是，杰夫分别与其他家庭成员进行了交谈，目的是搞清楚大家的愿望、梦想和担心所在。了解到所有信息之后，杰夫提议将度假计划推迟到圣诞节。“我们有半年时间来统一我们的行动，”他对大家说，“我们要选定一个大家都同意的时间，每个人都有一个任务。”杰夫承诺在暑假看望父母，他弟弟节省了 1 500 美元的机票。“关键在于控制并管理好解决问题的过程。”杰夫说。

我们从这个事例中学到了什么呢？第一，应该有一名协调人：最冷静的人；第二，应该以循序渐进的方式了解信息，一次只了解一个人的信息；第三，协调人应对一致意见和不同意见进行核对，然后提出更好的解决方案。

马科·安东尼奥（Marco Antonio）和几个朋友在充满现代时尚气息的迈阿密南滩度假，他们想在哥伦布纪念日的那个周末去明特夜总会，但是这家俱乐部的门槛很高。

于是，他们事先进行了一番研究。他们有权去自己所住的怀特洛酒店的俱乐部。他们发现，怀特洛和明特夜总会不仅贵宾名单通用，而且还互相介绍顾客。“拒绝你们合作伙伴的一名俱乐部成员进入你们夜总会，这对你们的生意难道不会产生不利影响吗？”马科问明特夜总会的看门人。马科做好了充分准备、提出了合理的问题、利用了第三方、了解了对方的利益所在、搞清楚了对方脑海中的想法，所以，他们最后顺利进入了明特夜总会。

贾斯廷·巴格达迪（Justin Bagdady）是华盛顿特区的一名律师，他通过制订一份详细的规划，使得他们家所有的节假日聚会大为改观。贾斯廷的未婚妻凯特想和自己的家人在波士顿过圣诞节，而贾斯廷想和自己的家人在密歇根过圣诞节。于是，贾斯廷立即扩展了谈判内容。他问凯特，她住在波士顿的父母更喜欢哪一个节日，是感恩节还是圣诞节，凯特回答是感恩节。问题解决了。

他原本还可以将这个利益蛋糕继续做大，直到找到交易点为止，例如新年、生日、暑假、复活节——这个列表可以不断增加。这正是最成功的谈判者所运用的一个技巧。

将飞机叫回——再次上演的一幕

在我的学生们听说这些成功的谈判事例之时，类似的事例还在不断上演。下面要讲的故事不只发生过一次，如果你学会了运用技巧，这种事就会重复上演。因此，我想用另一个故事来结束本章，在这个故事中，有人为了登上飞机竟然能把已经起飞的飞机叫回到登机口。这是一个发生在商场上的故事。

按照计划，强生公司的一位年轻经理要就一个为期 6 个月的项目向公司董事会述职。这是他这一生中最重要的商务会议。他第一段旅程的航班晚点了，而且眼看着就要错过即将载他去开会的转机航班。

下一趟航班 6 小时之后才起飞。如果赶不上当前这趟航班，他就会错过董事会议，他的事业就会倒退一大步。

这位年轻的经理异常焦躁，登机口的工作人员很同情他，于是领着他沿着登机道一路飞奔，想要帮他赶上飞机。可是，当他们跑到登机道尽头的时候，飞机已经离开了登机口，停在了距登机口 6 米的地方，飞行员正在做起飞前的最后检查。

那位登机口工作人员拼命挥舞手臂，想让飞行员将飞机开回，却无济于事。

然后，这位年轻的经理想起了从我课堂上学到的一种方法。为什么要给即将被执行枪决的人蒙上眼睛呢？因为看着对方眼睛很难让人扣下扳机。在交通堵塞的时候，如果你被交警在高速路口放行，那是因为你与他进行了眼神交流。

于是，这名经理拿起了自己的包，走到了登机道的最边上，抬头看着飞行员，并伸出了自己的胳膊，大大地展开，就像是在做一个“向我开枪”的姿势。他就站在那里，等待对方扣动扳机。

飞行员开回了飞机。

这个过程前后只花了 1 分钟时间，几乎没有任何不便之处。但是，这却给年轻经理的一生带来了巨大的、积极的影响。

这位年轻经理进行的是一场谈判，这毫无疑问，而且还是一场商业谈判，一场旅行谈判。这场谈判未用一言一语，却目标明确、条理清晰，而且还运用了不为外行人所知的隐形的谈判技巧。

当你在人生之旅中穿行的时候，当你在机场、公路、走廊、国外的时候，无论你的目的地是哪里，只要运用这些方法和技巧，你就能争取更多。

沃顿商学院最受欢迎的谈判课

Getting More:

How You Can Negotiate To Succeed In Work And Life

第 14 章 日常生活，无处不在谈判

天正下着倾盆大雨，查克·麦考尔（Chuck McCall）忘了带雨伞。他的公司在4个街区以外，30分钟后，他有一场重要的会议要参加。

查克看到有位女士从同一趟火车上下来，她在离此一个街区的办公大楼上班。查克不认识她，但以前在火车上见过面。“你好，”他打招呼说，“我工作的地方离你只有一个街区的距离，我今天忘了带伞，你能否打伞把我送到我的公司，我会在路上请你吃百吉饼、喝咖啡，你看怎么样？我知道这得让你多走一个街区。”那位女士吃惊地朝他瞪大了眼睛。“我叫查克。”他继续说道，然后抬头看了看天空，“雨还挺大，也许哪一天我会还你这个人情的。”

在这位女士大伞的遮挡下，他们一起往公司走去。查克给他们两人各买了一份咖啡和百吉饼。到达查克的公司以后，这位女士对查克说，她很高兴今天帮了查克的忙。两人彼此又多了一位新的火车旅伴。“我从中学到的最重要的一点就是，要坦诚地说出你的要求，这是商场和生活中获取成功的关键。”查克说。他现在是阿斯托里亚能源公司的执行总裁，阿斯托里亚能源公司是纽约市一家大型能源供应商。

虽然这个世界有时似乎遍布强盗和其他危险，但我们依然要努力地生存下去。从起床一直到睡觉，我们要进行很多小小的交流。这些不起眼的交流汇聚在一起，既能让我们的生活充满挫败和沮丧，也能为我们的生活带来成功和欢笑。运用本书所介绍的谈判技巧，你就会对自己周围的世界看得更加清晰，就会用无数种不同的方式来对待自己周围的世界。

这些小小的交流包括与他人就任何话题进行的交谈、在路上开车（没错，这也是一种谈判）、与因你违反交通法规而拦下你的警官谈话、忘带身份证而设法进入健身馆、在餐厅享受更好的服务、让家庭成员守时、就邻居家的孩子刚刚欺负了你家孩子一事与邻居进行有效商谈、发生交通事故之后保持头脑冷静。

本章会让你看到普通人成功处理日常事务的方式，无论是从短期还是长远来看，这些方式令他们在自己的生活中更加轻松自如，思想状态更加健康向上。本章内容分为两部分，一部分以各项谈判技巧为主，另一部分以谈判主题（公寓、干洗店）为主。每一场谈判都会运用到多项谈判技巧。

一下火车，查克开始展开谈判。之后，他利用价值不等之物进行了交易（用百吉饼交换对方用伞为他挡雨）。他找出了共同的敌人（雨）；他将这次谈判与未来联系到一起（我会尽可能还你这个人情）；他将重点放在了人身上（我叫查克）；他减少了对方可感知的风险（我在附近上班）；他还交了个新朋友。

对方脑海中的观念和想法

让我们从干洗店说起，这并非一个重大主题，但能令世界各地的人们得到谈判锻炼。上过我的课的许多学员都给我写信，告诉我他们与干洗店之间发生的各种问题！干洗店的确是小型家庭企业的代表，是你在城市生活中经常要打交道的对象。

你需要搞清楚的第一点是，很多干洗工经常受到顾客的粗暴对待。至少在美国，很多干洗工都是移民，英语讲得不是很好。因此，你应该考虑去尊重干洗店里的职员，让他们为自己的工作感到自豪。

很多干洗工一定会想："如果我对所有的要求都不拒绝，我的店就会倒闭。"他们见过太多的人拿着本身有破损的衣服前来干洗，然后编造谎言索取赔偿。还有顾客说一件被弄脏了的衬衫价值 300 美元。

不过，干洗店也有准则，你可以对其加以利用。另外，干洗店很重视回头客和相互介绍顾客。

让我们先从一个简单的例子开始。拉古·科塔（Raghu Kota）是一家大型网络公司的战略分析经理，他正在寻找一家新的干洗店。他对一位有望被自己选中的干洗店的干洗工说，他每周都有衣服需要干洗，他还主动提出要介绍自己的邻居和同事来这家干洗店。这位干洗工会因为这些给他打折吗？当然会。对方给他打了九折。这看上去就像一个标准折扣，只要你以合作的态度提出要求，通常都会获得这样的折扣。但很多人并不张口提这个要求。想想看，如果你每一笔开销都打九折，那会节省多少钱呢？立刻想想吧。那可是你的税后收入。

贾斯廷·贝尔（Justin Baier）从干洗店取回衬衫时发现上面有油污，衬衫被送往干洗店的时候并没有油污。"这不关我们的事。"干洗工说。这似乎是个标准回答。贾斯廷没有生气，而是对干洗工索荣说："我肯定这件衬衫在拿来的时候没有油污，不过，我们何必为此争执不下呢？你可否免费为我再洗一遍呢？"可以。他为这位干洗工保住了面子。当然，这位干洗工知道是自己在说谎。

然而，这件衬衫再次洗完后还是有污迹。"索荣，"贾斯廷说，"我光顾你们干洗店差不多两年时间了，我还曾把你们店介绍给很多朋友，你们店在顾客满意度方面的政策是什么呢？"索荣说："是努力让顾客感到满意。""对损坏衣物，你们是否会给予赔偿呢？"

"给，如果是我们的错就给。""那好，"贾斯廷说，"我很想做一个满意的顾客，但现在有点儿问题。”就在这时，索荣给了他 50 美元。

“把这换成免费干洗行不行？”贾斯廷问。于是，索荣赠送给他 100 美元的免费干洗服务。

贾斯廷在芝加哥市的波士顿咨询集团工作，他自始至终都没有提高嗓门，没有说过任何傲慢无礼的话，他只是在不停地寻找不会伤害任何人的解决办法。注意：这个例子当中的方法同样适用于照相馆、修鞋店、当地服装店、美甲店或美容店等。

本·切金（Ben Chaykin）的西装有一处被撕破了，他不知道这是否是在干洗的时候被撕破的。干洗店墙上有句广告语“我们干洗店以竭诚服务于顾客、令顾客感到满意为宗旨”。来自另一种文化的干洗工会怎样看待一位投资银行家呢，本对此进行了仔细思考。本是美国劳工部的一名律师，他说自己不能确定西装是否是在干洗的时候被撕破的，但是，他是这家干洗店的老顾客，他问干洗工能否帮他解决问题。干洗店帮他补好了西装，没有向他收取任何费用。

对方最多能做到什么地步？你最远想走到哪一步？塞巴斯蒂安·鲁宾斯·罗霍（Sebastian Rubens y Rojo）需要从干洗店取回自己的衬衫去参加一场重要面试，但衬衫还没有洗好。塞巴斯蒂安借助了干洗店打印出来的标语“我们热爱我们的顾客”，他明白，生气只会让他走入死胡同。于是，他对干洗工详细讲了这次面试的重要性，说自己已来不及再洗熨一件衬衫，而且也没钱再买一件。“您能不能帮我找一件合适的衬衫先让我穿上？”他问。

干洗工毫不迟疑地走到挂衣架前，目测了一下塞巴斯蒂安的穿衣尺码，从晾衣架上取下了别人的一件干净白衬衫，递给了塞巴斯蒂安。塞巴斯蒂安试穿了一下，感觉自己穿上这件刚洗净的衬衫确实显得优雅合体。他整理了一下领带，迅速穿上西装外套，就赶去参加面试了。

塞巴斯蒂安将棘手的问题交给了干洗工来解决。但是，在这么做之前，他向对方提供了足够多的详细信息，令对方感受到了这个问题的重要性和紧迫性。他令对方本人参与了解决问题的过程。对问题有可能造成的后果，你向对方描绘得越清晰直观越好。有些人不赞成这样做，如果你也不赞成这样做，就不要尝试这种方法。

公寓生活

公寓生活可能会面临不少麻烦，因为人口拥挤，空间狭小，所以许多管理员会觉得只要有花费就是一种损失。但是，令各种问题得以愉快地解决也并非没有可能。人们不必始终怒气冲冲，动辄威胁对方，不搭理对方。只要运用以下几种谈判技巧就能做到这一点。

下面有 4 个例子，例子中面临的都是同样的问题，但由于运用了不同的技巧，其结果就各不相同。

雅娜·梅伦（Jana Meron）是布鲁克林区的一位数码品牌销售商，她告诉自己所住公寓楼的楼层管理员，自己房间墙上有几个洞，老鼠会跑进来。“楼层管理员只是给了我几个捕鼠器，说灭鼠工很快就来，”雅娜说，“灭鼠工一直没有来，老鼠洞还在那儿。”

戴维·温斯托克（David Weinstock）的公寓里也有老鼠，他将此事告诉了楼层管理员，但一切照旧。几个捕鼠器和对方答应找灭鼠工（他们永远都不会出现）的承诺可打发不了戴维，戴维找到了公寓设施负责人，他引用了这栋公寓的广告标语“我们的员工训练有素，能有效应对各种突发状况，为住户排忧解难”。灭鼠工第二天就来了。

肖恩·罗德里格斯（Shawn Rodriguez）是一名法学专业的学生、未来的律师，他比戴维更进了一步。他告诉房东自己房间里有老鼠洞和老鼠，这会对身体健康造成影响，使他有可能去求医问诊，同时还有损公寓的声誉。他给当地卫生部门打电话，了解到了鼠害的相关规定。他还对老鼠会向人类传播的各种疾病进行了查询，找到了致病老鼠的图片。他将所有这些资料信息都交给了房东。那些洞当天就被填上了，灭鼠工也来了，并亲自为他安装了捕鼠器。

“对很多人来说，”肖恩说，“你必须让他们直观地看到问题所造成的后果，这是一个十分关键的谈判技巧。”换句话讲，就是要在对方脑海中形成一幅图景。

确实如此，雅娜·梅伦很快就明白了这个道理。她最后给公寓管理者打电话，说自己两岁的孩子正指着几只老鼠说：“看，妈妈！”公寓管理人员很快就过来填上了老鼠洞。

弗拉多·斯帕索夫（Vlado Spasov）在自己的公寓里发现老鼠洞后，也像前面几位一样运用了这个方法。“他们将厨房彻底清理了一遍，”弗拉多说，“他们将所有管道、橱柜和火炉进行了更换。维修工加班工作，当天就完成了所有工作。”弗拉多还说：“你必须使用恰当的表达方式，要从对方脑海中的想法入手，搞清楚对他们而言最重要的事情。”

这些技巧和方法同样适用于其他维修情况。利塔尔·赫尔曼（Lital Helman）的公寓有5个地方需要维修。她说，她向公寓管理处多次提出要求，但对方都不予理睬。有几个地方的维修成本肯定会很高。搞清楚维修部经理的名字后，利塔尔找机会与他进行了一次面谈。

“您好，”利塔尔打招呼说，“很高兴认识您，是您的工作让我们这里的一切得以维持正常运转。”多么精彩的一个准则啊！对方看起来略显尴尬。“谢谢您肯花时间听我说话。”利塔尔又说。

利塔尔告诉维修经理，自己知道他们的原则是迅速彻底地解决问题，自己的这一情况只不过是他们的一次工作疏漏而已。“他表示赞同，并向我道歉。”利塔尔说。利塔尔公寓里需要维修的所有地方都被修好了。这一事例的关键在于，要找到能实际解决问题的人，利用对方的准则，令对方保住颜面。

公寓服务人员通常会有这种感觉，即他们总被住户视为公寓基础设施当中的一件设施，就像家具或汽水机。如果站在他们的角度，你就会知道用什么方法可以令他们心情更加愉快。道格·戈尔茨坦（Doug

Goldstein）公寓里的天花板需要修理，维修处人员告诉他，他在修理单上的排名并不靠前。于是，道格找到了维修工，说自己非常感谢他为大家所做的工作，问对方能否抽出一点时间帮自己修理一个“小项目”。

“他修好了天花板，还顺便将其他有问题的地方都修好了，”道格说，“我事先只花了两分钟去思考他的想法。”

这也意味着要同情和理解公寓工作人员。温图安·努（Vinh-tuan Ngo）需要修理卫生间，可公寓楼的水管工马上要去过周末了，而且心情非常糟糕。

“看您今天不愉快，我为您感到难过，”温图安说，“我能帮您做点什么吗？”这位水管工修好了他的卫生间。幸运的是，这位水管工没有说：“我星期一再来修你的卫生间吧。”不过，就算他这样说，你也可以巧妙地回答说：“有没有什么办法能让您今天就帮我修好，但又不会生我的气？我只是想使用卫生间而已。”这就是选择恰当表达方式的重要性。温图安现在是巴黎一家对冲基金公司调研部的主管。

现在让我们谈谈有关租金的问题。塔玛拉·克拉利奇（Tamara Kraljic）的公寓租期已到，但她希望能按以前的租金再多住两个月。和房东面谈之前，塔玛拉先在谷歌上了解了一下房东的情况。她问了房东很多自己已经有所了解的问题。“他给我讲了很多租房子的事。”塔玛拉说。她还介绍来了一位朋友，这位朋友也想在这里租一套公寓。“我认识很多留学生。”塔玛拉说。

塔玛拉的公寓租期被延长了两个月，租金依然不变，她因此节省了400美元。塔玛拉还被告知，如果每介绍来一位房客，她就可以得到150美元。塔玛拉利用了不等价之物进行交易，双方都感到满意。

与其他谈判一样，对方之所以说“不”，通常与对方可感知到的风险有关。库马尔·迪韦尔（Kumar Dhuvur）想将自己的公寓分租出去，但房东不同意，库马尔的租约对此也有规定。库马尔分析了一下对方不同意的原因，“他们以前曾有过一次糟糕的分租经历，”库马尔说，“由于分租房客不交房租，他们不得不将那个房客赶了出去。”

当然，库马尔不是这种房客。可是，人们通常会以偏概全，认为他也是同一类人。说难听点儿，这是一种偏见，说好听点，这有点儿像是一种从众心理。人们解决问题的时候，往往会制定一些规则来保护自己不受某一类人的伤害，有时候，甚至一些无辜的人也被当作加以防备的对象。

为了解除对方可感知到的分租风险，库马尔主动提出，自己可以提前支付分租期间的租金。他还拿来了其他可信房东所写的推荐信：“此人品行端正”“始终按时交纳房租”等。库马尔提出，他可以在自己上学的沃顿商学院挑选几个重要的战略性场所张贴广告传单，为该公寓做宣传。房东自己也可以去校园张贴广告，但他们不了解校园中哪些地方人群比较密集。结果，库马尔获准可以分租他的公寓。库马尔现在是一名顾问。

公寓楼中另一个常见的问题是噪声。邻居住户们经常制造噪声，人们动不动就为此争吵、摩拳擦掌，令局势紧张混乱，有时甚至需要报警。让·皮埃尔·拉特里耶（Jean-Pierre Latrille）就处于这样一种情形之中，他多次投诉之后，邻居已经与他翻脸。后来，让·皮埃尔参加了我的谈判课程，他开始尝试使用新的方法。他先向两位公寓委员会成员打听，询问在邻居家谁是决策者，打听到的结果是邻居的妻子。

让·皮埃尔在那天联系了这位女士。“我先为我之前不理智的行为向她道歉，然后感谢她肯抽时间与我面谈。”让·皮埃尔说。他现在是巴克莱银行的一名经纪人。他问这位女士，在不影响其家庭生活方式的情况下，自己能否做点有助于减少噪声的事情？两人一起动脑筋想办法。邻居一家同意在自家的椅子腿和桌脚下加一层毛毡垫，在地毯下再铺一层垫子。让·皮埃尔提出为他们承担一半的费用，但邻居坚持不让他掏钱。

本书还可以帮你轻松自如地与不讲道理的人打交道。你需要做的就是：保持冷静、向对方提供详细信息、找第三方提供建议、提供情感补偿、委婉指出对方的不当行为。绝不能当着对方的面说对方不讲道理。

准则和表达方式

至此，准则已经是我们的一张老王牌了，它们会帮你迅速而轻松地解决城市生活中的谈判问题。一般情况下，只需转换措辞即可，即选择恰当的表达方式。下面的各种谈判实例是我从数千名学生的事例当中挑选出来的，这些通过保持冷静轻松获得成功的谈判事例就像日常生活一样平常。

搬运工们在搬运布赖恩·叶格拉斯（Brian Egras）的家具时很不认真。布赖恩，费城市郊一家电子公司的经理，已经给他们支付了搬运费。布赖恩说："你们是否曾给顾客打过折扣？"搬运公司负责人说："偶尔会。"布赖恩说："搬运工应该丢三落四、贴错标签吗？"负责人回答说："不应该。"布赖恩又说："我将来还有用到贵公司之处。"负责人说："这太好了。"布赖恩说："我花一个小时收拾乱局、将物品对号入座，这要花多少钱呢？"结果，对方给他优惠了100美元。布赖恩在此处运用的技巧是：利用对方准则、向对方提问、采用循序渐进策略、保持冷静。

安娜·露西娅·马克斯（Ana Lucia Marquez）需要将头发做直去参加一个婚礼，她必须当天晚上出发才能赶上婚礼。美发店的夏洛特不想给她做头发：做直头发的过程太麻烦了。"根据顾客要求为顾客提供美发服务，这难道不是你们美发店的宗旨吗？"安娜问。她现在是巴拿马的一名律师。结果，夏洛特又请来了两位美发师，一起为安娜做了直发。

一家著名舞厅俱乐部的保镖拒绝让克里斯·西伊（Chris Seay）进入该俱乐部，因为"消防局局长说俱乐部已经满员"。克里斯是这家俱乐部的贵宾级会员，他一边观察一边等待。不一会儿，那名保镖让另外5个人进入了俱乐部。克里斯回去找那名保镖，"对贵宾撒谎是你们俱乐部的政策吗？"他问。那名保镖非常吃惊，向克里斯连连道歉，恳求克里斯不要将此事告诉他的老板，还给克里斯和他的朋友每人买了一份饮料。克里斯说，他会"经常性地"指出对方行为的不当之处。克里斯现在是纽约一名商业房地产投资商。

张孟想在自己公寓的停车场上将朋友的车停放 8 天，停车费为每天 12 美元（共 96 美元），或每月 200 美元。“能否破例呢？”张孟问公寓管理人员。管理人员回答说：“几乎不可能破例。”“什么情况下才可以破例呢？”张孟问。他抓住了对方的回答中释放出的信号。对方回答说：“下雪的时候。”“上个周末刚下过雪。”张孟说。他现在是新泽西州一家医疗服务公司的执行总裁。张孟实际交纳的费用为 8 天一共 40 美元——还不到五折。

以下是几个更加棘手的例子。阿尔·塔杰（Al Taj）的父亲梅尔费莱赫背部动完手术后正在住院接受治疗。父亲的伤口非常疼，其主治医生正在开会，无法过来帮他缓解疼痛。护士说，没有另一位医生的允许，她不能给阿尔的父亲使用吗啡。这名护士找到了另一位医生，但这位医生拒绝给阿尔的父亲开吗啡止痛。

“主治医生不在的时候任由病人痛苦，这是贵医院的政策吗？”阿尔问那名医生。那名医生停下来，花了些时间认真查看了阿尔父亲的病历，让护士给阿尔的父亲注射吗啡。“我当时很容易情绪化。”阿尔说。他现在是纽约世达律师事务所的一名律师。“因为我眼睁睁地看着父亲那么痛苦。”但是，阿尔保持了冷静，拿出了医院的准则，选择了恰当的表达方式，获得了父亲所需要的止痛剂。

有人会问，为什么人们一开始不把事情做好呢？因为我们面对的是一个现实世界，而不是一个理想世界。布伦丹·卡希尔（Brendan Cahill）去医院接妻子和刚出生的孩子出院，他把车停在了医院的路边上。“您不能在此停车，这不安全。”泊车员说。当然，这位泊车员是想通过代人泊车多收一些钱。

“你是想让我跑远路去取车，让我的妻子和刚出生的孩子在这大冷天里挨冻吗？”布伦丹问。那名泊车员对此并不在乎。于是，布伦丹去找他的主管，他的主管肯定会在乎。没错，安全问题的确是人们最近所关注的一个焦点，可是布伦丹向对方详细解释了自己妻子安和刚出生的女儿亚历山德拉的情况，并提到了负责接生的医生的名字。布伦丹是开路综合媒体公司（一家电子出版商）的副总裁。布伦丹原本可以给那个泊车员小费，让他将车在此停放几分钟，但这名泊车员态度一直不友好。选择恰当的表达方式、利用对方的准则，这些技巧的实践频率越高，在面对突发状况时运用这些技巧就会越娴熟。

金融机构

斯蒂芬·邦迪（Stephen Bondi）正在还房屋净值信用贷款，他的贷款利率比基本利率高出 1.45 个百分点。在自己贷款的银行，斯蒂芬看到针对新客户推出的一项优惠利率，该优惠利率比他的还贷利率低 3.75 个百分点。以 30 万美元的贷款计算，这项优惠利率可让他每年少还 11 250 美元。于是，斯蒂芬向银行客服咨询有关这一优惠利率的情况，银行客服前后 3 次都答应会给斯蒂芬回复，但都未兑现承诺。

斯蒂芬最后找到了经理，“优待新顾客、漠视老顾客，这是贵银行的政策吗？”斯蒂芬问。显然，这不公平。于是，银行经理将他的贷款利率降低了 0.5 个百分点。这个利率是比之前的低，但还不够理想，斯蒂芬直接将自己的这一想法告诉了对方。经理告诉他，客户只能在还贷期间享受一次“优惠利率”，斯蒂芬在当初贷款的时候就已享受过最优惠的利率。

“贵银行是否曾就此有过破例情况呢？”斯蒂芬问。他现在是范拜玛价值投资咨询公司（纽约一家对冲基金公司）的营运总监。对方回答说不知道。“那好，我知道你们破例过一次，”斯蒂芬说，“那就是我。”斯蒂芬最初贷款之后，银行曾下调贷款利率，他当时就享受了一次更优惠的利率，因此，这就是一次破例。“此外，”斯蒂芬说，“上一周，贵银行客服一连三次没有按承诺给我回电话。”

指出银行客服行为不当，拿出银行的准则，斯蒂芬的这种做法让银行经理看到银行亏待了斯蒂芬。斯蒂芬心中早已想好了一个解决方案。“把贷款放在我妻子的名下，”斯蒂芬说，“这样它就成了一笔新贷款，不是吗？然后，我妻子就可以享受新的优惠利率了。”问题解决了。斯蒂芬运用的方法是：坚持不懈、做好充足准备、不使自己成为问题的焦点、利用对方的准则、选择恰当的表达方式。他的表达方式尤其具有说服力：他没有将前一次享受优惠利率的经历看作妨碍自己享受新优惠利率的障碍，而是将其看作银行的一次破例行为。

康卡斯特公司拒绝了哈维尔·奥利瓦雷斯（Javier Olivares）的信用卡申请，因为哈维尔的美国银行信用卡有信用不良记录。哈维尔问：“康卡斯特公司两个月没有修复我的调制解调器，您认为这是我的信用问题吗？”他接着又问：“除了我的调制解调器问题外，我的信用记录一直都堪称完美，难道不是吗？”哈维尔的这番话令问题水落石出。4 天后，他拿到了信用卡。

关键在于，要了解这些银行的准则，并不断提问。根据我的经验，当客户坚持不懈、聪明巧妙、以准则为基础进行提问的时候，大部分金融机构都不会继续坚持其不公正的做法。不过，如果客户态度暴躁、怒气冲冲，金融机构就会毫不客气地当面指出客户行为不当，这样一来，真正的问题就会被转移。因此，要牢记这种谈判教训。

餐厅

自己做饭与花更多的钱去餐厅用餐相比，很大的一个差异就是人们认为在餐厅用餐会更省事省心。餐厅负责准备餐饮、有专人将餐饮端给你、为你提供舒适的就餐环境。如果餐厅没有做到这些，你就没有享受到你花钱应该享受的服务。

约翰·加乔拉（John Gachora）和几位朋友去费城的姬莉安餐厅吃

饭，但该餐厅不愿意接待他们，因为其中一人穿了条牛仔裤，这不符合餐厅的着装要求。“于是，我们将更早时候从电话中听到的有关该餐厅着装要求的内容给他们背了一遍，”约翰说，“里面并没有提到任何有关穿牛仔裤者不得入内就餐的要求。”约翰之前已将这些信息写在了纸上。餐厅接待了他们。正如前面所强调的，如果你担心公平问题，那就做好记录，这并非什么难事。约翰现在是南非巴克莱银行的总经理。

你来到一家已预约过的餐厅，该餐厅的桌子尚未摆好。餐厅人员说：“我们真的很忙。”你就要问：“这是你们第一天营业吗？你们以前都不忙吗？”如果对方说：“我们今晚尤其忙。”你就要求见经理。瓦鲁恩·古普塔（Varun Gupta）在费城的庭渡餐厅就是这样做的。

“你们接受顾客预订的时候有什么想法呢？”瓦鲁恩问，“你们对服务是怎样定义的呢？”瓦鲁恩告诉他们，他已经介绍了至少 10 个人来这家餐厅用餐。最后，除白酒以外，餐厅给瓦鲁恩这一桌的账单打了 5 折。瓦鲁恩现在是纽约博斯公司的一名顾问。他在这次谈判中运用了两种技巧：利用对方的准则和关联技巧。“这两种技巧使我能轻松驾驭任何谈判。”瓦鲁恩说。

向对方所提要求的尺度应该如何把握呢？正确答案不止一个。虽然过分的要求会令交易失败，但要求过低会令你心里不舒服，甚至会吃亏。通过实践你就会明白这一点。实践的次数越多，你的直觉就会变得更敏锐，能清楚地知道大多数人所提要求的尺度，以及自己应该提多高的要求。

当然，这一方法并非每次都能成功。但是，只要你运用本书所介绍的谈判技巧，那么，这些技巧起作用、你获得成功的概率就会增加。有时候，贝比·鲁思[①]也有三击不中而出局的情况，但他最后荣登美国棒球名人堂。

---

① 贝比·鲁思（Babe Ruth），美国职棒史上 20 世纪二三十年代的扬基强打者，带领扬基取得多次世界大赛冠军。1936 年成为首批入选棒球名人堂的 5 人之一，1998 年运动新闻将他排在百大棒球员首位，1999 年由球迷选入世纪球队。——译者注

还是那句话，你建立的人际关系越广泛，对方就越有可能帮你得偿所愿。即使是餐厅的错，比如多刷了你的信用卡，你还是应该保持礼貌，问对方他们做错事会给顾客什么补偿。这是一个没有答案限制、不带威胁的问题，这个问题通常会令你争取更多。有时人们会因为无知而犯错。

在感恩节之后的那天，当地一家高级餐厅全部客满。杰夫·格里斯（Jeff Gorris）是特拉华州的一名律师，他想带家人去那家餐厅用餐。“贵餐厅是否能破个例，加几个客人进来？”杰夫问。“除非是特殊情况。”餐厅经理说。这个准则太好了。“我家人从西海岸来这里看我，我想带他们到市里最好的餐厅，”杰夫说，“这是特殊情况吗？”餐厅经理说：“当然是。”

日常生活

你每天在城市里都干什么？你要来回奔波，从一家商店到另一家商店——买日杂货物、邮票，找人修理汽车。这一切都给你提供了大量的谈判机会，让你能在生活中争取更多。

格雷格·德拉肯（Greg Dracon）去弗吉尼亚州阿灵顿的东山体育用品商店购买一些登山装备。他问商店经理詹姆斯最喜欢的户外运动是什么。詹姆斯没有最喜欢的项目，但也同样爱好登山。格雷格正准备去坦桑尼亚攀登乞力马扎罗山，这是非洲最高的山峰。

格雷格是波士顿的一名创业资本家。“詹姆斯很兴奋，”格雷格说，“他给了我很多建议，一件一件地检查了所有的登山装备。”詹姆斯还给格雷格打了八折，令格雷格节省了250美元。

菲松·塞夫根（Fusun Sevgen）想让泰勒燃油公司给她退一部分钱，因为对方没有依约将天然气送到她家。在给该公司打电话之前，菲松先做了一番研究。“我打电话和该公司老板比尔进行了交谈，”菲松说，“我告诉他，我刚搬到这个地区，我知道他的公司是一个家族企业，是50年前由他父亲创立的。”菲松说她更喜欢本地公司，但不知道本地公司的服务质量如何，她希望对此有更深入的了解。

“我刚一说起‘本地公司’，他就提出要给我退 5%，”菲松说，“随着谈话的深入，他同意给我退 10%。”菲松是特拉华州一家大型制药公司的经理，她说自己克制住了通常会有的本能反应，没有威胁说要换一家供应商。“令人惊奇的是，与‘指责抱怨’相比，更柔和的‘提供反馈’方式效果奇佳。”5 年以后，菲松依然享受着该公司所提供的优质服务和优惠折扣。

杰里米·德林斯基（Jeremy Delinsky）觉得自己的电费很高，他认为是电热泵元件出了问题。他没有直接让房东的物业管理公司给他换一个新的电热泵元件，而是决定先做好准备工作。他打电话给电力公司，让对方提供他的用电历史记录。然后，杰里米向物业管理公司出示了这份用电记录，他还提到了该公司在美国范围内的宣传口号“传奇式服务”。不到一周，物业管理公司就给他更换了一个价值至少为 1 000 美元的新热泵。“只说热泵有问题还不够有说服力，因为热泵还能使用。”杰里米说，他现在是马萨诸塞州一家医疗公司的经理，“我从中认识到了充分的准备对谈判表达方式的重要性。”

如果你想大幅增加你的可支配净收入，运用这种方法应该成为你日常生活中的一个习惯。马克斯·梅滕海姆（Max Mettenheim）想让费城东南的 3A 冠石公司在当天修好他的汽车。马克斯发现，该公司老板约翰曾在军队服役过。马克斯说：“我问起了他的经历。”马克斯说他曾在宾州国民警卫队服役，来美国之前是一名德国军官。约翰听得非常入迷。

“我的车立刻就被修好了，”马克斯说，“他们让我享受了军人专享折扣。”

合约有什么价值呢？律师说这是我们法律制度的基础。但是，合约最早出现的时候并不是用来约束人们、使人们遵守承诺的，它之所以得到发展，是因为过去大多数人缺乏阅读能力，因此合约就成了一种记忆辅助工具，帮助人们记忆他们所达成的协议内容。如果人们记忆力不好，就会找合同抄写人将合约念给他们听。

何姗的公寓有一处地方漏水，如果要修好，修理费将近 100 美元。“房东坚持说，低于 100 美元的修理费不归她负责，”何姗说，“但合约里并不是这样约定的。根据合约，房东应该负责修理费用。”

“我对房东说，我租她的房子至少已经一年半了，”何姗说，“作为房客和房东，我们两人一直相处融洽，难道我们不能将这种良好的关系保持下去吗？”她说。任由自来水这样漏下去肯定会损坏公寓。房东同意为何姗雇一名水管工对漏水的地方进行修理。

何姗现在是中国北京的一名律师。如果她当时在房东面前挥舞合约，咄咄逼人，结果会怎样呢？“一份有约束力的合约并不总是谈判的关键，”何姗说，“交易型关系成本十分高昂，对维持一段关系而言，友善和信守承诺往往效果更好。”

有时，人们会想办法帮助你，但他们的职业或工作岗位会令他们心有余而力不足。你需要给他们一个理由。陈凯蒂来到停车场的时候，90 分钟的免费停车时间已经超出了 10 分钟。工作人员坚持要她交停车费。首先，她利用了对方的准则，“您以前是否曾破过例呢？”对方告诉她没有。于是，凯蒂将矛头指向了第三方，“我的药泉治疗被他们推迟了 40 分钟才开始。”凯蒂说。对方耸了耸肩，毫不在乎。

“您知道，”凯蒂说，“今天是感恩节周末，您能网开一面吗？”工作人员答应了。但凯蒂必须在停车票上写明，自己需要 10 分钟通过计时验证。也就是说，对方需要一个理由来推翻之前的计时。但是，如果不是凯蒂的行为让他心情更加愉快的话，他是不会告诉凯蒂这一点的。

你雇用的服务人员并非商品，他们都有感情。如果他们喜欢你，那么一旦出现问题，他们就会更加努力地帮你解决问题。这是争取更多的关键。

向对方征询意见，这是对他们的尊重。每个成人都有多年的生活经历，他们见过你还没有见过的事物。只要你肯用心，他们之中的每个人都有许多值得你学习的地方。

法律

很多人谈起警察的时候总会把警察看成行事不公、反应过激的人，新闻里也总是充斥着这样的报道。这可能是一个会实现的预言，因为如果你不尊重他们，他们就会变得情绪化。事情本不应如此。

卡洛斯·凯鲁宾（Carlos Cherubin）正驾车行驶在俄亥俄州韦斯特维尔市一个限速40千米的区域，他的时速是82千米。一位警官命令他靠边停车。当然，卡洛斯做得不对——为什么要否认呢？“我通过向她道歉肯定了她的执法权力，”卡洛斯说，“我说我没有注意到自己的时速，这很不应该。”卡洛斯是一家大型服饰公司的高级副总裁，他说那个警官看起来身体不太舒服，那天的天气非常炎热。“我问她是否身体不适，原来她怀孕了。我问她的预产期是什么时候，并祝贺她要当妈妈了。”

卡洛斯没有被开罚单，这位警官叮嘱他以后开车要更加小心。卡洛斯当然会更加小心，问题是，有多少司机会注意到那位警官身体不适，并关心地询问对方？这样的司机寥寥无几。

“我过去总是和他们争吵，”卡洛斯说，“这是15年来我第一次没有和警察吵架的情况。因为我运用了谈判技巧，这也是15年来警察第一次放我通行。”这是因为卡洛斯不再只想着自己，而是开始为对方着想。

让·皮埃尔·拉特里耶被新泽西州的一名州警拦下了，因为他在80千米限速区的行驶速度达到了109千米。让·皮埃尔的第一反应是要发火，因为他的时速与其他车辆的时速相同。可是，他认为这并不是一个谁对谁错的问题，而是如何实现目标的问题。

让·皮埃尔对自己的行为进行了道歉，虚心接受了警官的批评，并向警官表示感谢，还详细告诉警官自己来新泽西州过周末的情况。没有开超速罚单，没有在驾照上扣分，没有增加汽车保险费，让·皮埃尔只交了43美元，因为他没有随车携带保险文件。“我只是想和他建立起一种关系。”让·皮埃尔说。这种办法始终有效吗？当然不是。可是，运用这种方法会令你每 9 局比赛中就能额外击出一记安打。

当然，如果你没做错，却要向对方道歉，这很难做到。我不是在建议你要这样做，但是，太多的人本应该道歉却不道歉。正如卡洛斯·凯鲁宾所说："不要耍你的男子汉威风了——这无助于你实现自己的目标。"

向对方详细说明你的困境会令你更有说服力，但是：①你必须言行一致；②必须实事求是；③不要说他们早已听过无数遍的老一套。你的目的不是欺骗对方，也不是找借口，而是要与对方建立人际关系。

任何一个门卫都会对各种借口感到厌倦。他们如果脾气不好，你应该早有心理准备。"人们为什么不能做他们应该做的事呢？"他们心想。

尼基尔·拉加万（Nikhil Raghavan）想进健身房，但他忘了带身份证。"保安态度非常粗暴，"尼基尔说，"没有身份证就不让进。"有没有人能让我进去呢，他在想。有，那就是经理。尼基尔让保安请来了经理。他请经理对他进行检查，核实各项个人信息。当然，保安的目的也是核实他的身份，而不是检查身份证。身份证只是核实身份的一种手段而已。

尼基尔现在是印度孟买贝恩资本公司的一名经理。他向健身房经理做了自我介绍，也向更衣室服务员做了自我介绍。他们愉快地聊起了壁球运动，尼基尔就是来此打壁球的。经理和更衣室服务员说，如果尼基尔再忘记带身份证，只要让保安找他俩当中任何一人即可。整个过程就是在建立一种基本人际关系，令各方在未来能相互有所依靠。

我们经常认为政府职员都是"（令人痛恨的）官僚"，然而，我们的谈判对象并不是"官僚"这个群体，而是具有不同特点的个体。与你相比，各种规章制度、延迟耽误给这些个体带来的负担和压力也许更重。毕竟，这些都是他们每天需要面对的工作。因此，让这些人喘口气吧，如果你这样做了，他们通常也会让你喘口气。向他们征询建议，对他们表示同情。你对这个世界感到愤怒，是吗？那你想不想实现自己的目标呢？

乔纳森·舒尔曼（Jonathan Schulman）因为太长时间没有清理堆在家门口的垃圾，因此被罚款 65 美元。其实，这不是乔纳森的错，是他的合租者在暑假干的。因此，乔纳森在法庭上进行了道歉，说这是因为自己的合租者没有遵守条例，他报出了合租者的姓名，告诉法官自己曾明确告诉过合租者有关条例规定，但该合租者对此置若罔闻。“让别人听我们的话并不是件容易的事，难道不是吗？”他说。乔纳森的罚金被减少到25美元。老调重弹，我们的目的就是要在各种情形下争取更多。

不等价交易

即使在处理日常事务的过程中，你也能找到可用以交易的东西，这和几十亿美元的商业交易完全一样。有时候，对那些经常被当作无名小卒对待的服务人员而言，一些尊重、几句交谈就能让你实现自己的目标。

罗恩·沙克特（Ron Schachter）想把摩托车停在一个车库，但不想掏每月120美元的停车费。车库管理员说这一收费规定从不破例。“我需要找到某种无形的东西让他允许我在车库停车，”罗恩说，“于是，我问他，‘你会骑摩托车吗？’”“不会，”管理员说，“但我想学一下。”

找到了！“我答应教他骑摩托车（不用我的车）。”罗恩说。他现在是中国香港九桅公司（一家对冲基金公司）的一名合伙人和投资经理。结果，罗恩可以免费停车。这就是利用价值不等之物进行交易的结果。

贾斯廷·贝尔（Justin Baier）想让花旗银行免除自己在支票账户和存款账户方面的各项费用。银行客服不愿向他提供帮助。该客服说，虽然与花旗银行竞争的其他银行费用更低，但花旗银行的信誉更好。

“我和他闲聊起来，”贾斯廷说，“我问他的职业目标是什么。”对方说他想拿到工商管理硕士学位。我告诉他，我现在正在攻读工商管理硕士学位，我很愿意为他提供一些非常有用的学习资源。贾斯廷的费用被免掉了。

“他必须进入系统，然后以手动方式取消这些费用。”贾斯廷说。这位客服盗窃了银行的钱吗？如果是这样的话，贾斯廷还会是该银行的忠实客户吗？你是否认为花旗银行的某些客户也不用支付这些费用呢？他们的确不用。所以说，银行曾有先例在前；贾斯廷继续在该银行办理业务会令银行受益。

郑叶梅是宾州大学法律专业的学生，她患有背疾，但无力支付每小时 50 美元的按摩理疗费。郑叶梅提出自己可以将理疗师的名片张贴在法学院周边，并把他推荐给自己的朋友们。理疗师和她交谈了起来，这位理疗师正面临一场法律纠纷。郑叶梅说自己可以免费为他做法律调查。“对方答应，我在费城生活的整个时期，为我做免费理疗。”郑叶梅说。郑叶梅现在是华盛顿的一名律师，背疾也大为好转。

多了解对方的想法，有助于你找到可用以交易的东西。卡罗莱娜·多乐森（Carolina Dorson）想租下哈璐餐吧楼上的房间举办派对。餐吧经理所报出的 DJ 费用是 300 美元。卡罗莱娜在附近打听了一下，在其他类似场所，只要客户保证达到酒吧最低消费就可免收 DJ 费。

卡罗莱娜向餐吧交了 2 000 美元作为酒水和食品费，她答应用信用卡即时支付费用。双方达成了协议。最后，实际消费额达到了 3 000 美元，餐吧免掉了 DJ 费。卡罗莱娜是纽约一家私募股权公司的招聘人员，她在此利用了对方的准则，降低了对方可感知的风险。

伯纳黛特·芬尼肯（Bernadette Finnican）需要按要求进行一次骨骼扫描，以参加第二天的马拉松比赛。她的医保指定医院的放射科不提供预约服务，医院的接待人员也不愿提供帮助。

伯纳黛特打听了一下放射科医生是否在岗及其办公室所在位置之后，就开始等放射科医生的出现。“我告诉他我即将参加马拉松比赛，需要做一下骨骼扫描。”伯纳黛特说。她问这位医生是否曾与马拉松运动员共事过，对方说共事过，并对此感到自豪。他们聊了一些这位医生工作方面的事，后来，这位医生亲自带她去了扫描室，立即为她做了骨骼扫描。

你是不是总被看门人拦下呢？在建立人际关系的时候，要运用创造性思维去解决问题。纳纳·穆鲁盖森（Nana Murugesan）想请旧金山一位医术高超的医生普拉桑纳·梅农（Prasanna Menon）为他的妻子接生，但梅农医生的工作时间表在他妻子怀孕的大部分时期都已排满，而且梅农医生的门卫甚至不让纳纳跟梅农医生讲话。纳纳对此早已做足了准备。梅农医生不仅和纳纳的妻子查鲁讲着一样的印度方言，而且在印度和纳纳的姐姐什里读的是同一所医学院。

纳纳在一张纸上写下了“坎纳达”和“卡纳塔克大学”两个词，然后让接待员把这张纸交给梅农医生。梅农医生走了出来，亲自给纳纳的妻子安排了就诊时间。对梅农医生而言，纳纳与他建立关系这件事本身就很有意义。

当然，这些技巧并非始终有效。米歇尔·米凯利斯（Michele Michaelis）是一名公寓管理公司的董事会成员，一名房客投诉维修部门时，米歇尔为其进行了辩护，由此产生了3 000美元的法律费用，她要求自己所在的公寓管理公司来支付这笔费用，该管理公司最后承认自己有错。

然而，管理公司只同意支付500美元。“我甚至提出要帮他们介绍更多房客，”米歇尔说，“可他们对此毫不在乎。”“运用谈判技巧并不能保证你获得100%的成功。”米歇尔强调说，“但这些技巧肯定能增加你成功的概率，让你得到更多。”米歇尔现在是一名顾问。她接受了那500美元，发誓下次要提前让对方做出更有效的承诺。

建立联盟

你不必孤身上阵与对方进行谈判。当地的商家、买主和官员都非常看重自己在当地的信誉。与人为善非常重要。如果与他人结成联盟，你的说服力就会变得更加强大。

经常光顾饭馆、商店或干洗店的某一群体会对你的利益和目标产生重大影响，因为你是他们之中的一分子。你可与一些现成的群体结成谈判同盟，如房东协会、家长教师联谊会、公民协会、童子军。

如果某位警官行事不公，你们可以一起投诉他。如果垃圾清理不当，你身后有一个更大、更有力量的群体在支持你。你可以挑选协调人，建立或利用网站。

就像查克·梅考在本章开头所做的一样，请他人来帮助你。下面是一个发生在中国的例子，这个例子放在此处再恰当不过了。

在北京，艾伦·贝尔（Alan Baer）正在一家商店努力为一尊昂贵的雕塑讨价还价，这尊雕塑是用象牙雕刻而成的。商店里人头攒动，柜台后的店主拒绝还价。

“我为什么要给你打折呢？”店主说，“我们商店有这么多顾客。”她指了指周围密密麻麻的人群。担任远洋国际公司（总部设在纽约长岛的一家货运公司）总裁的艾伦，转身看了看人群，然后转回身来对店主说，“你看到商店里的那群人了吗？”艾伦停顿了一下接着说：“他们都是跟我一起来的。”这些人都是他的同学。最后艾伦享受到了折扣。

第 15 章 在公共事务上，也要争取更多

从定义上来看，公共事务几乎意味着谈判会归于失败。由于各种矛盾或处置不当，某一普通问题往往会变成一个牵涉人员众多、规模庞大、代价高昂、令人恐惧不安的巨大问题。即使是一场自然灾害，例如飓风或者海啸，只要有人员利益在其中遭受巨大损害，这场自然灾害就会演变成一件公共事务。

战争、人工流产、全球气候变暖、能源、医疗、对当地学校的争议——其中的每一个问题，你都会找到人们或政府无法有效解决自身问题的根本原因。由于规划工作和后续工作不力，卡特里娜飓风所造成的危害被极大地扩大了，此外，不同选区之间的利益冲突也导致了这场飓风危害的扩大化。2004 年，印度洋海啸导致 25 万多人丧生，由于缺乏有效的预警系统，海啸所造成的灾难性后果被极大地扩大了：从根本上说，这是一个沟通和规划的问题。

从本质上说，本书是一本写给个人看的书，我之所以专辟一章讲公共事务，是因为公共事务是个人事务的放大。当孩子们在战争中丧生，会令每一个人受到影响，难道不是吗？同理，用纳税人的钱来支持意义甚微的活动，也会影响到每个人，因为这些钱本来可以投到更有价值的事业中去，不论是用于教育事业还是健康医疗事业。

世界各地的恐怖主义指使某个人在时代广场引爆炸弹，这就是一个会影响到他人的问题。结果，政府就得投入资金用于增强警力和安全防御，而不是用于商业课税抵免，或者住房补贴。

现在，人类毁灭的可能性成为一个日常话题，也成了很多电视纪录片的主题，此时，老百姓就该清点一下现状了。我们是不是采取了最有效的避免灾祸的处理方式？甚至，我们是不是选对了谈判代表？

我们只有更透彻地了解那些引起公共事务的不当的人或不当的处理方式，才能准备得更充分，才能在最大限度上解决这些问题，无论是通过我们的投票权、通过平日里的各种交谈，或是无数种其他途径，并且，由此而改变的集体力量就会影响到商业和政治领导人。正是这种群情才促成了越战的终结，促进了民权运动，促成了性别歧视的消除。可以说，当很多人都不愿忍受现状的时候，现状就会改变。

即使更好的谈判还不能彻底解决问题，但更好的处理过程还是能减少很多公共事务的负面影响。

记住，在所有决定是否能够达成协议的因素中，只有不到 10% 与事情的本质有关，而超过 90% 的因素与人和处理过程有关。因此，公共事务问题可以通过更好的人际技巧而得到改善，这些技巧包括信任、尊重他人、理解他人的感受、建立关系。如果能注重沟通需求，利用准则、利用价值不等之物进行交易，注意措辞和促进对方主动做出承诺，就能进一步改善问题的状况。

本章的目的是提供一个看待公共事务的角度：分析人们如何解决问题的那 90%，即与人和处理过程有关的那 90% 的因素。我并不是在针对所有公共事务，也不打算给任何具体问题提出具体解决方案。但我认为，各个政党在一个波及面广、代价巨大、令人担忧到足以影响你的问题上处理得怎么样，本章提供的公共事务分析模板可以帮你做出评估。

我打算用中东（以色列、巴勒斯坦、伊朗、伊拉克）局势作为公共事务的一个代表，因为这个问题基本上成了不可调和矛盾的同义词。我也会讲到其他问题，包括朝鲜、海盗、种族和人流。当然，与在干洗店为损坏的衬衫进行谈判，或为找工作进行谈判相比，公共事务谈判要复杂得多。公共事务涉及更多选区、更多人、更强烈的情绪。但是，运用上述关于人和处理过程的技巧，这些问题也能得以解决。

不要以为这是空想，其实这些技巧已经派上了用场。例如，以前在沃顿商学院就读、后来当上了某核潜艇总工程师的吉姆·福佩利乌斯（Jim Vopelius）说，他把在我的课堂上学到的方法教给几个去阿富汗的战友。他们就是运用了建立个人关系、用不等价交易的方法，争取到了当地的部落领袖共同对抗塔利班。他说，那里的美国人摒弃了以前那套威胁的方式，开始与部落领袖一同举行斋戒仪式。士兵还把笔记本和钢笔送给部落里的孩子。

“即使在艰难的军事行动中，这些方法也能形成一种组织原则，实现你的目标。”他说。

他还运用课上学到的技巧来解决海军海豹突击队和潜艇部队在训练问题上的矛盾。他告诉我，事实已经证明了在军队中迅速了解对方脑海中想法的重要性，因为军队里的内部矛盾必须当即解决。显然，军队中的问题就是一种公共事务，因为军务处理不当就会降低部队的战斗力。

一个在默克药品公司担任战略副总裁的以色列人告诉我，他和一个工作组去了沙特阿拉伯，跟沙特人商谈一笔药品生意。他是以色列人，也是犹太人，但这影响不了沙特人。他要谈的是一笔非常重要的让大家都能获益的生意。这就是一个先例，证明阿拉伯人和犹太人在中东问题的重要谈判中也可以利用价值不等之物进行交易。

在中东地区，由以色列人和巴勒斯坦人创立的联合企业和和平组织数量极多。在索马里，社区领导人已经开始为海盗成员寻找合法的工作，让他们不用再以抢劫谋生。

“父母心声”组织由几百名以色列人和巴勒斯坦人组成，成员们都在冲突中失去过自己的亲人，大家都有相同的切肤之痛。“和平战士”组织坚决主张，绝不能用暴力解决冲突。“巴以死难者家属联合会”表示，“在我们脚下是一片夭折的孩童累筑起的王土”。阿拉伯人和犹太人联合创办了体育俱乐部、语言教育机构、剧院，甚至马戏团。

当然，我们现在面临的真正问题是：怎样才能形成气候。我们怎样才能让更多的人都来运用这些技巧，最终形成一个质变的规模？办法之一是教给人们这些技巧，宣传这些技巧，展示这些技巧带来的成功谈判。

那好，如果你要评估人们处理公共事务的效果如何——不论是局部规划问题还是国际问题，你需要问以下几个重要问题。答案会告诉你，你是否选对了代表以及他们的处理过程是否恰当。

- 双方之间的沟通效果如何？双方是否有沟通？
- 双方之间是否了解、理解、考虑到了彼此的感受？
- 双方采取的态度是强迫对方的意愿还是与之合作？
- 双方仍就历史问题指责对方，还是为了长远发展尊重对方？应该由什么样的谈判者来传递这个信息？
- 双方是否在坦诚交流并交换彼此的需求？
- 双方是采取循序渐进的行动还是想一蹴而就？
- 双方所采取的行动是否有助于实现他们的目标？
- 双方的情绪水平有多高？双方是否努力保持冷静？
- 双方是否利用彼此的准则来达成一项决议？
- 是否有一个尊重差异的问题解决方式？

有效沟通：达成持久协议

这本书里的一个重要主题是，双方之间如果不积极沟通，就不可能达成持久的协议。缺乏沟通就意味着彼此之间的相互尊重还不足以让双方愿意进行沟通。沟通不力就有可能产生误解，无法达成共识。因此，最初就要问，双方是否在沟通？如果没有沟通，而谈判只涉及局部问题，那就促使双方开启会谈。任何不愿意这样做的人都应该下台，因为这种人更喜欢制造伤害而不是制造机会。

下面是几个不折不扣的公共事务，我们来看看双方的表现如何。作为一名谈判专家，我认为，解决世界范围公共事务的负责人之间缺乏沟通以及沟通不力是一件可耻的事情，这会引发冲突和牺牲。

在巴以冲突中，双方很多年都没有过直接的交流。巴以人民之间进行着无数的日常对话，代表他们的领导人却不能面对面地交谈。他们不吃午饭吗？他们不能从体育比赛或从孩子的话题聊起吗？不需要多么正式。没有沟通，哪有共识。这本书付印之际，双方正在考虑重新开始谈判事宜。这不会增加人们的信心，因为这本是无须考虑的事情。

之前也讲过，如果谈判方提出前提条件，只会使讨论变得更复杂，不利于谈判的进程。双方似乎认为，会谈时必须立即讨论实质问题。但是实质问题应该放在最后谈，双方首先应该开始建立信任关系，摸索交谈的方式。不管有什么倾向，不管在具体问题上他们站在哪一边，只要停止交谈就等于拆自己的台，除非他们的目的就是打仗。

2008 年 11 月，几个巴基斯坦恐怖分子袭击孟买导致大量游客丧生，印度因此中止了所有与巴基斯坦政府的和谈。为什么要中止？面对孟买的恐怖袭击更应该启动和谈，而不是中止和谈！他们决定于 2010 年 2 月以后再恢复官方会谈，也就是说，还要等 15 个月。有迹象表明，此前印巴双方进行过非正式会谈，没有公开这些会谈的原因是双方不想进一步激怒他们的选民。

如果真是这样，这就又是一个双方政府之间沟通不力的例子。如果大家都认为与对方沟通不是一件好事，政府就应想办法改变这种看法。政府应该想个办法更巧妙地描述这个问题。比如，“且不管我们对他们的看法如何，了解他们的想法对我们总有好处。所以，我们要去听一听他们要说什么，问他们一些问题。”

这才是美国入侵伊拉克之前本应该与萨达姆·侯赛因共同做的事。我们不用什么证据就能证明对方的做法是否正确。如果对方言辞过激，就引用他们的原话，这会帮你建立对抗他们的联盟。

如果一个国家拒绝我们和谈的好意，我们应该继续努力，还要让大家都知道我们正在努力。不愿意和谈的国家就会显得不讲道理，那就会让他们把自己变成问题的焦点。学会巧妙地描述问题，你才会更有说服力。

比如：“这 100 天来，我们每天都联系伊朗，请求跟他们会谈，但我们请求了 100 次，他们拒绝了 100 次。他们是真的对和平不感兴趣，只喜欢找借口。”这并不是一种弱势的表现，反而是一种以正面形式体现出的强势。“我们是为了实现和平才这样强势进取。”

还是这个道理：如果一方要求另一方做出让步才肯会谈，我们就应该说，我们谈判桌上见。这样，核心问题仍然是启动会谈。

2010 年，韩国和其他几个国家指控朝鲜炸毁了一艘韩国军舰，而朝鲜对此持否认态度。随后就出现争执不下的讨论：要不要发动战争、实行制裁。双方为什么没有立即就此进行面对面的会谈？唯一应该坚持重复的事不是威胁和指责，而是问一句：“我们何时开启谈判？”

8 年多来，朝鲜最高领导人一直在说他的国家是多么想加入国际贸易社会。他基本上明说了，他愿意用他的核计划交换国际贸易组织准入资格。结果，我们不仅没有跟他交换，甚至都不愿跟他直接对话。

当然，朝鲜也确实没有履行允许国际调查员视察其核设施的承诺。回忆一下我在第 3 章关于承诺的讨论。朝鲜的承诺并没有建立在相互尊重的基础上，这个承诺并不是双方建立的某种关系带来的结果。朝鲜很可能认为其承诺不具有约束力。我们要的承诺得由朝鲜主动提出：基于一种关系，而不是一纸协议。的确，在很多原地打转的朝韩问题上，协议总被看作一种没有约束力的理解备忘录，双方必须共同努力才能让这一纸协议变成忠诚的承诺。

相较而言，美国前总统比尔·克林顿出访朝鲜，与朝鲜最高领导人金正日合影，并向他表示了尊重，之后朝鲜立即释放了两名记者，并重新安排南北双方家庭团聚。2009 年韩国前总统金大中去世之后，朝鲜派人前去吊唁。朝鲜年复一年地要求与美国进行双边会谈，但是美国坚持要进行多国会谈。无论你在朝鲜问题上怎么看，从谈判过程的角度来看，拒绝谈话是不对的。

2009 年，哈马斯领导人说他的组织随时可以跟美国开始会谈。我们或我们的盟国就应该接受这个提议，哪怕这意味着谈判时双方有可能干坐在那里一言不发，或者听对方高谈阔论或批判指责。如果他们的言辞表示出更合作的态度，我们就可以在谈判时利用这一点。如果他们言辞过激，公众舆论就会把矛头指向他们。如果对方不让步他们就拒绝会谈，那就说明他们不是真的想要和平。

这也意味着我们要与恐怖主义的追随者谈判。除了那种纯粹以杀人为乐趣的个别者，恐怖主义追随者中的大部分人之所以走上这条路，是因为他们没有别的有意义的路可走。但是，这个群体显然不是孤立的。阿拉伯的很多母亲都不想让自己的孩子去当人体炸弹。也有很多温和派一直以来都愿意进行缓和关系的会谈，他们能够被劝服。

这是有先例的。在斯里兰卡，政府能够击退泰米尔叛军是因为它最初就实施了一项一揽子大赦计划。很多叛军由此放下武器重返家园，其中一些人就告诉政府其他极端分子身藏何处，这样政府就抓获了极端分子。

有些人称之为军事胜利。其实，这是我们与之前追随恐怖主义、后来重返国家的温和派谈判的结果。卡鲁纳·安曼（Karuna Amman）就属于这样的温和派。他是叛军泰米尔猛虎组织的第二号人物，政府已经允许他加入斯里兰卡政界。政府此前就已经提出要赦免回头的叛军，还给他们提供就业机会。这就是个放眼未来、改进未来的好榜样。

20 世纪 80 年代，哥伦比亚的反叛组织“M–19”也属同例。因为“M–19”组织中重返家园的人太多了，以致该组织名存实亡，阿格斯丁 · 瓦莱兹（Agustin Velez）说。他是一名顾问，为政府所聘专门负责为重返家园的人寻找各种经济机会，包括就业机会。

当然，使用了一定的沟通技巧在这里也起到了重要作用：不为过去争吵，也不兴师问罪。要做到这一点，需要良好的素养，需要正确的领导，还需要以目标为重。

这还意味着，如果与温和派建立起统一战线，他们就会和我们一起，共同对抗极端主义分子。我们需要明白一点，谈判双方并不是孤立无援的。我们还要与温和派进行有效的沟通：尊重他们，创造一个他们能够接受的局面。

了解对方的观点

一旦开始交流，你就必须了解对方的观点。如果你不了解对方脑海中的观点和想法，你就无从着手去说服对方，这是我在本书中始终强调的一点。不管对方的感受正确与否，我们都要去了解并理解他们的感受，这样才能实现我们的目标。

也就是说，对方必须心甘情愿地与我们达成一致。而只有在他们觉得被我们理解了以后，才会这样心甘情愿。这就意味着，在任何公共事务上，一方越是愿意理解另一方的观点，就越能说明这一方具有说服力。

因此，关键问题是：我们是否了解对方的感受？我们能明确地说出这些感受吗？我们与对方谈过这些感受吗？如果没有，就无法实现利益最大化。

这是美国在“9 · 11”事件之后面对的一个很特殊的问题。很多发展中国家对美国仍然怀有巨大的仇视心理，因为他们认为美国剥削了他们的市场和经济、造成有毒物质的扩散、经常干涉他国内政，并且永远是一副高傲自大的样子。不管这种感受是否公正，我们必须去理解产生这种感受的原因。美国若想获取世界上大部分人口的支持来对抗其分散在世界各地的敌人，这是第一步。

举个例子，1984 年 12 月，印度博帕尔市一家工厂因化学物质泄漏导致约 3 000 人死亡，这家工厂的设计单位是总部位于美国的联合碳化物公司。还有几千人死于泄漏的后续影响。我与另一位《纽约时报》记者对此共同进行了调查，发现该公司的工人屡次违反公司手册上的规定。而公司对这些违规行为睁一只眼闭一只眼，基本上没有处罚这些行为。公司的董事会主席一直都拒绝到印度来面对这个国家的法律制度。

2001 年 9 月 11 日，在世贸中心和美国其他地点发生的恐怖袭击造成 2 985 人死亡，博帕尔事故造成的死亡人数超过了这个数字。大部分发展中国家认为世贸中心的恐怖袭击和博帕尔的泄漏事故没有实质区别。一个是蓄意而为的恐怖主义行动，另一个被印度看作任凭致命问题继续发展的蓄意的不作为。

美国及其他发达国家一天不理解这种感受，就一天不能与大部分国家恢复友好关系。这就意味着，美国仍然很难在更大范围开展合作，共同对抗企图制造大规模杀伤性武器的国家。“当我们与自己的价值观背道而驰时，”美国参谋长联席会议主席撰写的一篇评论文章如是说，“我们就越来越像敌人所描述的那种傲慢的美国人。”

很多文章都说美国是一个傲慢自大的国家。诸如虐待伊拉克战俘的很多事件都对我们的说服力产生了持久的负面影响。我的意思绝不是说美国活该遭到暴力袭击。但是，如果我们想减少冲着我们来的暴力袭击，我们就需要更多的支持。

我们的要求并不是全都合理现实。同样，别人的怨愤也不是全都荒谬无稽。我们需要听到所有的怨愤，然后必须明确地说出、讨论这些怨愤，找到互利共赢的办法。最容易解决的怨愤要当即解决，不容易解决的怨愤也要考虑、要努力想办法解决，荒谬的怨愤则要公之于众，把极端派孤立起来。

若没有上述这种处理进程，1998 年爱尔兰和北爱尔兰之间就不可能达成和解。一旦双方最终坐下来开启对话，他们就能够交流彼此的感受。他们了解到，大部分人都不想再打了，他们有很多共同的价值观，他们都可以不依赖英国的管理而实现自己的繁荣发展，泰奥·达吉（Teo Dagi）表示。泰奥以前是我的学生，现在是哈佛医学院的讲师，也作为医学顾问团主席参与了此次和谈进程。虽然有时很不容易达成和解，他说，但是坐下来开始交流、开诚布公地交换感受，就是停战的安全阀。

在中东地区，调查表明冲突双方的很多人完全不了解对方是怎么想的。丹尼尔·鲁别斯基（Daniel Lubetzky）是一位企业家，他从 1993 年起就开始经营多家企业，员工既有阿拉伯人，也有犹太人。他最近开始思考每一方的想法有什么不同。他觉得，只有彼此更加了解对方，才会有更牢固的基础去实现和平及经济繁荣。

他收集了 15 万份普通老百姓的调查问卷，发现在两个最大的问题上答案截然相反：耶路撒冷的归属和难民的回归。双方都声明东耶路撒冷归他们所有，没有商量的余地。巴勒斯坦难民想把属于他们的土地寸亩要回，即使这些土地早已用作他途。

鲁别斯基是“和平事业”基金会的创建人。他说他已经开始向双方传递彼此的想法——双方都很惊讶。“除非有一方做出灵活让步，否则不可能达成任何协议。”他说。他说这个理念给双方在解决问题时带来了更多的思路，比如，巴勒斯坦人拥有耶路撒冷部分领土作为他们的首都，难民也分得一片土地，即使不完全是他们原来拥有的那片土地。

肯吉·普赖斯（Kenji Price）是驻伊拉克的一名军官，后来他在宾州大学法学院读书，任该校《法律评论》杂志的编辑。他说，如果他在驻扎伊拉克之前上过谈判课，就会更多地考虑当地人的感受。“因为当地警方腐败，且教育水平低下，我们很轻易地解雇了当地的警员，”他说，“但是只有他们才真正了解这个国家。我们的工作本可以因他们的协助而变得更轻松。”

他补充道，总体来讲，不管是在美国还是在其他国家，军队和警方的人员通常会有一种“执行心理”。他们总是忙于维持和平，顾不上听别人说话，错过了可以用来解决问题的关键信号。他提到那个在美国引起轩然大波的事件：哈佛大学黑人教授亨利·路易斯·盖茨（Henry Louis Gates）丢了家门钥匙，在他试图破门进入的时候，被一名白人警察逮捕。问题出在理解和沟通上：以理解和沟通为主，就能轻松解决这个问题。

对峙态度：得到最少

我在本书中反复强调的一点是，如果在谈判中持对峙态度，你从中争取到的就是最少的。事实上，从长远看，你实现的利益会减少75%。因此，接下来我们要问：双方的态度如何？他们是在互相指责、互相威胁、互相伤害，还是在共同努力寻找能够实现所有人利益的解决方案？

如果你的需求没被满足，你就不会满足别人的需求。这是人的本性。如果别人企图伤害你，你通常会想以牙还牙、以怨报怨。

太多的公共事务成为问题，原因之一是没有一个合作型的解决进程。相反，这是个赢者通吃的进程。这是第1章里讲的“谈判的新定义”里的第一条——迫使对方按照你的意愿行事。这是代价最大、收效最小的一种谈判。

谈判双方要想达成持久的协议，就必须心甘情愿地去满足彼此的需求。至少要在这方面付出巨大的努力。

我们用这个原则来对比一下最近几年的公共事务。2002年，美国前总统乔治·沃克·布什称朝鲜为“邪恶轴心”国的一部分。他宣布美国有权攻击它认为对其国家安全造成威胁的任何国家。之后美国就入侵了与朝鲜同属“邪恶轴心”的伊拉克。

如果你是朝鲜最高领导人，你会怎么做？你会研发核武器来保护你的国家。完全可以说，正是美国的这种谈判策略促使朝鲜继续进行核武器计划。任何人受到威胁时都会反击。

我们看看各种制裁，这实际上是拿损害经济发展来要挟对方。这是解决公共事务时惯用的谈判策略。大体上讲，制裁是用来阻止某个政府继续其当前行为的一种手段。

大量的研究表明，采取制裁的手段自古就收效甚微。这种手段往往会使一个国家紧密团结起来，对抗企图强迫他们意愿的国家。这也会使得被制裁的国家更加懂得如何建立自己的联盟，或者找到应对制裁的办法。长期实施制裁就会很难与多个国家建立联盟。而且，强制实施制裁是很困难的，因为黑市在应对制裁时很有创造力。

制裁最多算是一条漫长艰难的途径。古巴被制裁了 50 年也没受到什么影响。因禁运受到严重冲击的人们已经是受害者了，他们处在社会经济的最底层。而所有国家的领导人都生活得很滋润。

要想让制裁发挥到极致，除非被制裁国家没有其他选择（南斯拉夫），或者出现很强烈的内部异议（南非、津巴布韦），或者只能提供有限的补偿（利比亚交出两名恐怖分子）。

伊朗则并不符合上述这些条件，因为伊朗不仅有雄心勃勃的核计划、原油储量巨大，还拥有强大的军事独裁体制和多国同盟。相对而言，可以说朝鲜更符合这些条件，朝鲜在经济上处于劣势，政治上孤立无援，因此偶尔也会受到制裁的影响。

据估算，美国实施的各项制裁使其承受了巨大的出口损失，每年已高达 200 亿美元。即使你有理由实施制裁，使用本书讲过的技巧通常都会让你找到更好的谈判出路。

我们来看看几个这样的例子。先来看与制裁政策相反的政策：市场抛售。苏联解体的一个原因是，国内越来越需要象征着优质生活的外国文化。不管是牛仔裤还是电脑，不管是电影还是杂志。事实证明，西方的商品和服务一直是强有力的敲门砖，令人更难抵抗。

解除对古巴的贸易封锁就会让这个国家受到资本主义的影响——例如青少年文化——极端型社会将无法抵制这种影响。的确，嘻哈和说唱这两种在美国诞生的音乐形式，正在向全世界的青少年传递一种崇尚个性的信息。这不是异想天开，很多人都没有意识到，这实为一种相当于外交政策的机遇，是开启沟通的契机。同理，推广互联网也是很强大的谈判策略。

为什么要在是否让古巴加入美洲国家组织的问题上躲躲闪闪？所有的组织都应该让他们加入！这不是在奖励他们，其实正相反：这使古巴政界领导人更难保持现状，使古巴开启与他国的交流，使古巴更容易被说服。

2008 年，伊朗 27 年来第一次从美国进口小麦。超过 100 万吨的小麦为开展经济合作埋下了伏笔。让别人为你付出的最好方法是给他们利益，而不是威胁。中国向伊朗出口商品赚了很多钱，为什么急需赚钱的美国不能效仿？伊朗 2009 年进口的商品和服务总量达 570 亿美元。换句话讲，“亲近你的朋友，更亲近你的敌人”这句箴言正是一种有效的谈判策略。“更亲近你的敌人”意味着获取更多的信息、拥有更大的影响力。很多人认为这种策略极不自然，但是这种实现目标的策略有效得多。

“如果与伊朗有了更多的交流，美国就会更了解伊朗人作为普通人的一面，也会更清楚应该怎样说服伊朗领导人恪守承诺。”阿萨·穆罕默迪（Asa Mohammadi）说。她是一名伊朗律师，毕业于宾州法学院。她说，很多美国人在认识她以后说，他们在认识她之前对伊朗人并没有好感。她还说，她通常都是他们认识的第一个伊朗人。

谈判高手的特质：摒弃前嫌

这一点在此前提过，但是值得单立一节专门讨论，因为这是判断谈判是否成功的一条重要标准。

应该问这样几个问题：双方是否在为昨天的事争执不休？双方的重

心是为昨天的事而互相指责，还是放眼长远建设明天？如果当地市议会或教育委员会候选委员更喜欢兴师问罪而不是创造机会，这在很大程度上表明，他们并不打算增加交易的价值——这也是成功谈判的关键所在。

在中东地区，谈判方似乎总是在为了昨天而争吵。不管签署了多少合约，派了多少特使，总有人想方设法要找另一个人算昨天的旧账。这种状况下是不可能实现和平的。谈判进程极为不当。

这还提出了一个问题：怎样选出正确的谈判代表。如果因为不能摒弃前嫌而造成不恰当的进程，那就说明选错了谈判代表。因此，谈判代表的处事风格和身份是关键。

举个例子，对大部分国家来说，美国的存在本身就是一种激化因素。因此，如果美国能少参与国际事务，不仅会减少成本、降低风险，还会促进更有效的谈判进程。再强调一下，美国军方与部落首领结成联盟就是一个极为有效的谈判策略。

很多报告显示，2001 年塔利班在阿富汗的失败最先出现在地面。当时美国最多派了 12 名地面特种兵，而他们在当地又训练了很多民兵，这些民兵熟悉塔利班部队所在农村的地形，也知道如何征召自己的战士。很明显，这就是实现我们目标的有效办法，说服当地人为自己而战。

在每个公共事务中，温和派与极端派的界线最清晰。因此，谈判中最合适的第三方就是温和派。他们比极端派更专注于建设（明天）更好的生活，而大部分极端派则因为只想报复昨天而毁掉一切。

这就是说，在中东地区，应该让温和派犹太人去追捕极端派犹太人。有更恰当的人选，我们为什么还要自己去追赶恐怖分子呢？在所有的公共事务中，谈判代表的选择是关键。

找到对方的需求和交易需求

说到底，你必须满足对方的需求，才能在谈判中制胜。有效地沟通、了解对方的感受、摆正态度、选择正确的谈判代表，你就能胸有成竹地开始积极有效的谈判。你现在要确定的是双方有哪些要满足的需求，以及怎样交换这些需求。这是你谈判的本钱。

这个本钱对世界上大部分人来说就是人类基本的需求。不论一场谈判是与“卡特里娜”飓风受害者有关，还是与巴勒斯坦难民有关，解决最基本的生活需求是开启谈判的第一步。因此，为解决公共事务进行的谈判应该以这些需求作为出发点。

在这方面，心理学家亚伯拉罕·马斯洛（Abraham Maslow）的需求层次理论为重大公共事务的谈判奠定了良好的基础。

人类最基本的需求包括：食物，水，稳定，安全，就业，对其家庭、健康、财产的保障，各种身体机能良好。他们需要足够的食物、干净的饮用水、住所，并且要免遭身体上的伤害。

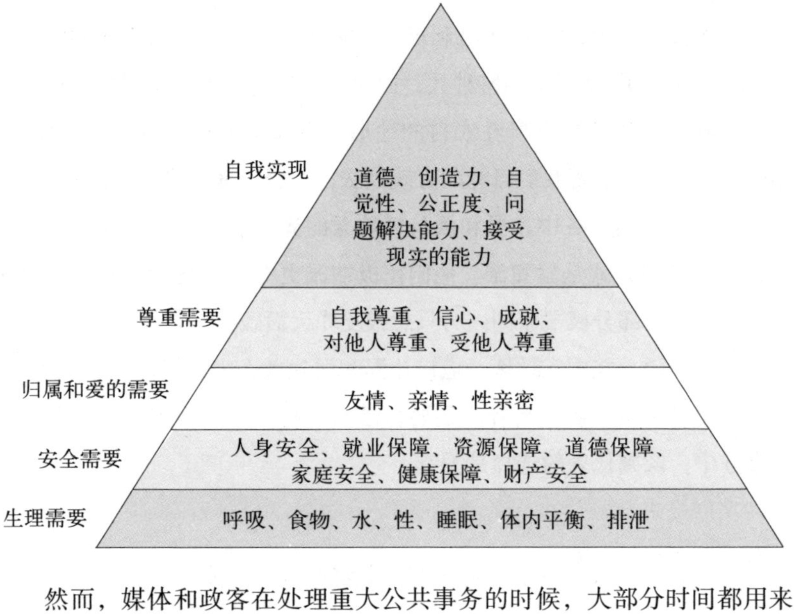

然而，媒体和政客在处理重大公共事务的时候，大部分时间都用来处理与人类有关的次要问题和事务：道德、偏见、政治、成就。在解决

重大国际争端时，决策者的考虑都从顶端需求出发：和平、民主、各种理想。

但是，在他们的基本需求得到满足之前，很少有人愿意倾听他们对理想的诉求。现在，每天都有很多希望能满足诸如充足食物这种基本需求的人被逼得走投无路。

像哈马斯这样的极端派组织之所以拥有如此众多的支持者，意识形态并不是唯一的原因，尽管哈马斯的政治口号如此宣称。哈马斯组织给吃不饱的阿拉伯人提供食物，还提供医疗服务，甚至婚介服务。当人们的基本需求获得满足，自然更容易认同并重复该组织的路线。

与此相反，大量证据表明饥饿会引发暴力和社会动荡：埃及、海地、塞内加尔、布基纳法索、尼日尔、马来西亚、泰国、墨西哥、乌兹别克斯坦等地都已经出现过这种情况。“人处于饥饿状态就会更容易愤怒。”阿里夫·侯赛因说。他是世界粮食计划署的副总干事。研究表明，这种情况在儿童身上体现得尤为明显，还会引发严重的情感问题。暴力的循环都是从儿童开始的。

如果美国和其他国家想在感情与理性上赢得千百万人民的支持，就必须采取类似于美国在与苏联进行军备竞赛时所采取的措施：拖垮对方的经济。如果哈马斯提供面包，美国、联合国或其他联盟国就应该提供面包和肉。如果哈马斯每天提供 1 000 卡路里，想阻止哈马斯的人就应该每天提供 2 000 卡路里。

因此，如果以色列想与阿拉伯人建立联盟，就要满足更多人的基本需求。可以说，以色列从没有做过这件事。投射导弹轰炸加沙地带只会为哈马斯送去更多的追随者。相反，以色列人应该向那里投放食物。“今日以色列用 50 吨的面包和肉轰炸加沙地带！”有些人会嘲笑这条新闻。深受饥饿之苦的人不会。

然后，再给温和派提供他们不想失去的东西——食物、住房、教育、医疗、保健、安全。这样，温和派就会去找激进分子，举报他们，或将其清除。这是人类的基本原则：面包比炸弹在长期谈判中更有效。谈判进程要着手于已有的几个阿以和平组织，这样就能壮大温和派的队伍。

如果你有疑虑，试一试在沙漠里生活 6 个月是什么滋味，身边没有充足的食物、水、医疗条件、教育机会、空调设施或其他任何舒适的生活条件。这时有人送给你食物，说你的痛苦是美国造成的，你看你会怎么想。你会接受这个人说的大部分内容。也就是说，我们必须给恐怖主义追随者提供一种享受美好生活的有意义的选择，才能说服他们去走一条不同的路。

有些政策分析专家宣称，饥饿作为恐怖主义的根源这一论断早已被推翻。那是因为他们只看到了资助或执行恐怖主义的几个富人。当然，确实有几个富人在宣扬恐怖主义。但是，他们得到的权力和支持都是来自千千万万衣食无着的穷人。我讲的是与那些能够被说服的人的谈判。

我初次接触到这个问题是在 1981 年，以色列炸毁了一个伊拉克在建核电站。作为记者，我正在做一项关于如何用技术阻止核武器蔓延的报道。以色列认为伊拉克想从核反应堆中提取制造核弹的材料。所以，我给所有我能联系到的科学家打电话咨询。这些科学家都曾在“二战”期间美国研制原子弹的“曼哈顿计划”中工作过。

他们之中大部分人都已有 80 岁高龄，退休前在麻省理工学院、加州工学院等美国最优秀的工程学府工作。我问他们每个人同样的问题：现在有什么技术能够阻止核扩散?

我没有给出任何暗示，但他们的回答几乎一样。基本上每个人都这样说：“这个问题本身就是错的。如果你想阻止核扩散，那就给人民分发食物，给他们提供医疗服务，让他们有衣穿、有学上、有房住、有工作。”

有一次，一个阿拉伯商人跟我讨论他认为哪方的谈判最有说服力。他说：“我站在‘我能养活家庭’这一边。我站在‘享受良好医疗服务’这一边。”谈判首先是与马斯洛的需求金字塔有关，然后才与经济繁荣有关。

在叙利亚，即使对以色列人没有任何感情的商人都认为经济合作是个好主意，可以促进叙利亚的经济发展。在黎巴嫩，西方与伊斯兰国家的职业人士正在进行社区层次的交流，这正是联合经营的基础。

苏联解体之后，乌克兰应美国的要求，把自己保有的核弹头移交给了莫斯科统一拆除。而乌克兰因此得到了各种经济补偿。这就是一个用经济利益来交换核计划的先例。

朝鲜一直都在实行粮食配给。应该以向朝鲜提供粮食种植技术和粮食，作为让朝鲜放弃核计划的交换条件。这不是要给朝鲜问题提出某种具体解决方案，而是想指出还有一条路可以走，一条以满足人类基本需求为载体的路。

这不是说政治在公共事务问题上不起任何作用，而是说政府的作用正是促进经济的发展以满足那些基本需求。如此谈判的原因是，困苦潦倒的人会感情用事。感情用事的人就不容易被说服；他们只会与那些给他们提供情感补偿的人合作：这个补偿正是用于维持生活的各种必需品。

对谈判策略的研究也远远不够。事实上，中东和平进程从来都只是在寻求台面上的和平——特使的公开声明、正式条约的签署。然而，要想获得支持，就必须寻求实际和平，即实实在在的民生层面的和平。

同样，美国寻求的不是实际和平，也是技术层面的和平：用更加先进的技术和昂贵的基础设施来控制恐怖主义。我不是在提议不要这样做，而是想说，我们用这种方式无法从根本上阻止恐怖主义。正如阿尔伯特·爱因斯坦（Albert Einstein）在广岛被投射了原子弹之后所说的："藏不了，也防不了。"我们找到一个反击恐怖主义行动的方案后，恐怖分子就会想出新的方法。"9 · 11"事件之后，在飞机上发现了放在鞋里的炸弹。鞋子检查完，又在一个人的内衣里发现了塑胶炸药。把男性恐怖分子记录隔离之后，又发现搞自杀式爆炸袭击的人中也有年轻的女性。

美国情报机构总是被指责，说他们没有把隐含恐怖主义计划的数万亿条信息过滤剔除为几百条信息之后"与疑点联系起来"。问题是，疑点每次都不一样。人的大脑相当有创造力。聪明人一心想要隐藏的东西，人类的组织机构永远都无法从不断变化的各种信息中分辨出来——爱因斯坦如是说。类推至今，就是城市中的恐怖主义核武器和化学武器。

如果美国和其他国家想成功阻止大规模的恐怖袭击，就应该给那些能找到恐怖分子的人提供食物、衣物、工作、住房和医疗服务。也就是说，站在另一方的更多的人必须心甘情愿地与我们站在同一条战线上，我们无法强迫他们。

几年前在南非，有海洋学家在开普敦外的海滩发现了一条死鲸，他们把它拖到海豹岛。海豹岛是著名的大白鲨栖息地，有时大白鲨会从海中跃起捕食鸟类和海豹。这些鲨鱼就在那里开始猛吃鲸鱼，几个小时过去了，这些鲨鱼吃得太饱，几乎动弹不得，于是就浮在海面上，好像喝醉了一样。

潜水员进入笼子，就在鲨鱼跟前。这些鲨鱼对潜水员一点兴趣都没有，要是往常它们早就开始攻击了。这是个很恰当的类比：人们满足了自己的需求之后，通常就不再那么想打仗了。

阿拉伯人和犹太人之间的敌意没有任何固有的成因。千千万万的阿拉伯人就住在以色列；调查表明，他们中的大部分人对生活环境很满意。成功谈判的基础就是围绕共同利益创建的多元民族联盟。这个共同利益就是各种生活必需品。

我不是在给中东问题或任何公共争议问题提供具体的解决办法。不管是定居点和难民安置的问题，还是土地使用的精确分界问题，都会有专家来分析解决。本章旨在讨论如何使用更好的谈判技巧促使双方达成协议。

采取循序渐进的策略

我在全书反复强调的一个主题是，在解决谈判双方的巨大分歧时，必须要循序渐进。在公共事务中，双方的分歧往往是最大的，然而双方的做法完全与循序渐进的原则背道而驰。即使有过用一项措施就能把彻底的分歧变为彻底的一致的先例，也属极个别现象。

本章提到的所有谈判进程都要依靠循序渐进的行动。没有必要一次解决所有问题，关键在于找到某个入手点开启谈判。迈的步子越小，对方的顾虑就越少，每一步达成一致的人也就越多。

双方在谈判时是否遵守了循序渐进的原则？或者，其中一方是否一次提出了所有要求？如果是这样，就说明他们不是正确的谈判代表。大部分公共事务涉及很多选民、很多金钱、很多矛盾，因此不可能一次解决所有问题。

找到一个入手点，走一步成功一步，这样就给人们一个参照，给人们继续努力的信心，增加彼此的信任，也建立了更具合作性的工作关系。一个具有拓展空间的小规模计划比一个很难做到的大规模计划更好。

那么，我们再看看中东的例子，尤其是巴以问题。这几十年来双方在试图做什么？试图一次解决全部问题。难怪没有达成任何协议。但是，下面我来做个假设，目的不为提出具体建议，而是展示循序渐进的过程。

比如，你在约旦河西岸某处经营一家小型工厂，有一半工人会是以色列人，另一半会是巴勒斯坦人，但他们之前都没有工作或者工作极不稳定。工厂由世界银行提供资金，也许是私募股本。你最多需要几百名工人。

工厂会按当地已有的市场需求来生产产品。制药应该是一个不错的选择。约旦已经有了几家制药厂，而以色列人的公司又很擅长通用名药品[①]的制造和销售。

工厂的发展会带动周边住房和医疗的发展，还可以支持创办一所学

---

① 又称国际非专有名称药物，是由各国政府规定的，国家药典或药品标准采用的法定药物。——编者注

校和一家超市。工人会按工厂的要求住在一起，每个工人都会得到分红、股份，还能为自己和家庭带来更好的生活。

你再找个人宣传一下，让所有人都能看到这是可行的。很快，工人会说：“看，我现在有吃有穿，我家还有房子。我们可以接受教育，可以享受医疗服务，吃得也很好。听起来不错吧？”巴勒斯坦工人与以色列工人将会享有更多共同的事物——学校、住宅区、生活水平等——多于他们与哈马斯极端分子共享的事物。以色列工人与自己的邻居也会有更多的交往，多于他们与以色列极端分子的交往。以前在战场上短兵相接的两个民族，现在会形成共同的目标和友爱关系，为其他冲突地区树立一种榜样。

逐渐拓展可能要花一代人的时间，即 20 年，才能超过门槛值，才能自我维持。人们听到这个数字就会说：“太久了！”我第一次提出这一观点是在 1981 年。之后我在发表于《费城问询报》及其他刊物的文章里又提到了一次，那是 2001 年 9 月 23 日——世贸中心被炸毁后的第 12 天。我在那篇文章中阐述了这一章的基本原则。第二年，我又一次更为详细地重复了这个问题，2006 年又讲过一次。问题是，我们迟早要这样做，为什么不能现在就开始呢？

很容易就能看到，除了制药业以外，有很多企业都以农产品为核心，这是因为以色列的低耗水技术。还能看到围绕死海发展的采矿业。

而巴勒斯坦会通过循序渐进的步伐，发展成为企业家尝试新型发展的试验场。在这里可以看到发展替代能源的前景：太阳能、生物能、风能，既可以提供电力，又能支持海水淡化工厂生产饮用水和作物用水。在这片几乎未被开垦的净土上可以建设新的住房和基础设施。

沙特人和科威特人肯定希望实现地区和平。你能看到他们正在投资巴勒斯坦人的项目来换取股权。很多居住在中东之外的富裕的阿拉伯人和犹太人渴望能在和平进程中贡献一分力量。他们可能会以买进合法项目股票的形式为和平进程做出贡献。这些项目会让律师事务所的同事愿意提供无偿服务来建立交易结构。

以色列人不应该只要专属以色列人的西岸定居点，而应该拿定居点住房与阿拉伯人交换工作和支持。我相信会有接受这种条件的人，而且这还会成为被效仿的榜样。

以色列人给巴勒斯坦的温和派提供的条件越多，以色列就越有可能赢得支持者。比如，以色列已经拒绝在其控制的巴勒斯坦地区建设更多的移动电话网，还让人们很难去首都。以色列说，不会在能够保证自身安全之前改变这个政策。但是，以色列拒绝提供本可以用来让自己更安全的激励条件，实际是在拒绝一个可以强化自身安全的机会。换句话说，在经济上帮助巴勒斯坦人将会促进以色列的安全，因为这可以在那些拥有更多财产而更害怕失去的人中团结更多朋友。

这跟谈判有什么关系？你实际上是在劝导别人，为实现目标就要换一种行事的方式，换一种理解事物的思路。你是在劝导他们，要用更好的方式和那些与自己不同的人打交道。你是在告诉他们如何解决公共事务。政府和私人企业为此付出了多少，将会影响执行这个策略持续的时间。

另一个会通过循序渐进方式得到改善的全球问题就是气候变化。采取何种措施来减少导致全球气候变暖的二氧化碳排放，这个问题一直都存在很大的争议。有些人想采取循序渐进的行动，有些人想达成全球共识。大量的时间被用来争论个别的计划，比如根据污染征收消费税，或者企业间交易污染权。

从谈判的角度看，要想更有效地解决问题，就不应该纠结什么是唯一的标准答案，而应该尽可能地采取循序渐进的措施。如果有人能够减少净污染，为什么不呢？我们应该最大化地利用当下能召集起来的人力和物力。

人们通过出售污染权或者征收污染税帮助减缓全球气候变暖的同时，政府应当积极寻求更好的解决方案。找到一个方案时，我们离气候问题的解决就会迈进很大一步。

态度上的转变很微小，但是很重要：不再争论所谓“正确”的方法，而是采取渐进的行动。实行的任何措施都只是暂时的一小步。在这个过程中试验了很多方法来找出最优途径，最后就能促进问题的有效解决。政府可以支持目标研究，不断对照、对比，提出更好的渐进性策略。

暴力的无力

我在本书中经常讲，谈判对双方越重要，谈判者就会越情绪化，产生的非理性因素就越多，也就越难实现目标。公共事务中的另一个关键问题是：我们的行动是否能够实现我们的目标？

我们再来看看反恐战争。发达国家对恐怖主义的第一反应，从来都是使用暴力或者以使用暴力相威胁，即“以眼还眼”式的回应。“9 · 11”事件以后，美国前国防部部长唐纳德 · 拉姆斯菲尔德（Donald Rumsfeld）说，美国对恐怖分子的任务就是“找到他们、抓获他们、消灭他们”。2010 年莫斯科地铁爆炸事件之后，俄罗斯总统也说过类似的话。“反恐战争”的核心仍然是暴力。

暴力一直都是一种既昂贵又耗时的劝诫手段。而今天有越来越多的证据表明，暴力起到的劝诫作用比以往小得多。

以前，如果你杀死或者威胁足够多的人，目标国家或目标群体就会投降。但是现在，人们很难被劝服，尤其是某种意识形态的信徒，还有那些走投无路不怕失去的人。自杀式袭击者不会对死亡威胁感到畏惧。

想阻止他们，你就得把他们全部消灭，这不可能做到。而且很多军事行动总是不可避免地会杀死无辜的平民，不管是不是无意。这样的行动会增加更多的恐怖分子和追随者。此外，我们越是发动战争摧毁人们的土地和家园，就越会把人们逼得无路可走，恐怖主义的信徒就越容易吸纳这部分人，至少会得到这部分人的默许。

几个制造自杀式袭击的人会导致很多人丧生，造成几百万甚或几十亿美元的损失。他们似乎不仅不怕暴力，反而还支持使用暴力。想通过暴力战争打倒一群不怕死的人几乎是不可能的。这已经成为一种世界范围内普遍存在的现象。

最后，文化的分散性使得寻找敌人变得难上加难。敌人并不是住在同一个地方，并没有相似的习惯或外貌，也没有相同的行为举止或相同的语言。那就意味着大规模袭击往往找不到恐怖分子，而且还赔上了无辜平民的性命，结果却壮大了恐怖分子的队伍。美国已经很沮丧地发现，连本国居民都有可能是恐怖分子。

有人引用以色列官员的话，说他们“想摧毁哈马斯的恐怖主义基础”。但以色列人不可能做到这一点，因为他们造成平民死亡，这实际是在不断增强敌人的力量。用暴力、技术、组织或者基础设施永远都不可能实现这个目标。

经常听到某个恐怖组织的领导人被抓获或击毙，但是他们有成百上千的接替者。在伊拉克，一个 8 岁的女孩儿死于美国所宣称的“枪支走火”。在加沙，一个致力和平、与以色列医生共事的巴勒斯坦医生，看着自己的 3 个女儿在联合国学校外面被以色列的炮火炸死。每一个死去的人都有家庭，可能还是个大家庭。结果呢？又多了成百上千个仇恨肇事国、愿意考虑反抗计划的人。

应该以实现温和派的目标为核心，而不是寻找极端派并消灭他们，这种谈判策略的代价更低而成功率更高。

人流也是一个谈判双方似乎还未实现各自目标的公共事务。40 年了，这个问题还是存在尖锐的争议。时不时听到一个做人流手术的医生被杀害，有时被抓去坐牢。这能阻止人流吗？不能。这能阻止做人流手术的医生不再被杀害吗？不能。人们又会抗议，法院又会立案，议会又会通过某法案或废除某法案。但最后，没有人实现目标。

这明显不是一个能够清晰说理的问题。双方的言辞没有给谈判留下任何余地：一方说这是谋杀胎儿，一方说妇女有选择权。但是，更有意思的是，谈判桌上还没有定论，无数人还是在做人流。虽然美国禁止做人流手术，人们还是会想办法出国做手术，或者寻找黑市解决问题。

因此，从谈判技巧的角度来看，你必须看到问题的本质，然后再调整目标。真正的问题在于，意外怀孕的情况太多了。第二个真正的问题是双方认为这是个“非全有即全无”的问题；双方的态度都导致无法实施渐进措施。第三个问题是双方之间甚至都没有充分地沟通，没有讨论过共同的利益以及如何改进现状。

我认为，要想更有效地通过谈判找寻答案，就应该换种方式重新描述这个选择，把要生命权还是要选择权的问题转变为放宽还是限制人流政策的问题。目前的情况意味着应该放宽人流的政策。围绕渐进行动的原则最终会实现限制人流的目标，这是双方都会赞同的好事。

无数想要孩子的美国夫妇跑遍全世界寻找可以领养的婴儿。成千上万的美国人也表示，如果允许，他们就会领养孩子。一个问题自然就出现了：争议的双方有没有把想做人口流产的妇女介绍给想领养孩子的父母？很清楚，答案是做得不够。至少有一部分不想要孩子的妇女没有做人流，只要有更有利于她们——孩子或者母子二人——的办法，她们可能会选择生下孩子。

如果目标是阻止意外怀孕，那么节育之类的措施就会成为更明显、更受支持的一种解决办法，这种办法把大问题逐步化解成了小的问题。

这里需要重申，我的目的不是提供具体的解决人流问题的办法。我是想指明，现在的这种处理方式无法实现双方的目标。

任何谈判都应该首先明确一点，除非两方达成共识，否则不可能找到解决办法。首先要尊重彼此的感受，寻找可行的方案把大事化小。我们需要的是沉着冷静、互相体谅的交流。只要双方还存在不容妥协的极端态度，问题就永远解决不了。

情感：寻找共同联结

对人流问题的争议和对暴力的诉求都是一种情绪化的结果。人们因此无法实现自己的目标。我之所以把控制情绪列为本章独立的一节，是因为情感本身就是个需要谈判的问题。

只要有一个问题触动了人们的情绪，双方就会停止交流，并且无法开展有效的谈判。因此，在评估公共事务时，你应该看双方在谈判时是感情用事还是平心静气。

还是拿中东问题来举例。不仅仅是因为诉诸暴力和纠结于历史才导致双方被情绪所干扰，还有其他很多因素也影响了谈判方，使其没能专注于实现和平而美好的生活目标。

中东问题中一个很明显的影响因素就是在西岸建设的以色列定居点。没有情绪的干扰，这也不是什么问题。虽然这些定居点能容纳 30 多万以色列人，却只占据了西岸土地的 5% 而已。总是为这件事争执不休，哪还顾得上讨论如何建立新的巴勒斯坦国。双方都知道地产业的准则：交换土地、开辟土地、补偿措施及其他对策，这些都可以作为整个建国问题的一部分开诚布公地讨论。

其实，巴勒斯坦人对以色列人的任何行为都应该这样回应："我们什么时候谈谈巴勒斯坦建国的问题？"关于是否把东耶路撒冷定为巴勒斯坦首都的谈判也一样。巴勒斯坦人在定居点问题上很情绪化，所以总是忘记自己的目标。这是谈判方式出了问题。

以色列人也没有向巴勒斯坦人提供任何情感补偿，比如给阿拉伯人分配房屋，或在别的方面做出些许让步。重点不在于他们应不应该这样做，而在于以色列人想不想减少暴力。

另一个干扰了解决中东问题的因素就是无休止的口舌之战。有没有大屠杀？某人应不应该为某事而道歉？这个或那个国家被指控有腐败之举，这些确实是重要议题，至少对相关人士很重要。但是，每次提到这些问题就会引起人们即刻的反应，领导人和普通老百姓都变得很情绪化。他们忘记了和平与发展的核心目标——双方也都认为这两个目标很重要——开始算起了旧账。无论什么问题，无论哪个国家，每当有人侮辱对方，或以其他形式干扰对方时，都应该这样回应，“好，那我们什么时候谈一谈？”有涵养的人才能做到这一点。领导人和媒体可以及时地指出干扰，协助谈判方专注于目标问题。

情感补偿可以缓解情绪产生时的紧张势态，由此也使人更加专注。在战乱不安的地区，引起强烈情绪的一个重要因素是人们无法彻底表达他们的哀思。至亲死于别人之手总会引起复仇的情结。

让我们从这个角度看一看中东问题。现在还没有什么好办法能将施行暴力的人定罪量刑，我们甚至经常找不到那几个肇事者。人们没有发泄悲愤的渠道，就诉诸传统的方式。他们开始报复与那个暴力事件肇事者相似的任何人，虽然这些人与悲剧毫无关系。这个恶性循环就开始了。

比如，在 1992 年，美国洛杉矶 4 名警察残酷殴打罗德尼·金（Rodney King）却被宣布无罪释放，非裔美国人因此发生了暴乱。还有，在世贸中心惨案发生后，人们把住在美国的中东移民当作报复的靶子，甚至限制他们的行动。除了美国，我们在其他国家也见过这种恶性循环。

情感补偿有助于帮助我们专注于目标而不受干扰，其形式可以是道歉——笼统的道歉或者专门针对某类群体或个人的道歉——也可以是向对方及他们的痛苦和感受表示尊重和理解。为战争中死去的人竖立纪念碑，可以帮助活下来的友人、家人和亲人面对他们的悲痛、他们的损失，帮助他们稳定情绪。

位于华盛顿的越战纪念碑上写着所有阵亡的美国战士的姓名，以此永久纪念那些战士。这是人们在华盛顿参观得最多的纪念碑，每天约有 15 000 万名参观者。这座纪念碑意义深远，给予人们强大的情感慰藉。它向阵亡将士表达了尊重之情，给他们的亲人、战友和朋友提供了情感补偿。

在中东虽然也有很多小型纪念碑，却没有这样的大型纪念碑。其实，一直以来双方都不同意竖立纪念碑哀悼另一方的受害者。有些已经竖立起的这种纪念碑也遭到了破坏。没有一座合适的纪念碑，使得双方很久都不能面对痛失的一切，使得双方很久都得不到情感补偿，谈判因此变得更加艰难。

应该在中东建立一个阿拉伯–犹太人联合纪念碑，把所有人的名字都列出来，包括能在历史中追溯到的每个人。这样就传递了一种共同历史感，符合“纪念碑”的拉丁文 monere 这个词的两层意思——“提醒”和“教诲”。这种谈判技巧专注于寻找共同的敌人，即战争，也专注于那些痛失亲友的人们所具有的共同联结。

同理，向那些失去亲友的人开放多教派的悼念中心，就会在人们之间建立起共同联结——对战争共同的憎恶。只要不同派别的人能在一起表达哀悼之情（比如，佩戴已故亲人的照片），就可以给他们提供另一种巨大的情感补偿。没有情感补偿，没有高温情绪的“退烧针”，双方就不能实现有效的谈判。

准则：保持公正的理念

在公共事务中，公正的理念格外重要，因为很多人都能看到处理过程和结果。从谈判的角度来看，保证公正是为人所知的最好办法，就是使用谈判双方都能接受的准则。因此，第一个问题是，双方同不同意使用准则的理念？第二个问题是，双方以前使用过何种准则？第三个问题是，双方为这场谈判能够接受何种准则？

最好从最普遍或最易接受的准则入手。之前讲过，中东问题中的准则类似于，“我们希望儿童夭折吗？”任何说“是”的人都会被看作极端分子，因此，这就是把更大的温和派群体和更小的极端派群体分离开来的好办法。还可以这样问，“难民最后应该有个像样的住房吧？”也可以问，“我们应该容忍滥杀无辜的暴力吗？”或者“应不应该让人吃饱饭？生病了应不应该看医生？应不应该喝干净的饮用水？”

在本地层面，包括教育委员会和规划委员会，你可以问：“政府应不应该考虑一下重要选民（或居民）团体，然后再做出会影响到他们的决定？”在所有这些事务中，措辞是关键。谈判方准备得越好、越多，表达就会越有说服力。

最后，谈判可以运用更具体的准则，比如，“作为不再诉诸暴力的交换条件，是不是应该建立一个巴勒斯坦国？”或者，“警察在确定某人是否有危险性之前是不是应该先问问？”问题本身就会让提问者看起来更具说服力。越是基于准则来提问，你在公共事务中就会越有说服力。

回顾问题解决的模式

在 20 世纪六七十年代，“放眼全球，立足本地”成为环保运动的口号。那一代人都认为，解决全球问题要从本地着手，从个人的行动着手。不知何故，这个理念在后来的几十年中被人们忘却了。

今天，这个理念又回来了。这是本书的核心理念之一。运用本书所讲的谈判技巧，无论你是单枪匹马还是与朋友同事合作行动，都会对这个世界、对你的一生产生深远的影响。刚开始时，你需要的就是以正确的态度和有条理的程序来与他人打交道。

因此，回到这一点，问自己：“我的目标是什么？他们（另一方）是谁？怎样才能说服他们？”利用各种元素来帮助你谈判——感受、准则、措辞、需求、动机、不等价物交换、避免感情用事。它不是火箭科学，也并不完美。但是运用这些技巧就会帮你在每 9 局比赛中额外击出一记安打。这可能会让从不张口的人开始与你交流，甚至可以解决一些经年累月的问题。关键是搞清楚双方是否愿意使用一种解决问题的模式。我以前有很多学生现在在重要公共事务领域工作，他们发现这些谈判技巧起到的作用与我所阐述的一样。

萨钦·皮洛特（Sachin Pilot）现在是印度电信、信息技术与邮政部的部长。他说，实践已经证明，要想在一个有几百种文化的国度里让选民达成一致，就必须使用这些尊重差异的谈判技巧。他说这对促进印度近些年在电信行业的发展功不可没。

梅雷迪思·多尔顿（Meredith Dalton）现在是美国“和平队”阿塞拜疆区的领队。她需要说服教育水平很高的志愿者接受一个理念：应该学会编织、学会做当地的菜肴，要与当地人多相处、多聊聊他们的孩子。这是一个值得借鉴的草根模范。她说，解决办法就是慢慢来。她改编引用了畅销书《三杯茶》的书名，说应该“一次一杯茶”。

我们可以用这十步去审视每一个公共事务，判断在这个问题上是否具有成功的进程、是否选择了正确的谈判代表、还有哪些方面可以做得更好。结果不是实现你所有的目标，但一定会最大化地实现你的目标。

第 16 章　谈判实战

所有的内容你都看完了，那么你应该怎么运用呢？怎样开启谈判？由哪方第一次报价？你如何知道对方不想再谈了？怎样结束谈判？

答案就分布在本书中，但专门写一章总结也许更好。

下面的内容就是针对谈判实战而写——在了解谈判技巧之后，你就要明确你的谈判目标，确认你了解谈判的另一方。虽然每个谈判各有不同，但本章可以当作一种模板。

态度

如果你处于焦虑、害怕、愤怒或走神儿的状态，你的表现可能更差。精气神非常重要。如果你很焦虑，对方是能够察觉到的。

想想在谈判中你会遇到的最糟糕的情形，如果你能承受，你就会更自信；如果不能承受，你很可能驾驭不了这次谈判。那就重新指定一个人去谈判：充分准备、改变对方感知到的风险、寻求其他方面的机遇。你要做足精神上的准备。

如果对方的某个人或整体的强势让你有些胆怯，那就想象他们身处最尴尬的情形。你可以尽情发挥想象力。

不要高估他们的善意。你要做好准备，以防他们有可能要什么诡计和花招儿。这样，就算他们真要花招儿，你也不会太紧张，不至于惊慌失措。要循序渐进，不要想着今天必须做完所有的事情。放松一点！不是生命攸关的事，你还有明天，还有机会。

充分准备

在谈判中，充分的准备可以极大地激发你的自信。你准备得越好，就越不会紧张，在谈判中的发挥也会越出色。你不会忙于回想计划中的下一步是什么，也不会担心不了解情况。

谈判地点和谈判时间

简单地说：这个问题无所谓，只要你觉得方便、对方也觉得方便就行。如果对方的某个举动让你不舒服，你就说："这让我不太方便。"或者说："我还没有准备好开始谈判。"

如果他们说："这不好办。"你就说："你想让我空手而来？"或者说，"我能不能回去想一想再来告诉你？"学生有时会问，如果这是求职面试怎么办？说实话，只有在面试中，未来的雇主才会对你最客气。如果在面试中都对你不客气，那你还不快跑？如果你指着这份工作糊口、交房租，那就立即开始计划怎么向面试官提出回去准备的要求。

在他们的地盘上谈判不一定会影响你的说服力，这在于你的措辞及表达方式。你可以说，"好啊，午饭你请客吗？"或者，"你能不能派个车来接我？"我有一次很可恶，我坐在他们的会议室里，靠在椅背上，脚搭在他们的会议桌上。我是在表达："我就在自己的地盘上。"

我的意思不是说你不应该讨论谈判的地点和时间，我只是想说，每种情况都不一样。那么，有助于你实现目标的最佳谈判时间和地点是怎样的呢？

自古以来男人向女人求婚时，都是在男人能找到的最浪漫的地方，在最恰当的时间。工人与管理层就可以从公司最初成立的地方开启谈判。战士之间的矛盾可以在神圣之地解决。不是说非得按这个原则选择时间和地点，但这也许是个好主意。

相互了解

这不是在跳舞，也没有什么魔法。我往往会比较随意。我会说，“嗨”，或者，“最近怎么样？”你可以更正式一点，这取决于你自己的舒适程度和熟悉他们的程度。寻找共同的敌人：抱怨一下天气或者交通。称赞一下对方的西装、连衣裙或者手表。唯一要注意的是，你必须发自内心。再强调一下，人们远远就能闻出虚情假意的味道。

我参加的几次谈判中，对方都问过我：“你的家人都好吗？”当我开始聊我的妻子和儿子时，他们又似乎没听我说话。在我看来，这个人想操纵别人，在某个地方也读到过寒暄的谈判技巧，但这个人并没有发自内心地表达对我的关心。

想想对方的感受。他们穿衣提裤的样子跟你一样。他们也要吃饭、喝水、休息，有时也会不知所措。他们也是人，要与他们建立人的联结。

可能你没有时间寒暄，但这并不妨碍你建立人的联结。本书第 1 章中的陈瑞燕用眼神交流照样让飞机回到了登机口。

在谈判中，小寒暄可以派上大用场，它有助于建立人的联结。人都是社会动物，除了极个别情况，人们都愿意建立彼此之间的联结，连讨论分歧都是一种联结。这是一种互动的行为。很多研究都已经表明，开开玩笑（假如对方能够领会）、赠送小礼物（“吃块薄荷糖吧”）、谈论今天发生的有趣的事，都对形成友好合作的谈判氛围很重要。

你要是对他们不感兴趣，如果允许，就不要参与谈判。别人能察觉到你的冷淡，因为你会表现出一副无趣、冷漠、无礼的样子。最好的谈判者是充满好奇心的人，他们愿意了解别人，愿意与人建立联结。

这不是要你当交际花。但是对方身上肯定有某种吸引人的优点，有你可以学习的地方。表现出对对方的兴趣，这个行为本身就很有说服力。

怎样可以让自己也让别人更舒服？通常，人们的做法正相反，总是不想让别人舒服。

当然，如果对方时间不多，那就不要耽误他们的时间。问问他们有多少时间，这同样是在建立联结，表明你尊重他们，尊重他们的时间。

我在一次工厂之旅中经历了最好的“寒暄”。那是我第一次去乌克兰的第聂伯罗彼得罗夫斯克市，当时是去参观分布在城市各处的南方机械制造厂。我是这个公司的代表。

在会议室短暂会见之后，他们陪我来到了车间，直接领我去看一个放倒的巨大核弹，我估计它肯定跟橄榄球场一样大。

当然，弹头早已经拆除，但是还能看见处于启动状态的各种导航装置，还有几个巨大的尾喷管。他们让我伸手触摸，所以我就伸出手去。几个穿着连体工作服的机械师向我打招呼。其中一个很自豪地跟我说，他曾经让这枚核弹瞄准明尼阿波利斯。这就是我说的熟悉你的对手。

开始谈判

哪怕是个短暂的会谈，你也要熟悉具体的谈判内容，即谈判主题有哪些，怎样安排先后顺序。做一张双方都同意的议程表。谈判如果偏离了方向，这可以帮助双方回到谈判主题上，也可以使谈判有条不紊。

卡琳·阿达莲（Karine Adalian）是加州的一名顾问。她说，她在谈判开始时写了一页议程。“谈判桌上有那么多比我资深的人物，其中30%的人还是律师，而我头一回成为准备得最充分的那个人。”她说。没有第二个人准备了议程或者结构清晰的议题单，所以她给每个人复印了一份她写的议程。最后，她实现了所有的谈判目标。

如果有好几个人都带了议程，那岂不更好！现在你就知道了大部分要谈的问题。

谈判要进行多久？有时得看当时的情况，有时也可以就这个问题讨论一下。最好的办法通常是将一次谈判按照渐进原则分解成几部分。每次出现会影响谈判结果的新信息时，应该考虑要不要暂停谈判，想好之后再继续。

应该从简单的议题开始谈。如果对方与你就此达成一致，就会给他们带来一种成就感和进步感。及时地告诉他们你不可能同意的议题，这样就不会浪费他们的时间。如果你在谈判快结束时才提出不同意谈判结果，就有可能导致：①谈不成该笔交易；②失去别人对你的信任，谈判结果更糟；③他们向你提出更多的要求作为补偿，因为你现在提出让他们放弃会给他们带来利益损失。

本书之前讲过，应该给每个议题设定一个谈判时限。比如，任何一个问题如果在 15 分钟内不能解决，就开始讨论下一个问题。这样，你就能剔除掉尽可能多的问题，保证谈判顺畅进行。另外，在谈完所有与议题相关的问题之前，永远不要做出任何承诺，但你可以做出有前提的或暂时的承诺。

谈判的动态性

谈每一项议题之前，你都应该先讨论对方的感受。在谈判前的准备工作和角色互换中，你就应该对这项议题做到心中有数，可以与对方分享你的想法。如果你想说服他们，就要从他们的感受入手。

如果出现突发状况，就马上休会。有一次，我所在的工作组在一场兼并谈判的第一个小时里休会了 5 次，因为当时出现了很多我们始料未及的状况。

如果你自己的谈判组内部意见不统一，不要当着对方的面谈论，否则有可能让对方利用这些分歧使你们之间产生不合。只要话不冲突、组内意见统一，即使同一方的多个人在同时发言也没关系。也就是说，如果每个组员担任了不同的角色，或者你们正在集思广益，那么就可以同时发言。

如果出现了内部分歧，就要求暂停会谈。可以跟对方说，“我们确定了我们的真正意思以后再跟你们谈。”人们不会苛求你做到完美，但人们绝对希望你有求实的态度。

几十年来的各种研究已经证明，时间仓促在谈判中会：①导致交易结果不理想；②降低处理信息的能力；③带来更少的增加值；④忽视重要信息；⑤形成错误判断；⑥使人更容易情绪化；⑦选择余地更小；⑧需要依靠更多的纯粹权力；⑨对对方更容易形成偏见；⑩增加精神压力。仓促的谈判会导致双方关系紧张，使谈判彻底失败。

如果你意识到你没有足够的时间讨论所有问题，那就别这么贪心。与其很多事情都做不好，不如就把几件事做好。充分利用你的时间。

时间紧张可能是客观事实，也可能是主观想法；可能是内部问题，也可能是外部问题。如果你受不了规定期限带来的压力，那就做出调整。尽量挤时间，或者表明你不会在对方向你施加压力的情况下谈判。不管是买车还是买房，你可以一开始就告诉对方，如果他们设定购买期限，你就不考虑了。这会促使人们注意自己的行事方式。

对待彼此的方式

在谈判课上，我们通常让学生给他们在某案例中对待彼此的态度打分。对彼此的态度差，谈判能力基本上也比较差。对人的态度差是什么意思？威胁、侮辱、讽刺；打岔、指责、贬低、不积极沟通、没有议程以及其他与“人和方式”有关的错误。这种态度在重要的谈判中往往意味着几千万美元的损失。

谈判时要非常小心措辞。比如，你可以用暗示威胁的方式说：“如果我们不能达成一致，这将会损害你的信誉。”你也可以这样说：“你需要我们做点什么来帮你提升你的信誉度呢？”后一句是一种“合作型威胁”，之前也提到过。对方也明白不能达成一致的后果。但是你的措辞——正面的说话方式——让对方更容易接受。

有很多种措辞方式。你不要说“我们不相信你”，而要改为，“我们怎样开始建立互信关系？”不要说“你不接我的电话”，改成这句怎么样：“你接到我们的电话了吗？我们非常想跟你谈几件事。”勤加练习，你就会越来越擅长措辞技巧。

需不需要情感补偿？在充满火药味的情形中，你的友好态度会有利于谈判的进展。以谈判双方能共同达到的目标为重——把眼光放长远。给他们机会发言，让他们解释他们的任何想法。

通常应该在你这一方指定至少一个人作为对方及整个谈判过程的观察员。一旦这个观察员发现有状况，你们就可以要求休会，或者用委婉的措辞或外交辞令灵活应对，让谈判正常进行。

透露信息的方式

大部分人都害怕过早透露过多信息。我的原则是，透露的信息应该能让你离目标更近，而不要让这个信息阻碍你实现目标。所以，如果你的目标是用最少的钱买一部车或一家公司，就不要告诉对方你的支付能力，至少不要在谈判一开始就透露这个信息。

但是，在谈判的结尾，如果他们的要价超出了你的支付能力，你还是得告诉他们你的支付能力，让他们知道你的支付上限。这样，他们可能会考虑你的接受能力，降低要价。

当然，你也可以用一些无形的东西来弥补差距。但是你还是应该大方地说出你的底线，如果：①你已经尝试了所有的办法；②对方的要价还是在你的议价范围之外；③该谈的似乎都已谈完。

同理，你应该让他们知道你的兴趣和需求。如果你觉得他们会占你便宜，那就不要表现出你对某个东西的强烈需求。但是，你多少得给他们透露点信息，否则你就可能得不到那个东西。在你的需求问题上不说实话的危险是，他们有可能给你你不想要的东西。那事情可就乱套了。

如果你也不确定对方表现出了多大的诚意，那就慢慢来。你应该说“我对这幅画感兴趣”，而不是说，“这幅画太让我爱不释手了。”

没有人要求你在谈判中透露信息，这又不是在法庭的证人席，但你也不应该忸怩躲藏。如果你觉得这个问题让你不舒服，你可以说：“我不方便回答这个问题。”

如果有人问你还有没有其他报价，你就先问问自己，“他们为什么要问我这个问题？”很明显，他们想知道你是不是特别着急出手、少挣点也无所谓。这时不要说“为什么问这个问题？”而应该问，“如果我还有其他的报价，你会多买吗？”或者，“如果我没有其他的报价，你是不是要卖更高价？”这么说有点狡猾。但是，你应该告诉人们你认为他们是想套你的话。你还可以再婉转一点，“你觉得这对我们的谈判有什么影响？”

如果是就业面试的情形，那就套用这个话，说你有很多“机会”。你也可以说，“你是想问（我的）市场价值吗？”然后你可以提议一切按标准来办。

谁先报价？答案比你想得简单得多。如果你掌握了与谈判有关的大量信息，你就应该先报价，包括价格、价值、条款、他们了解的信息、同行情况等。这样做的原因是，你是在把谈判“固定”在某个狭小的范围内，也就是设定你的预期。

因此，如果你了解车市行情，你就应该报价。如果在这种情况下你第一个报价，一般都会将你的胜算提高 3~5 个百分点。

如果议价范围太广或者不确定，那就不要先报价，否则你很可能会反悔。他们的预期可能与你的想象相差很多。

查利 · 史密斯（Charlie Smith）是一名在哥伦比亚大学攻读高级管理人员工商管理硕士学位的年轻经理。他和妻子去买厨房用的桌子和椅子。一套的价格是 3 000 美元。查利知道这家商场很少打折，也许只能优惠 50 美元，但是他不确定。于是，他去问售货员，如果他们今天就下单购买，而且他们才刚开始装修新房，能不能给 3 000 美元的这套家具打个折？

“优惠 300 美元行吗？”售货员说。查利大吃一惊，愣在那儿，半天没说话。

“好吧，500 美元行了吧？”售货员打破沉默。查利回过神儿来“这个嘛，嗯……”

“给你免费送货，销售税我自己付了。”售货员说。总共优惠 800 美元。关键在于：不了解议价范围就不要先报价，否则你会反悔。“从那以后，我总是用这种方法要到了更大的折扣。”查利说，他现在是纽约洛克林 – 梅格吉公司的总经理兼融资部主席，“从这个例子我们可以学到，一个人可能并不能完全把握整体情况。”

这并不是说，只要议价范围太广或者不明确，你就不能第一个报价。你也可以通过问问题缩小议价范围：对方为什么在这儿讨论这个问题？通过提问，你就会知道他们的要求。如果你问了，人们总是会告诉你很多。

但是从经验来讲，不要先报价，除非你掌握了对方的大量信息，包括议价范围和市场行情。这些都要尽量搞清楚。

极端报价会毁掉交易

极端报价会毁掉交易，对方往往会觉得受到了侮辱。如果报价太低，就是对对方的不尊重；如果太高，对方通常会放弃。你还有可能会赔上你的信誉。如果你做出极端报价后很快又收回，对方就会认为你是想占他们的便宜，随之不再信任你。

极端报价是一种不以一定的标准或者信息为基础的报价。对方就是这样想的。我说的是对方的感受，不是你的感受。疯子也会认为自己的报价是合理的。你需要抛开自己的想法，弄清楚他们的想法。因此，提出过高的要求来给自己争取谈判空间的想法经常会适得其反。

如果有人向你做了极端报价怎么办？应对方法有：①控制自己的情绪；②向对方提问；③利用准则。可能他们也不是想占你便宜，可能是因为他们不懂怎样进行有效的谈判，也可能是背后有人教他们这样谈判。那么，你该问问他们为什么给出这个报价。他们是随机定的报价？他们有没有相关数据？你也可以跟他们说，这个报价跟你在别处看到的信息不一致，问问他们是从哪里得到的这个信息。

极端报价也违背了本书所讲的一条基本原则：循序渐进。极端报价从定义上就决定了它与循序渐进背道而驰，因此对方接受这个报价的概率也小了很多。在会谈中，如果有人提出过分的要求，你可以问问这个人所在谈判组的其他成员，“你们都同意他刚刚说的每一个字吗？”如果回答有任何的迟疑，就要求休会。也许他们可以给这个提出过分要求的人讲讲道理。

事无巨细，都应确认核实。如果你在买车，对方告诉你选择某个特别配置就会更贵，那你就先上网查一下。《华尔街日报》曾有过一篇文章，讲一个经销商给配置高端轮胎和轮毂的车型加价 2 000 美元，买主当场用手机上网查了一下，发现这种轮胎其实比标准配置还要便宜，价格已经包含在车款里，不应该再额外收费。

权力的动态性

全书都在讲，要谨防过分使用权力。要把握使用权力的度，以刚能达到你的目标为准，不能超过这个度。只有在为了让自己能更好地实现目标的时候，才应该阻止对方对权力的不当使用。

现在应该很明确的一点是：这与权力的概念本身没有关系，它在很大程度上与你的目标有关。规模等于权力的传统观念纯粹是错误的，规模小的谈判方也可以很强大。只需一个像马丁·路德·金或圣雄甘地一样的准备充分的倡议者，就可以激发千千万万的人，就可以让政府和其他利益集团向他们屈服。想想安然公司，这家公司在一场金融丑闻中很快丧失了所有的权力。

以下哪一家公司更强大？是基本上已经破产的通用汽车公司，还是一家利润很高的中型科技公司？通用公司开支很大，负债累累。而规模较小的公司就会对自己的目标和命运更具控制力，这种公司也往往更为可靠。

在 20 世纪七八十年代，美国几十亿美元的核电站建设产业被一帮组织松散的人叫停。这些人曾经遭到多家电力公司的讥讽，被认为自不量力。他们当中有受过高等教育的家庭妇女、退休后去了图书馆工作的人、新闻记者、律师、社会活动家，以及由在读或刚毕业的大学生组成的公共利益群体。这些人成立了一个联盟，经过调查研究，最后发现了安全隐患，包括核废料的处理和事故发生后周边区域的撤离问题。他们说服立法者通过了更严格的条例法案，核电经济发展由此陷入停滞状态。

一部关于国际竞争力的论文集里有一篇题为“美国工业霸权的神话”的论文，其中有一段我一直铭记于心，希望你也能记住：“没有哪个机构、企业、社会或者任何形式的人类成就是不能被毁灭的，无论它们多有权威、多么重要。”这是对滥用权力的精彩评价。无论是对你的孩子、你的公司，还是你的同行，甚至是你的竞争者都不应滥用权力。

你在谈判时不要盛气凌人，否则会自食其果。如果对方盛气凌人，你要确保依据事实记录他们每一次不合理的行为。

如果他们有比你更大的纯粹权力，他们肯定能打败你。面对这种情况，你要认同他们的权力，给他们一种情感补偿。你应该问问他们，是不是因为有打败你的权力就应该这样做？比如，一家歌剧院在谈判中迫使一位著名表演艺术家低价参演，这位艺术家会作何感受？他（她）还会积极演出让歌剧院获利吗？如果你有权力对员工拳脚相向，他们工作时会不会偷工减料？

你最好以满足需求为重，用这本书讨论的技巧把蛋糕做大。及时与你的对手坦诚地讨论权力问题。如果他们走偏了方向，就要及时地以委婉的方式引导他们。当然，要记住一点：他们可能会在使用自己权力的问题上很情绪化，因此，他们也许需要一定的情感补偿。

自己的需求

在彼此相处得更融洽了之后，双方就要确定有哪些内容要谈。办法就是制定目标，还要制订议程。你现在需要更透彻地考虑你的需求，不仅是你在这场谈判中的需求，还有你生活中的需求。这是因为你可以使用不等价物进行交换。不管在谈什么，你可以拿什么来交换？

解决方案的评估标准

对于你不能交换的东西，你就要寻找各种标准来帮你确定最好的标准。对方的标准有哪些？你做决定时应该用哪些标准？是以房价还是按惯例作为标准？

你近期、中期以及远期的行动方案是什么？

必须要弄清楚双方现在有能力做的事情。很多人在谈判中迷失了方向，因为他们总为自己控制不了的事物而争执。哪怕你的议程上有其他极为重要的事，但是如果你现在没有能力着手去做，那你还管它们干什么？

这不是说你不该采取着眼于长远利益的策略。但是，你现在能做完的事情越多，谈判双方就越会得到一种成就感，他们就越有可能继续努力与你达成协议。

前面讲过，要按照最简和最快的原则来理清事物的轻重缓急。大多数情况下，最简单的事情也是能最快完成的事情。你应该做所有你现在就有能力做的事，然后再做近期的事情，最后再做远期的事情。

如果双方不能做任何决定，那么他们能不能提点建议？能不能决定下一次何时会谈？能不能确定下一次由哪几方参加谈判？能不能增加对彼此的了解？能不能想出变通的办法让双方回到家或单位时不是空手而归？

这些都是在循序渐进。很多人想一次做完所有事情，这需要在谈判前做出相当详细的计划，付出相当大的代价，还需要相当周密的组织安排。我们生活的世界正经历着快速的变化，如果你把一个很长很长的计划精确到每一处细节，而你的计划又赶不上世界的变化（通常都有变化），那么你就白费了那么多时间、精力和代价。

你需要谁的帮助？

几乎所有人都需要第三方的帮助来做成一件事。甚至与承包人谈判时也需要帮助。你需不需要在五金店买东西？需不需要城市相关部门的允许？需不需要装水管、通电线？

谈判双方真的应该想一想他们需要的第三方以及其他资源有哪些。

怎样才能做出持久的承诺？

我在本书前面提出过，双方说“我同意”，或者签下了合同，并不意味着你们之间建立了承诺。你要的承诺应该是由他们主动做出的承诺。

这应该作为谈判中公开讨论的一部分。

他们也想知道你是否做出了承诺。第三方既能增进也能削弱这些承诺。董事会成员、老板、处理破产事务的官员、经济退缩或其他各种新的消息都会毁掉谈判成果。如果每一方都有一个签署程序，这个程序是怎样的？什么样的第三方或激励政策可以让另一方坚守自己做出的承诺？

建立承诺需要一个截止日期。必须明确这个问题。如果存在某种情况会使另一方（或者使你）逃避承诺，就要明确指出。

最后，如果有一方不遵守承诺会怎么样？所有财产都归另一方所有？最好事先明确这个问题。另一方可能会说："我们不会不遵守承诺！难道你不相信我们？"你应该回答："你离职了怎么办？下一位老板或者管理团队会怎么办？如果你被卡车撞了怎么办？"

如果他们说他们不可能不遵守承诺，你就提出严厉处罚的条件。因为对他们没什么风险，但是"这会让我和我的团队感觉更踏实"。要学会试探，别让自己承担更大的风险。

应该在谈判中公开讨论风险的议题，包括重要员工的离职、第三方的干扰（朋友、恋人、监管部门）、成员的不合作。当然，一个人承担的风险越多，他就越有权利得到某种形式的补偿。所以，谈判中的一个关键，就是要了解对方对风险的所有顾虑，然后尽力把他们感受到的风险降到最低。你降低了他们感受到的风险之后，如果你是卖家，他们就会付更高的价格；如果你是买家，他们就会开出更低的价格。

这就是为什么刚开始创办企业的人要聘请经验丰富的商人做他们的董事或者顾问：投资人会认为这样风险最小。

你可以整天都跟对方争执什么是真正的风险。但是，比起确定他们感受到的风险并将之降低，这件事并不重要。所有这些事项都应该在谈判中展开具体的讨论。

有些谈判者有意让对方更明显地感知到风险，目的是在谈判中索取最多的利益。这就是放债人使用的一种手段：基于某个通常是伪造的信用问题降低你的信用等级。要用本书讲到的技巧，询问详细信息和证据，找到准则。

更有效的办法是双方联手，共同降低感知到的风险。让风险问题成为大家的问题，这样，你们就能共同解决这个问题。如果他们不想帮你，就要猜测他们可能是在故意制造风险来提高开价（比如，银行或信用卡代理机构）。不要轻信他们的每一句话。

在下一次会谈之前确定谈判对象和谈判内容

大家都有过这样的经历：双方上一次的谈判非常顺利，后来想了想，不知道该让谁（爱人、孩子、朋友、同事、对手）去做什么。“谁去买球赛的门票？谁打电话去咨询航班？打电话的这个人也负责买票吗？”

所以，到了解决实际问题的时候，一件关键的事还没有做，所有的事情都会被毁了。每个人都在互相指责，要么就是怪罪“没有沟通好”。

其实，真正的罪魁祸首是没有做好分工。所以，在谈判的最后阶段，应该安排好任务分工，要有具体的时间表和落实到每个人的职责。

如果出了问题，由谁来联系谁？有没有任何人都可以采用的应急措施？你生病了谁来顶替你？是不是每个人都有一个在原计划不能成功实施时的补救计划？每个人是不是在向别人咨询前就明确了自己的选择范围？坐下来想一想这些问题。拿出纸笔，花上 5 分钟、10 分钟、15 分钟或 30 分钟就可以节省好几天的时间，节省好多钱，还能避免无数事情的恶化。

从脑海中的想法到具体目标

我想回到这个课程的小结：我的目标有哪些？他们是谁？怎样才能说服他们？我只是想确定你对这些问题心中有数。下面是一个简单的模式。

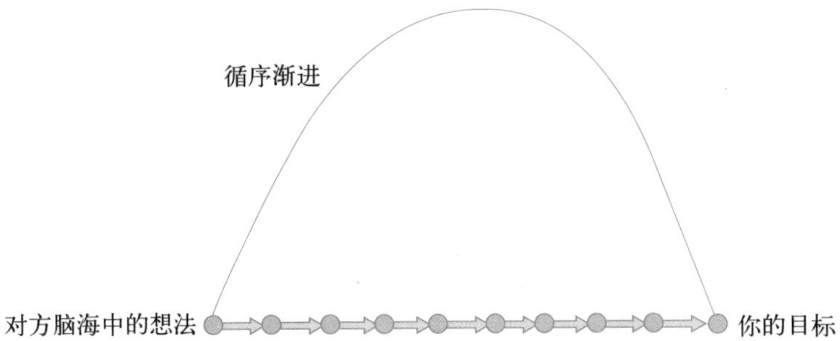

我们来看，这个长长的弧线代表了人们通常的做法：从他们脑海中的想法一步跨越到你的目标。对大部分人来说，这一步迈得太大了。你应该反其道而行之，回去先搞清楚对方脑海中的想法，然后再通过提问的方式确认这些想法。你想达成协议吗？你想与对方会谈吗？这些问题一经确认，就要向你的目标一步一步迈进。

因此，你的目标在右边，对方在左边，说服对方的办法就是一步一步走，以循序渐进的方式带领他们从左边走到右边。

好好好，不需要再重复了，这些你都很清楚。但是，只是清楚还不够，还要将其付诸实践。除此之外，还要掌握争取更多的方法，这就是本书的主题。

你已做好了准备！从这里走出去吧，去争取更多吧！

致谢

没有我数千名学生以及谈判课程其他参与人员这20年来的贡献，本书不可能得以付梓。他们在数千页的日记里记录下了他们个人的和专业的谈判问题与睿智见解，并不吝与大家在课堂上分享。在他们当中，数百位谈判者慷慨地同意将他们的姓名，通常还有他们所在公司的名称，以及一些基本上属于竞争性质和私人性质的信息公之于众。这极大地证明了他们要贯彻践行本书所介绍的各种谈判技巧和谈判理论的决心，以及让这个世界变得更加美好的强烈愿望。他们的亲身经历不仅促使我对新的谈判理论进行了认真思考和高度关注，从而为本书打下了基础，而且还帮助我将新的谈判理论与传统的谈判理论进行了有机结合与深入对比。

谨此特别感谢《纽约时报》前总编辑、我曾经的同事梅里尔·珀尔曼（Merrill Perlman）。梅里尔是本书的友情编辑，她反复推敲素材，提出尖锐的问题，令我的视角变得更加敏锐。总之，本书之所以受到好评，她功不可没。

在此还要特别感谢两位友情读者，他们也是我的友人和同事，是他们花费了大量时间对本书手稿进行了认真审阅。他们是苏珊·布兰德温（Susan Brandwayn）和克里斯托弗·阿尔法（Christopher Arfaa），前者是纽约联合国贸易与发展会议的一位经济学家，后者是费城拉德诺镇的一名私人执业律师。他们的宝贵意见对本书公共事务一章大有裨益，我在此向他们表示由衷的感谢。

珍妮弗·鲁道夫·沃尔什（Jennifer Rudolph Walsh），纽约WME（威廉·莫里斯奋进娱乐公司）世界文学部联合主席，也是本书的经纪人，对本书的早期写作给予了大力支持。我在沃顿商学院曾为一个高管培训项目授课，作为其中一名学员，她最早意识到了写作本书的重大意义，因为她看到我所讲授的谈判理论与传统谈判理论之间的巨大差别，她相信这完全可以著书立说。珍妮弗还对本书的整个写作过程给予了悉心指导，并为本书找到了合适的出版合作伙伴。

在本书编辑罗杰·肖勒（Roger School）的协调帮助下，兰登书屋出版社的工作团队耐心地对整个书稿进行了多次审阅和无数次修改，从而使本书在风格、内容和叙述方面符合了北美市场的需求。在编辑乔尔·里基特（Joel Rickett）的协调帮助下，企鹅出版集团的工作团队对我的思路和想法表示了理解和支持，向我提供了热情友好的帮助，他们在英国、印度、澳大利亚及其他英联邦国家为本书打开了销售市场。

在费城，我的工作人员为本书的研究和付梓倾注了大量心血，无论多么辛苦的事都会去做，牺牲了无数个夜晚、周末和节假日，并为本书提供了建设性的意见，无论多么辛苦的事都会去做。他们是：玛拉·卡特勒·卡奇基斯、埃米·费德曼、阿西亚·希夫林、萨布拉·希夫林和朱莉·法林。很多学生在课余时间也为本书做出了贡献，其中有：利文斯顿·米勒、戴维·斯利夫卡、雷切尔·布伦纳、佐薇·祖奥、塔尼娅·卢内瓦和卡西克·贾亚尚卡尔。

在人类的发展过程中，每一个新观点都建立在前人的成就之上。我要感谢沃顿商学院、宾州法学院，以及与我共事的同事们，是他们给了我时间和机会，让我得以一边学习谈判技巧和经验，一边不断实践。在此还要感谢我所在的公司、我的政府客户以及我的业务合作伙伴，他们为本书贡献了独到的见解和非同一般的经验。

最后，我要衷心感谢我的妻子、与我同行 36 年的伴侣，金伯莉·格里尔（Kimberly Greer）。本书写作过程中的每一步都离不开她的辛勤付出，她精湛的专业技能为本书助力不少。没有她，本书绝不可能问世。还要感谢我 8 岁的儿子亚历山大，他表现出了远超他这个年龄所应有的耐心。

如有遗漏之人，谨此致歉。正如本书所言，我们始终有明天，有希望。